선생님이 강력 추천하는 개념 PLUS 단원평가

수학

3·2

3~4학년군

교육의 길잡이·학생의 동반자
(주)교학사

개념 PLUS 단원평가 와

내 교과서 비교하기

단원 찾는 방법

- 내 교과서 출판사명을 확인하고 공부할 범위의 페이지를 확인하세요.
- 다음 표에서 내 교과서의 공부할 페이지와 개념+단원평가 수학 페이지를 비교하면 됩니다.
  예를 들어 아이스크림 미디어 65~86쪽이면 개념+단원평가 54~73쪽을 공부하시면 됩니다.

Search

단원찾기

단원	개념+ 단원 평가	아이스크림 미디어	천재 교과서 (박만구)	미래엔	천재 교과서 (한대희)	비상 교육	동아 출판 (안병곤)	동아 출판 (박교식)	금성 출판사	대교	와이비엠
1. 곱셈	8~29	9~34	10~31	9~34	8~31	8~33	8~33	8~31	8~35	6~33	8~33
2. 나눗셈	30~53	35~64	32~57	59~84	32~59	34~57	34~61	32~57	60~91	34~59	34~61
3. 원	54~73	65~86	58~75	35~58	60~79	58~75	62~83	58~79	36~59	60~81	62~83
4. 분수	74~95	87~110	76~95	115~136	80~101	76~95	84~105	80~103	122~149	82~105	84~105
5. 들이와 무게	96~119	111~138	96~121	85~114	102~131	96~121	106~133	104~129	92~121	106~131	106~135
6. 자료의 정리	120~139	139~160	122~139	137~156	132~153	122~139	134~157	130~151	150~173	132~151	136~159

민들레에게는
하얀 씨앗을 더 멀리 퍼뜨리고 싶은 꿈이 있고,

연어에게는
고향으로 돌아가 알알이 붉은 알을 낳고 싶은 꿈이 있습니다.

여러분도 가지각색의 아름다운 꿈을 가지고 있지요?
꿈을 향한 마음으로
좋은 결과를 위해 힘껏 달려 보아요.

여러분의 아름답고 소중한 꿈을 응원합니다.

구성과 특징

1단계

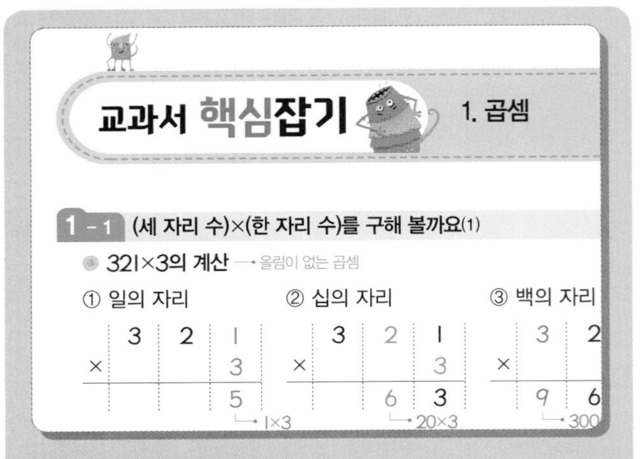

교과서 핵심 잡기

교과서 핵심 정리와 핵심 문제로 개념을 확실히 잡을 수 있습니다.

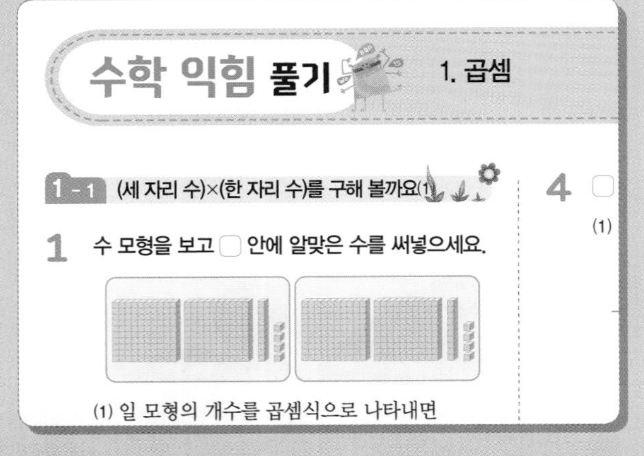

수학 익힘 풀기

차시마다 꼭 풀어야 할 익힘 문제로 기본 실력을 다질 수 있습니다.

2단계

단원 평가

각 단원별로 4회씩 문제를 풀면서 단원 평가를 완벽하게 대비할 수 있습니다.

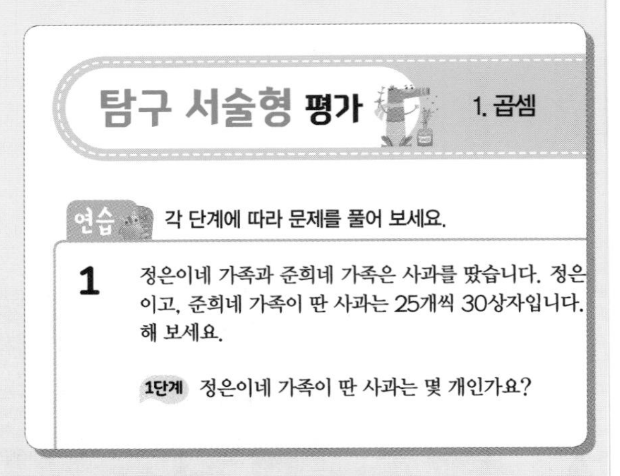

탐구 서술형 평가

각 단원의 대표적인 서술형 문제를 3단계에 걸쳐 단계별로 익힐 수 있습니다.

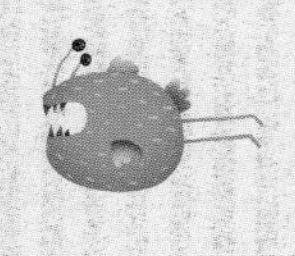

3단계

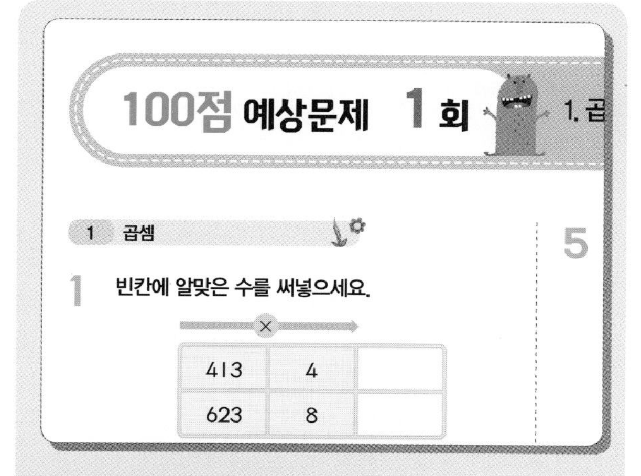

100점 예상문제

여러 단원을 묶은 문제 구성으로 여러 가지 학교 시험 형태에 완벽하게 대비할 수 있습니다.

특별 부록

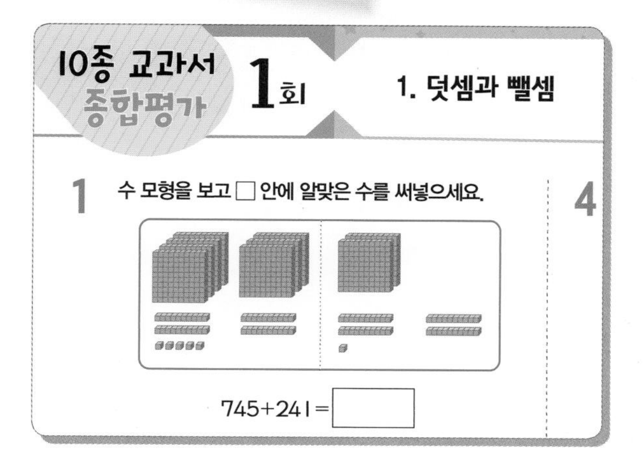

교과서 종합평가

수학 10종 검정 교과서를 완벽 분석한 종합평가를 2회씩 단원별로 풀어 볼 수 있습니다.

별책 부록

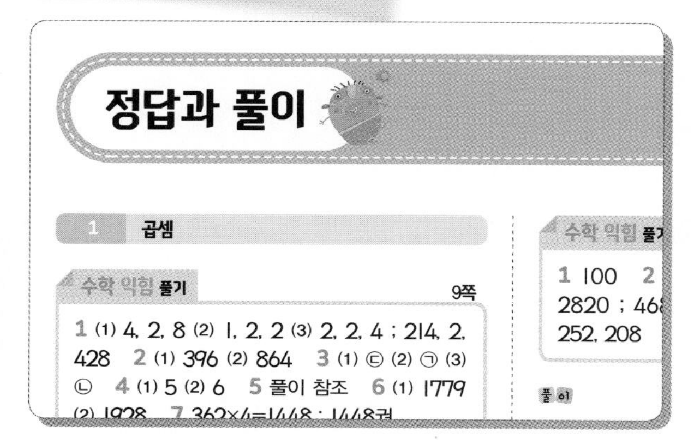

정답과 풀이

틀린 문제를 점검하고 왜 틀렸는지 확인할 수 있습니다.

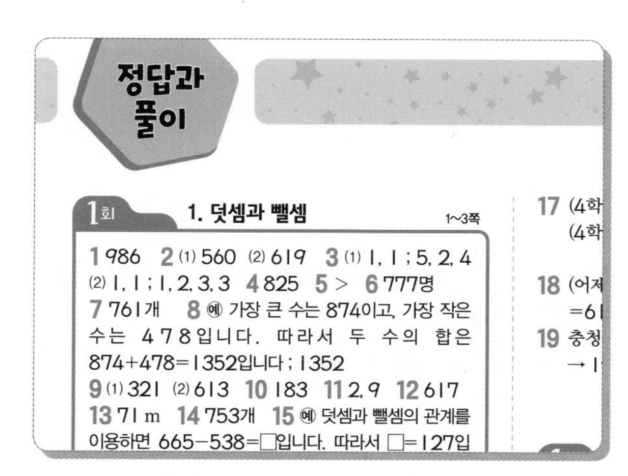

정답과 풀이

문제와 정답을 한 권에 수록하여 별책으로 활용할 수 있습니다.

이 책의 특징

- 단원 요점을 꼼꼼하게 정리하였습니다.
- 여러 유형의 평가 문제를 통하여 쉽게 학습 목표를 이룰 수 있습니다.
- 권말 부록(100점 예상문제)으로 학교 시험에 완벽하게 대비할 수 있습니다.
- 검정 교과서를 완벽 분석한 종합평가를 구성하였습니다.

차례

요점 정리
+ 단원 평가

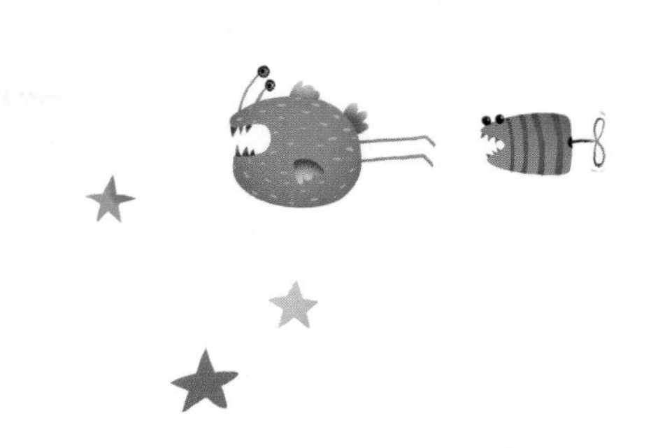

수학 3-2

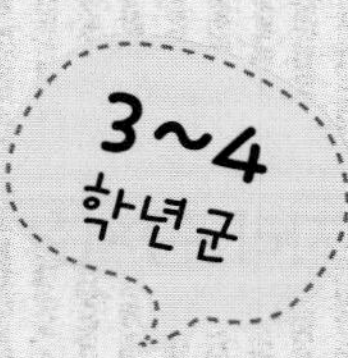

교과서 핵심잡기

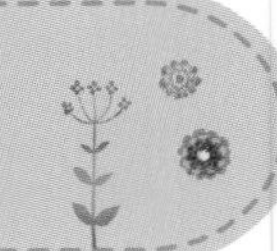

1-1 (세 자리 수)×(한 자리 수)를 구해 볼까요(1)

321×3의 계산 — 올림이 없는 곱셈

① 일의 자리 계산

	3	2	1
×			3
			3

└ 1×3

② 십의 자리 계산

	3	2	1
×			3
		6	3

└ 20×3

③ 백의 자리 계산

	3	2	1
×			3
	9	6	3

└ 300×3

• 321×3의 계산
① 1과 3을 곱하여 일의 자리에, 2와 3을 곱하여 십의 자리에, 3과 3을 곱하여 백의 자리에 씁니다.
② 일의 자리, 십의 자리, 백의 자리의 순서로 곱을 구합니다.

1-2 (세 자리 수)×(한 자리 수)를 구해 볼까요(2)

325×3의 계산 — 일의 자리에서 올림이 있는 곱셈

	3	2	5	
×			3	
		1	5	… 5×3
		6	0	… 20×3
	9	0	0	…300×3
	9	7	5	

➔

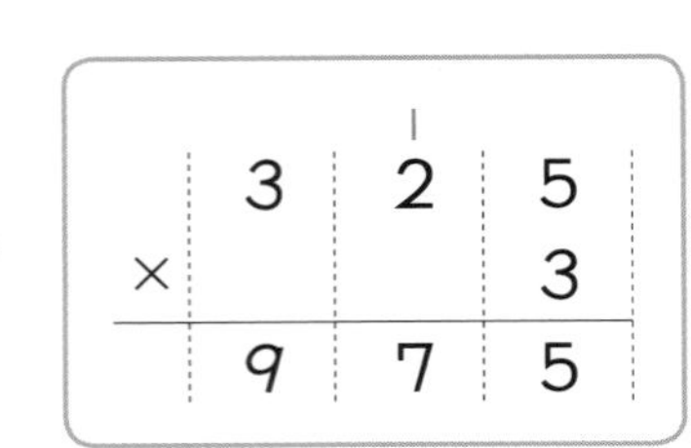

	3	2 (1)	5
×			3
	9	7	5

• (세 자리 수)×(한 자리 수)의 곱셈
① 일의 자리, 십의 자리, 백의 자리의 순서로 곱을 구합니다.
② 각 자리의 곱이 10보다 크거나 같으면 윗자리에 올림한 수를 작게 쓰고, 윗자리의 곱에 더합니다.

1-3 (세 자리 수)×(한 자리 수)를 구해 볼까요(3)

293×2의 계산 — 십의 자리에서 올림이 있는 곱셈

	2	9	3	
×			2	
			6	… 3×2
	1	8	0	… 90×2
	4	0	0	…200×2
	5	8	6	

➔

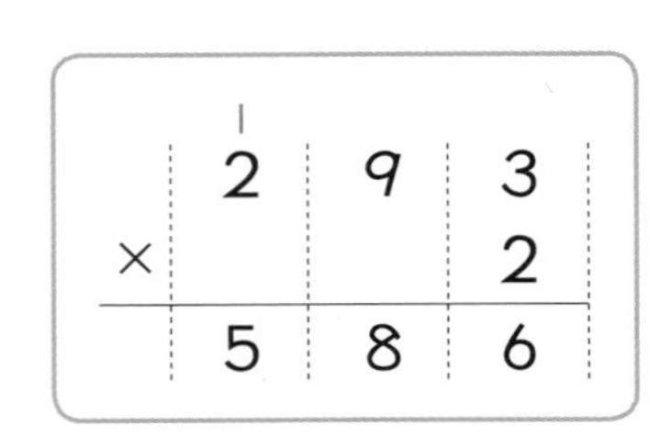

	2 (1)	9	3
×			2
	5	8	6

821×7의 계산 — 십의 자리, 백의 자리에서 올림이 있는 곱셈

		8	2	1	
×				7	
				7	… 1×7
		1	4	0	… 20×7
	5	6	0	0	…800×7
	5	7	4	7	

➔

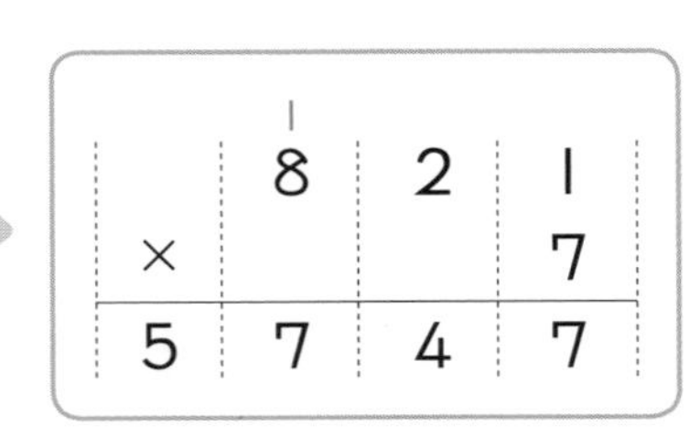

		8 (1)	2	1
×				7
	5	7	4	7

• 먼저 어림을 하고 계산한 후 자신이 어림한 값과 비교해 봅니다.

예 293×2는 300×2로 어림하여 계산한 후 어림한 값과 계산한 값을 비교해 봅니다.

어림한 값	600
계산한 값	586

• 곱셈식을 덧셈식으로 나타내기

예 325×3은 325의 3배이므로 325를 3번 더한 것과 같습니다.

➔ 325×3
=325+325+325

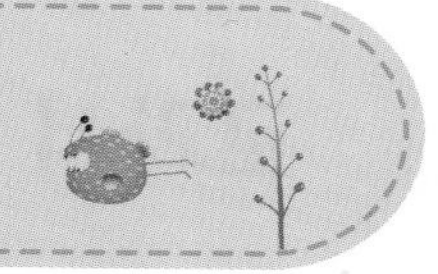

1-1 (세 자리 수)×(한 자리 수)를 구해 볼까요(1)

1 수 모형을 보고 □ 안에 알맞은 수를 써넣으세요.

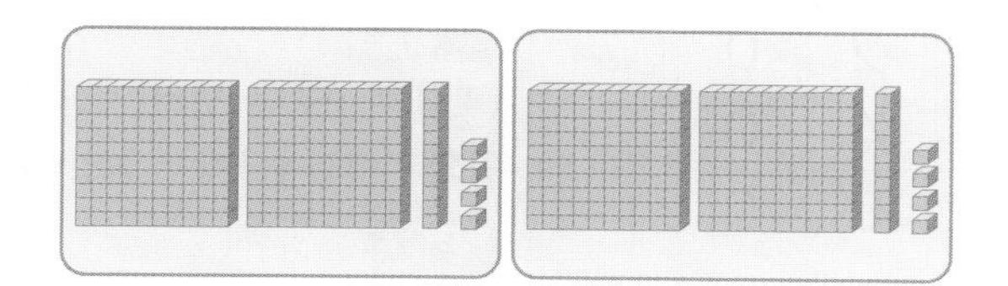

(1) 일 모형의 개수를 곱셈식으로 나타내면

□×□=□(개)입니다.

(2) 십 모형의 개수를 곱셈식으로 나타내면

□×□=□(개)입니다.

(3) 백 모형의 개수를 곱셈식으로 나타내면

□×□=□(개)입니다.

➜ □×□=□

2 계산해 보세요.

(1)
$$\begin{array}{r} 1\ 3\ 2 \\ \times \quad\ \ 3 \\ \hline \end{array}$$

(2)
$$\begin{array}{r} 4\ 3\ 2 \\ \times \quad\ \ 2 \\ \hline \end{array}$$

1-2 (세 자리 수)×(한 자리 수)를 구해 볼까요(2)

3 곱셈을 하여 답을 찾아 선으로 이어 보세요.

(1)	324×3 •	• ㉠	580
(2)	116×5 •	• ㉡	868
(3)	217×4 •	• ㉢	972

4 □ 안에 알맞은 수를 써넣으세요.

(1)
$$\begin{array}{r} 1\ 1\ \square \\ \times \quad\ \ 5 \\ \hline 5\ 7\ 5 \end{array}$$

(2)
$$\begin{array}{r} 3\ 2\ \square \\ \times \quad\ \ 3 \\ \hline 9\ 7\ 8 \end{array}$$

1-3 (세 자리 수)×(한 자리 수)를 구해 볼까요(3)

5 □ 안에 알맞은 수를 써넣으세요.

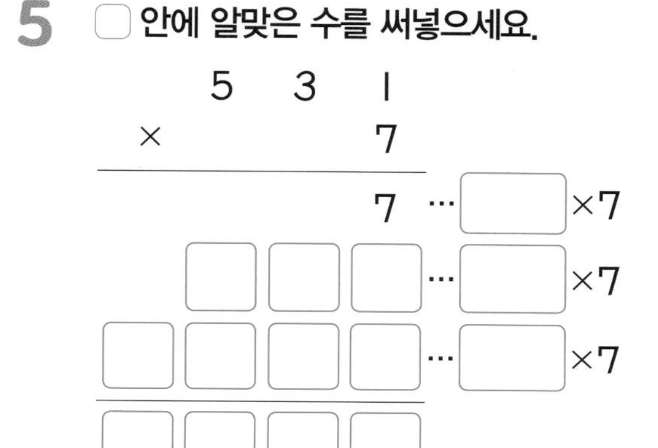

6 계산해 보세요.

(1)
$$\begin{array}{r} 5\ 9\ 3 \\ \times \quad\ \ 3 \\ \hline \end{array}$$

(2)
$$\begin{array}{r} 9\ 6\ 4 \\ \times \quad\ \ 2 \\ \hline \end{array}$$

7 책을 362권씩 꽂은 책꽂이가 4개 있습니다. 책꽂이에 꽂혀 있는 책은 모두 몇 권인가요?

식 ____________________

답 ____________________

교과서 핵심잡기

1. 곱셈

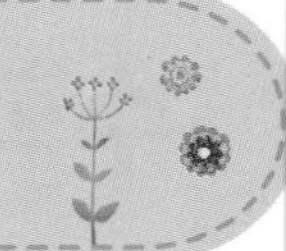

1-4 (몇십)×(몇십), (몇십몇)×(몇십)을 구해 볼까요

20×40의 계산

방법1 20과 40의 4를 먼저 곱한 다음 10을 곱해 줍니다.

$20\times40=20\times4\times10$
$=80\times10=800$

	2	0
×	4	0
8	0	0

방법2 20의 2와 40의 4를 먼저 곱한 다음 10을 두 번 곱해 줍니다.

$20\times40=2\times10\times4\times10$
$=2\times4\times10\times10$
$=8\times100=800$

• (몇십)×(몇십)의 계산

방법1
(몇십)과 (몇)을 먼저 계산하고 곱의 뒤에 0을 1개 더 붙입니다.

방법2
(몇)×(몇)을 계산하고 곱의 뒤에 0을 2개 더 붙입니다.

12×20의 계산

방법1 (몇십몇)×10을 먼저 계산하고 (몇)을 나중에 곱합니다.

$12\times10=120$
$12\times10\times2=240$

	1	2
×	2	0
2	4	0

방법2 (몇십몇)×(몇)을 먼저 계산하고 10을 나중에 곱합니다.

$12\times2=24$
$12\times2\times10=240$

• (몇십몇)×(몇십)의 계산

방법1
(몇십몇)×10을 먼저 계산하고 (몇)을 나중에 곱합니다.

방법2
(몇십몇)×(몇)을 계산하고 곱의 뒤에 0을 1개 더 붙입니다.

1-5 (몇)×(몇십몇)을 구해 볼까요

8×23의 계산

①

		8	
×	2	3	
	2	4	…8×3
1	6	0	…8×20
1	8	4	

②

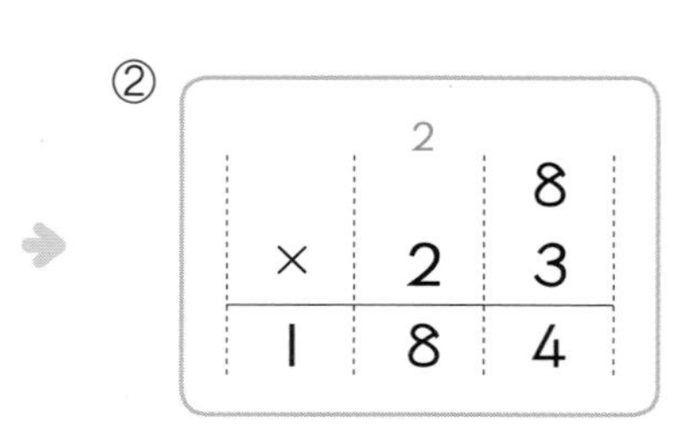

	2	8
×	2	3
1	8	4

① 세로 계산에서 24는 8×3, 160은 8×20의 곱을 나타냅니다.
② 각 자리를 계산한 값을 두 줄로 나누어 쓰지 않고 한 줄로 쓰면 세로셈을 더 간단하게 나타낼 수 있습니다.
㉠ 일의 자리를 계산한 결과로 나온 24 중 2를 십의 자리로 올림하고 나머지 4를 일의 자리에 씁니다.
㉡ 십의 자리를 계산한 결과로 나온 16과 일의 자리에서 올림한 2를 더하여 18을 백의 자리와 십의 자리에 차례로 씁니다.

• 8×23의 계산을 모눈종이로 알아보기

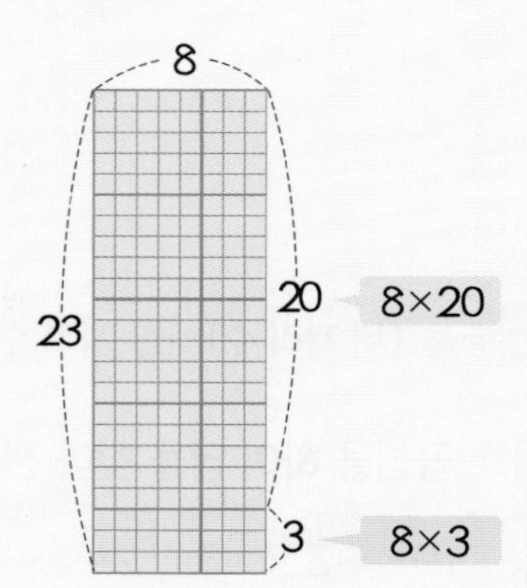

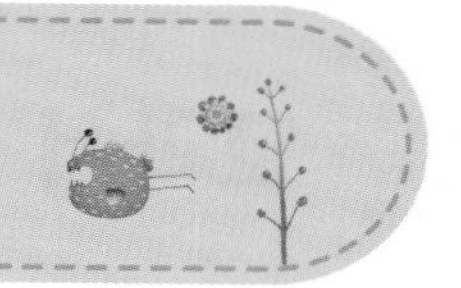

1-4 (몇십)×(몇십), (몇십몇)×(몇십)을 구해 볼까요

1 ☐ 안에 알맞은 수를 써넣으세요.

10배

3×5=15 → 30×50=1500

10배

☐배

2 계산해 보세요.

(1)
$$\begin{array}{r} 60 \\ \times\ 70 \\ \hline \end{array}$$

(2)
$$\begin{array}{r} 72 \\ \times\ 50 \\ \hline \end{array}$$

3 ☐ 안에 알맞은 수를 써넣으세요.

×60

23	
47	
78	

1-5 (몇)×(몇십몇)을 구해 볼까요

4 ☐ 안에 알맞은 수를 써넣으세요.

$$\begin{array}{r} 7 \\ \times\ 32 \\ \hline 14 \\ 210 \\ \hline 224 \end{array}$$

14 …7×☐

210 …7×☐

5 빈칸에 알맞은 수를 써넣으세요.

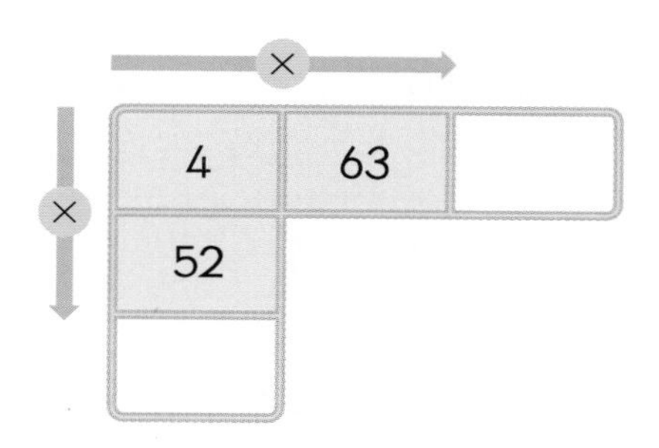

6 계산 결과가 170보다 큰 곱셈식에 색칠해 보세요.

2×62	3×51
4×43	5×35
6×27	7×18

교과서 핵심잡기  1. 곱셈

1-6 (몇십몇)×(몇십몇)을 구해 볼까요(1)

26×12의 계산 — 올림이 한 번 있는 곱셈

```
    2 6        ¹            ¹
  × 1 2  →   2 6    →     2 6
  -----    × 1 2        × 1 2
           -----        -----
               2          5 2

    2 6        2 6          2 6
→ × 1 2  →   × 1 2  →     × 1 2
  -----      -----        -----
    5 2        5 2          5 2
    6 0      2 6 0        2 6 0
                          -----
                          3 1 2
```

• 26×12의 세로 계산
① 세로 계산에서 52는 26×2, 260은 26×10의 곱을 나타냅니다.
② 26과 일의 자리 2를 먼저 곱하고, 26과 십의 자리 1을 곱한 값을 더합니다.

• 26×12의 계산
26×12
=26×10+26×2
=260+52
=312

1-7 (몇십몇)×(몇십몇)을 구해 볼까요(2)

54×28의 계산 — 올림이 여러 번 있는 곱셈

```
    5 4        ³
  × 2 8  →   5 4   →      5 4
  -----    × 2 8        × 2 8
           -----        -----
           4 3 2        4 3 2
                      1 0 8 0   →

      5 4
    × 2 8
  -------
    4 3 2 …54×8
  1 0 8 0 …54×20
  -------
  1 5 1 2
```

① 세로 계산에서 432는 54×8, 1080은 54×20의 값입니다.
② 54와 일의 자리 8을 먼저 곱하고, 54와 십의 자리 2를 곱한 값을 더합니다.

• 54×28의 계산
54×28
=54×20+54×8
=1080+432
=1512

1-8 곱셈을 활용할 수 있어요

예 감이 한 상자에 45개씩 들어 있습니다. 28상자에 들어 있는 감은 모두 몇 개인지 구해 보세요.

풀이 (28상자에 들어 있는 감의 수)=(한 상자에 들어 있는 감의 수)×28
=45×28=1260(개)입니다.

식 45×28=1260

답 1260개

• 문장으로 된 문제 해결하기
① 구하려는 것이 무엇인지 알아봅니다.
② 주어진 조건이 무엇인지 알아봅니다.
③ 문제에 알맞은 식을 만들고 계산하여 답을 구합니다.

수학 익힘 풀기 1. 곱셈

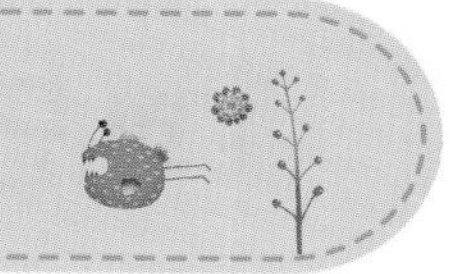

1-6 (몇십몇)×(몇십몇)을 구해 볼까요(1)

1 23×42를 계산하려고 합니다. ☐ 안에 알맞은 수를 써넣으세요.

23×42
=23×40+23×☐
=☐+☐
=☐

2 계산에서 잘못된 부분을 찾아 바르게 계산해 보세요.

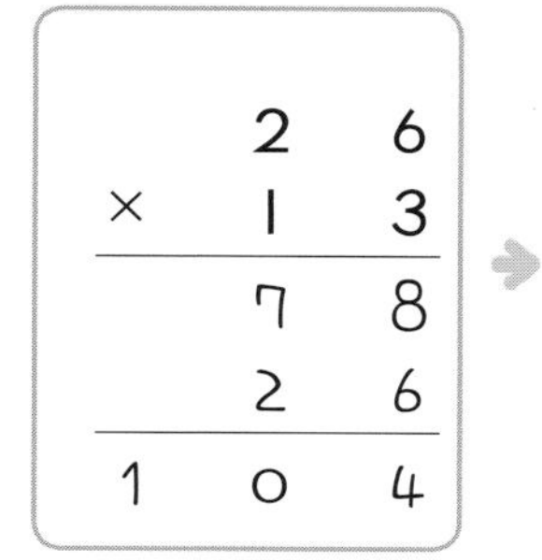

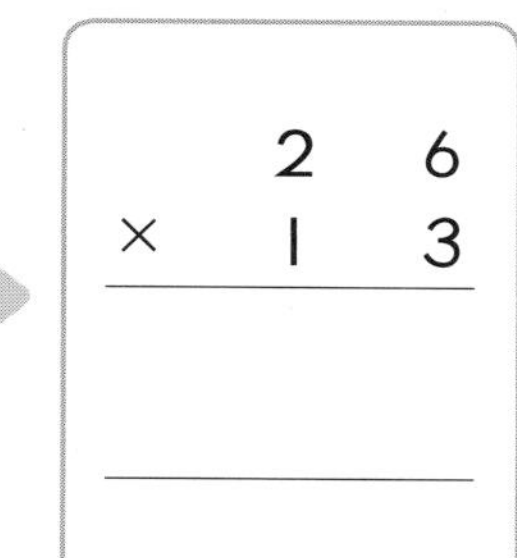

1-7 (몇십몇)×(몇십몇)을 구해 볼까요(2)

3 45×83을 계산하려고 합니다. ☐ 안에 알맞은 수를 써넣으세요.

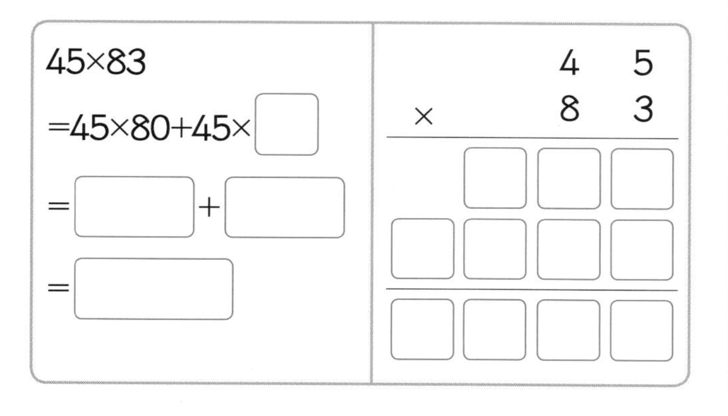

4 곱셈을 하여 답을 찾아 선으로 이어 보세요.

(1) 54×63 • 　 • ㉠ 3402

(2) 85×79 • 　 • ㉡ 4984

(3) 89×56 • 　 • ㉢ 6715

1-8 곱셈을 활용할 수 있어요

5 오이를 전자저울에 올려놓았더니 무게가 98 g이었습니다. 다음과 같은 재윤이의 궁금증을 해결하기 위한 곱셈식과 답을 써 보세요.

전자저울에 똑같은 오이를 13개 올려놓으면 몇 g이 될까?

재윤

식 ____________

답 ____________

6 버스에 55명이 타고 있습니다. 평균적으로 한 사람의 몸무게를 65 kg이라고 한다면, 버스에 탄 사람들의 몸무게는 모두 몇 kg이 되나요?

(　　　　　　)

1 수 모형을 보고 곱셈식으로 나타내어 보세요.

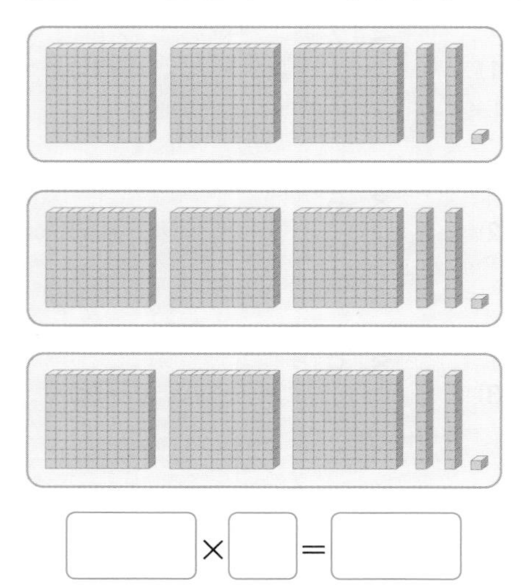

$\square \times \square = \square$

2 계산해 보세요.

(1)
$$\begin{array}{r} 1\ 3\ 3 \\ \times \quad\ 3 \\ \hline \end{array}$$

(2)
$$\begin{array}{r} 3\ 7\ 5 \\ \times \quad\ 4 \\ \hline \end{array}$$

3 □ 안에 알맞은 수를 써넣으세요.

$$\begin{array}{r} 3\ 1\ \square \\ \times \quad\ 3 \\ \hline 9\ 4\ 8 \end{array}$$

4 슬기는 저금을 하려고 하루에 650원씩 7일 동안 모았습니다. 슬기가 모은 돈은 모두 얼마인가요?

( )

서술형

5 다음 수를 7배 한 수는 얼마인지 풀이 과정을 쓰고 답을 구해 보세요.

100이 7개, 10이 15개, 1이 9개인 수

( )

6 두 수의 곱이 더 큰 쪽에 표 하세요.

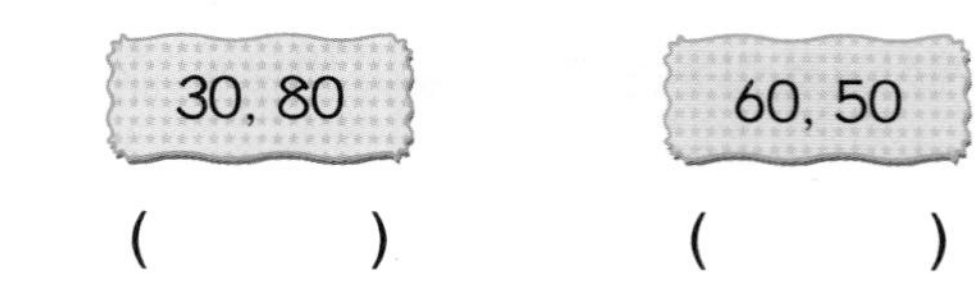

( ) ( )

중요

7 □ 안에 알맞은 수를 써넣으세요.

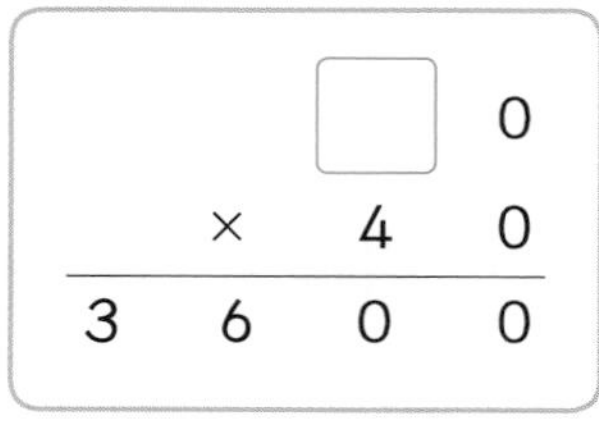

$$\begin{array}{r} \square\ 0 \\ \times\ 4\ 0 \\ \hline 3\ 6\ 0\ 0 \end{array}$$

8 빈칸에 알맞은 수를 써넣으세요.

9 윤아는 50원짜리 동전을 45개 모았습니다. 윤아가 모은 돈은 모두 얼마인가요?

( )

10 곱이 큰 것부터 차례대로 기호를 써 보세요.

㉠ 11×80	㉡ 20×90
㉢ 30×30	㉣ 40×50

(, , ,)

11 계산해 보세요.

(1)
$$\begin{array}{r} 5 \\ \times\ 2\ 7 \\ \hline \end{array}$$

(2)
$$\begin{array}{r} 3 \\ \times\ 8\ 6 \\ \hline \end{array}$$

주의

12 ㉠과 ㉡에 알맞은 수를 각각 구해 보세요.

4×75=(4×㉠)+(㉡×5)

㉠: ( )

㉡: ( )

13 □ 안에 들어갈 수 있는 수 중에서 가장 큰 수는 얼마인가요?

6×28>□×43

( )

14 빈칸에 알맞은 수를 써넣으세요.

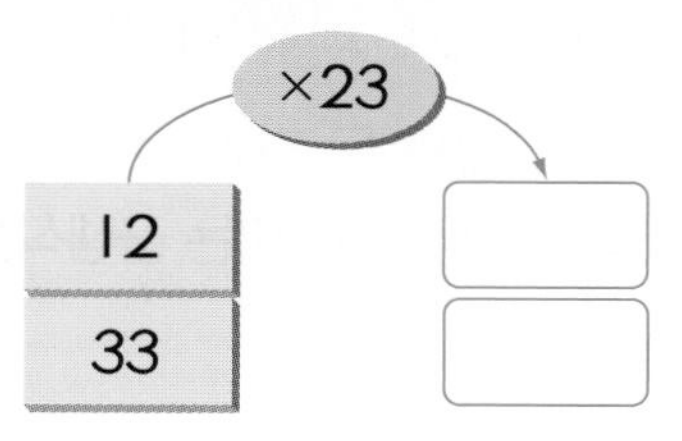

중요

15 곱이 가장 큰 것과 가장 작은 것의 차를 구해 보세요.

㉠ 17×90	㉡ 30×60
㉢ 445×7	㉣ 48×31

( )

16 □ 안에 알맞은 수를 써넣으세요.

		4	□
	×	□	8
	3	7	6
2	3	□	0
2	7	2	6

17 [2], [4], [6], [8] 4장의 수 카드를 한 번씩 사용하여 2개의 두 자리 수를 만들었습니다. 두 수의 곱이 가장 크게 되는 곱셈식을 써 보세요.

식 ______________________

주의

18 미래는 570원짜리 공책 8권을 사고 5000원을 냈습니다. 거스름돈으로 얼마를 받아야 하나요?

( )

응용

19 어느 방의 한 쪽 벽면을 쌓는 데 가로로 24장, 세로로 17장의 벽돌이 필요하다고 합니다. 똑같은 크기의 벽면이 두 개라면 두 벽면을 쌓는 데 필요한 벽돌은 모두 몇 장인가요?

( )

서술형

20 윤정이네 학교 3학년 학생들이 버스를 타고 현장 체험 학습을 가려고 합니다. 버스 한 대에 45명이 탈 수 있고, 버스 13대에 똑같이 나누어 타면 빈 자리가 각각 4자리씩 남는다고 합니다. 윤정이네 학교 3학년 학생은 모두 몇 명인지 풀이 과정을 쓰고 답을 구해 보세요.

____

____

____

( )

2회 단원 평가 도전

1. 곱셈

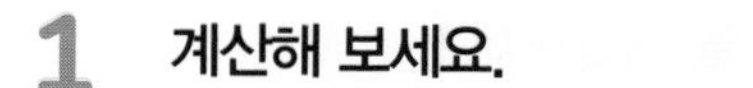

1 계산해 보세요.

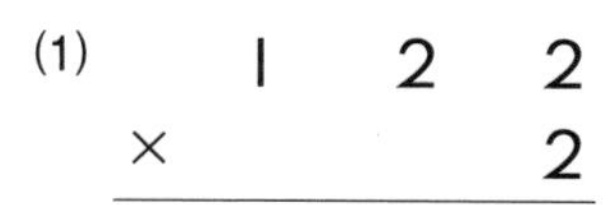

(1)
$$\begin{array}{r} 122 \\ \times \quad 2 \\ \hline \end{array}$$

(2)
$$\begin{array}{r} 213 \\ \times \quad 5 \\ \hline \end{array}$$

2 계산 결과를 비교하여 ◯ 안에 >, =, <를 알맞게 써넣으세요.

(1) 124×4 ◯ 211×3

(2) 232×3 ◯ 242×2

3 덧셈식을 곱셈식으로 나타내고 답을 구해 보세요.

365+365+365+365

식 ______________

답 ______________

4 계산 결과가 868인 것을 찾아 기호를 써 보세요.

㉠ 423×2 ㉡ 217×4

( )

주의

5 □ 안에 알맞은 수를 써넣으세요.

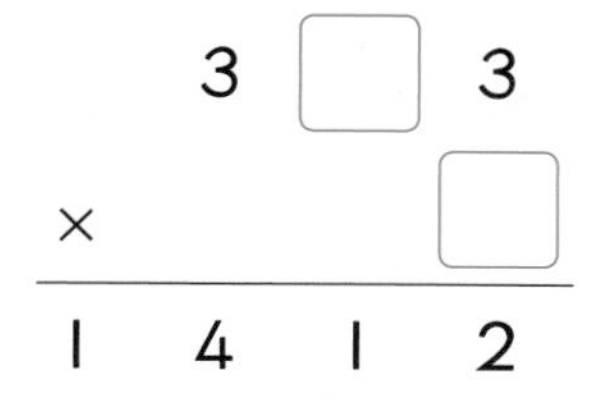

$$\begin{array}{r} 3\,\square\,3 \\ \times \quad \square \\ \hline 1412 \end{array}$$

6 □ 안에 알맞은 수를 써넣으세요.

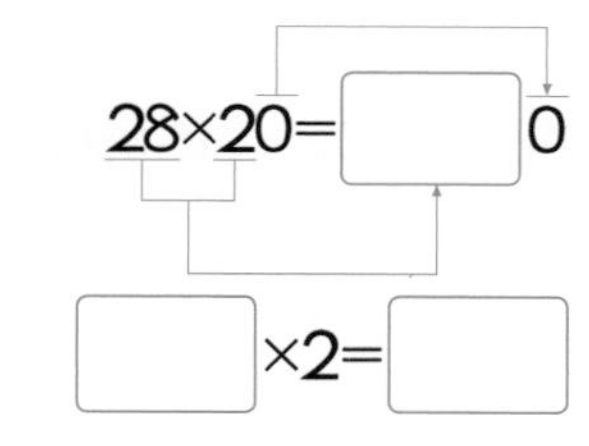

28×20=□0

□×2=□

7 계산해 보세요.

(1)
$$\begin{array}{r} 50 \\ \times \; 30 \\ \hline \end{array}$$

(2)
$$\begin{array}{r} 68 \\ \times \; 40 \\ \hline \end{array}$$

중요

8 곱이 가장 큰 것에 ◯표 하세요.

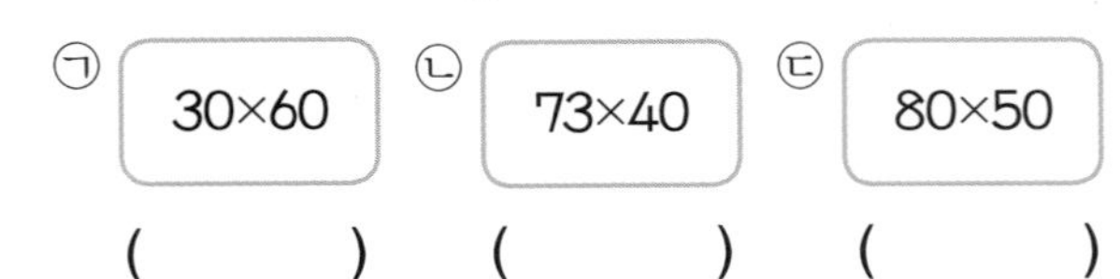

(　　　) (　　　) (　　　)

주의

9 1부터 9까지의 숫자 중에서 ☐ 안에 들어갈 수 있는 수를 모두 써 보세요.

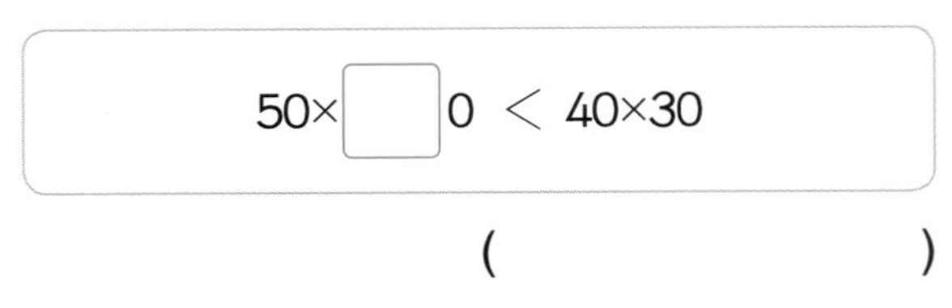

(　　　　　　　)

10 바르게 계산한 것에 ◯표 하세요.

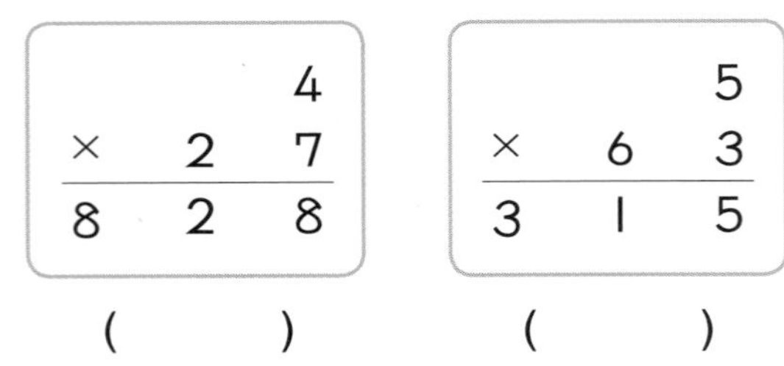

(　　　) (　　　)

서술형

11 ㉠보다 크고 ㉡보다 작은 두 곱 사이에 있는 두 자리 수는 모두 몇 개인지 풀이 과정을 쓰고 답을 구해 보세요.

㉠ 4×16　　㉡ 3×24

(　　　　　　　)

주의

12 ☐ 안에 알맞은 수를 써넣으세요.

$$\begin{array}{r} \square \\ \times\ \square\ 8 \\ \hline 2\ 6\ 6 \end{array}$$

13 ☐ 안에 알맞은 수를 써넣으세요.

$$\begin{array}{rrrrl} & & 5 & 3 & \\ \times & & 2 & 1 & \\ \hline & & \square & \square & \cdots 53\times\square \\ \square & \square & \square & \square & \cdots 53\times\square \\ \hline \square & \square & \square & \square & \end{array}$$

14 빈칸에 알맞은 수를 써넣으세요.

62 → ×15 → ×8 → ☐

15 다음 계산에서 잘못된 부분을 찾아 바르게 계산해 보세요.

	4	3
×	3	4
1	7	2
1	2	9
3	0	1

→

		4	3
	×	3	4

16 승희는 책을 하루에 34쪽씩 15일 동안 읽었습니다. 승희는 책을 모두 몇 쪽 읽었나요?

(　　　　　　　)

17 곱이 큰 것부터 차례대로 기호를 써 보세요.

㉠ 23×46　　㉡ 19×58
㉢ 37×28　　㉣ 63×21

(　,　,　,　)

18 하루는 24시간입니다. 30일은 몇 시간인가요?

(　　　　　　　)

서술형

19 정사각형의 한 변의 길이는 106 cm입니다. 정사각형의 네 변의 길이의 합은 몇 cm인지 풀이 과정을 쓰고 답을 구해 보세요.

(　　　　　　　)

응용

20 강당에 학생들이 한 줄에 18명씩 앉아 있습니다. 3학년 학생들이 46번째 줄에서 72번째 줄까지 앉아 있습니다. 강당에 앉아 있는 3학년 학생은 모두 몇 명인가요?

(　　　　　　　)

1 빈칸에 알맞은 수를 써넣으세요.

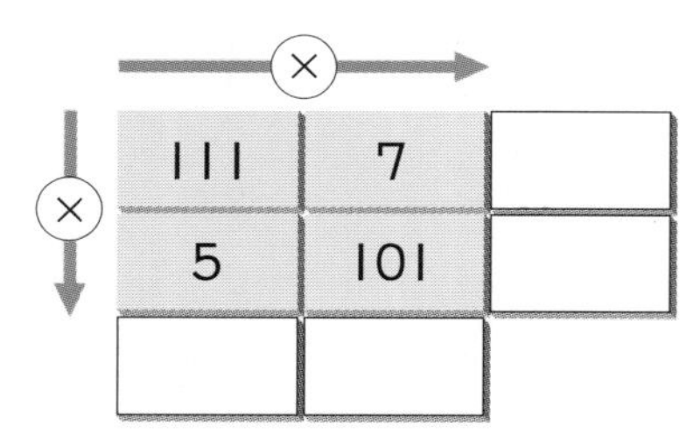

2 계산해 보세요.

(1)

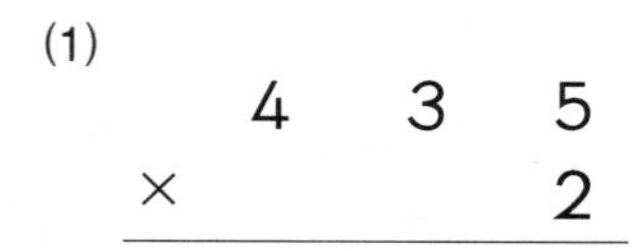

$$\begin{array}{r} 435 \\ \times \quad 2 \\ \hline \end{array}$$

(2)

$$\begin{array}{r} 261 \\ \times \quad 8 \\ \hline \end{array}$$

3 덧셈식을 곱셈식으로 나타내고 답을 구해 보세요.

384+384+384+384+384

☐×☐=☐

4 어느 공장에서 1시간 동안에 장난감을 173개씩 만든다고 합니다. 이 공장에서 5시간 동안에 만들 수 있는 장난감은 모두 몇 개인가요?

( )

5 ☐ 안에 알맞은 수를 써넣으세요.

$$\begin{array}{r} 1\ 8\ \square \\ \times \quad\quad 7 \\ \hline 1\ \square\ 8\ 1 \end{array}$$

6 빈칸에 알맞은 수를 써넣으세요.

×70

30	
43	
65	

7 ☐ 안에 알맞은 수를 써넣으세요.

90×☐=3600

8 곱이 가장 작은 것은 어느 것인가요? ( )

① 20×90 ② 35×40
③ 40×60 ④ 60×25
⑤ 70×40

9 다음 수를 60번 더하면 얼마인지 곱셈식으로 나타내고 계산해 보세요.

90보다 4만큼 더 작은 수

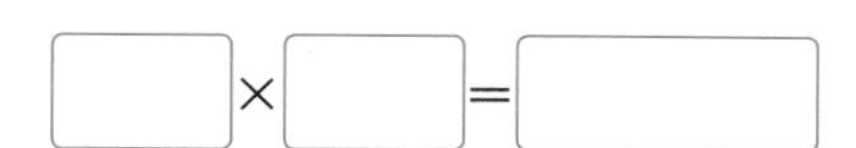

10 두 수의 곱을 구해 보세요.

( )

서술형

11 가장 큰 수와 가장 작은 수의 곱은 얼마인지 풀이 과정을 쓰고 답을 구해 보세요.

74 50 62 88 79

( )

12 3장의 수 카드 5, 7, 9 를 한 번씩만 사용하여 곱이 가장 큰 (한 자리 수)×(두 자리 수)의 곱셈식을 만들어 보세요.

13 길이가 8 cm인 색 테이프 27개를 겹치지 않게 이어 붙였습니다. 이어 붙인 색 테이프의 전체 길이는 몇 cm인가요?

( )

14 계산 결과를 비교하여 ○ 안에 $>$, $=$, $<$를 알맞게 써넣으세요.

18×32 ○ 24×27

1 단원

서술형

15 ▢ 안에 들어갈 수 있는 자연수는 모두 몇 개인지 풀이 과정을 쓰고 답을 구해 보세요.

$51\times50<\square<42\times61$

( )

16 ▢ 안에 알맞은 수를 써넣으세요.

$36\times15=\square\times10$

17 3학년 학생들이 현장 체험 학습을 가기 위해서 운동장에 12명씩 56줄로 서 있습니다. 운동장에 서 있는 3학년 학생은 모두 몇 명인가요?

( )

18 영호는 매일 줄넘기를 175번씩 합니다. 1주일 동안에 줄넘기를 몇 번 하나요?

( )

19 어떤 수에 5를 더한 다음 6을 곱했더니 54가 되었습니다. 어떤 수에 47을 곱하면 얼마인가요?

( )

서술형

20 현수는 288쪽까지 있는 위인전을 하루에 18쪽씩 읽고 있습니다. 이 위인전을 14일 동안 읽었다면 앞으로 며칠 동안 더 읽어야 모두 읽게 되는지 풀이 과정을 쓰고 답을 구해 보세요.

( )

4회 단원 평가 실전

1. 곱셈

1 빈칸에 알맞은 수를 써넣으세요.

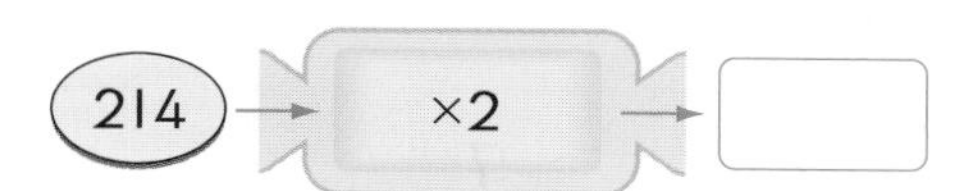

2 다음에서 ▢ 안의 숫자 2가 실제로 나타내는 수는 얼마인가요?

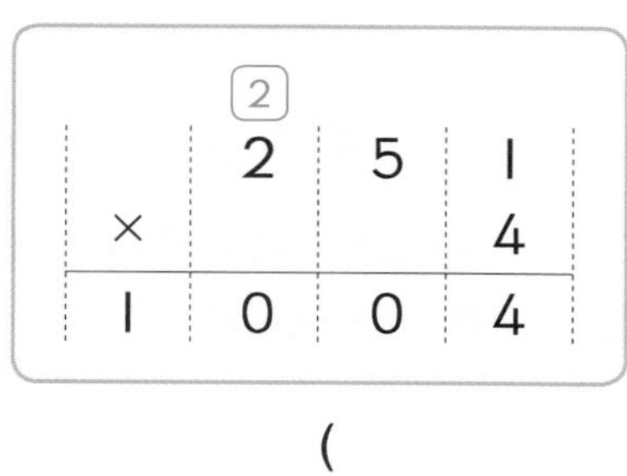

( )

3 계산 결과가 더 큰 것을 찾아 기호를 써 보세요.

㉠ 448×3 ㉡ 328×4

( )

4 ▢ 안에 알맞은 수를 써넣으세요.

$$\begin{array}{r} 5\ 6\ \square \\ \times \quad\ \ 4 \\ \hline 2\ 2\ 7\ 2 \end{array}$$

5 학교 도서관에 있는 책꽂이에는 동화책이 한 단에 125권씩 7단 꽂혀 있습니다. 학교 도서관에 있는 동화책은 모두 몇 권인가요?

( )

6 80×70의 계산 결과와 다른 것을 찾아 기호를 써 보세요.

㉠ 56×10 ㉡ 8×7×100
㉢ 80×7×10 ㉣ 56×10×10

( )

7 빈칸에 알맞은 수를 써넣으세요.

×	18	37	89
60			

8 계산 결과가 같은 것끼리 이어 보세요.

(1) 30×80 • • ㉠ 20×90

(2) 60×30 • • ㉡ 48×50

(3) 36×20 • • ㉢ 18×40

9 계산 결과를 비교하여 ○ 안에 >, =, <를 알맞게 써넣으세요.

(1) 50×20 ○ 70×10

(2) 60×48 ○ 80×25

서술형

10 민아의 심장은 1분에 78번씩 뜁니다. 민아의 심장이 계속 같은 빠르기로 뛴다면 1시간 동안 몇 번 뛰는지 풀이 과정을 쓰고 답을 구해 보세요.

( )

11 두 곱의 차를 구해 보세요.

8×47 5×63

( )

12 계산에서 잘못된 부분을 찾아 바르게 계산해 보세요.

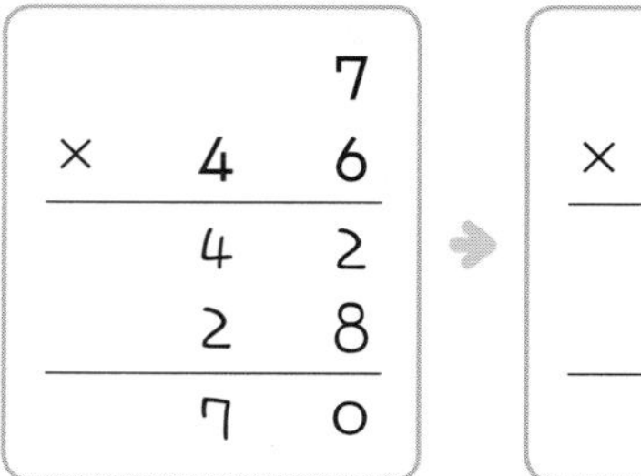

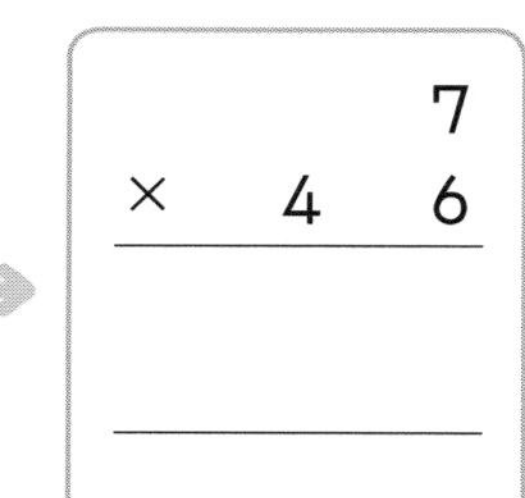

13 수 카드 6, 8을 한 번씩만 사용하여 계산 결과가 더 큰 곱셈식을 만들려고 합니다. ㉠, ㉡에 알맞은 수를 구해 보세요.

		㉠
×	5	㉡

㉠: ( )

㉡: ( )

14 계산해 보세요.

(1) $\begin{array}{r} 32 \\ \times\ 21 \\ \hline \end{array}$

(2) $\begin{array}{r} 46 \\ \times\ 37 \\ \hline \end{array}$

15 가장 큰 수와 가장 작은 수의 곱을 구해 보세요.

34	26	28

( )

16 ☐ 안에 알맞은 수를 써넣으세요.

$$\begin{array}{r} \square\ 4 \\ \times\ 5\ 6 \\ \hline 1\ 4\ 4 \\ 1\ \square\ 0\ 0 \\ \hline 1\ \square\ 4\ 4 \end{array}$$

서술형

17 어떤 수에 34를 곱해야 하는데 잘못하여 34를 더했더니 72가 되었습니다. 바르게 계산하면 얼마인지 풀이 과정을 쓰고 답을 구해 보세요.

( )

서술형

18 유준이는 매일 아침마다 윗몸 일으키기를 55번씩 합니다. 4월에 한 윗몸 일으키기는 모두 몇 번인지 풀이 과정을 쓰고 답을 구해 보세요.

( )

19 호주를 다녀오신 아버지께서는 영수에게 호주 돈 7달러를 용돈으로 주셨습니다. 영수가 은행에 간 날 호주 돈 1달러는 우리나라 돈 807원과 같았습니다. 영수가 받은 용돈은 우리나라 돈으로 얼마인가요?

( )

서술형

20 빨간 구슬이 25개씩 들어 있는 주머니가 20개 있고, 파란 구슬이 34개씩 들어 있는 주머니가 16개 있습니다. 빨간 구슬과 파란 구슬 중에서 어느 구슬이 몇 개 더 많은지 풀이 과정을 쓰고 답을 구해 보세요.

(,)

연습 각 단계에 따라 문제를 풀어 보세요.

1 정은이네 가족과 준희네 가족은 사과를 땄습니다. 정은이네 가족이 딴 사과는 36개씩 20상자이고, 준희네 가족이 딴 사과는 25개씩 30상자입니다. 누구네 가족이 몇 개 더 많이 땄는지 구해 보세요.

1단계 정은이네 가족이 딴 사과는 몇 개인가요?

( )

2단계 준희네 가족이 딴 사과는 몇 개인가요?

( )

3단계 누구네 가족이 몇 개 더 많이 땄나요?

(,)

도전 위에서 푼 방법을 생각하며 풀어 보세요.

1-1 운동장에 3학년은 24명씩 25줄로 서 있고, 4학년은 32명씩 21줄로 서 있습니다. 3학년과 4학년 중 어느 학년이 몇 명 더 많은지 구해 보세요.

풀이

답 ,

이렇게 술술 풀어요

① 3학년 학생 수를 구합니다.

② 4학년 학생 수를 구합니다.

③ 어느 학년이 몇 명 더 많은지 구합니다.

연습 각 단계에 따라 문제를 풀어 보세요.

2 재호네 학교 3학년은 7개 반으로 반별 남학생은 17명, 여학생은 15명입니다. 미술 시간에 준비물로 한 명에게 색종이를 6장씩 나누어 주려고 합니다. 필요한 색종이는 모두 몇 장인지 구해 보세요.

1단계 한 반의 학생은 모두 몇 명인가요?

( )

2단계 3학년 학생은 모두 몇 명인가요?

( )

3단계 필요한 색종이는 모두 몇 장인가요?

( )

도전 위에서 푼 방법을 생각하며 풀어 보세요.

2-1 수진이네 학교 3학년은 9개 반으로 반별 남학생은 18명, 여학생은 16명입니다. 학교에서 운동회를 하였는데 기념품으로 한 명에게 연필을 4자루씩 나누어 주었습니다. 3학년 학생에게 나누어 준 연필은 모두 몇 자루인지 구해 보세요.

풀이

답

이렇게 술술 풀어요

① 한 반의 학생 수를 구합니다.

② 한 반에 나누어 준 연필 수를 구합니다.

③ 3학년 학생에게 나누어 준 연필 수를 구합니다.

연습 각 단계에 따라 문제를 풀어 보세요.

3 길이가 38 cm인 색 테이프 24장을 그림과 같이 7 cm씩 겹쳐서 한 줄로 이어 붙였습니다. 이어 붙인 색 테이프의 전체 길이는 몇 cm인지 구해 보세요.

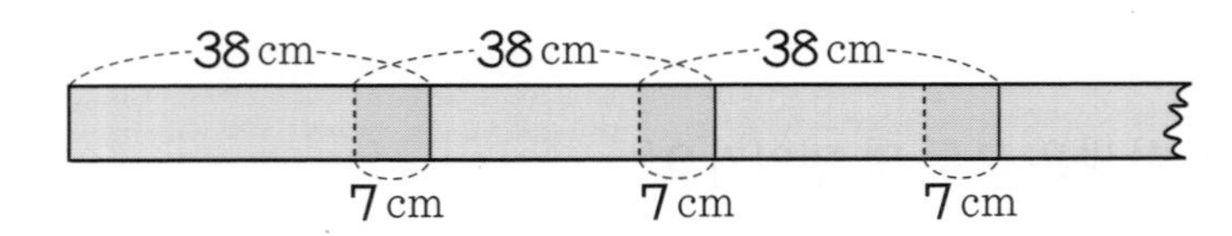

1단계 색 테이프 24장의 길이의 합은 몇 cm인가요?

( )

2단계 겹쳐진 부분의 길이의 합은 몇 cm인가요?

( )

3단계 이어 붙인 색 테이프의 전체 길이는 몇 cm인가요?

( )

도전 위에서 푼 방법을 생각하며 풀어 보세요.

3-1 길이가 57 cm인 색 테이프 39장을 그림과 같이 12 cm씩 겹쳐서 한 줄로 이어 붙였습니다. 이어 붙인 색 테이프의 전체 길이는 몇 cm인지 구해 보세요.

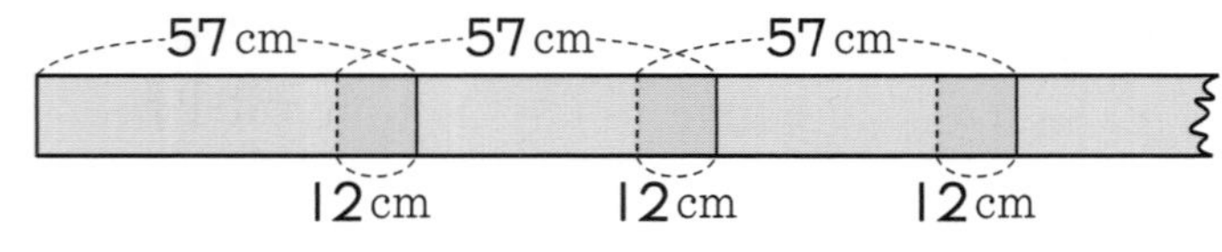

풀이

답 ______

이렇게 술술 풀어요

① 색 테이프 39장의 길이의 합을 구합니다.

② 겹쳐진 부분의 길이의 합을 구합니다.

③ 이어 붙인 색 테이프의 전체 길이를 구합니다.

실전 시험처럼 문제를 풀어 보세요.

4 어떤 수에 46을 곱해야 하는데 잘못하여 46을 뺐더니 13이 되었습니다. 바르게 계산하면 얼마인지 구해 보세요.

풀이

답

실전 시험처럼 문제를 풀어 보세요.

5 보기 와 같은 규칙으로 ㉠과 ㉡에 알맞은 수를 각각 구해 보세요.

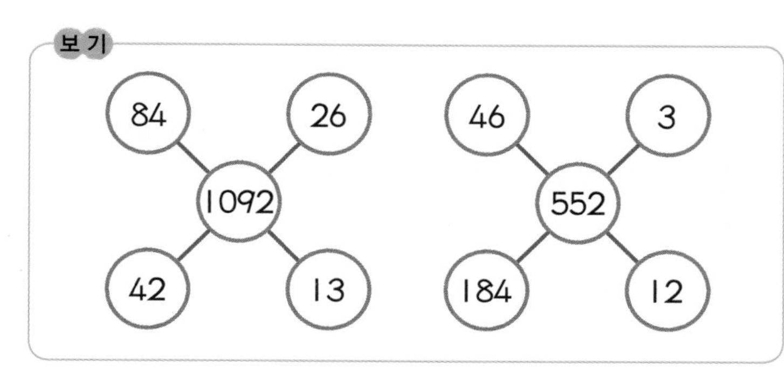

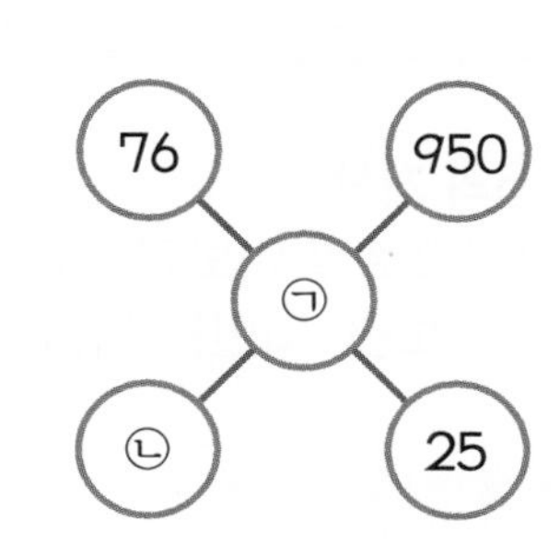

풀이

답 ㉠  , ㉡

교과서 핵심잡기 2. 나눗셈

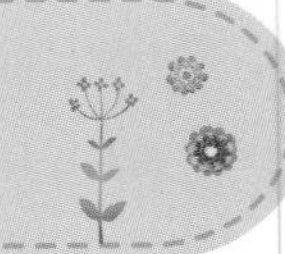

2-1 (몇십)÷(몇)을 구해 볼까요(1)

60÷3의 계산 — 내림이 없는 (몇십)÷(몇)의 계산

① 수 모형으로 알아보기: 십 모형이 6개 있습니다. 수 모형을 똑같이 세 묶음으로 나누면 십 모형 2개씩 나누어집니다.

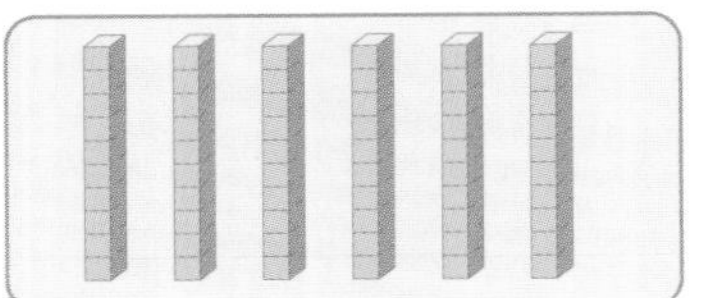
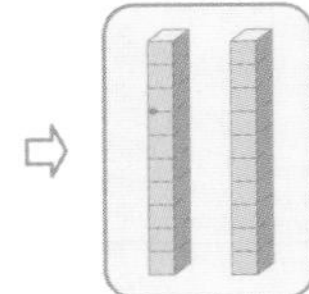
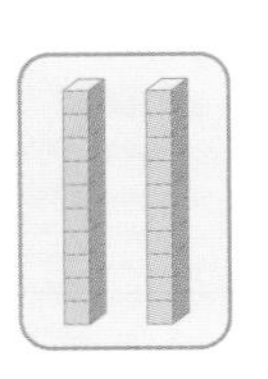
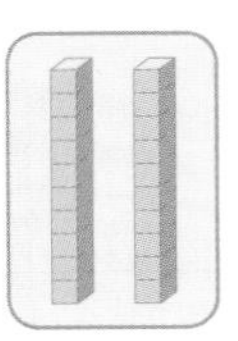

② 나눗셈식으로 나타내기: 60÷3=20이므로 몫은 20입니다.

→ 60÷3=20

• 60÷3의 계산
(몇십)÷(몇)은 (몇)÷(몇)을 계산한 다음, 구한 몫에 0을 한 개 더 붙입니다.

6÷3= 2

→ 60÷3= 20

□ 안에 알맞은 수를 써넣으세요.

(1) 6÷6=□ → 60÷6=□

(2) 8÷4=□ → 80÷4=□

(몇십)÷(몇)은 (몇)÷(몇)을 계산한 다음, 구한 몫에 0을 한 개 더 붙입니다.

답 (1) 1, 10 (2) 2, 20

2-2 (몇십)÷(몇)을 구해 볼까요(2)

70÷5의 계산 — 내림이 있는 (몇십)÷(몇)의 계산

① 수 모형으로 알아보기: 십 모형 7개를 일 모형 70개로 바꿔서 5개씩 묶어 보면 14번을 묶을 수 있습니다. — 십 모형 1개를 일 모형 10개로 바꿀 수 있습니다.

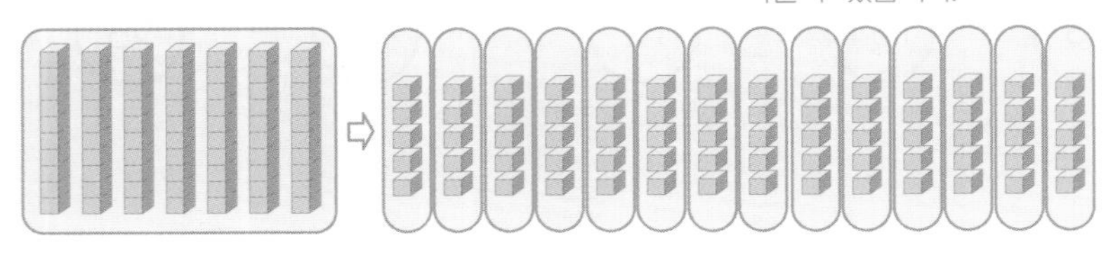

② 나눗셈식으로 나타내기: 14번 묶을 수 있으므로 몫은 14입니다.

→ 70÷5=14

• 70÷5를 세로로 계산하기

```
   1 4
5)7 0
  5 0
  ---
  2 0
  2 0
  ---
    0
```

□ 안에 알맞은 수를 써넣으세요.

(1) 80÷5=□

(2) 90÷6=□

(1) 십 모형 8개를 일 모형 80개로 바꿔서 5개씩 묶어 보면 16번을 묶을 수 있습니다.

답 (1) 16 (2) 15

수학 익힘 풀기

2. 나눗셈

2-1 (몇십)÷(몇)을 구해 볼까요(1)

1 80÷2의 계산 과정을 수 모형으로 나타낸 그림입니다. 물음에 답하세요.

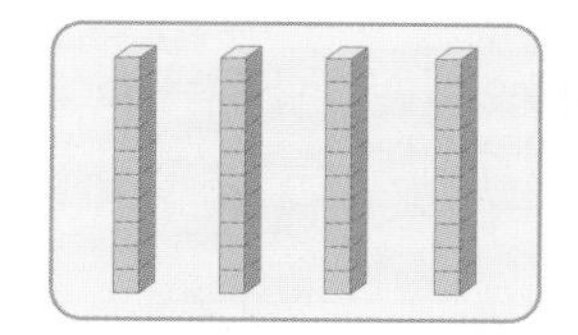

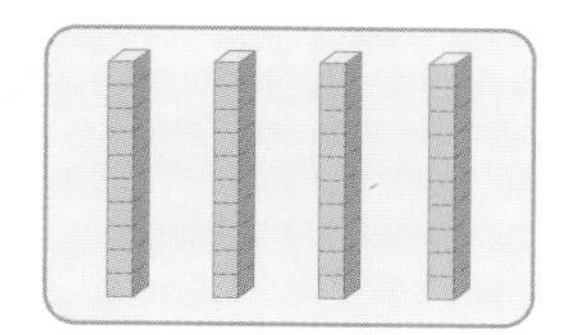

(1) 십 모형이 한 묶음에 몇 개씩 있나요?

□개

(2) □ 안에 알맞은 수를 써넣으세요.

$80 \div 2 =$ □

2 □ 안에 알맞은 수를 써넣으세요.

(1) $6 \div 2 = 3$ ➔ $60 \div 2 =$ □

(2) $9 \div 3 = 3$ ➔ $90 \div 3 =$ □

3 □ 안에 알맞은 수를 써넣으세요.

(1) $80 \div 4 =$ □

(2) $40 \div 2 =$ □

(3) $60 \div 2 =$ □

2-2 (몇십)÷(몇)을 구해 볼까요(2)

4 60÷5의 계산 과정을 수 모형으로 나타낸 그림입니다. 물음에 답하세요.

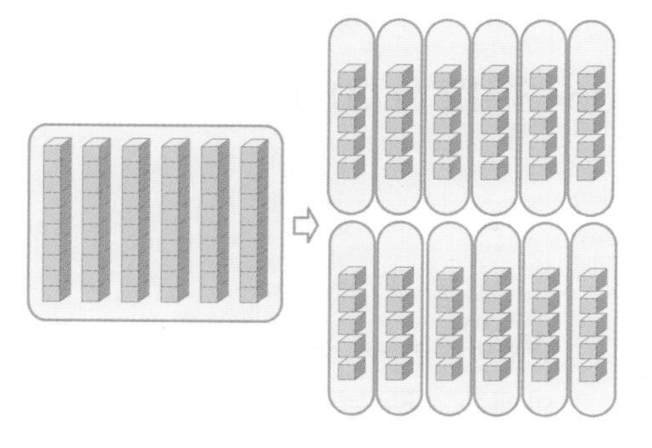

(1) 5개씩 묶으면 몇 묶음이 되나요?

□묶음

(2) □ 안에 알맞은 수를 써넣으세요.

$60 \div 5 =$ □

5 □ 안에 알맞은 수를 써넣으세요.

(1) $50 \div 2 =$ □

(2) $60 \div 4 =$ □

(3) $70 \div 2 =$ □

6 몫의 크기를 비교하여 ○ 안에 >, =, <를 알맞게 써넣으세요.

(1) $30 \div 2$ ○ $60 \div 5$

(2) $80 \div 5$ ○ $60 \div 4$

2 단원

교과서 핵심잡기

2. 나눗셈

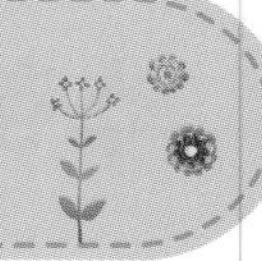

2-3 (몇십몇)÷(몇)을 구해 볼까요(1)

36÷3의 계산 → 나머지가 없는 (몇십몇)÷(몇)의 계산

① 나눗셈식을 세로로 쓰기

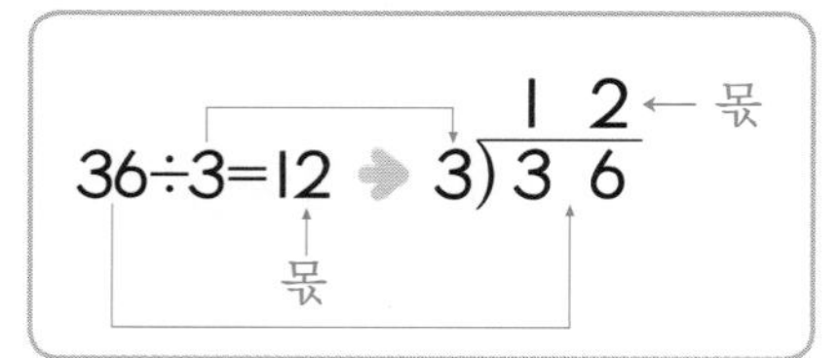

② 십의 자리 계산하기

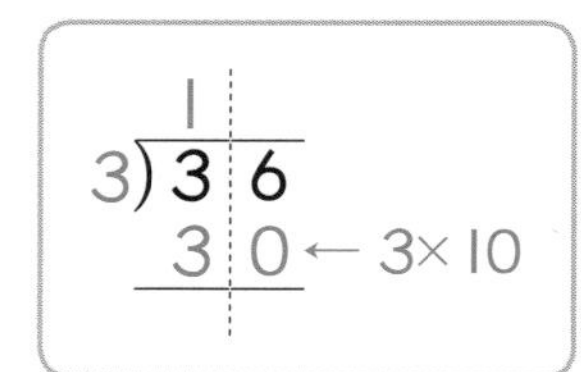

③ 일의 자리 계산하기

```
    1 2
3)3 6
   3 0
     6
     6 ← 3×2
     0
```

나누어지는 수 36은) 의 아래쪽, 나누는 수 3은 왼쪽, 몫 12는 위쪽에 써야 해.

• 나누어지는 수와 나누는 수

```
   1 2 ← 몫
3)3 6 ← 나누어지는 수
↑
나누는 수
```

2-4 (몇십몇)÷(몇)을 구해 볼까요(2)

48÷3의 계산 → 내림이 있고 나머지가 없는 (몇십몇)÷(몇)의 계산

① 나눗셈식을 세로로 쓰기

48÷3 → 3)4 8

② 십의 자리 계산하기

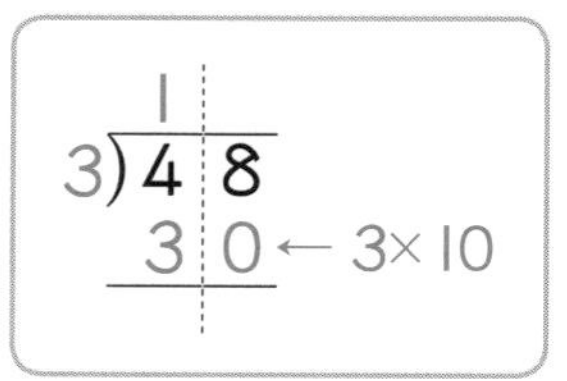

③ 일의 자리 계산하기

```
    1 6
3)4 8
   3 0
   1 8
   1 8 ← 3×6
     0
```

48÷3=16이므로 몫은 16이야.

• 48÷3의 계산

① 십의 자리 숫자 4 나누기 3의 몫은 1이므로 몫의 십의 자리에 1을 써야 합니다.
② 3 곱하기 1은 3이므로 3을 써야 합니다.
③ 4 빼기 3은 1이므로 십의 자리에 숫자 1을 쓰고, 일의 자리 숫자 8은 그대로 내려 씁니다.
④ 18 나누기 3은 6이므로 몫의 일의 자리에 6을 써야 합니다.
⑤ 3 곱하기 6은 18이므로 18을 써야 합니다.
⑥ 18 빼기 18은 0이므로 가장 아래에 0을 써야 합니다.

2-3 (몇십몇)÷(몇)을 구해 볼까요(1)

1 계산 과정을 수 모형으로 나타낸 그림입니다. □ 안에 알맞은 수를 써넣으세요.

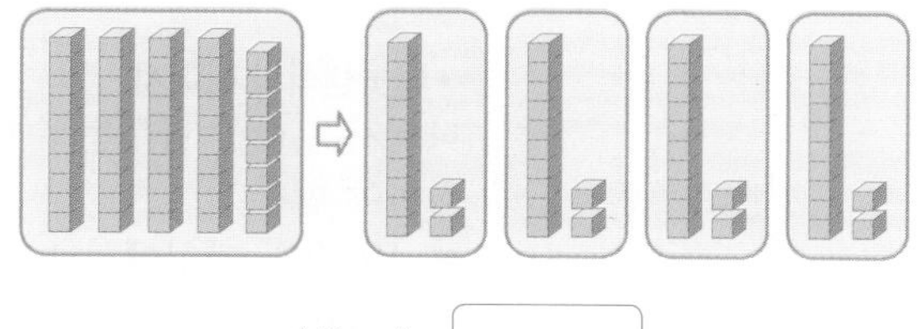

48÷4=□

2 □ 안에 알맞은 수를 써넣으세요.

(1)

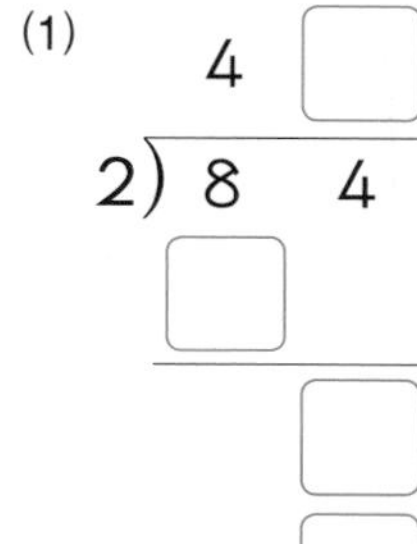

(2)

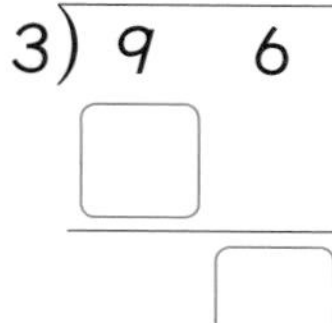

3 하트 모양 붙임딱지가 39개 있습니다. 3명에게 똑같이 나누어 주면 한 명에게 몇 개씩 줄 수 있나요?

식 ______________________

답 ______________________

2-4 (몇십몇)÷(몇)을 구해 볼까요(2)

4 계산 과정을 수 모형으로 나타낸 그림입니다. □ 안에 알맞은 수를 써넣으세요.

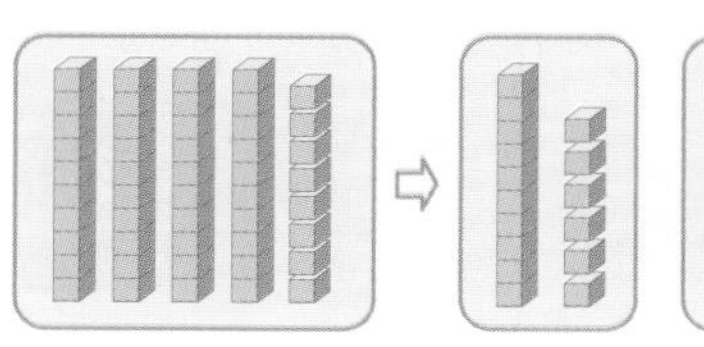

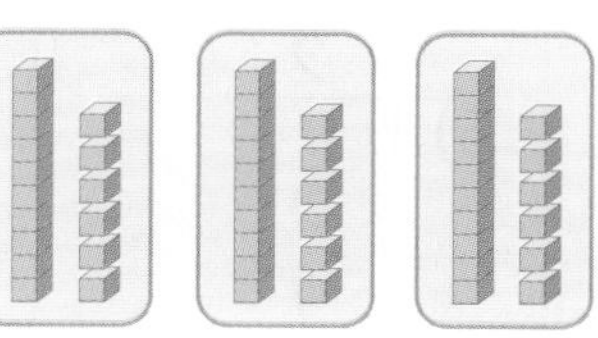

48÷3=□

5 □ 안에 알맞은 수를 써넣으세요.

(1)

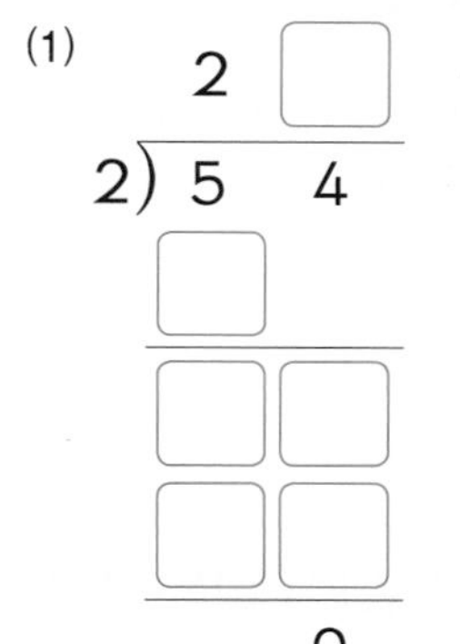

(2)

```
     1 □
3) 5  4
   □
   □ □
   □ □
      0
```

6 클립이 45개 있습니다. 3명에게 똑같이 나누어 주면 한 명에게 몇 개씩 줄 수 있나요?

식 ______________________

답 ______________________

2 단원

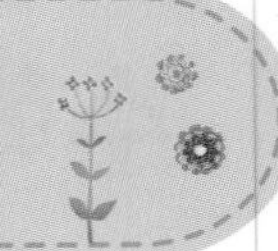

2-5 나머지가 있는 (몇십몇)÷(몇)을 구해 볼까요(1)

19÷5의 계산 → 나머지가 있는 (몇십몇)÷(몇)의 계산

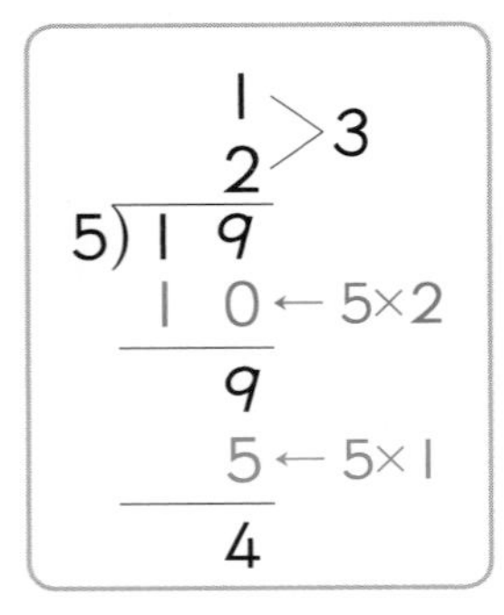
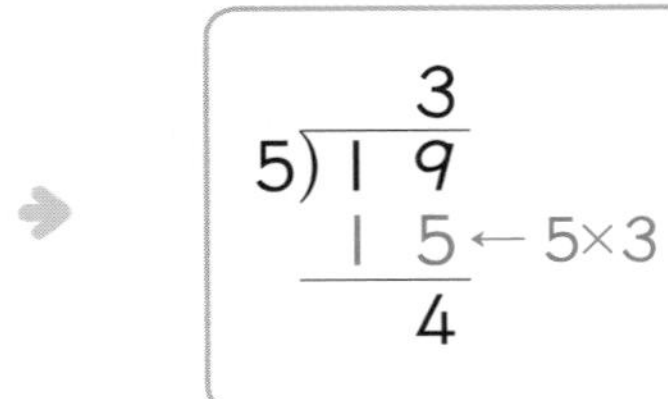

① 19를 5로 나누면 몫은 3이고 4가 남습니다. 이때 4를 19÷5의 나머지라고 합니다.

→ 19÷5=3···4

나누는 수, 몫, 나누어지는 수, 나머지

② 나머지가 없으면 나머지가 0이라고 합니다. 나머지가 0일 때, 나누어떨어진다고 합니다.

• **19÷5의 계산**
19에 5가 3번 들어가고 4가 남습니다.

• **나눗셈식의 나머지**
나머지는 항상 나누는 수보다 작아야 합니다.
예 19÷5의 계산에서 나머지는 5보다 작아야 합니다.

2-6 나머지가 있는 (몇십몇)÷(몇)을 구해 볼까요(2)

47÷3의 계산 → 내림이 있고 나머지가 있는 (몇십몇)÷(몇)의 계산

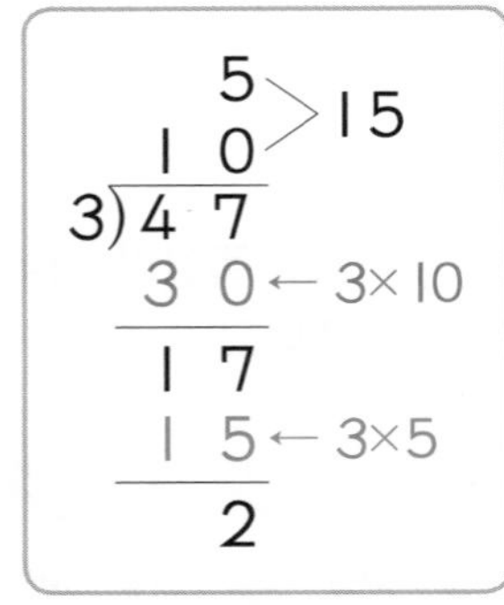
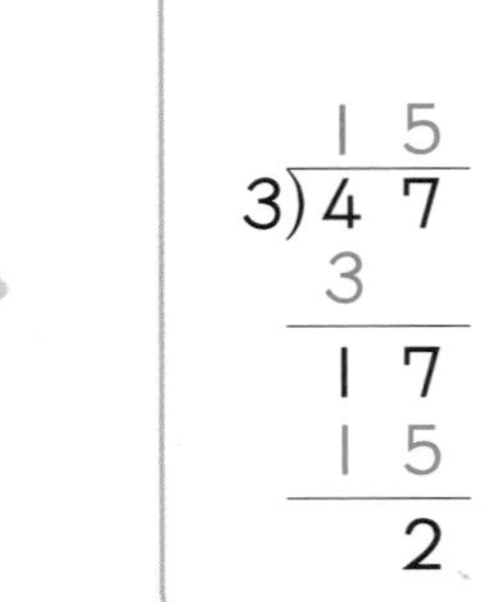

47÷3=15···2이므로 몫은 15이고 나머지는 2가 되지.

• **47÷3의 계산**
① 4 나누기 3의 몫은 1이므로 몫의 십의 자리에 1을 써야 합니다.
② 3 곱하기 1은 3이므로 3을 써야 합니다.
③ 4 빼기 3은 1이므로 십의 자리에 숫자 1을 쓰고, 일의 자리 숫자 7은 그대로 내려 씁니다.
④ 17 나누기 3의 몫은 5이므로 몫의 일의 자리에 5를 써야 합니다.
⑤ 3 곱하기 5는 15이므로 15를 써야 합니다.
⑥ 17 빼기 15는 2이므로 가장 아래에 2를 써야 합니다. 따라서 나머지는 2입니다.

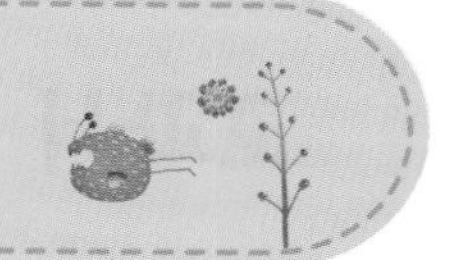

2-5 나머지가 있는 (몇십몇)÷(몇)을 구해 볼까요(1)

1 □ 안에 알맞은 수를 써넣고, 몫과 나머지를 구해 보세요.

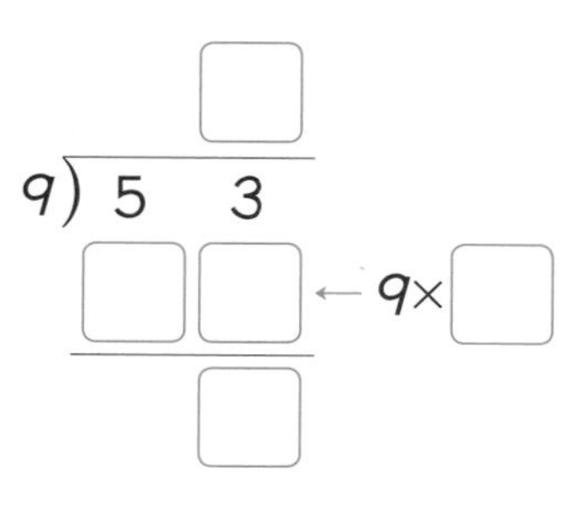

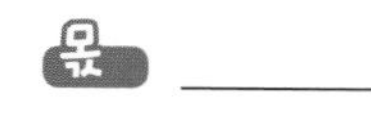

나머지 ______

2 계산해 보세요.

(1) $7\overline{)65}$

(2) $8\overline{)58}$

나머지 ______

3 빵이 32개 있습니다. 5모둠에 똑같이 나누어 주면 한 모둠에게 몇 개씩 줄 수 있고, 몇 개가 남나요?

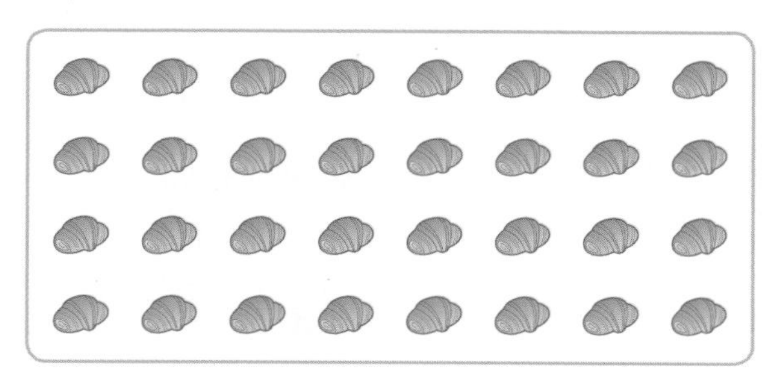

식 ______

2-6 나머지가 있는 (몇십몇)÷(몇)을 구해 볼까요(2)

4 계산해 보세요.

(1) $6\overline{)75}$

(2) $4\overline{)67}$

5 계산에서 잘못된 부분을 찾아 바르게 계산해 보세요.

$$\begin{array}{r} 18 \\ 3\overline{)59} \\ 3 \\ \hline 29 \\ 24 \\ \hline 5 \end{array}$$

→

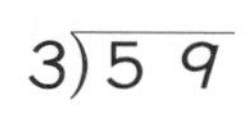

$3\overline{)59}$

6 참외가 33개 있습니다. 2가족이 똑같이 나누어 가지려면 한 가족이 몇 개씩 가질 수 있고, 몇 개가 남나요?

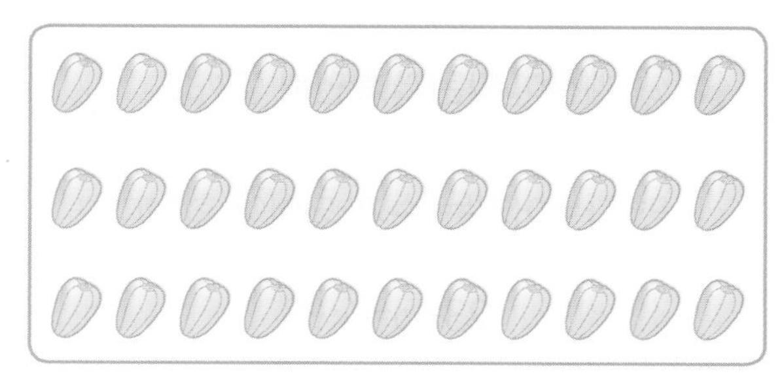

식 ______

답 ______, ______

교과서 핵심잡기

2. 나눗셈

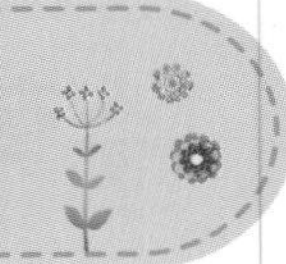

2-7 (세 자리 수)÷(한 자리 수)를 구해 볼까요

300÷3의 계산 — 나머지가 없는 (세 자리 수)÷(한 자리 수)의 계산

$$\begin{array}{r} 1 \\ 3\overline{)300} \\ 3 \\ \hline 0 \end{array} \rightarrow \begin{array}{r} 10 \\ 3\overline{)300} \\ 3 \\ \hline 0 \end{array} \rightarrow \begin{array}{r} 100 \\ 3\overline{)300} \\ 3 \\ \hline 0 \end{array}$$

- 300÷3을 계산하는 방법
  ① 3÷3의 나눗셈 뒤에 0을 두 개 더 붙여서 계산하는 것과 같습니다.
  ② 300에서 백의 자리부터 순서대로 계산하면 됩니다.

275÷5의 계산

$$5\overline{)275} \rightarrow \begin{array}{r} 5 \\ 5\overline{)275} \\ 25 \\ \hline 2 \end{array} \rightarrow \begin{array}{r} 55 \\ 5\overline{)275} \\ 25 \\ \hline 25 \\ 25 \\ \hline 0 \end{array}$$

- 275÷5를 계산하는 방법
  백의 자리에서 2를 5로 나눌 수 없으므로 십의 자리에서 27을 5로 나누고 남은 2와 일의 자리 5를 합친 25를 5로 나눕니다.

2-8 나머지가 있는 (세 자리 수)÷(한 자리 수)를 구해 볼까요

289÷3의 계산 — 나머지가 있는 (세 자리 수)÷(한 자리 수)의 계산

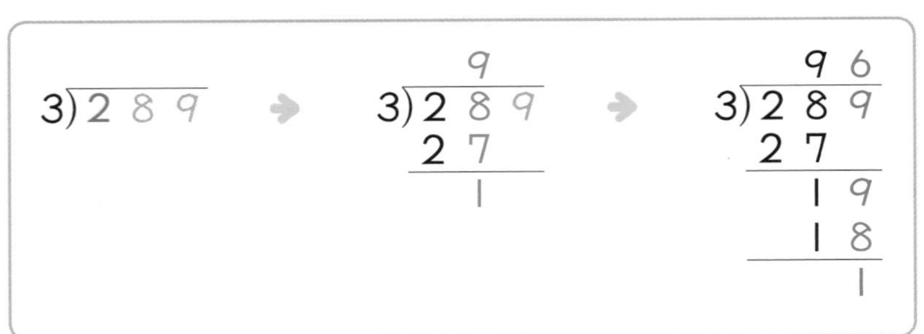

$$3\overline{)289} \rightarrow \begin{array}{r} 9 \\ 3\overline{)289} \\ 27 \\ \hline 1 \end{array} \rightarrow \begin{array}{r} 96 \\ 3\overline{)289} \\ 27 \\ \hline 19 \\ 18 \\ \hline 1 \end{array}$$

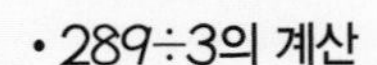

- 289÷3의 계산
  ① 289에서 백의 자리부터 순서대로 3으로 나누어 가면서 계산을 하면 됩니다.
  ② 백의 자리에서 2를 3으로 나눌 수 없으므로 십의 자리에서 28을 3으로 나누고, 남는 1과 일의 자리에서 9를 합친 19를 3으로 나누면 1이 남습니다.

2-9 계산이 맞는지 확인해 볼까요

- **맞게 계산했는지 확인해 보기**: 나누는 수와 몫의 곱에 나머지를 더하면 나누어지는 수가 되어야 합니다.

예

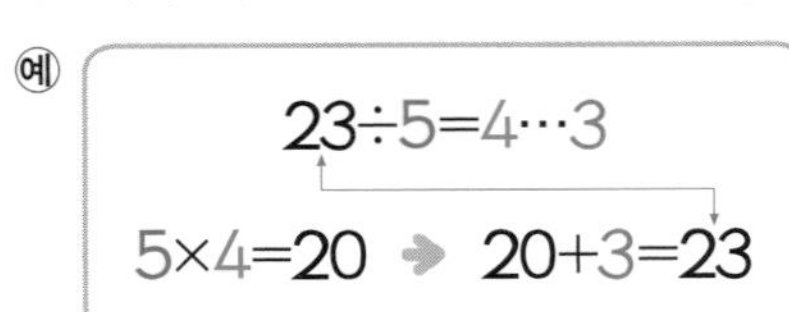

23÷5=4⋯3
5×4=20 → 20+3=23

16÷5=3⋯1
5×3=15 → 15+1=16

- 계산한 것 확인하기

$$\begin{array}{r} 4 \\ 9\overline{)38} \\ 36 \\ \hline 2 \end{array}$$

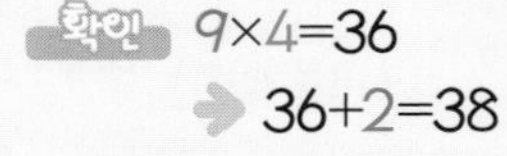

확인 9×4=36
→ 36+2=38

2-7 (세 자리 수)÷(한 자리 수)를 구해 볼까요

□ 안에 알맞은 수를 써넣으세요. [1~3]

1

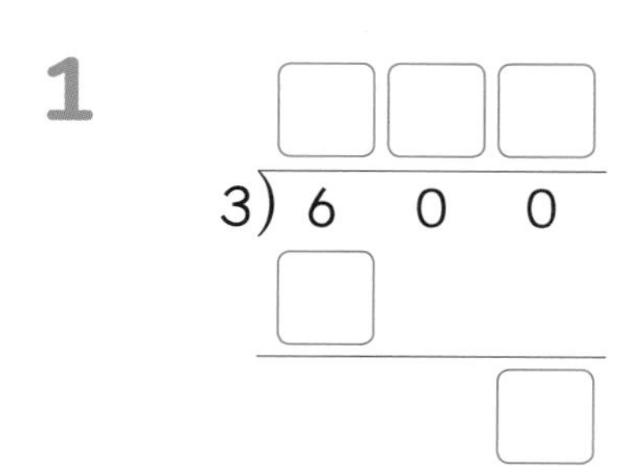

2

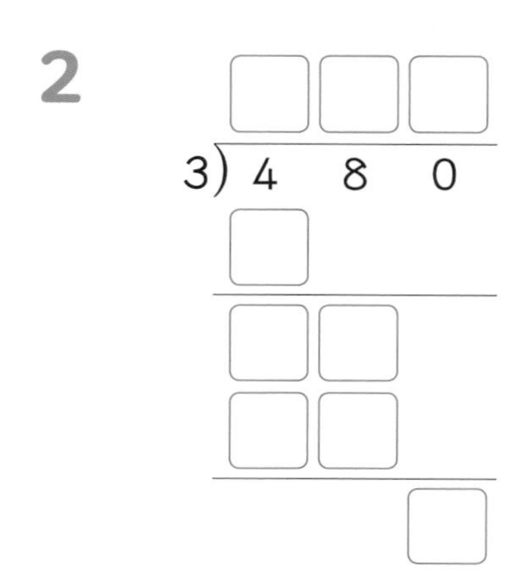

3

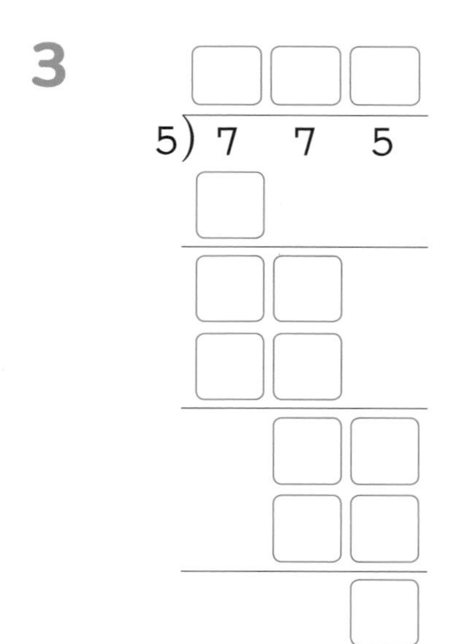

4 378개의 귤을 6상자에 똑같이 나누어 담으려고 합니다. 한 상자에 몇 개씩 담을 수 있나요?

식 ______________

답 ______________

2-8 나머지가 있는 (세 자리 수)÷(한 자리 수)를 구해 볼까요

5 계산해 보세요.

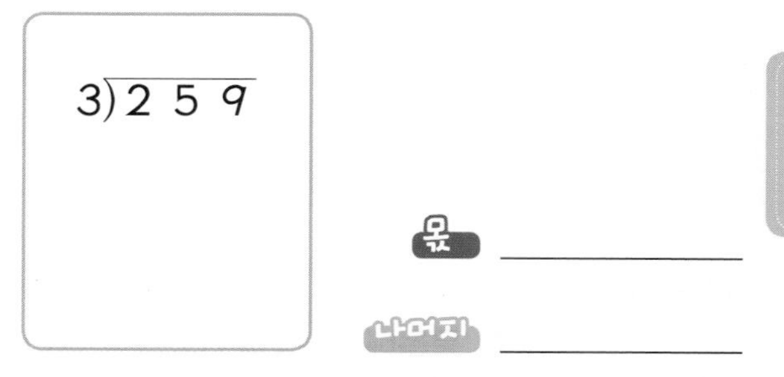

몫 ______________

나머지 ______________

6 혜림이네는 모과나무에서 모과를 125개 땄습니다. 다음과 같이 나누어 주면 몇 개씩 나눌 수 있고, 몇 개가 남나요?

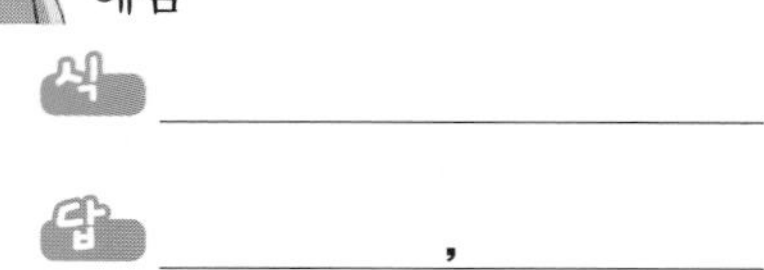

식 ______________

답 ______________, ______________

2-9 계산이 맞는지 확인해 볼까요

7 계산해 보고 맞게 계산했는지 확인해 보세요.

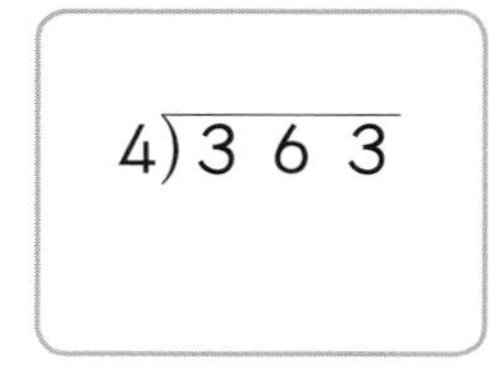

몫 ______________

나머지 ______________

확인 ______________ →

1 몫이 가장 큰 것은 어느 것인가요? (   )

① 60÷2 ② 40÷2
③ 50÷5 ④ 80÷2
⑤ 30÷3

서술형

2 색종이가 한 묶음에 10장씩 6묶음 있습니다. 색종이를 한 사람에게 3장씩 나누어 주면 모두 몇 명에게 나누어 줄 수 있는지 풀이 과정을 쓰고 답을 구해 보세요.

(   )

3 몫이 15보다 작은 것을 찾아 기호를 써 보세요.

㉠ 80÷5 ㉡ 90÷3
㉢ 60÷4 ㉣ 70÷5

(   )

4 계산해 보세요.

(1) $4\overline{)48}$

(2) $3\overline{)69}$

5 몫의 크기를 비교하여 ◯ 안에 >, =, <를 알맞게 써넣으세요.

63÷3 ◯ 48÷4

중요

6 ㉠에 알맞은 수를 구해 보세요.

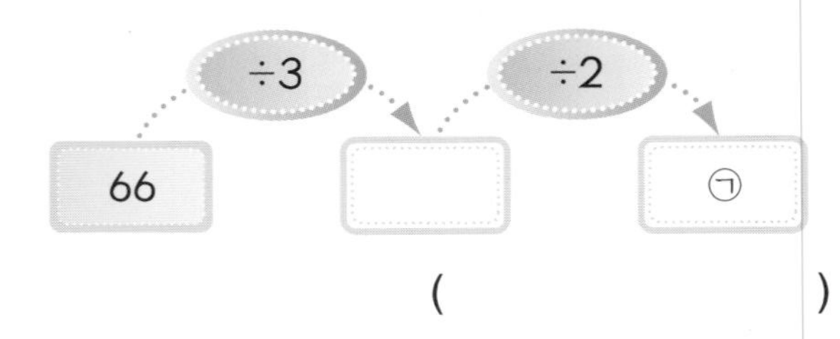

(   )

7 ☐ 안에 알맞은 수를 써넣으세요.

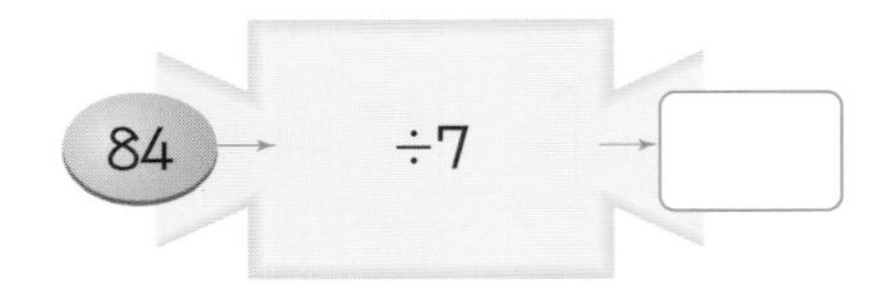

8 길이가 96 cm인 철사를 똑같이 8도막으로 나누었습니다. 한 도막의 길이는 몇 cm인가요?

(   )

9 몫이 가장 작은 것은 어느 것인가요? ( )

① 56÷2 ② 75÷3

③ 52÷2 ④ 72÷3

⑤ 91÷7

10 나눗셈을 보고 몫과 나머지를 각각 구해 보세요.

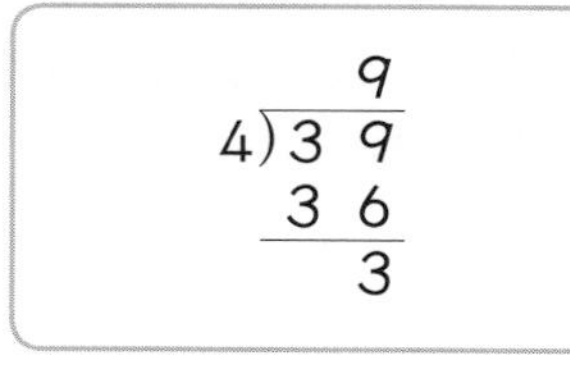

 몫 ______

나머지 ______

11 사탕 37개를 7명에게 똑같이 되도록 많이 나누어 주고, 남은 것은 경인이가 먹었습니다. 경인이가 먹은 사탕은 몇 개인가요?

( )

12 나눗셈의 나머지가 큰 것부터 차례대로 기호를 써 보세요.

㉠ 34÷6	㉡ 57÷4
㉢ 73÷7	㉣ 96÷4

(, , ,)

주의

13 □ 안에 알맞은 수를 써넣으세요.

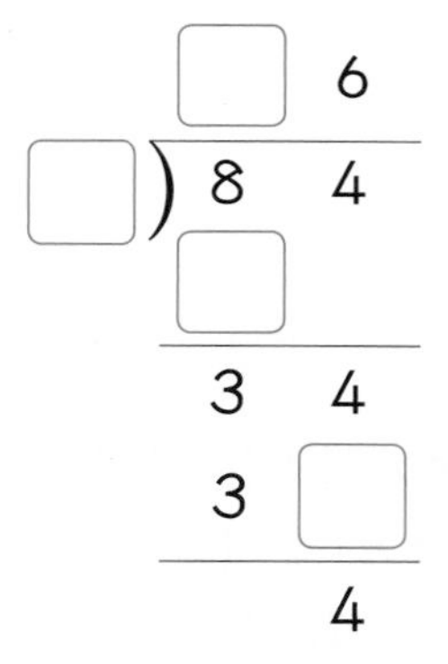

14 계산해 보세요.

(1) 640÷4

(2) 468÷6

2
단원

15 연필 360자루를 한 명에게 4자루씩 주려고 합니다. 연필을 몇 명에게 나누어 줄 수 있나요?

( )

16 두 나눗셈의 나머지의 합을 구해 보세요.

496÷3 572÷7

( )

17 수 카드 8, 3, 5, 4 를 모두 한 번씩 사용하여 가장 작은 세 자리 수와 가장 큰 한 자리 수를 만들어 (세 자리 수)÷(한 자리 수)의 나눗셈을 만들고 몫과 나머지를 각각 구해 보세요.

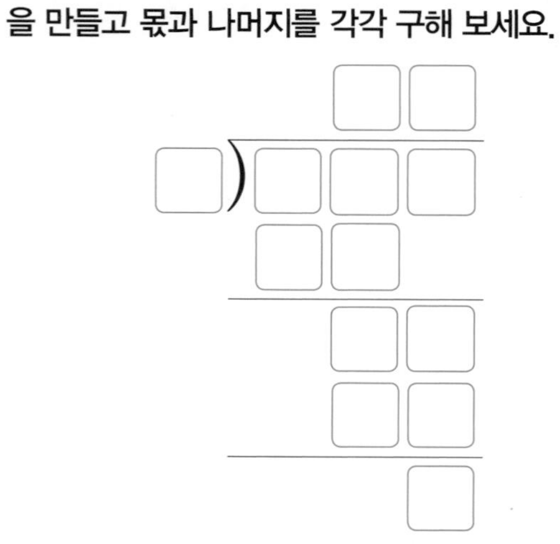

몫 ______

나머지 ______

18 나눗셈을 하고 맞게 계산했는지 확인해 보세요.

$9\overline{)65}$

확인 ______ → ______

서술형

19 어떤 수에 5를 곱해야 할 것을 잘못하여 5로 나누었더니 몫이 9이고, 나머지가 4가 되었습니다. 바르게 계산한 값은 얼마인지 풀이 과정을 쓰고 답을 구해 보세요.

( )

응용

20 귤이 56개 있습니다. 이것을 한 봉지에 몇 개씩 담았더니 6봉지가 되고 2개가 남았습니다. 한 봉지에 귤을 몇 개씩 담을 수 있나요?

( )

2회 단원 평가 도전

2. 나눗셈

1 계산해 보세요.

(1) 60÷6

(2) 90÷3

2 몫의 크기를 비교하여 ◯ 안에 >, =, <를 알맞게 써넣으세요.

80÷8 ◯ 40÷2

3 □ 안에 알맞은 수를 써넣으세요.

(1)

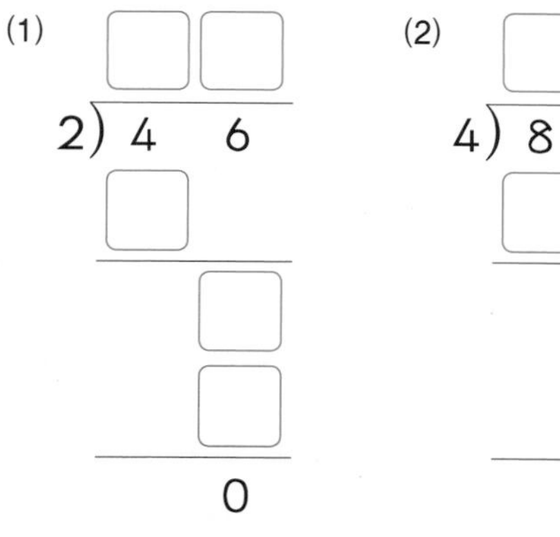

(2)

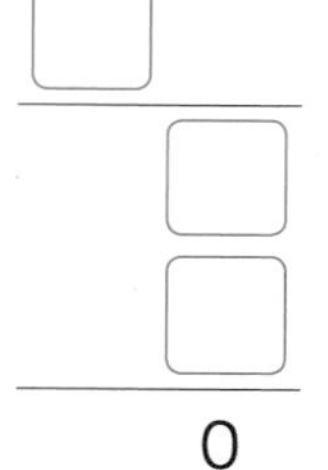

중요

4 몫이 가장 큰 것은 어느 것인가요? (　　　)

① 36÷2　② 48÷4
③ 46÷2　④ 77÷7
⑤ 64÷8

응용

5 가로가 48 cm, 세로가 16 cm인 직사각형을 한 변의 길이가 4 cm인 정사각형으로 남는 부분이 없이 나누었습니다. 나누어진 정사각형은 모두 몇 개인가요?

(　　　　　　　　)

6 계산 결과를 찾아 이어 보세요.

(1) 96÷4 •　　• ㉠ 28

(2) 84÷3 •　　• ㉡ 24

(3) 78÷2 •　　• ㉢ 39

7 빈칸에 알맞은 수를 써넣으세요.

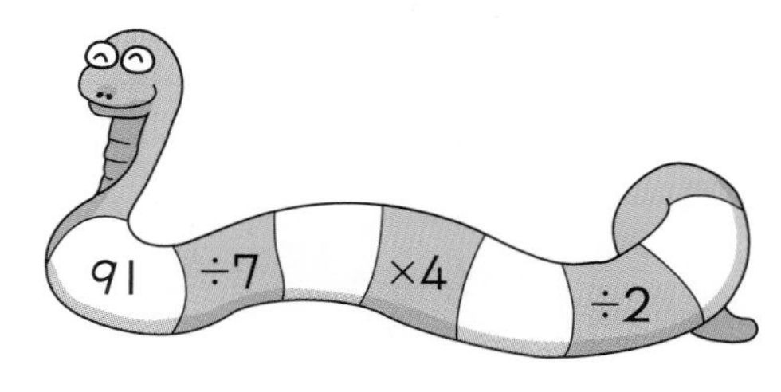

서술형

8 성민이는 오늘 전체가 70쪽인 위인전 중에서 34쪽을 읽었습니다. 나머지를 2일 동안 똑같이 나누어 모두 읽으려고 합니다. 하루에 몇 쪽씩 읽어야 하는지 풀이 과정을 쓰고 답을 구해 보세요.

( )

9 몫이 큰 것부터 차례대로 □ 안에 번호를 써넣으세요.

10 다음 계산에서 잘못된 곳을 찾아 바르게 고쳐 보세요.

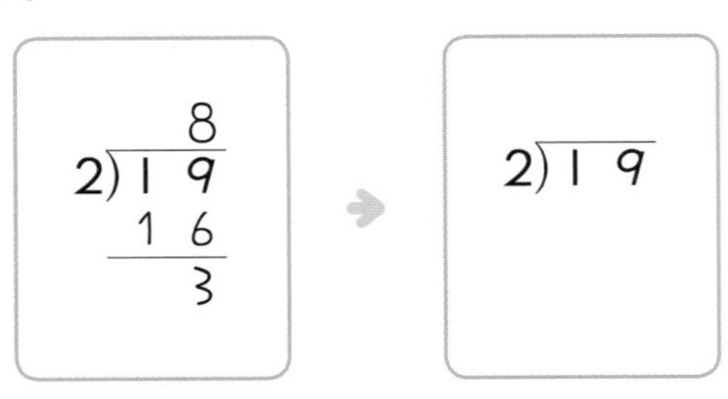

11 4로 나누어떨어지지 않는 수는 어느 것인가요? ( )

① 44 ② 28
③ 84 ④ 36
⑤ 47

주의

12 5로 나누었을 때 나머지가 다른 하나를 찾아 기호를 써 보세요.

㉠ 33	㉡ 48
㉢ 88	㉣ 72

( )

서술형

13 주어진 조건을 만족하는 두 자리 수는 모두 몇 개인지 풀이 과정을 쓰고 답을 구해 보세요.

- 49와 70 사이의 수입니다.
- 4로 나누어떨어집니다.

( )

14 ▢ 안에 알맞은 수를 써넣으세요.

(1)

$7\overline{)371}$

(2)

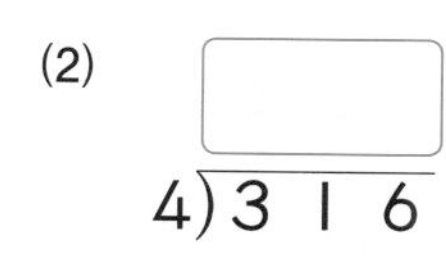

$4\overline{)316}$

15 빈칸에 알맞은 수를 써넣으세요.

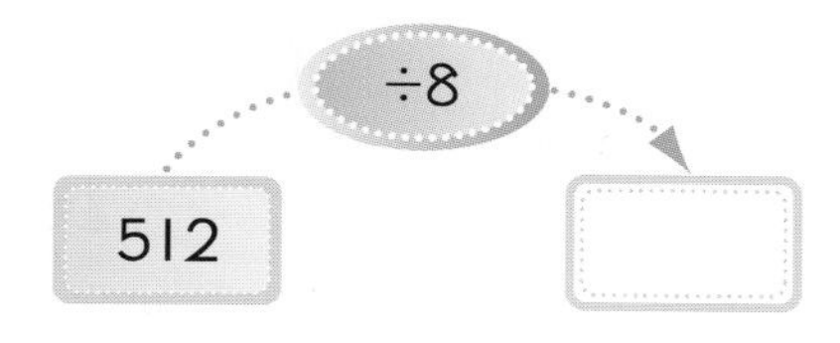

16 나머지가 더 큰 것을 찾아 기호를 써 보세요.

㉠ 497÷6 ㉡ 564÷9

( )

중요

17 사과 169개를 5상자에 똑같이 나누어 담으려고 합니다. 한 상자에 사과를 몇 개씩 담을 수 있고, 몇 개가 남을까요?

한 상자에 ▢개씩 담을 수 있고, ▢개가 남습니다.

18 나눗셈을 하고 맞게 계산했는지 확인해 보세요.

$4\overline{)63}$

확인 ______ ➔ ______

주의

19 어떤 수를 6으로 나누었더니 몫이 9이고 나머지가 2였습니다. 어떤 수를 구해 보세요.

( )

20 방울토마토를 6명의 어린이에게 14개씩 똑같이 나누어 주었더니 3개가 남았습니다. 방울토마토는 모두 몇 개일까요?

( )

1 몫이 가장 큰 나눗셈은 어느 것인가요? (　　　)

① $90\div3$　　② $50\div5$
③ $80\div2$　　④ $40\div2$
⑤ $60\div3$

2 몫의 크기를 비교하여 ○ 안에 $>$, $=$, $<$를 알맞게 써넣으세요.

$48\div2$ ○ $63\div3$

서술형

3 ㉠은 ㉡의 몇 배인지 풀이 과정을 쓰고 답을 구해 보세요.

$88\div4=$㉠
$22\div2=$㉡

(　　　　　　　　)

4 계산해 보세요.

(1) $76\div4=$ □

(2) $84\div6=$ □

5 구슬 91개를 한 봉지에 7개씩 담으려고 합니다. 구슬을 모두 담으려면 봉지는 몇 개 필요한가요?

(　　　　　　　　)

6 꽃 한 송이를 만드는 데 색 테이프 7 cm가 필요합니다. 색 테이프 84 cm로는 꽃을 몇 송이 만들 수 있나요?

(　　　　　　　　)

7 다음 중 나누어떨어지는 나눗셈은 어느 것인가요?

(　　　)

① $26\div4$　　② $27\div3$
③ $28\div5$　　④ $29\div3$
⑤ $30\div7$

8 나눗셈을 보고 잘못된 곳을 찾아 바르게 계산해 보세요.

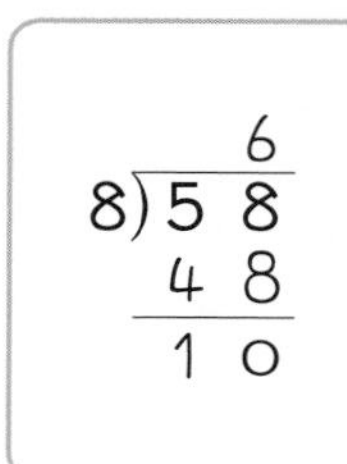
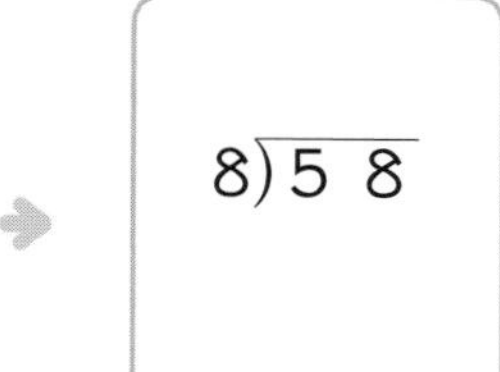

9 0부터 9까지의 숫자 중에서 나눗셈이 나누어떨어지도록 하는 ♥의 값을 모두 구해 보세요.

4♥ ÷ 6

(　　　　　　)

10 나머지가 3이 될 수 없는 나눗셈은 어느 것인가요? (　　)

① □÷5　② □÷4
③ □÷9　④ □÷3
⑤ □÷7

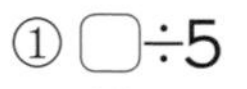

11 4장의 수 카드 2, 3, 6, 8 중에서 2장을 뽑아 두 자리 수를 만들고, 남은 수 카드 중에서 한 장을 뽑아 그 수로 나눌 때 몫이 가장 작은 나눗셈식을 써 보세요.

식 ______

12 나눗셈을 하고, 몫과 나머지의 합을 구해 보세요.

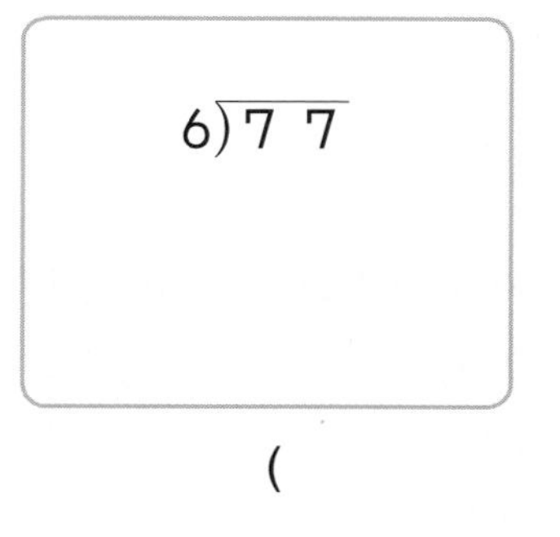

(　　　　　　)

13 □ 안에 알맞은 수를 써넣으세요.

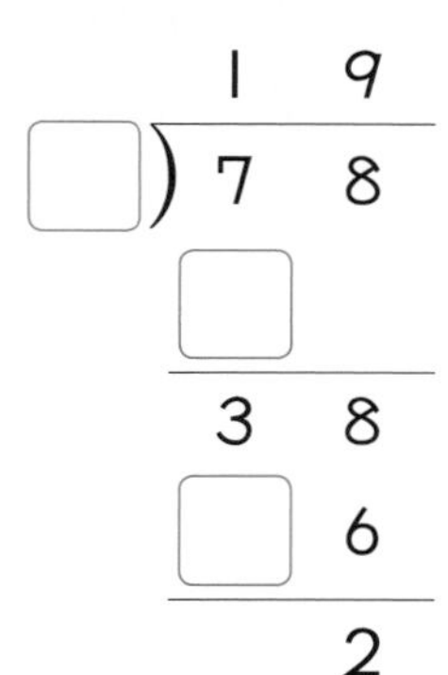

14 길이가 85 cm인 철사를 3 cm씩 잘랐습니다. 철사는 모두 몇 도막이 되고 몇 cm가 남았나요?

(,)

15 빈칸에 알맞은 수를 써넣으세요.

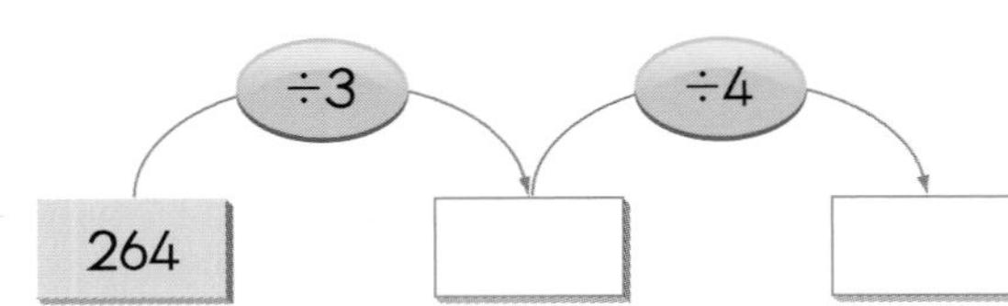

16 나머지가 다른 하나는 어느 것인가요? ( )

① 17÷5 ② 53÷3
③ 234÷4 ④ 472÷7
⑤ 344÷6

서술형

17 ㉠+㉡은 얼마인지 풀이 과정을 쓰고 답을 구해 보세요.

48÷4=㉠
453÷8=56…㉡

( )

18 나눗셈의 몫과 나머지를 각각 구하고, 맞게 계산했는지 확인해 보세요.

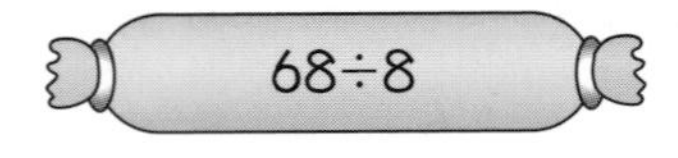

나머지

확인 →

서술형

19 어떤 수를 6으로 나눈 몫이 13이고, 나머지가 3이었습니다. 어떤 수는 얼마인지 풀이 과정을 쓰고 답을 구해 보세요.

( )

20 ●에 알맞은 세 자리 수 중에서 가장 큰 수를 구해 보세요.

●÷8=34…□

( )

4회 단원 평가 실전

2. 나눗셈

2 단원

1 다음 중 몫이 다른 하나는 어느 것인가요? (　　　)

① $60 \div 3$　② $80 \div 4$
③ $70 \div 7$　④ $40 \div 2$
⑤ $20 \div 1$

2 계산해 보세요.

(1) $3\overline{)69}$　(2) $4\overline{)88}$

3 ○ 안에 $>$, $=$, $<$를 알맞게 써넣으세요.

$96 \div 3$ ○ $82 \div 2$

4 딸기가 39개 있습니다. 한 사람이 3개씩 먹으면 모두 몇 명이 먹을 수 있는지 식을 쓰고 답을 구해 보세요.

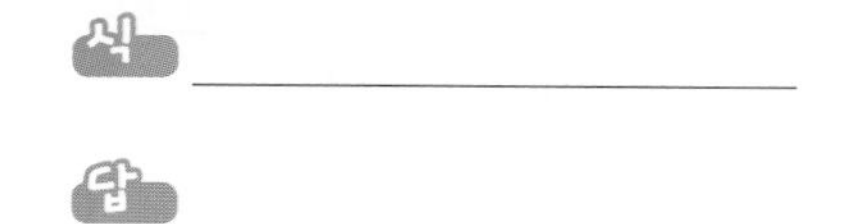

5 영민이네 반 학생 수는 37명인데 오늘 1명이 결석했습니다. 체육 시간에 3명씩 모둠을 만들어 줄넘기를 하려고 합니다. 모두 몇 모둠을 만들 수 있나요?

(　　　　　　　)

6 빈칸에 알맞은 수를 써넣으세요.

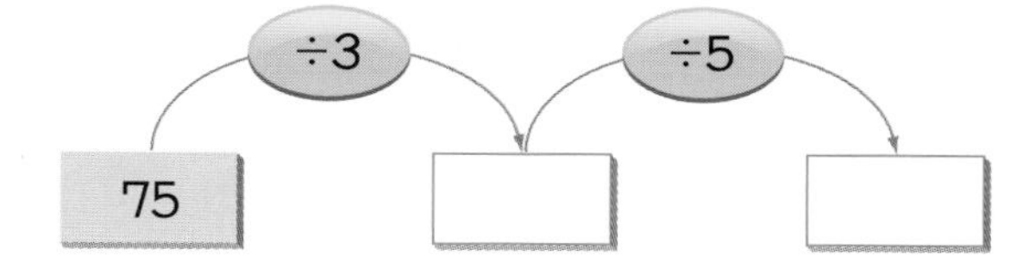

7 몫이 가장 작은 것은 어느 것인가요? (　　　)

① $4\overline{)64}$　② $3\overline{)78}$
③ $7\overline{)84}$　④ $4\overline{)96}$
⑤ $5\overline{)75}$

8 사탕 51개를 한 명에게 3개씩 나누어 주려고 합니다. 모두 몇 명에게 나누어 줄 수 있나요?

(　　　　　　　　)

서술형

9 연필 6타를 4사람에게 똑같이 나누어 주려고 합니다. 한 사람에게 몇 자루씩 나누어 줄 수 있는지 풀이 과정을 쓰고 답을 구해 보세요.

(　　　　　　　　)

서술형

10 나머지가 가장 큰 것은 어느 것인지 풀이 과정을 쓰고 기호를 써 보세요.

㉠ 47÷4	㉡ 37÷3
㉢ 44÷2	㉣ 52÷5

(　　　　　　　　)

11 과자 30개를 한 봉지에 4개씩 담으려고 합니다. 과자는 모두 몇 봉지가 되고, 몇 개가 남나요?

(　　　　　　,　　　　　　)

서술형

12 한 봉지에 48개씩 들어 있는 과자가 2봉지 있습니다. 이 과자를 5사람에게 똑같이 나누어 준다면 한 사람에게 몇 개씩 주고 몇 개가 남는지 풀이 과정을 쓰고 답을 구해 보세요.

(　　　　　　,　　　　　　)

13 풍선 55개를 4명에게 똑같이 나누어 주려고 합니다. 남는 것이 없으려면 적어도 몇 개의 풍선이 더 있어야 하나요?

(　　　　　　　　)

14 계산해 보세요.

(1) $504 \div 4$

(2) $576 \div 8$

15 ㉠과 ㉡의 몫의 합을 구해 보세요.

㉠ $381 \div 3$	㉡ $448 \div 7$

(　　　　　　　　)

서술형

16 어떤 액자는 정사각형 모양이고 네 변의 길이의 합은 344 cm입니다. 이 액자의 한 변의 길이는 몇 cm인지 풀이 과정을 쓰고 답을 구해 보세요.

(　　　　　　　　)

17 색종이 210장을 8명에게 똑같이 나누어 주려고 합니다. 한 명에게 색종이를 몇 장씩 줄 수 있고, 몇 장이 남을까요?

(　　　　　,　　　　　)

18 나눗셈을 하고 맞게 계산했는지 확인해 보세요.

(1) $47 \div 5 = \square \cdots \square$

확인

$\square \times \square = 45$ ➔ $45 + \square = \square$

(2) $66 \div 7 = \square \cdots \square$

확인

$\square \times \square = 63$ ➔ $63 + \square = \square$

19 연필이 2타와 8자루 있습니다. 이 연필을 몇 명이 똑같이 나누어 가졌더니 한 사람이 5자루씩 가지고, 2자루가 남았습니다. 나누어 가진 사람은 몇 명인가요?

(　　　　　　　　)

20 어떤 수를 4로 나누었더니 몫이 8이고 나머지가 1이었습니다. 어떤 수를 9로 나누었을 때의 몫과 나머지를 각각 구해 보세요.

몫 ______________

나머지 ______________

2 단원

연습 각 단계에 따라 문제를 풀어 보세요.

1 지우개를 한 상자에 6개씩 담으면 12상자가 되고 3개가 남습니다. 이 지우개를 한 상자에 5개씩 담으면 몇 상자가 되는지 구해 보세요.

1단계 지우개는 모두 몇 개인가요?

(　　　　　　　　)

2단계 지우개를 한 상자에 5개씩 담으면 몇 상자가 되나요?

(　　　　　　　　)

도전 위에서 푼 방법을 생각하며 풀어 보세요.

1-1 학생들에게 공책을 나누어 주려고 합니다. 한 명에게 4권씩 나누어 주면 24명에게 나누어 주고 남는 것이 없습니다. 이 공책을 한 명에게 6권씩 나누어 주면 몇 명에게 나누어 줄 수 있는지 구해 보세요.

풀이

이렇게 술술 풀어요

① 전체 공책 수를 구합니다.

② 한 명에게 6권씩 나누어 줄 때 나누어 줄 수 있는 학생 수를 구합니다.

연습 각 단계에 따라 문제를 풀어 보세요.

2 어떤 수를 4로 나누어야 할 것을 잘못하여 어떤 수에 4를 곱했더니 232가 되었습니다. 바르게 계산했을 때의 몫과 나머지를 각각 구해 보세요.

1단계 어떤 수는 얼마인지 구해 보세요.

( )

2단계 바르게 계산했을 때의 몫과 나머지를 각각 구해 보세요.

몫 ______________

나머지 ______________

2 단원

도전 위에서 푼 방법을 생각하며 풀어 보세요.

2-1 어떤 수를 7로 나누어야 할 것을 잘못하여 어떤 수에 7을 곱했더니 574가 되었습니다. 바르게 계산했을 때의 몫과 나머지를 각각 구해 보세요.

풀이

____

____

____

____

몫 ______________

나머지 ______________

이렇게 술술 풀어요

① 어떤 수를 구합니다.

② 바르게 계산했을 때의 몫과 나머지를 구합니다.

연습 각 단계에 따라 문제를 풀어 보세요.

3 3장의 수 카드를 한 번씩만 사용하여 (두 자리 수)÷(한 자리 수)의 나눗셈을 만들려고 합니다. 몫이 가장 크게 될 때 나눗셈의 몫을 구해 보세요.

6 2 4

1단계 몫이 가장 크게 되려면 수 카드를 어떻게 놓아야 하는지 ☐ 안에 알맞은 수를 써넣으세요.

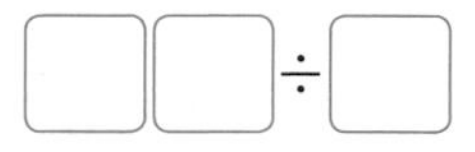

2단계 몫이 가장 크게 될 때 나눗셈의 몫을 구해 보세요.

( )

도전 위에서 푼 방법을 생각하며 풀어 보세요.

3-1 3장의 수 카드를 한 번씩만 사용하여 (두 자리 수)÷(한 자리 수)의 나눗셈을 만들려고 합니다. 몫이 가장 크게 될 때 나눗셈의 몫을 구해 보세요.

풀이

답 ______

이렇게 술술 풀어요

① 몫이 가장 크게 될 때 나눗셈을 구합니다.

② 나눗셈의 몫을 구합니다.

실전 시험처럼 문제를 풀어 보세요.

4 3장의 수 카드를 한 번씩만 사용하여 (두 자리 수)÷(한 자리 수)의 나눗셈을 만들려고 합니다. 나머지가 가장 크게 되도록 하는 (두 자리 수)÷(한 자리 수)의 나눗셈을 만들어 보세요.

4	6	7

풀이

답

실전 시험처럼 문제를 풀어 보세요.

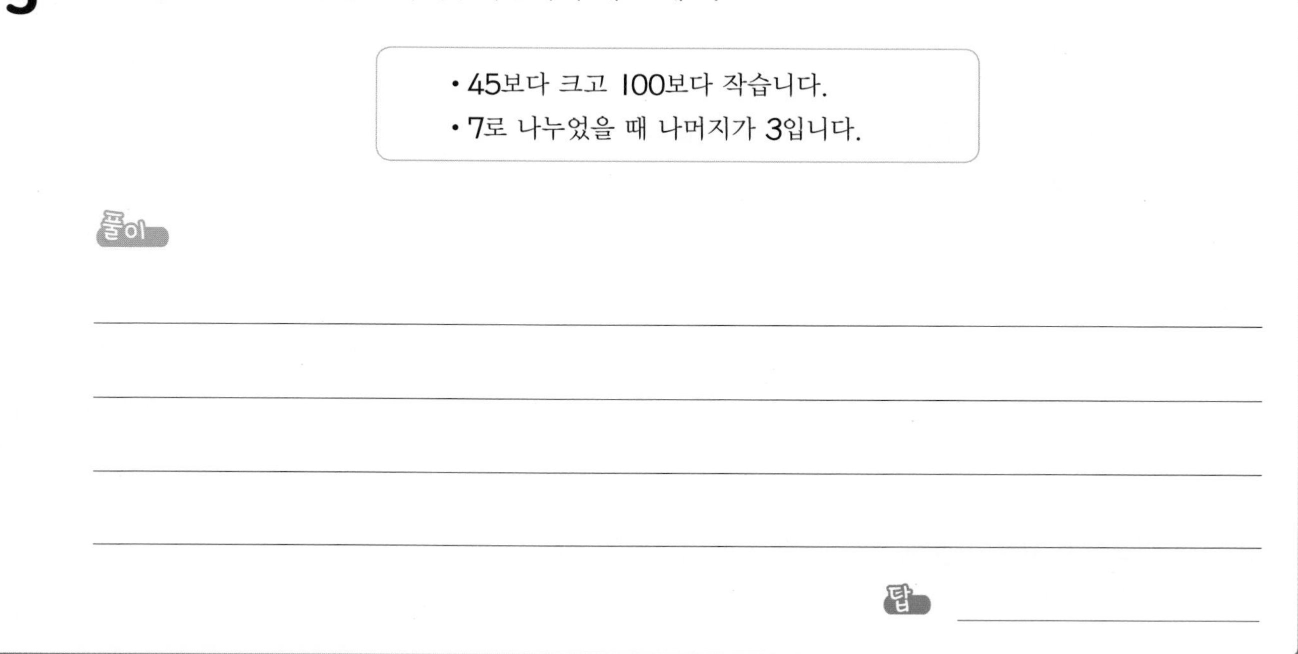

5 다음을 만족하는 수는 모두 몇 개인지 구해 보세요.

- 45보다 크고 100보다 작습니다.
- 7로 나누었을 때 나머지가 3입니다.

풀이

답

교과서 핵심잡기  3. 원

3-1 원의 중심, 반지름, 지름을 알아볼까요

- **누름 못과 띠 종이를 이용하여 원 그리기:** 누름 못이 꽂힌 점에서 원 위의 한 점까지의 길이는 항상 일정합니다.

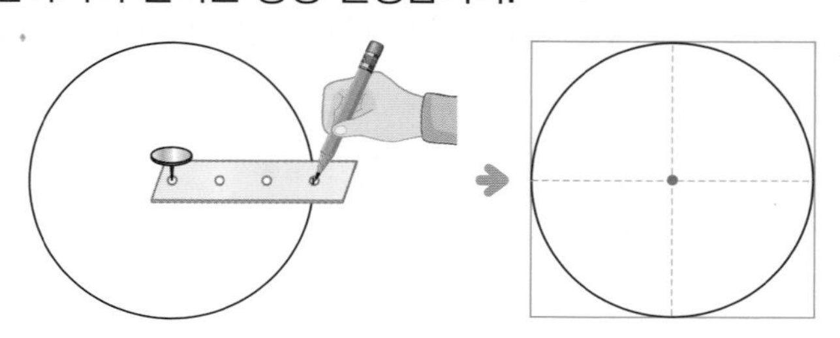

- **원의 중심:** 원을 그릴 때에 누름 못이 꽂혔던 점 ㅇ을 원의 중심이라고 합니다. → 한 원에서 원의 중심은 1개뿐입니다.
- **원의 반지름:** 원의 중심 ㅇ과 원 위의 한 점을 이은 선분을 원의 반지름이라고 합니다. → 선분 ㅇㄱ과 선분 ㅇㄴ은 원의 반지름입니다.
- **원의 지름:** 원 위의 두 점을 이은 선분이 원의 중심 ㅇ을 지날 때, 이 선분을 원의 지름이라고 합니다. → 선분 ㄱㄴ은 원의 지름입니다.

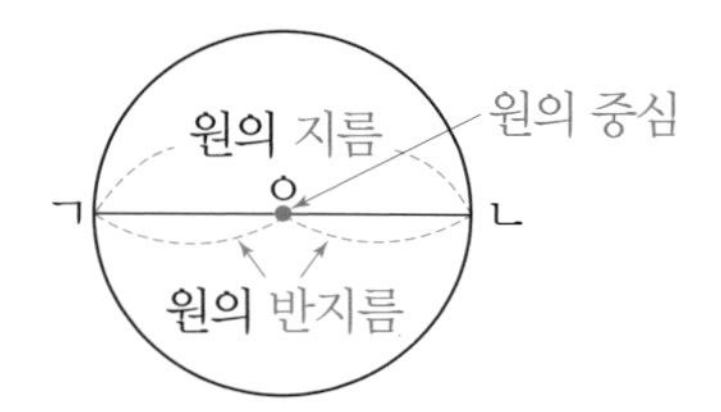

• 우리 주변에서 원의 중심과 원의 반지름 찾아보기

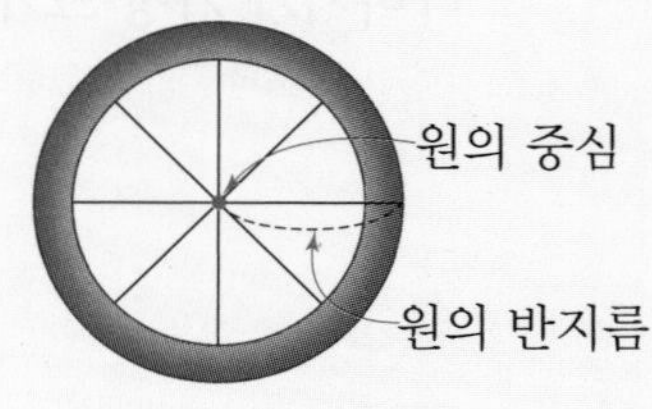

자전거 바퀴

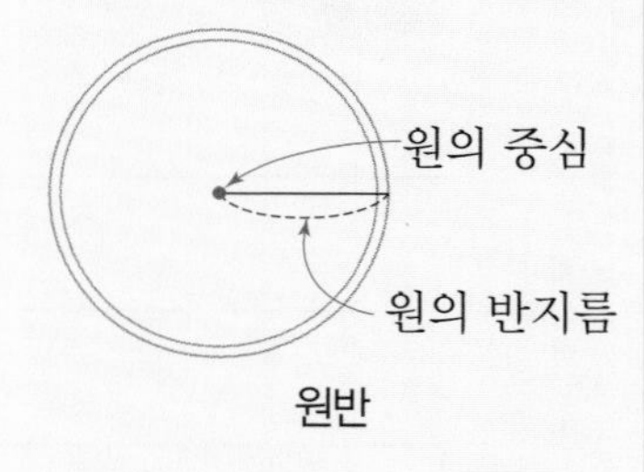

원반

3-2 원의 성질을 알아볼까요

- **지름의 성질 알아보기**

① 원의 중심을 지나는 선분입니다.
② 원 안에서 그을 수 있는 가장 긴 선분입니다.
③ 원의 지름은 무수히 많습니다.
④ 원의 중심을 지나는 선분들의 길이는 모두 같습니다.
⑤ 원의 지름은 원을 똑같이 둘로 나눕니다.

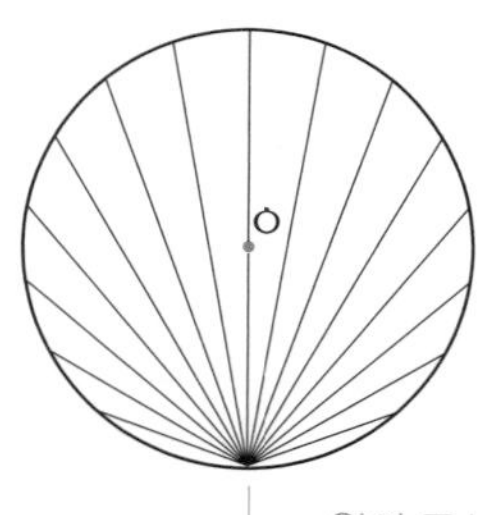

→ 원의 중심을 지나는 선분이 가장 깁니다.

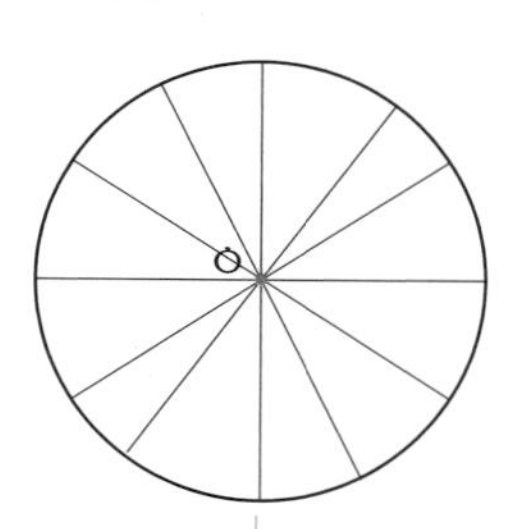

→ 원의 중심을 지나는 선분을 무수히 많이 그을 수 있습니다.

- **원의 지름과 반지름의 관계:** 한 원에서 지름의 길이는 반지름의 길이의 2배입니다.

• 원의 지름과 반지름의 관계

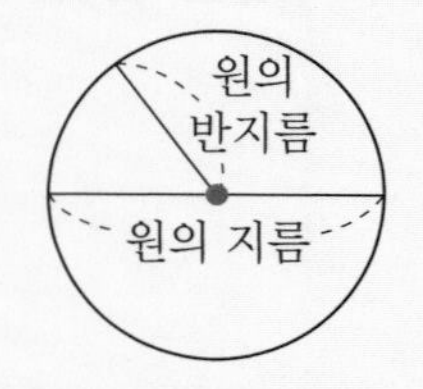

→ (지름)=(반지름)×2
(반지름)=(지름)÷2

① 원의 반지름이 3 cm이면 원의 지름은 6 cm입니다.
② 원의 지름이 4 cm이면 원의 반지름은 2 cm입니다.

수학 익힘 풀기 3. 원

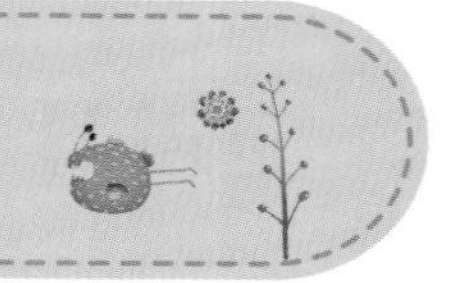

3-1 원의 중심, 반지름, 지름을 알아볼까요

1 ㉠, ㉡, ㉢에 들어갈 말을 쓰세요.

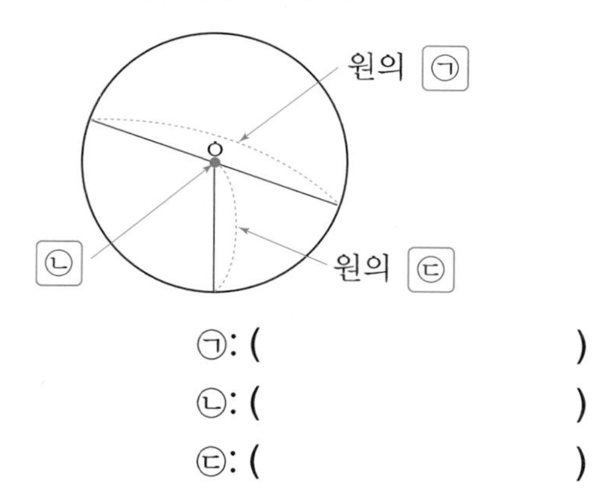

㉠: (　　　　　)
㉡: (　　　　　)
㉢: (　　　　　)

2 원의 중심을 찾아 파란색으로 표시해 보세요.

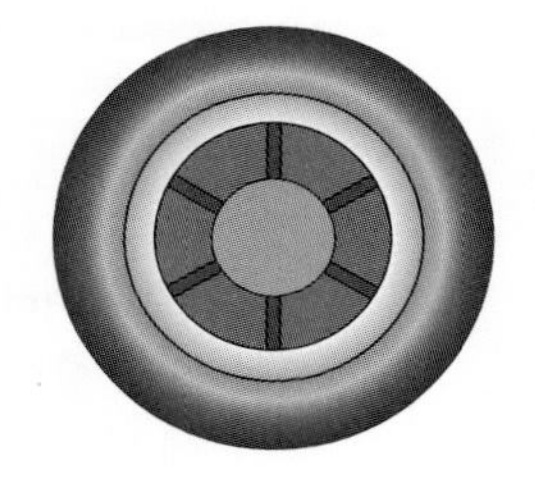

3 원의 지름에 해당하는 선분은 어느 것인가요? (　　)

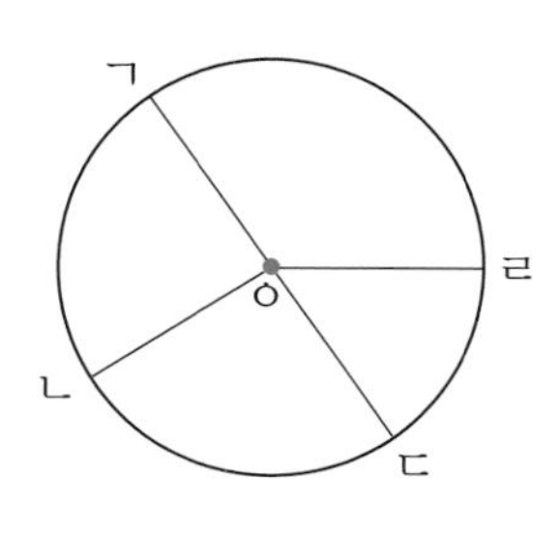

① 선분 ㄱㄷ　② 선분 ㄱㅇ
③ 선분 ㄴㅇ　④ 선분 ㄷㅇ
⑤ 선분 ㄹㅇ

3-2 원의 성질을 알아볼까요

4 원의 지름에 대한 설명으로 옳지 않은 것은 어느 것인가요? (　　)

① 원의 지름은 무수히 많습니다.
② 원의 중심을 지나는 선분입니다.
③ 원의 지름은 원을 똑같이 둘로 나눕니다.
④ 원 안에서 그을 수 있는 가장 짧은 선분입니다.
⑤ 원의 중심을 지나는 선분들의 길이는 모두 같습니다.

5 □ 안에 알맞은 수를 써넣으세요.

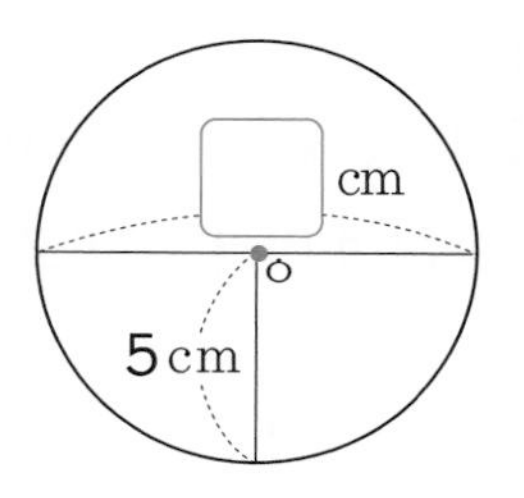

6 점 ㄱ, 점 ㄴ은 각각 원의 중심입니다. 선분 ㄱㄴ의 길이를 구해 보세요.

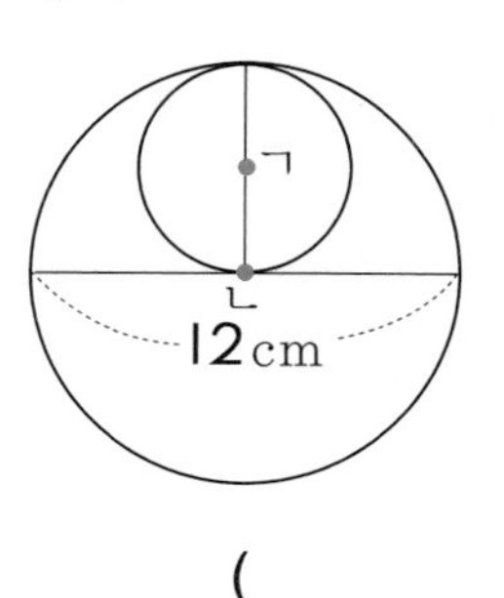

(　　　　　)

3 단원

교과서 핵심잡기 3. 원

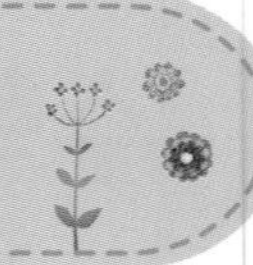

3-3 컴퍼스를 이용하여 원을 그려 볼까요

컴퍼스와 자를 이용하여 반지름이 2 cm인 원을 그리는 방법

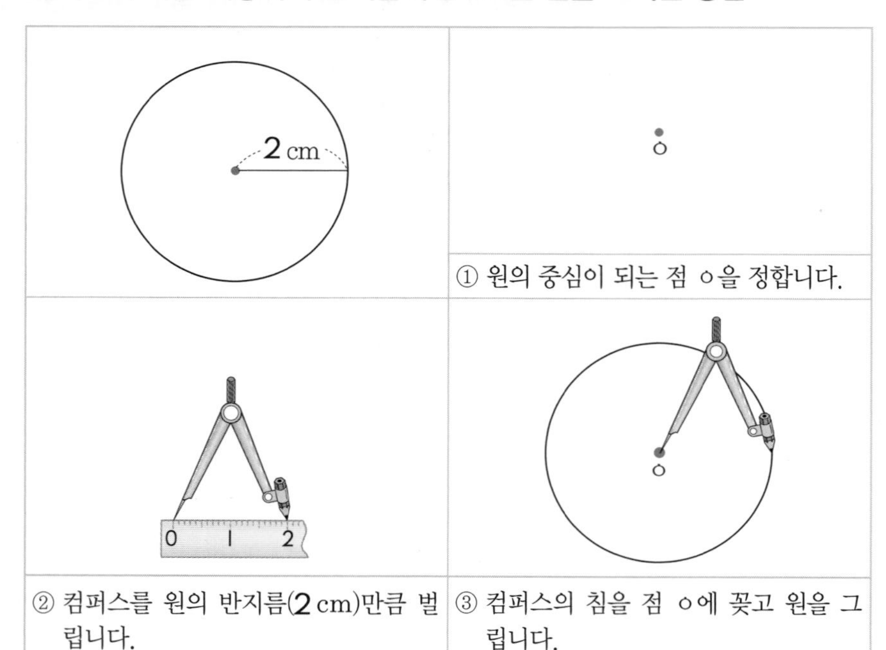

① 원의 중심이 되는 점 ㅇ을 정합니다.

② 컴퍼스를 원의 반지름(2 cm)만큼 벌립니다.

③ 컴퍼스의 침을 점 ㅇ에 꽂고 원을 그립니다.

• 컴퍼스를 이용하여 원 그리기

① 컴퍼스의 침과 연필심의 거리를 반지름만큼 벌립니다.

② 침을 꽂은 쪽에 힘을 조금 더 주어 자연스럽게 돌립니다.

③ 컴퍼스의 침을 중심으로 한 쪽 방향으로 처음 시작한 곳까지 돌려 원을 완성합니다.

3-4 원을 이용하여 여러 가지 모양을 그려 볼까요

원을 이용하여 여러 가지 모양 그리기

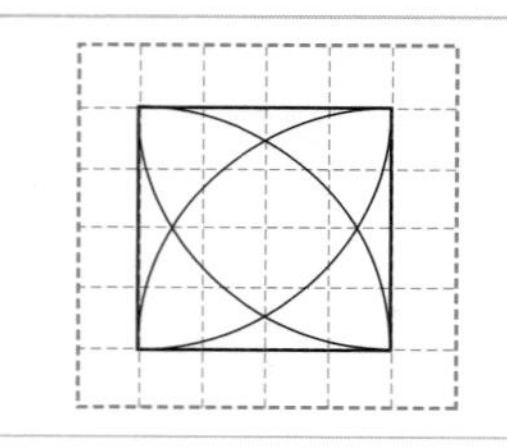	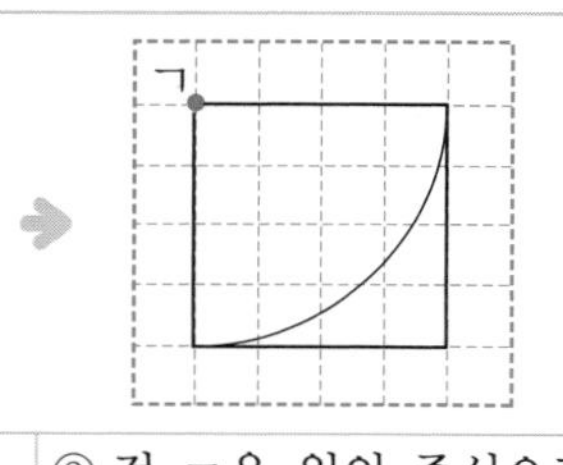	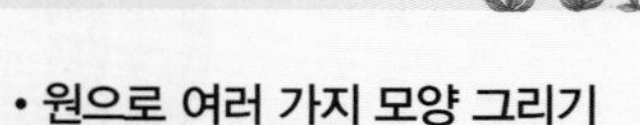 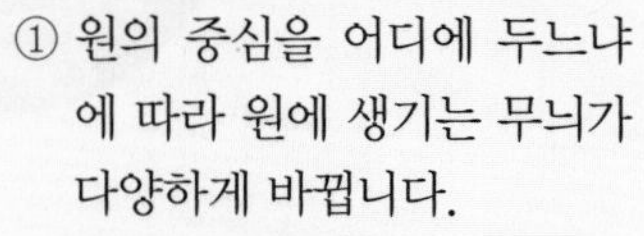
주어진 모양	① 정사각형을 그립니다.	② 점 ㄱ을 원의 중심으로 하여 원의 $\frac{1}{4}$만큼 그립니다.
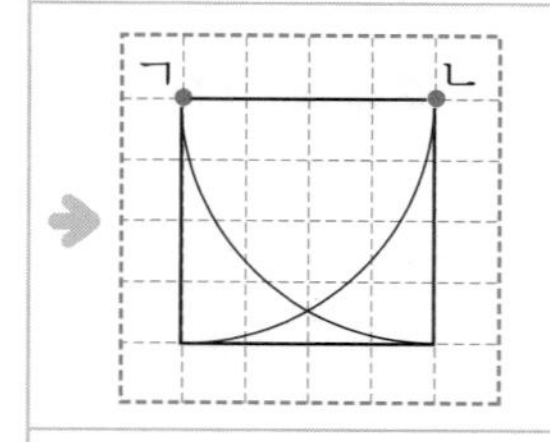	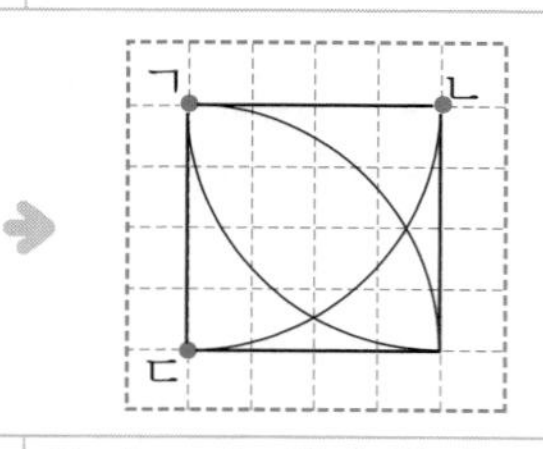	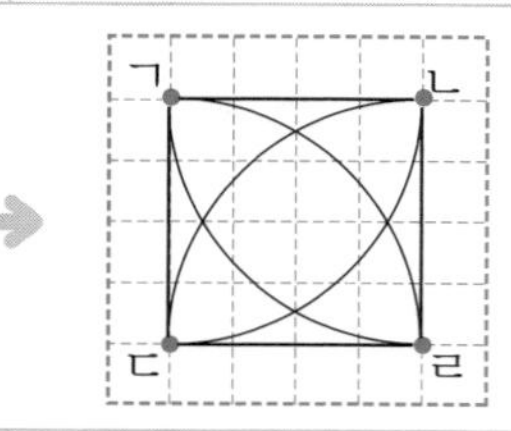
③ 점 ㄴ을 원의 중심으로 하여 원의 $\frac{1}{4}$만큼 그립니다.	④ 점 ㄷ을 원의 중심으로 하여 원의 $\frac{1}{4}$만큼 그립니다.	⑤ 점 ㄹ을 원의 중심으로 하여 원의 $\frac{1}{4}$만큼 그립니다.

• 원으로 여러 가지 모양 그리기

① 원의 중심을 어디에 두느냐에 따라 원에 생기는 무늬가 다양하게 바뀝니다.

② 원의 중심을 옮겨 가며 원의 일부를 그립니다.

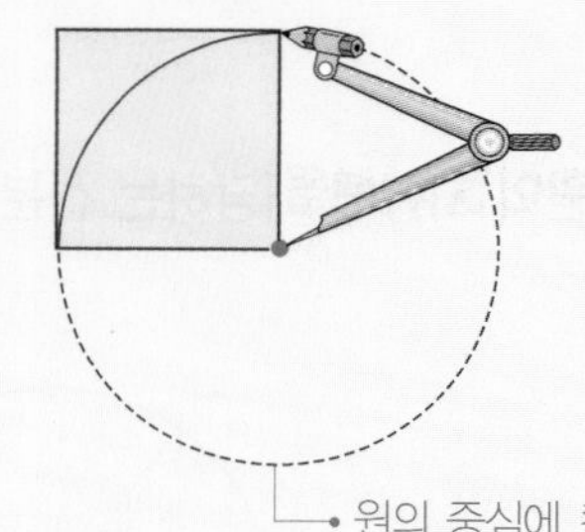

원의 중심에 컴퍼스의 침을 꽂고 원을 그립니다.

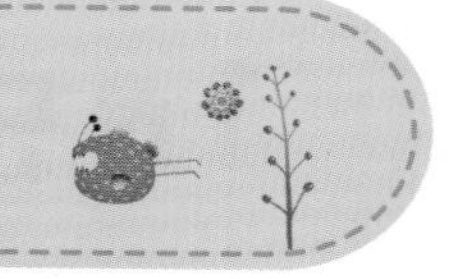

3-3 컴퍼스를 이용하여 원을 그려 볼까요

1 반지름이 3 cm인 원을 그리려고 합니다. 컴퍼스를 바르게 벌린 것을 찾아 기호를 써 보세요.

㉠

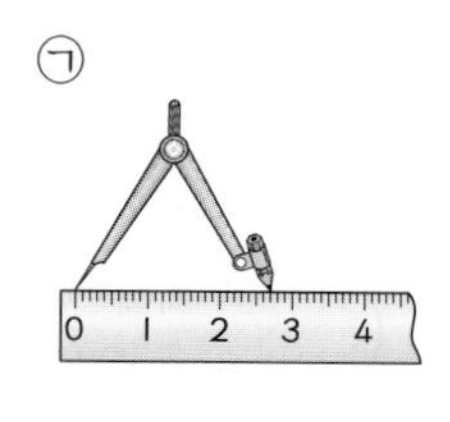

㉡

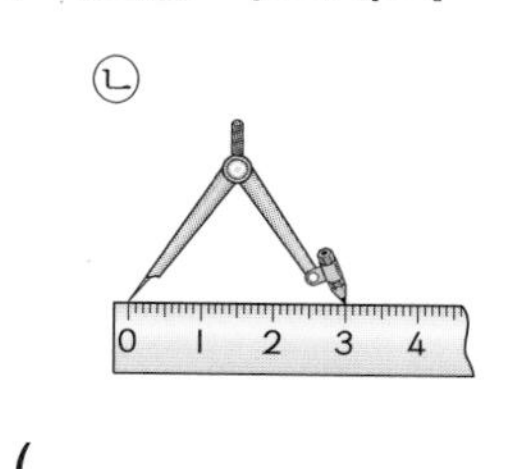

(　　　　　　　)

2 컴퍼스를 이용하여 점 ㅇ을 중심으로 하는 반지름 1.5 cm인 원을 그려 보세요.

3 주어진 선분을 반지름으로 하는 원을 그려 보세요.

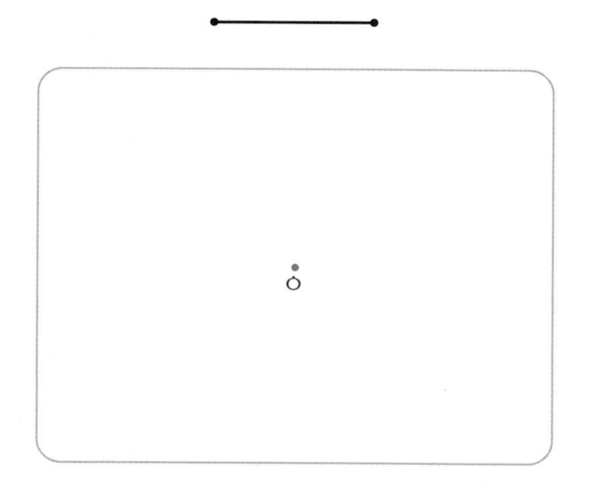

3-4 원을 이용하여 여러 가지 모양을 그려 볼까요

4 주어진 모양을 그리기 위하여 컴퍼스의 침을 꽂아야 하는 곳을 모눈종이에 모두 표시해 보세요.

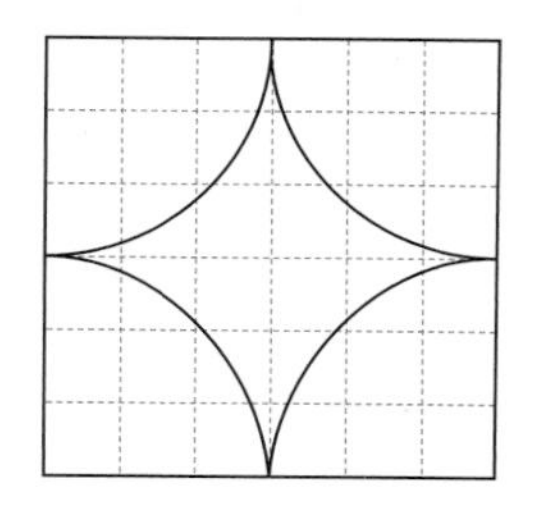

5 주어진 모양과 똑같이 그려 보세요.

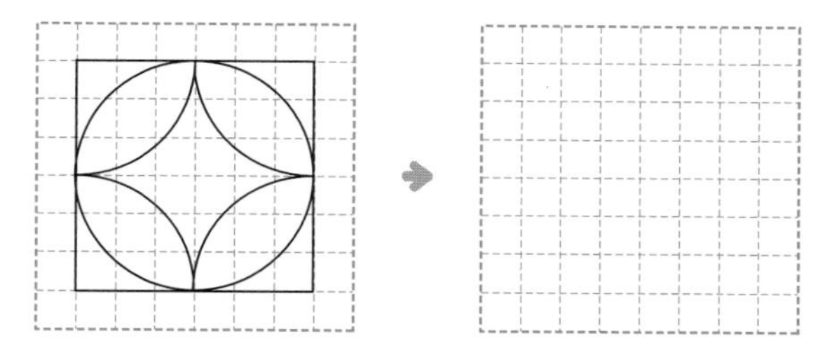

6 그림과 같이 크기가 같은 3개의 원을 그렸습니다. 선분 ㄱㄴ의 길이가 24 cm일 때 컴퍼스는 몇 cm로 벌려서 그려야 하나요?

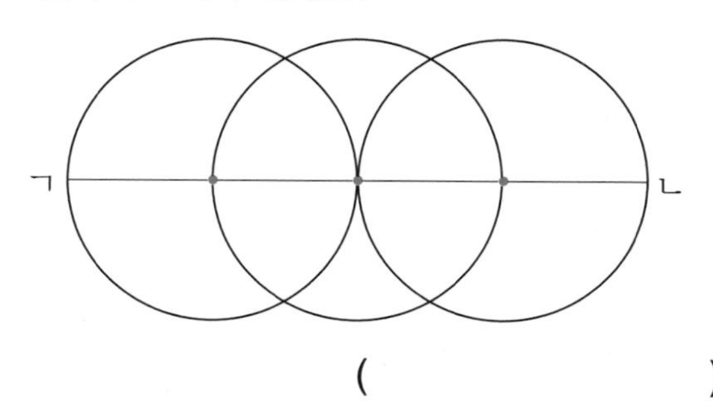

(　　　　　　　)

3 단원

1회 단원 평가 연습

3. 원

1 다음 원에서 원의 중심은 어느 점인가요?

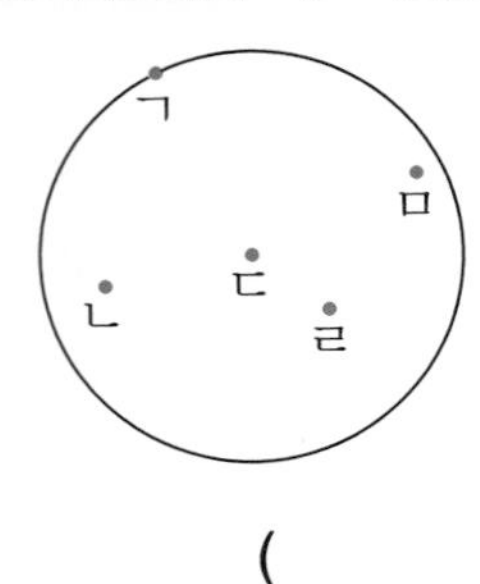

( )

2 원을 그리는 여러 가지 방법입니다. 원의 중심과 반지름을 알기 어려운 것은 어느 것인가요?

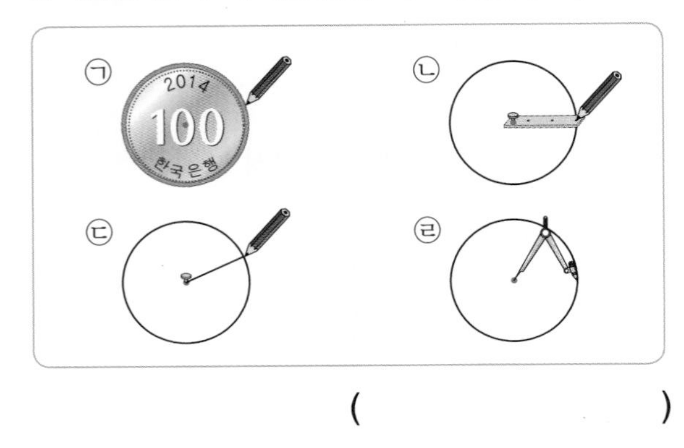

( )

3 그림에서 반지름이 되는 선분을 모두 찾아 기호를 써 보세요.

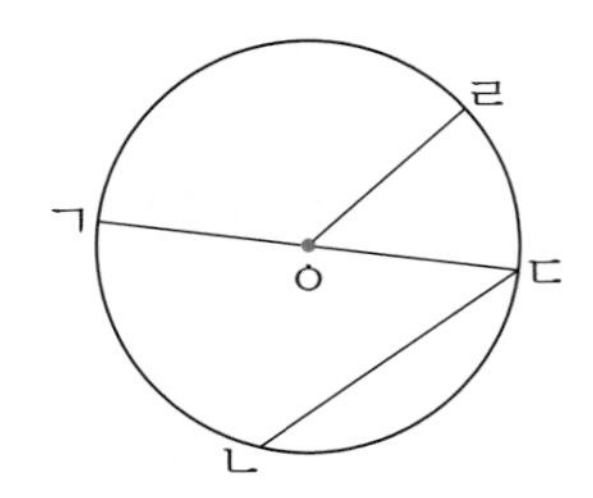

㉠ 선분 ㄱㄷ	㉡ 선분 ㄴㄷ
㉢ 선분 ㄱㅇ	㉣ 선분 ㄹㅇ

( )

4 선분 ㄱㅇ의 길이는 몇 cm인가요?

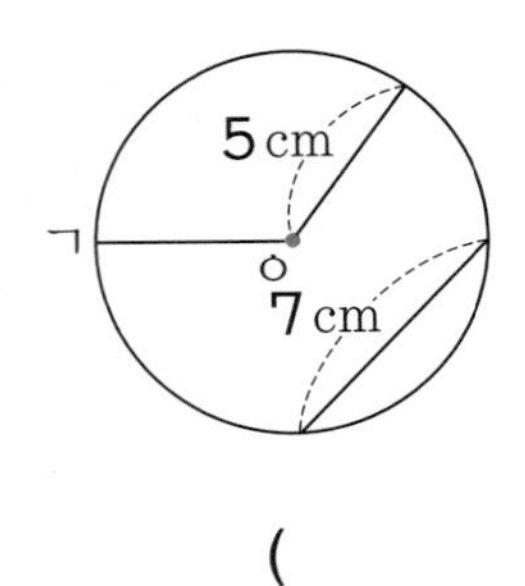

( )

5 한 원에서 반지름은 몇 개까지 그을 수 있나요? ( )

① 0개 ② 1개
③ 2개 ④ 3개
⑤ 무수히 많습니다.

6 원의 지름을 바르게 나타낸 것을 찾아 기호를 써 보세요.

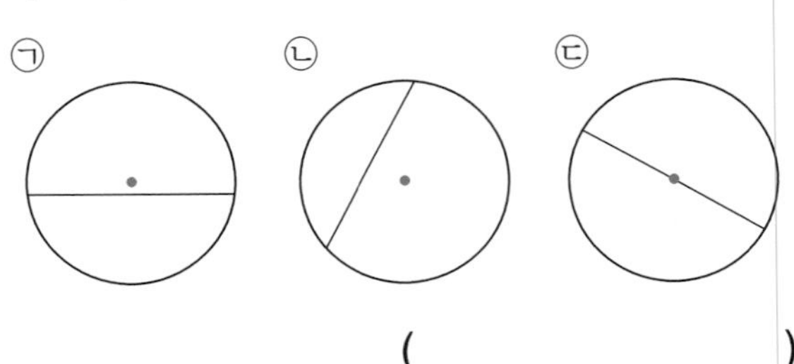

( )

7 선분 ㄱㄴ의 길이는 몇 cm인가요?

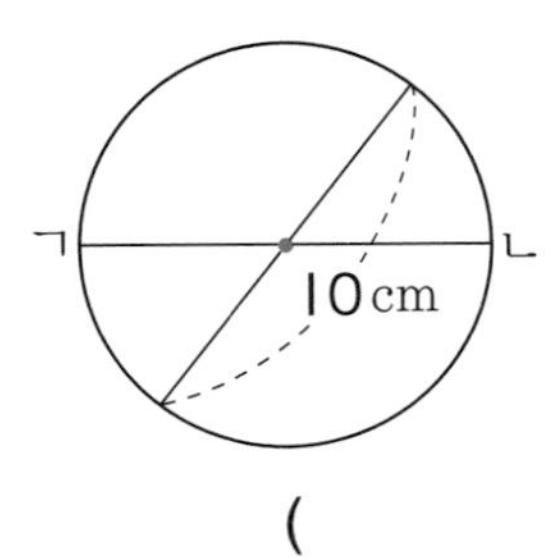

( )

주의

8 다음 중 틀린 설명을 찾아 기호를 써 보세요.

㉠ 원의 지름은 원의 중심을 지납니다.
㉡ 한 원에서 반지름은 지름의 2배입니다.
㉢ 한 원에서 반지름과 지름은 무수히 많이 그을 수 있습니다.
㉣ 원 위의 두 점을 이은 선분 중 길이가 가장 긴 선분은 원의 지름입니다.

( )

9 □ 안에 알맞은 수를 써넣으세요.

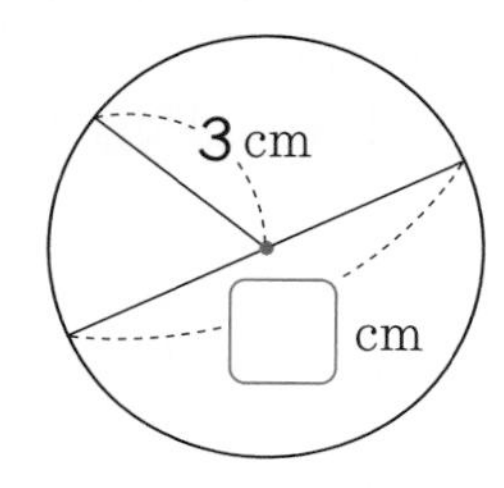

10 지름이 18 cm인 원의 반지름은 몇 cm인가요?

( )

서술형

11 정사각형 안에 꼭 맞게 원을 그렸습니다. 이 정사각형의 한 변의 길이는 몇 cm인지 풀이 과정을 쓰고 답을 구해 보세요.

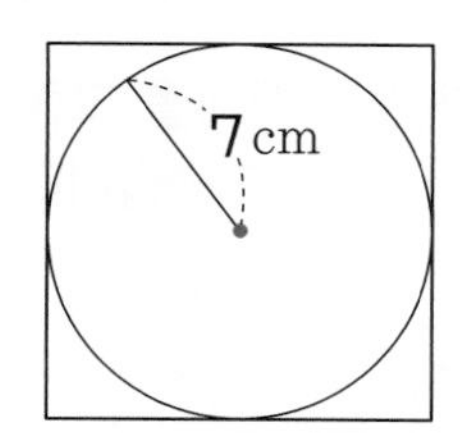

( )

12 컴퍼스를 다음과 같이 벌려서 원을 그리면 원의 반지름은 몇 cm인가요?

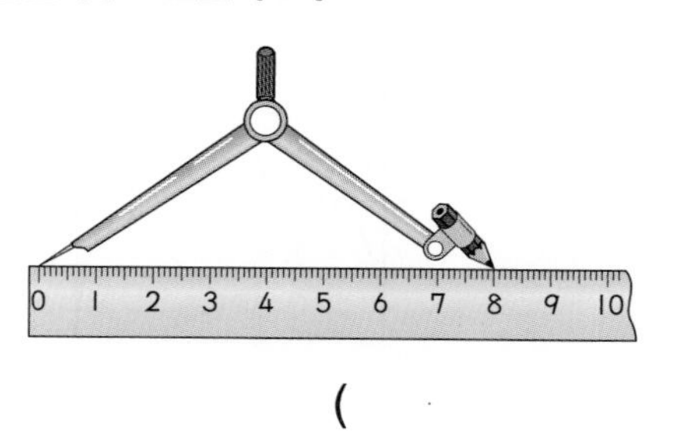

( )

중요

13 점 ㅇ을 원의 중심으로 하여 반지름이 2 cm인 원을 그려 보세요.

14 지름이 4 cm인 원을 그리려면 컴퍼스의 침과 연필심 사이의 거리를 몇 cm로 해야 하나요?

( )

3 단원

15 자와 컴퍼스를 이용하여 다음과 같은 모양을 그릴 때 원의 중심은 모두 몇 개인가요?

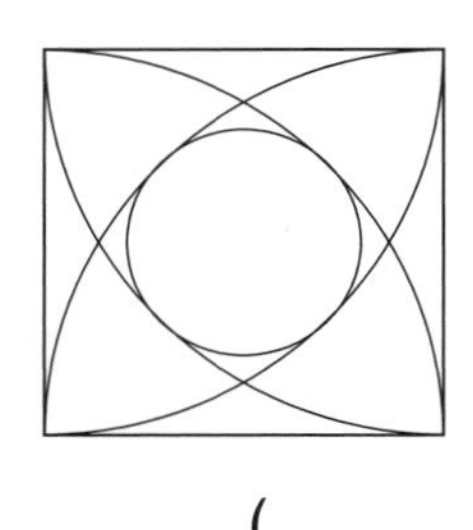

( )

중요

16 주어진 모양과 똑같이 그려 보세요.

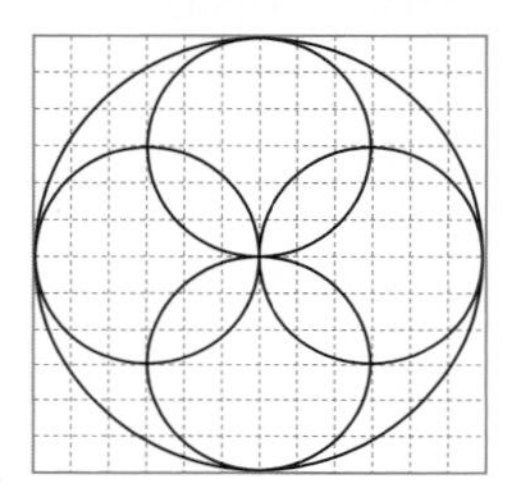

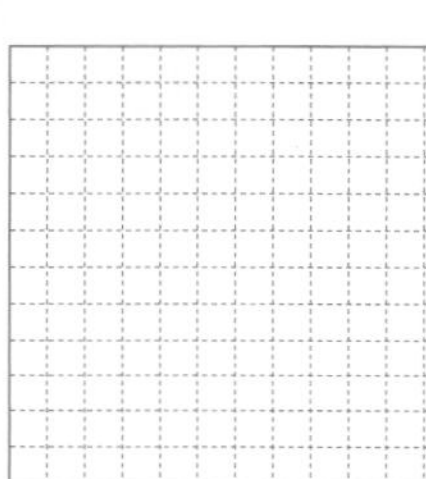

주의

17 그림은 큰 원 안에 크기가 같은 원 3개를 원의 중심을 지나도록 겹쳐서 그린 것입니다. 큰 원의 지름은 몇 cm인가요?

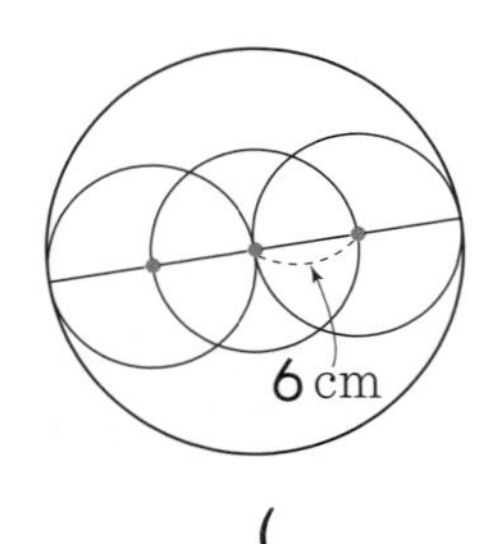

( )

18 선분 ㄱㄴ의 길이는 몇 cm인가요?

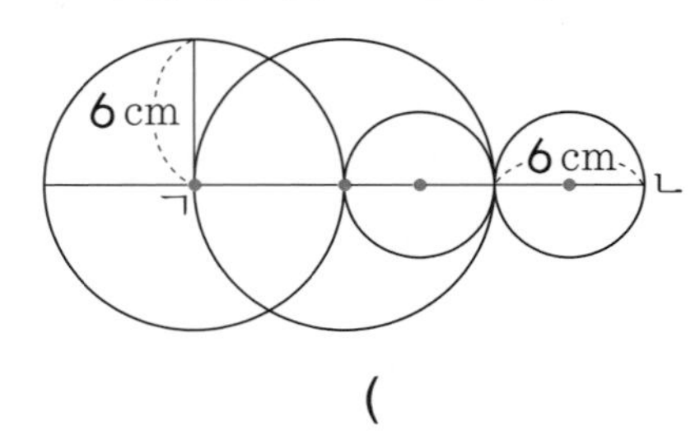

( )

서술형

19 지름이 8 cm인 2개의 원을 서로 중심을 지나도록 그렸습니다. 두 원이 만나는 곳을 각각 점 ㄱ, 점 ㄷ이라 하고, 원의 중심을 각각 점 ㄴ, 점 ㄹ이라고 할 때 사각형 ㄱㄴㄷㄹ의 네 변의 길이의 합은 몇 cm인지 풀이 과정을 쓰고 답을 구해 보세요.

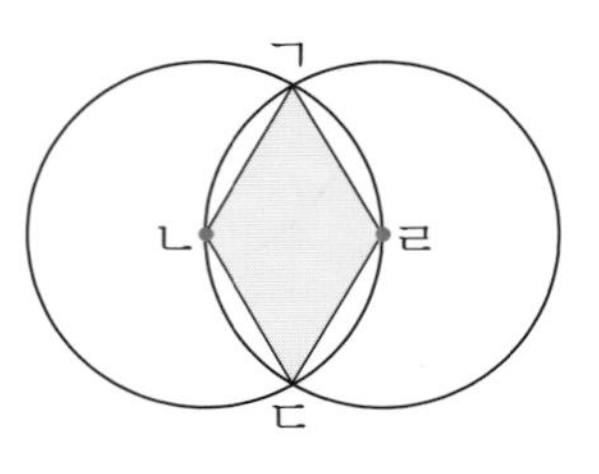

( )

응용

20 크기가 같은 원 7개를 그림과 같이 원의 중심을 지나도록 겹쳐서 그렸습니다. 원의 지름은 몇 cm인가요?

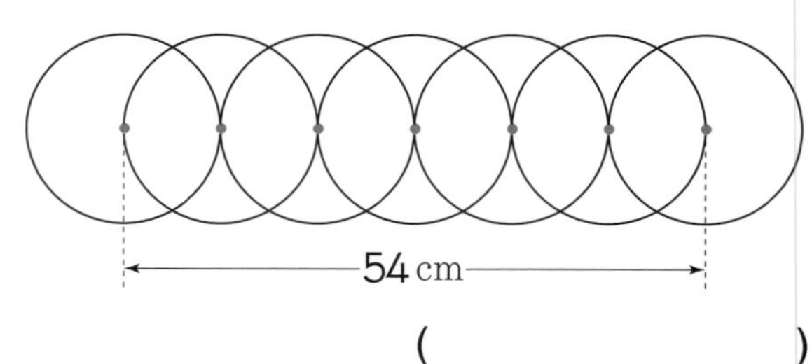

( )

1 원의 중심은 어느 것인가요? (　　　)

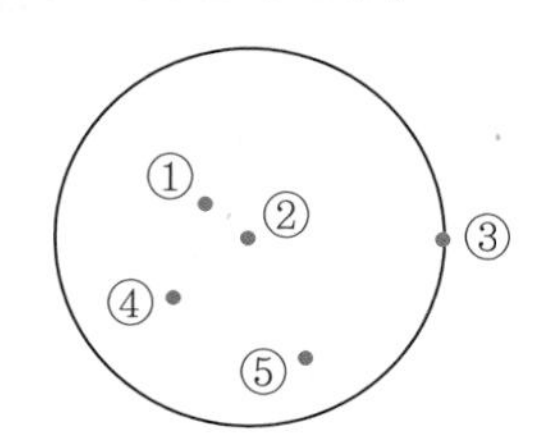

2 □ 안에 알맞은 말을 써넣으세요.

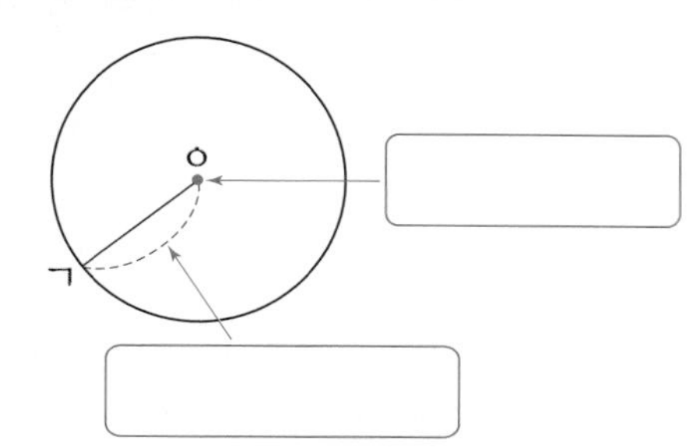

주의

3 원의 반지름을 모두 찾아 써 보세요.

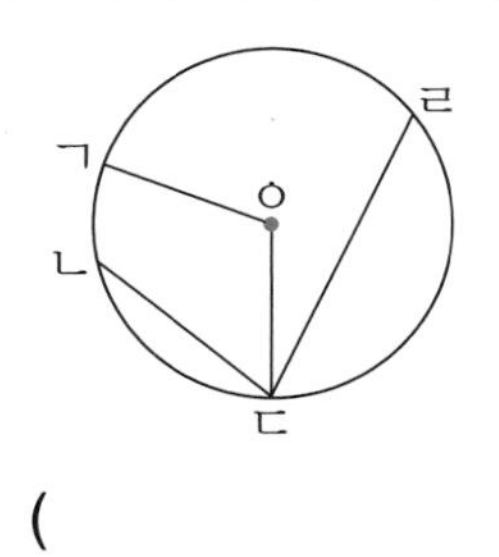

(　　　　　　　　　　　　)

4 □ 안에 알맞은 말을 써넣으세요.

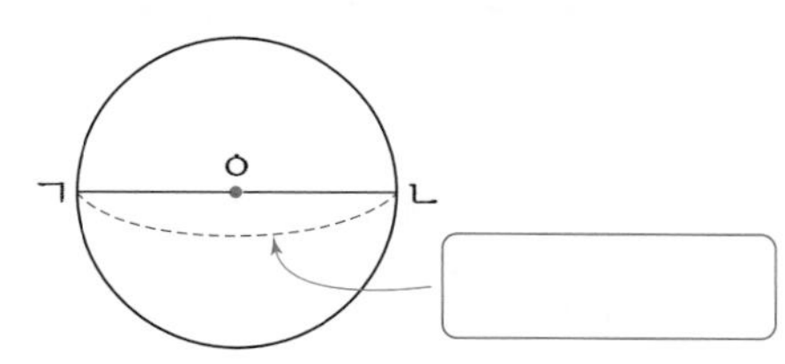

서술형

5 어느 선분이 가장 긴지 풀이 과정을 쓰고 답을 구해 보세요.

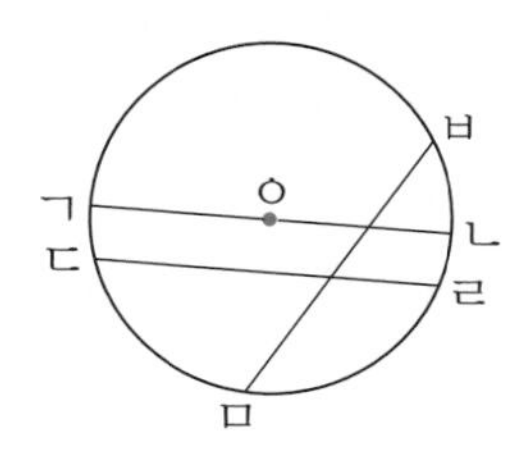

(　　　　　　　　　　)

6 원의 지름을 모두 찾아 써 보세요.

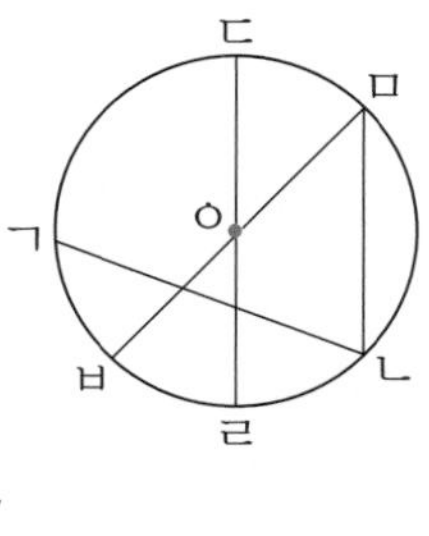

(　　　　　　　　　　)

서술형

7 지름이 16 cm인 원을 그리려고 합니다. 컴퍼스를 몇 cm만큼 벌려야 하는지 풀이 과정을 쓰고 답을 구해 보세요.

(　　　　　　　　　　)

3 단원

8 크기가 같은 두 원을 찾아 기호를 써 보세요.

㉠ 지름이 14 cm인 원
㉡ 지름이 20 cm인 원
㉢ 반지름이 7 cm인 원
㉣ 반지름이 20 cm인 원

(,)

원의 지름을 구해 보세요. [9~10]

9

12 cm
7 cm

( )

10

9 cm
6 cm

( )

11 컴퍼스를 이용하여 반지름이 4 cm인 원을 그리는 순서대로 기호를 써 보세요.

㉠ 컴퍼스를 4 cm만큼 벌립니다.
㉡ 원의 중심이 되는 점 ㅇ을 정합니다.
㉢ 컴퍼스의 침을 점 ㅇ에 꽂고 원을 그립니다.

(㉡ , ,)

12 점 ㅇ을 원의 중심으로 하여 반지름이 1 cm인 원을 그려 보세요.

ㅇ

13 그림과 같은 무늬를 그릴 때 컴퍼스의 침을 꽂아야 할 곳은 몇 군데인가요?

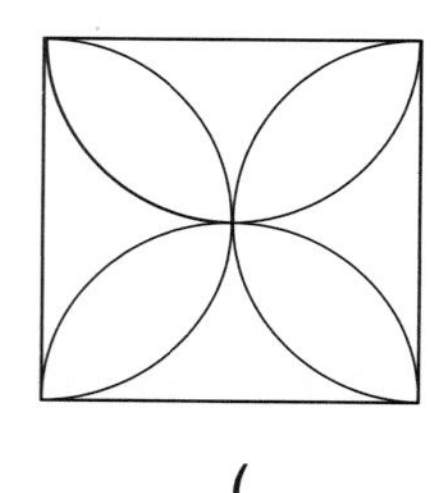

( )

14 주어진 모양과 똑같이 그려 보세요.

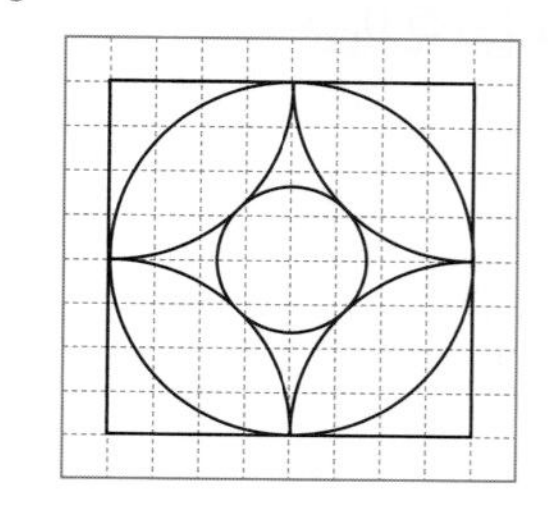

15 원을 이용하여 여러 가지 모양을 그릴 때 원의 중심의 수가 가장 적은 것을 찾아 기호를 써 보세요.

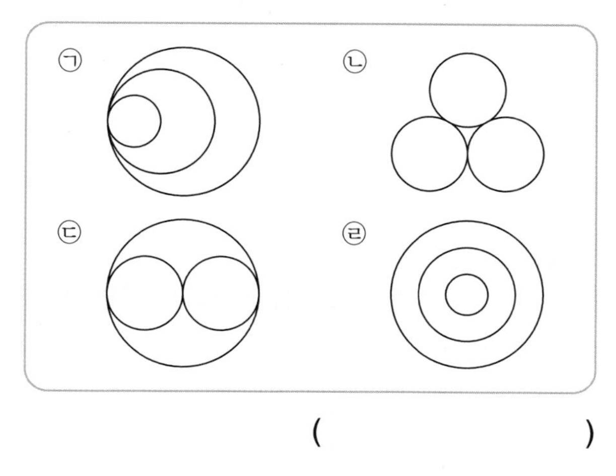

( )

중요

16 선분 ㄱㄴ의 길이는 몇 cm인가요?

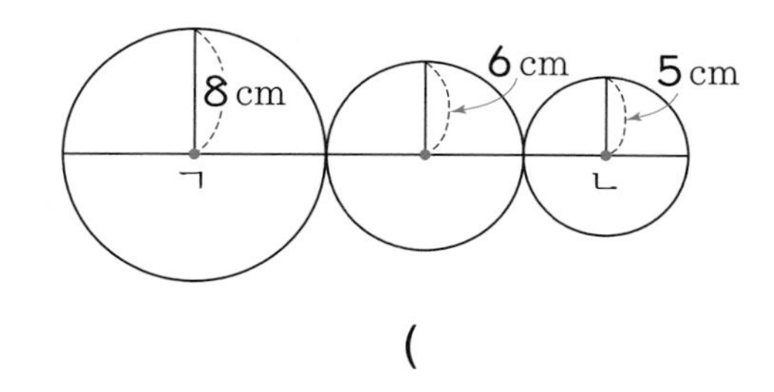

( )

17 그림에서 가장 큰 원의 반지름은 몇 cm인가요?

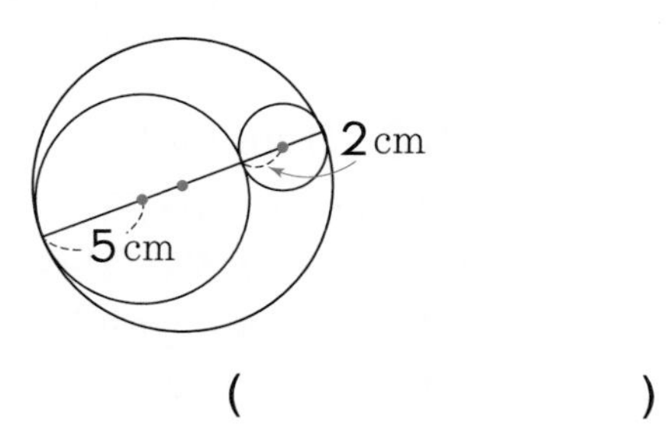

( )

서술형

18 그림에서 사각형 ㄱㄴㄷㄹ의 네 변의 길이의 합은 몇 cm인지 풀이 과정을 쓰고 답을 구해 보세요.

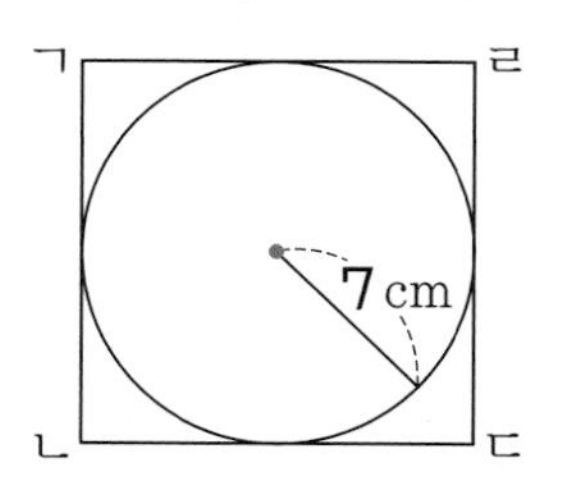

____

____

____

( )

3 단원

19 크기가 같은 원 3개를 그림과 같이 붙여 놓고 세 원의 중심을 이었습니다. 삼각형 ㄱㄴㄷ의 세 변의 길이의 합은 45 cm입니다. 한 원의 지름은 몇 cm인가요?

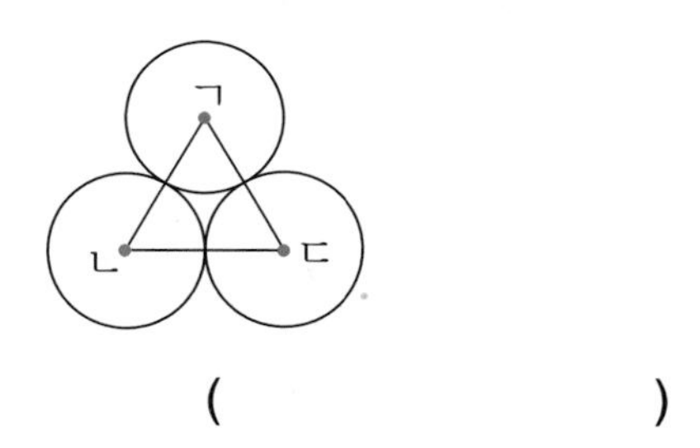

( )

응용

20 그림에서 삼각형 ㄱㄴㄷ의 세 변의 길이의 합은 몇 cm인가요?

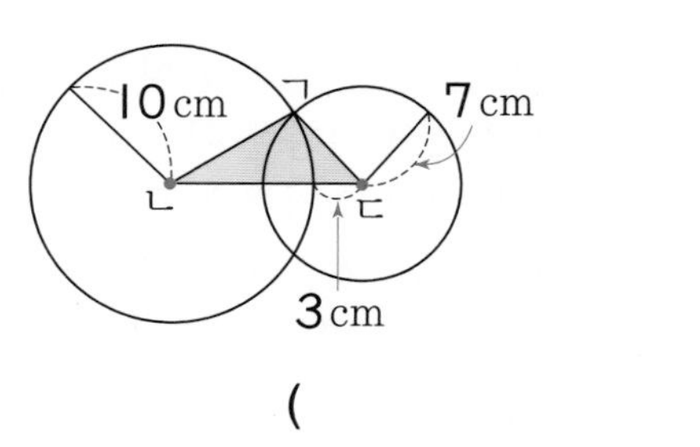

( )

1 다음 그림에서 지름을 찾아 기호를 써 보세요.

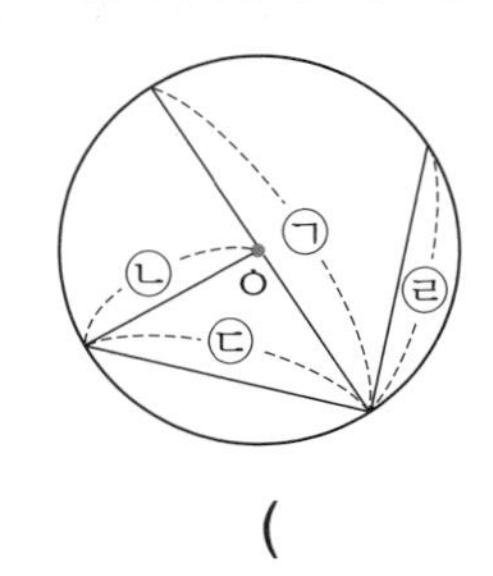

( )

2 원의 중심과 원 위의 한 점을 잇는 선분을 2개 그어 보세요.

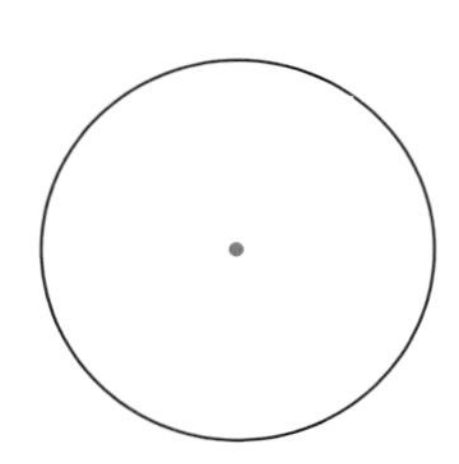

3 다음 원의 반지름은 몇 cm인가요?

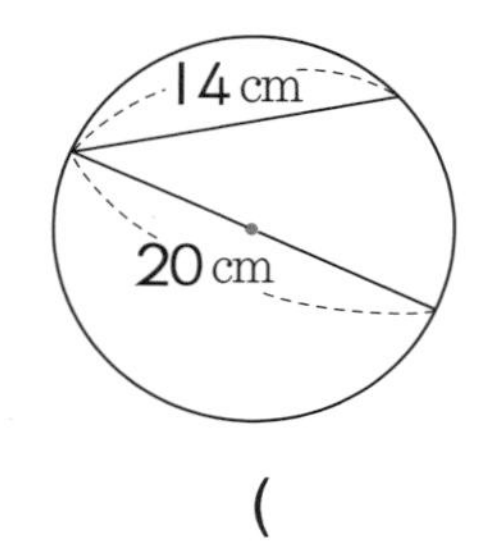

( )

4 원에 대한 설명으로 잘못된 것은 어느 것인가요? ( )

① 지름은 항상 원의 중심을 지납니다.
② 한 원에서 지름은 무수히 많습니다.
③ 한 원에서 반지름은 무수히 많습니다.
④ 한 원에서 지름은 반지름의 2배입니다.
⑤ 지름은 원 위의 두 점을 이은 선분 중 가장 짧습니다.

5 반지름이 16 cm인 원의 지름은 몇 cm인가요?

( )

서술형

6 가장 큰 원은 어느 것인지 풀이 과정을 쓰고 답을 구해 보세요.

㉠ 지름이 15 cm인 원
㉡ 반지름이 8 cm인 원
㉢ 반지름이 13 cm인 원

( )

7 다음 원에 대해 잘못 설명한 것은 어느 것인가요? ( )

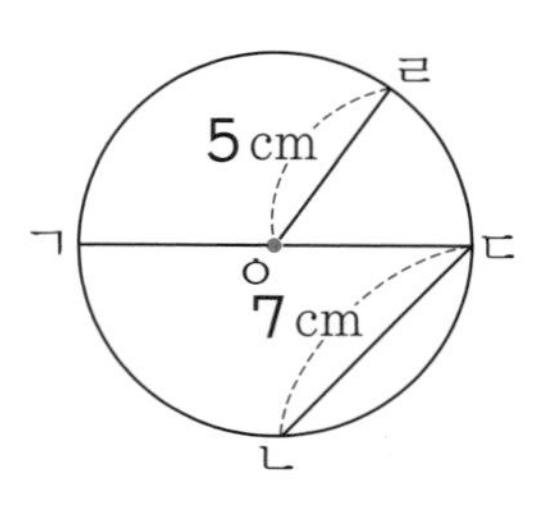

① 지름은 10 cm입니다.
② 반지름은 5 cm입니다.
③ 선분 ㄴㄷ은 반지름입니다.
④ 지름은 반지름의 2배입니다.
⑤ 선분 ㄱㅇ의 길이는 5 cm입니다.

8 컴퍼스를 이용하여 점 ㅇ을 중심으로 하는 반지름이 15 mm인 원을 그려 보세요.

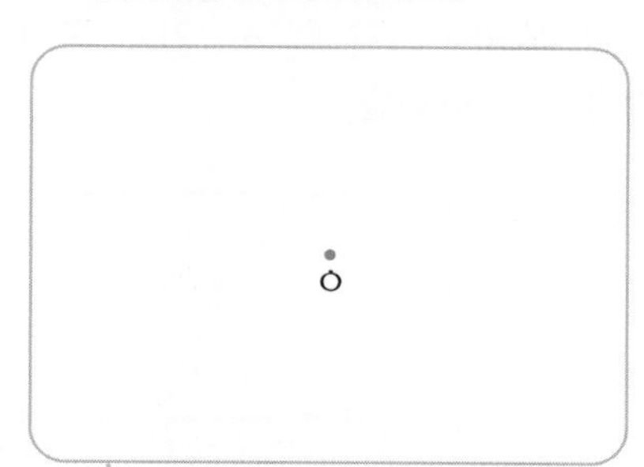

9 모양을 만들 때 컴퍼스의 침을 꽂아야 할 곳은 모두 몇 군데인가요?

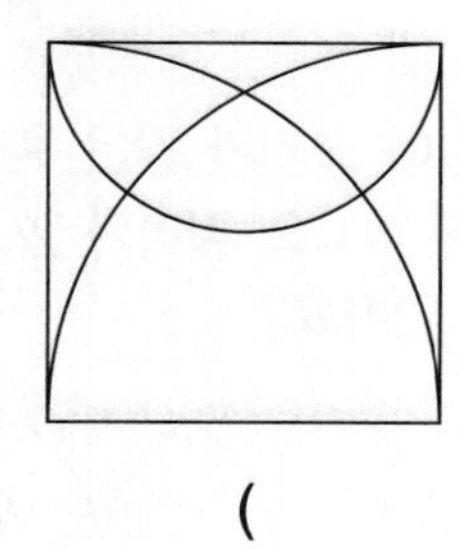

(　　　　　　　　)

10 그림과 같은 모양을 그릴 때 원의 중심은 모두 몇 개인가요?

(　　　　　　　　)

11 자와 컴퍼스를 이용하여 왼쪽과 같은 모양을 그려 보세요.

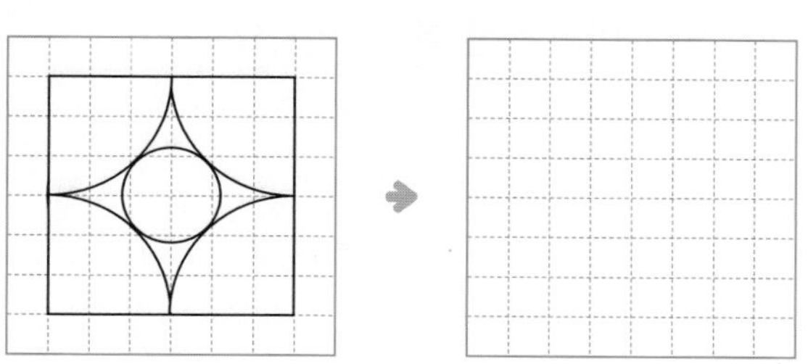

3 단원

12 그림에서 가장 큰 원의 지름은 몇 cm인가요?

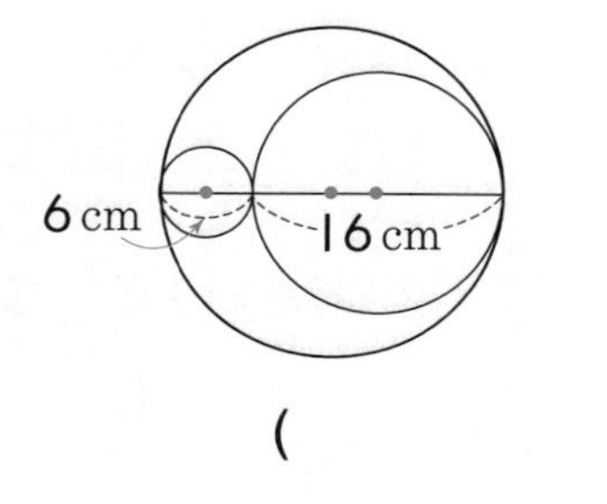

(　　　　　　　　)

서술형

13 큰 원의 지름이 20 cm라면 작은 원의 반지름은 몇 cm인지 풀이 과정을 쓰고 답을 구해 보세요.

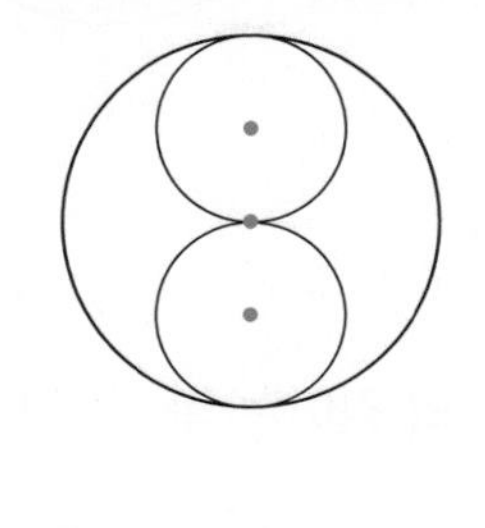

(　　　　　　　　)

14 그림에서 원의 반지름은 각각 3 cm입니다. 세 원의 중심을 연결하여 만든 삼각형 ㄱㄴㄷ의 세 변의 길이의 합은 몇 cm인가요?

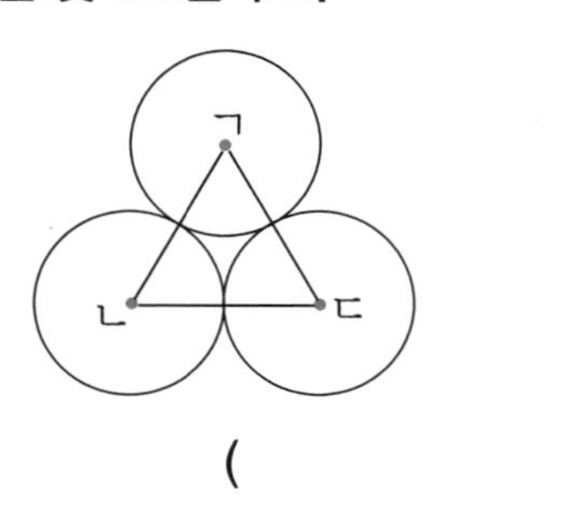

( )

15 그림에서 크기가 같은 두 원의 중심을 지나는 선분 ㄱㄴ의 길이는 몇 cm인가요?

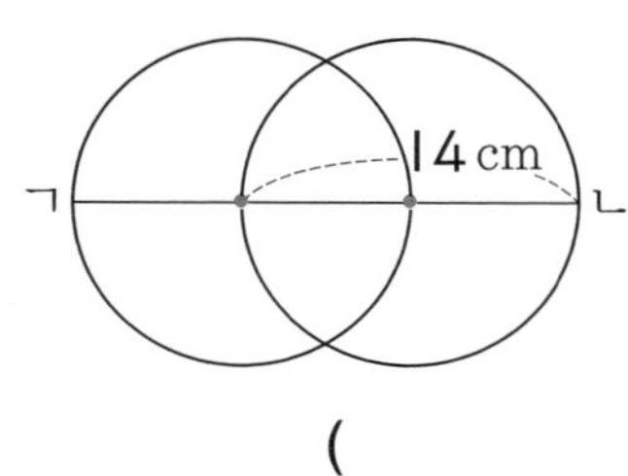

( )

16 그림에서 가장 큰 원의 지름은 몇 cm인가요?

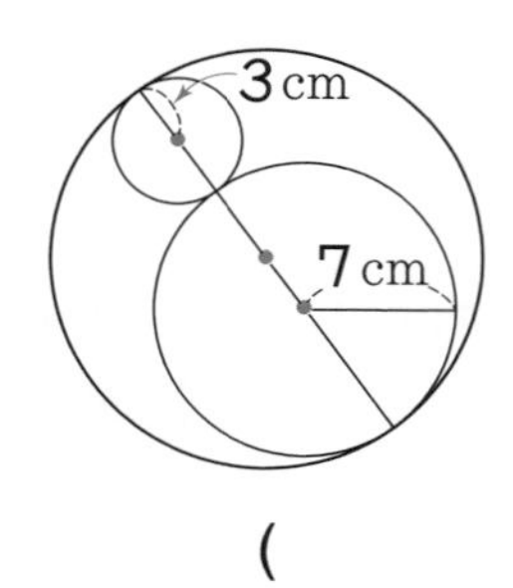

( )

17 선분 ㄱㄴ의 길이는 몇 cm인가요?

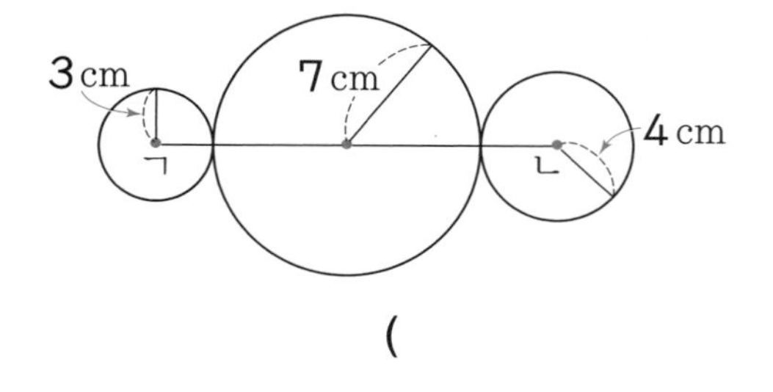

( )

서술형

18 그림은 직사각형 안에 크기가 같은 원 2개를 이어 붙여서 그린 것입니다. 사각형 ㄱㄴㄷㄹ의 네 변의 길이의 합은 몇 cm인지 풀이 과정을 쓰고 답을 구해 보세요.

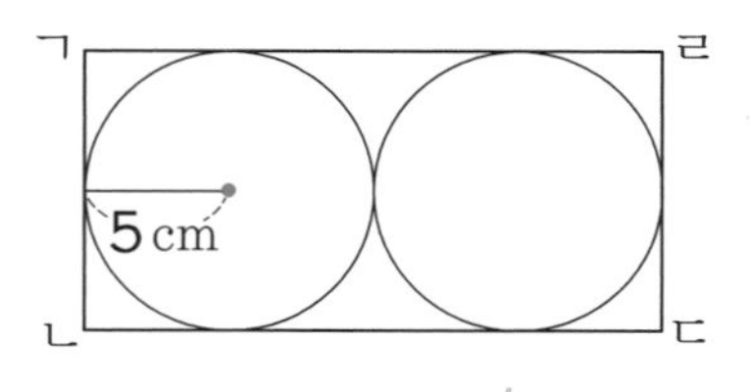

( )

19 그림과 같이 크기가 같은 원 3개가 겹쳐져 있습니다. 선분 ㄱㄴ의 길이가 24 cm일 때 원의 지름은 몇 cm인가요?

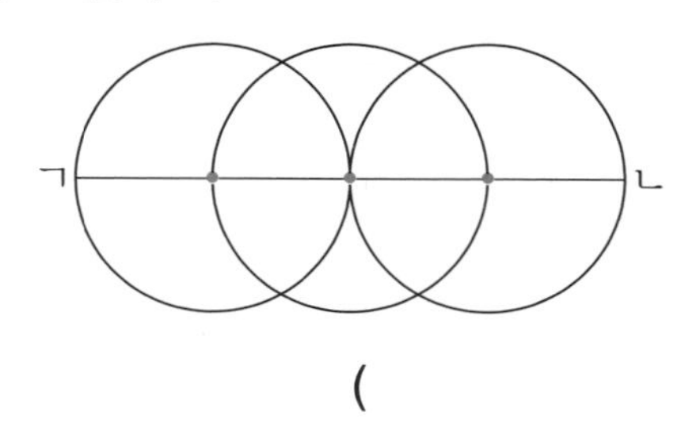

( )

20 그림에서 선분 ㄷㄹ의 길이는 몇 cm인가요?

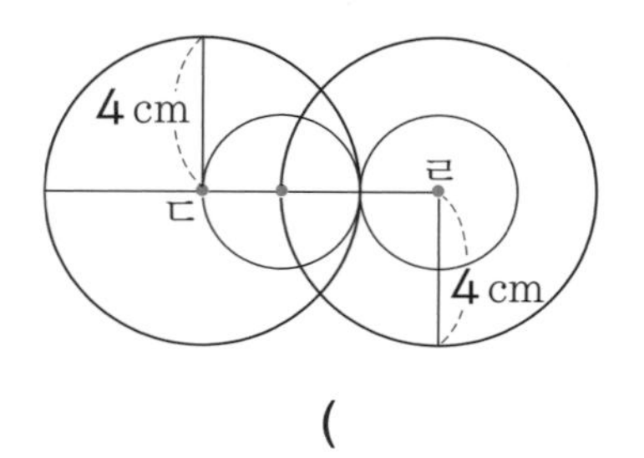

( )

4회 단원 평가 실전

3. 원

1 ▢ 안에 알맞은 말을 써넣으세요.

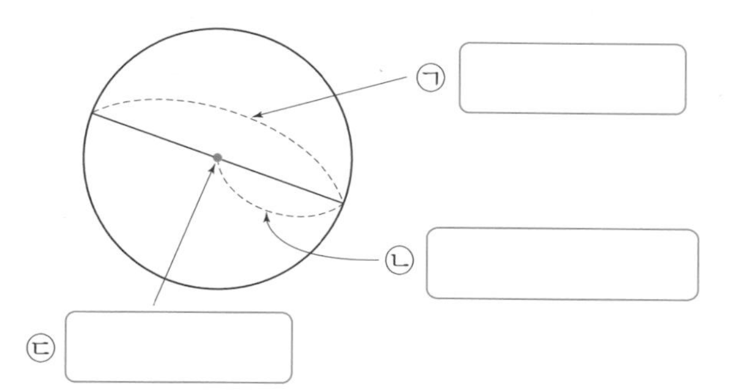

2 다음 선분 중에서 길이가 같은 것을 모두 찾아 써 보세요.

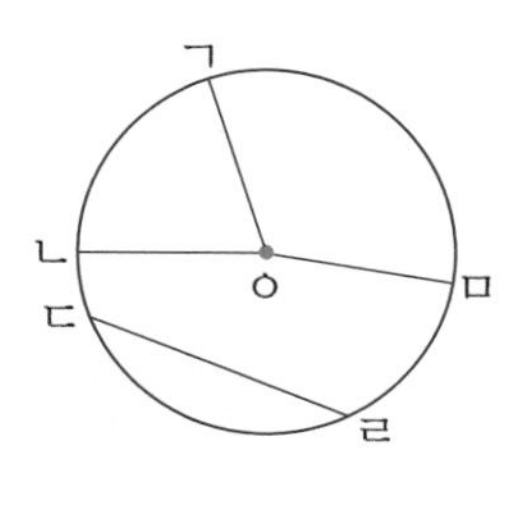

( )

3 한 원에는 중심이 몇 개 있나요?

( )

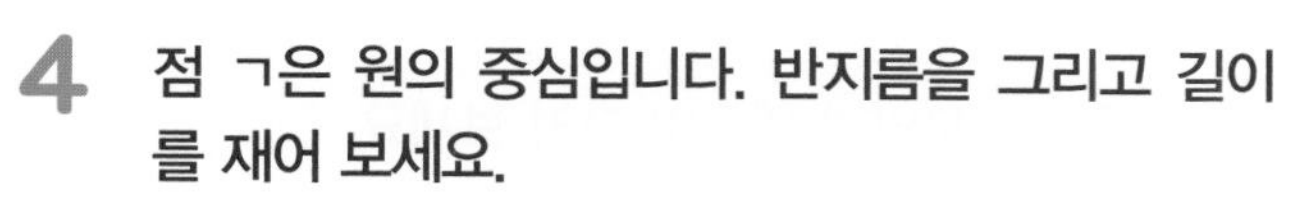

4 점 ㄱ은 원의 중심입니다. 반지름을 그리고 길이를 재어 보세요.

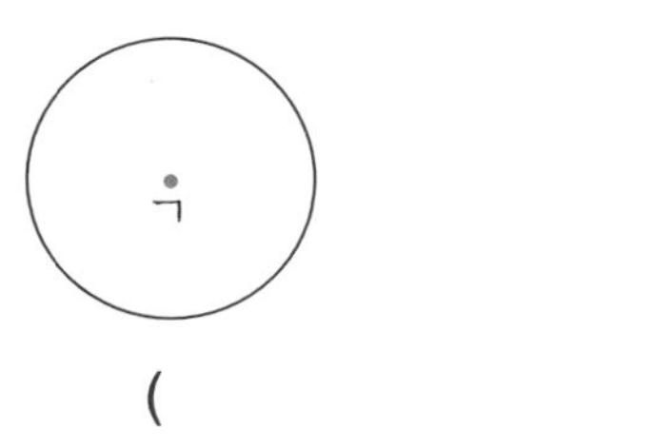

( )

5 어느 선분이 가장 긴가요?

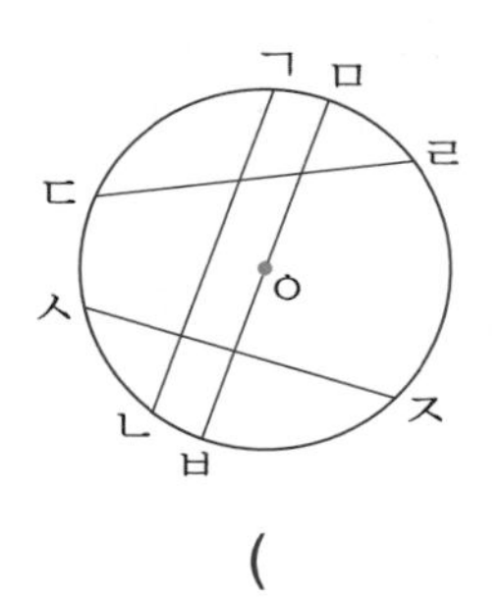

( )

6 점 ㅇ은 원의 중심입니다. 원의 지름은 몇 cm인가요?

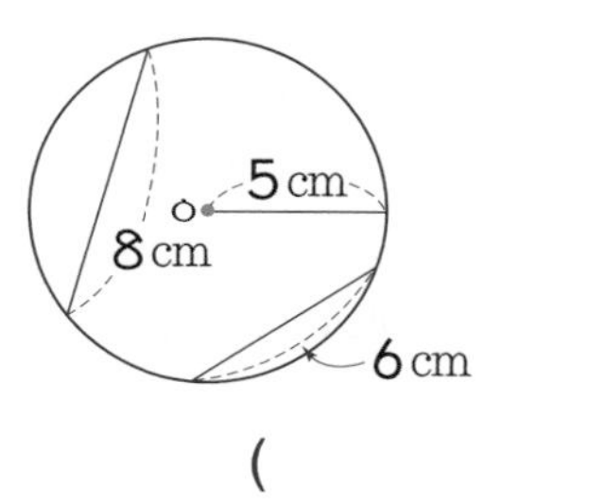

( )

서술형

7 원에서 ㉠의 길이가 16 cm라면 ㉡의 길이는 몇 cm인지 풀이 과정을 쓰고 답을 구해 보세요.

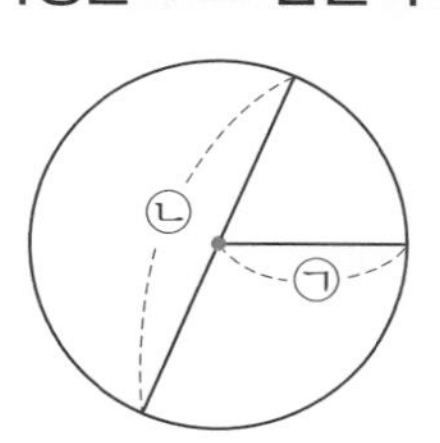

( )

8 다음 원의 반지름의 3배를 반지름으로 하여 원을 그리려고 합니다. 컴퍼스의 침과 연필심 사이의 거리를 몇 cm로 해야 하나요?

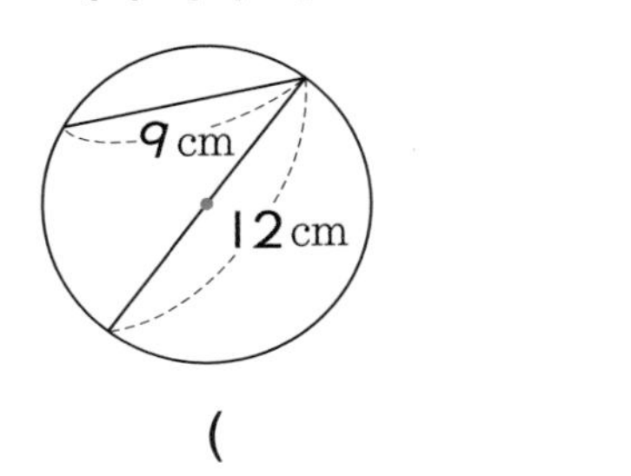

( )

9 크기가 큰 원부터 차례대로 기호를 써 보세요.

㉠ 지름이 15 cm인 원
㉡ 지름이 19 cm인 원
㉢ 반지름이 7 cm인 원
㉣ 반지름이 5 cm인 원

(, , ,)

10 컴퍼스를 3 cm가 되도록 벌린 것은 어느 것인지 찾아 기호를 써 보세요.

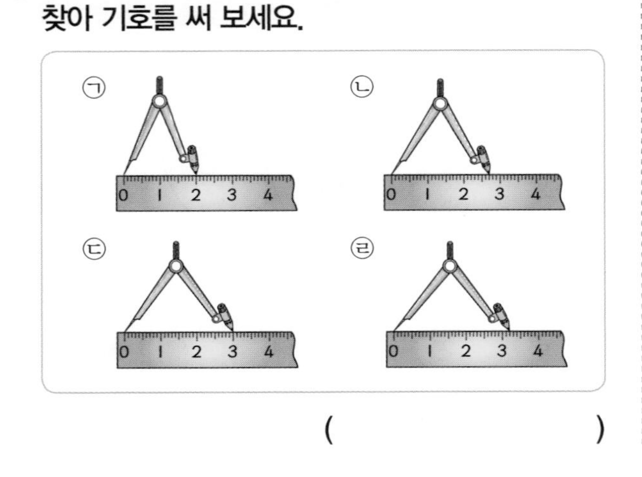

( )

11 주어진 선분을 반지름으로 하는 원을 그려 보세요.

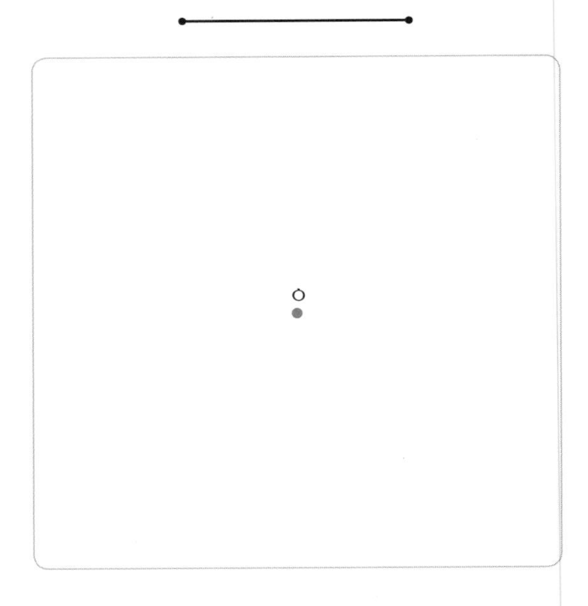

12 다음과 같이 같은 점을 원의 중심으로 하고 반지름을 한 칸씩 늘려 가며 차례로 원을 2개 그려 보세요.

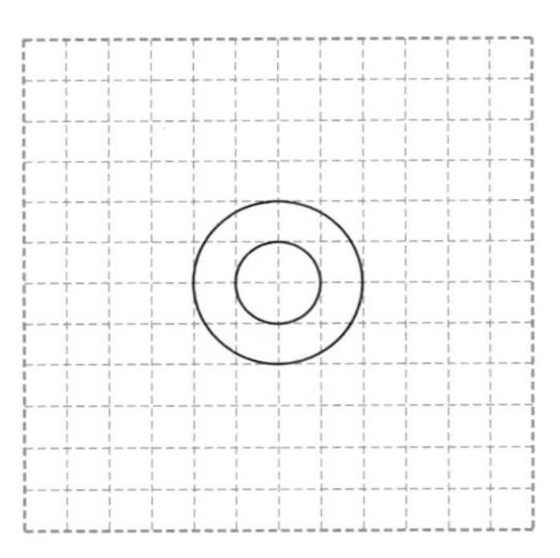

13 주어진 모양과 똑같이 그려 보세요.

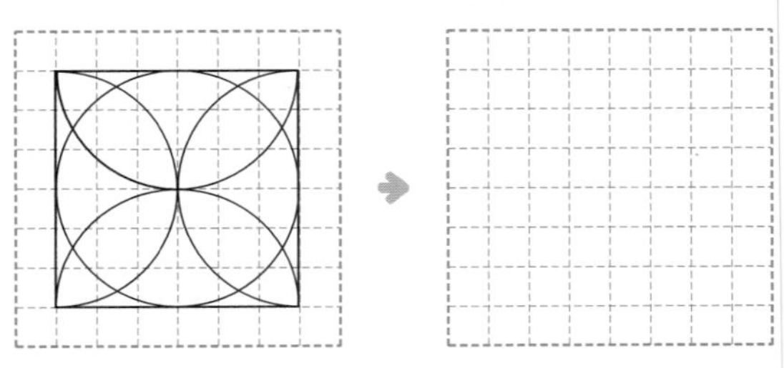

14 오른쪽 모양을 컴퍼스로 그릴 때 컴퍼스의 침을 꽂아야 할 곳은 몇 군데인가요?

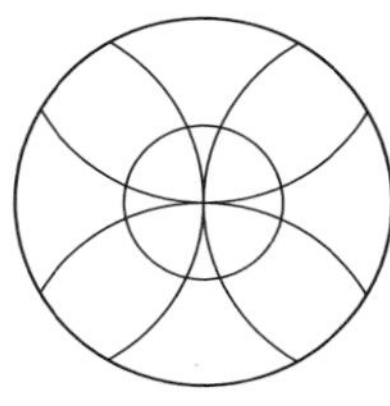

(　　　　　　)

서술형

15 오른쪽 그림에서 원의 반지름은 8 cm입니다. 정사각형의 네 변의 길이의 합은 몇 cm인지 풀이 과정을 쓰고 답을 구해 보세요.

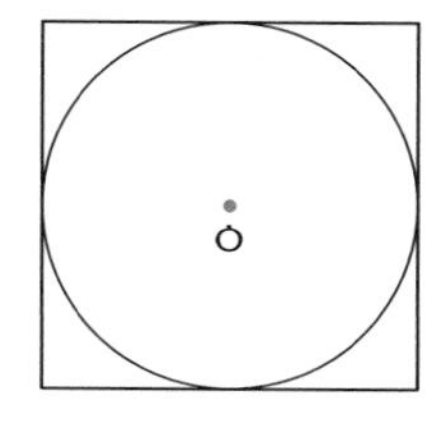

(　　　　　　)

16 점 ㄴ과 점 ㄷ은 원의 중심입니다. 두 원의 지름이 각각 10 cm일 때 삼각형 ㄱㄴㄷ의 세 변의 길이의 합은 몇 cm인가요?

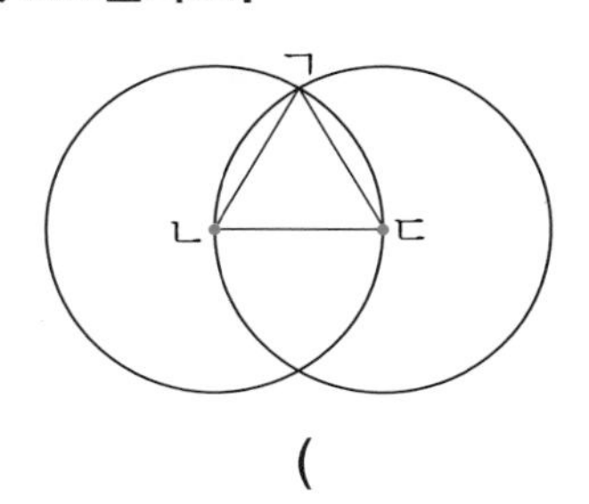

(　　　　　　)

17 그림과 같이 지름이 18 cm인 세 원의 중심을 연결하여 만든 삼각형의 세 변의 길이의 합은 몇 cm인가요?

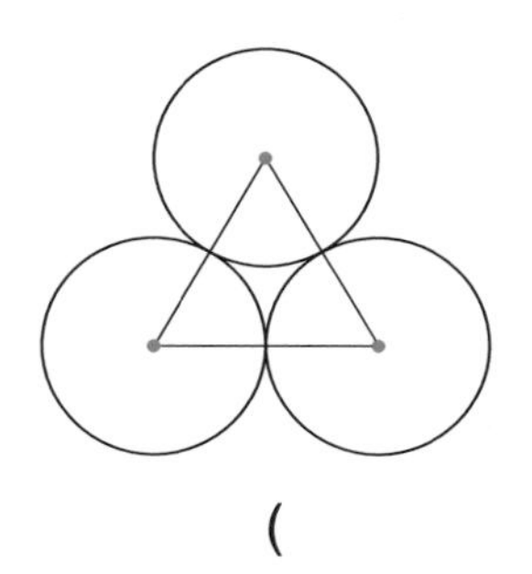

(　　　　　　)

18 그림과 같이 크기가 같은 원 3개를 큰 원 안에 꼭 맞게 그렸습니다. 큰 원의 지름은 몇 cm인가요?

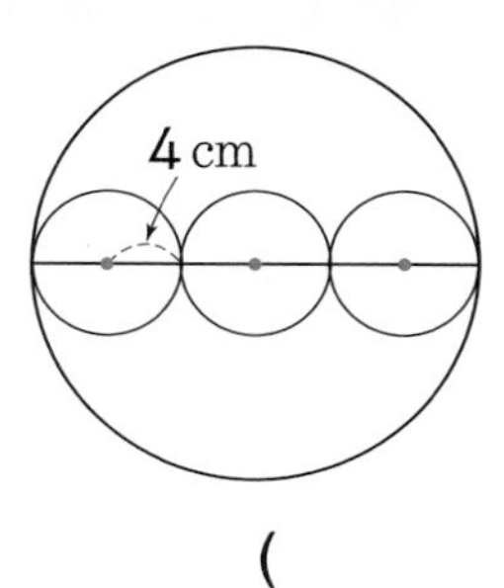

(　　　　　　)

19 원 안의 삼각형 ㅇㄱㄴ의 세 변의 길이의 합이 30 cm라면 원의 지름은 몇 cm인가요?

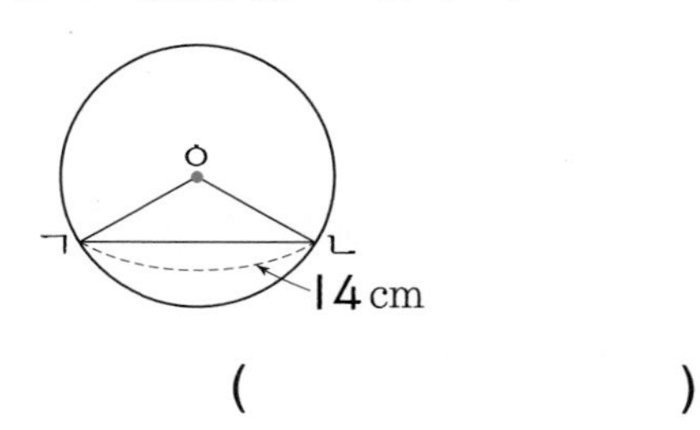

(　　　　　　)

서술형

20 그림에서 원의 지름은 12 cm입니다. 사각형 ㄱㄴㄷㄹ의 네 변의 길이의 합은 몇 cm인지 풀이 과정을 쓰고 답을 구해 보세요.

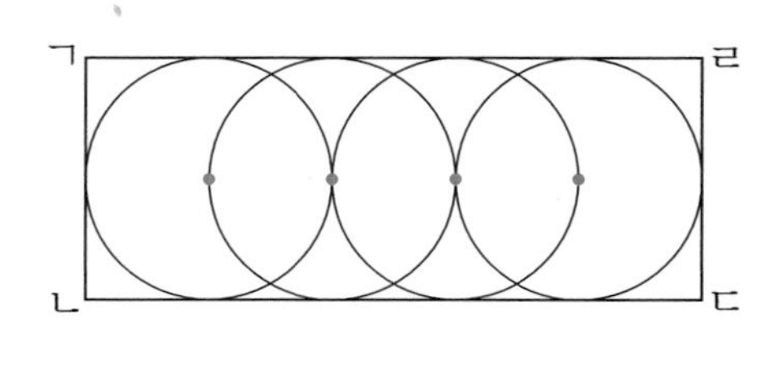

(　　　　　　)

3 단원

연습 각 단계에 따라 문제를 풀어 보세요.

1 다음 중 가장 작은 원을 찾아 기호를 써 보세요.

㉠ 반지름이 9 cm인 원　　㉡ 지름이 20 cm인 원
㉢ 반지름이 11 cm인 원　　㉣ 지름이 17 cm인 원

1단계 각 원의 지름은 몇 cm인가요?

㉠: (　　　　), ㉡: (　　　　), ㉢: (　　　　), ㉣: (　　　　)

2단계 가장 작은 원을 찾아 기호를 써 보세요.

(　　　　)

도전 위에서 푼 방법을 생각하며 풀어 보세요.

1-1 다음 중 가장 큰 원을 그린 사람은 누구인지 찾아 이름을 써 보세요.

답

이렇게 술술 풀어요

① 네 사람이 그린 원의 지름을 각각 구합니다.

② 가장 큰 원을 그린 사람을 찾습니다.

연습 각 단계에 따라 문제를 풀어 보세요.

2 주어진 모양을 그리기 위하여 컴퍼스의 침을 꽂아야 할 곳이 가장 많은 것을 찾아 기호를 써 보세요.

㉠ 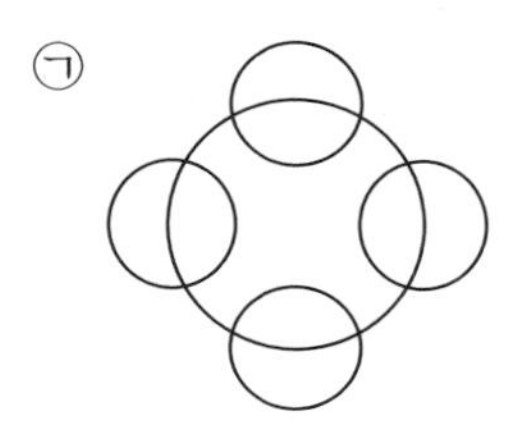 ㉡ 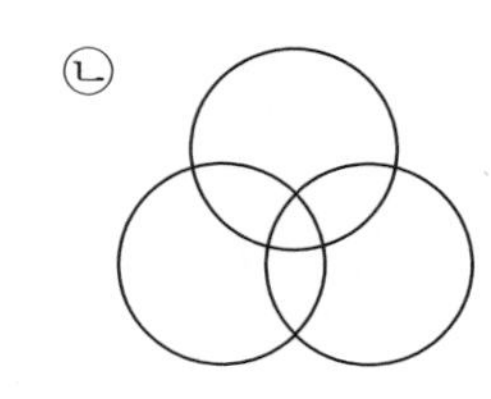 ㉢ 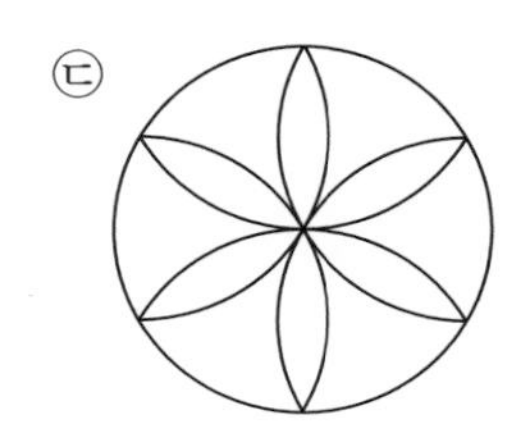

1단계 컴퍼스의 침을 꽂아야 할 곳의 개수를 각각 구해 보세요.

㉠: (　　　　), ㉡: (　　　　), ㉢: (　　　　)

2단계 컴퍼스의 침을 꽂아야 할 곳이 가장 많은 것을 찾아 기호를 써 보세요.

(　　　　)

3 단원

도전 위에서 푼 방법을 생각하며 풀어 보세요.

2-1 주어진 모양을 그리기 위하여 컴퍼스의 침을 꽂아야 할 곳이 가장 많은 것을 찾아 기호를 써 보세요.

㉠ 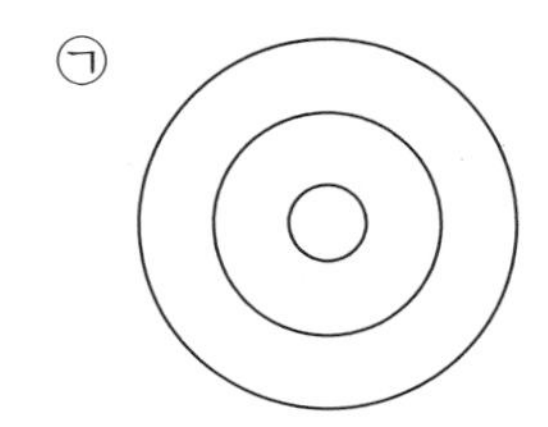 ㉡ 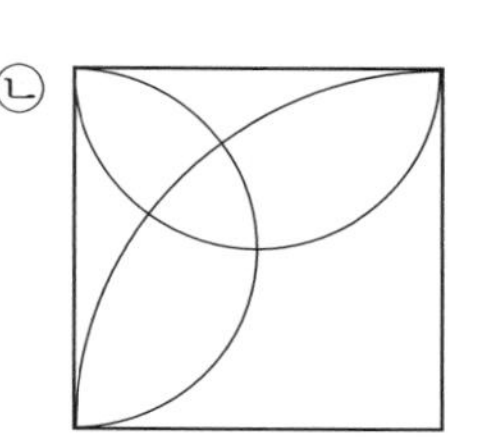 ㉢ 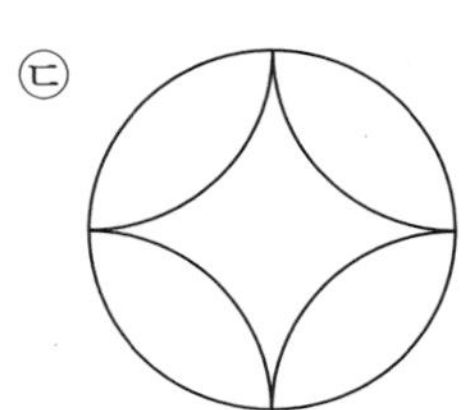

풀이

답

이렇게 술술 풀어요

① 각 모양에서 컴퍼스의 침을 꽂아야 할 곳의 수를 구합니다.

② 컴퍼스의 침을 꽂아야 할 곳이 가장 많은 것을 찾습니다.

연습 각 단계에 따라 문제를 풀어 보세요.

3 직사각형 안에 크기가 같은 원 5개를 서로 원의 중심을 지나도록 겹쳐서 그렸습니다. 직사각형 ㄱㄴㄷㄹ의 네 변의 길이의 합을 구해 보세요.

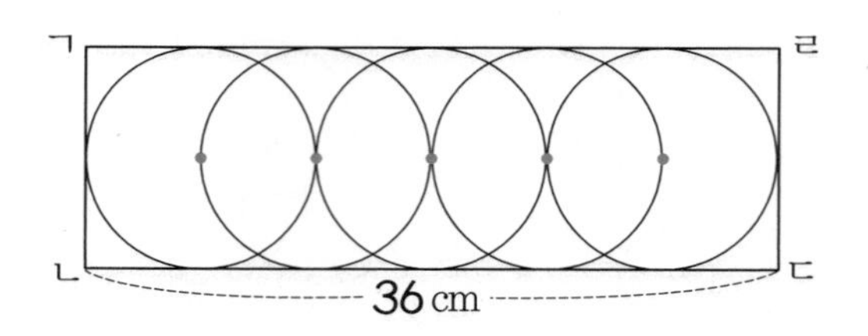

1단계 각 원의 반지름은 몇 cm인가요?

( )

2단계 변 ㄱㄴ은 몇 cm인가요?

( )

3단계 사각형 ㄱㄴㄷㄹ의 네 변의 길이의 합은 몇 cm인가요?

( )

도전 위에서 푼 방법을 생각하며 풀어 보세요.

3-1 직사각형 안에 크기가 같은 원 7개를 서로 원의 중심을 지나도록 겹쳐서 그렸습니다. 직사각형 ㄱㄴㄷㄹ의 네 변의 길이의 합을 구해 보세요.

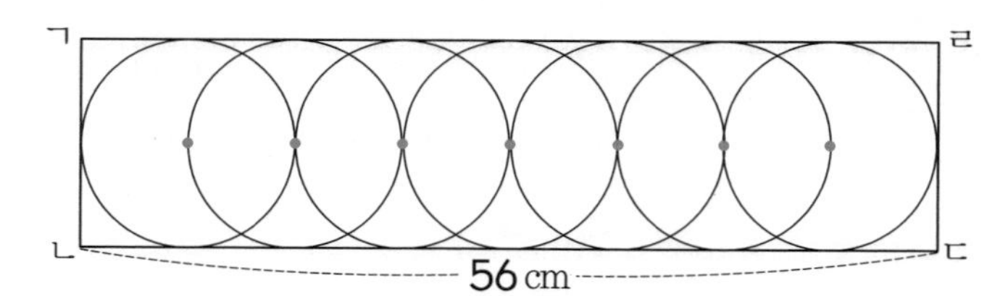

풀이

답

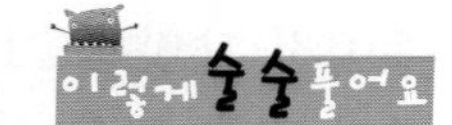

① 원의 반지름을 구합니다.

② 변 ㄱㄴ의 길이를 구합니다.

③ 직사각형의 네 변의 길이의 합을 구합니다.

실전 시험처럼 문제를 풀어 보세요.

4 다음 그림에서 두 원의 크기는 같고, 점 ㄴ과 점 ㄹ은 각각 두 원의 중심입니다. 사각형 ㄱㄴㄷㄹ의 네 변의 길이의 합이 24 cm일 때 원의 반지름은 몇 cm인지 구해 보세요.

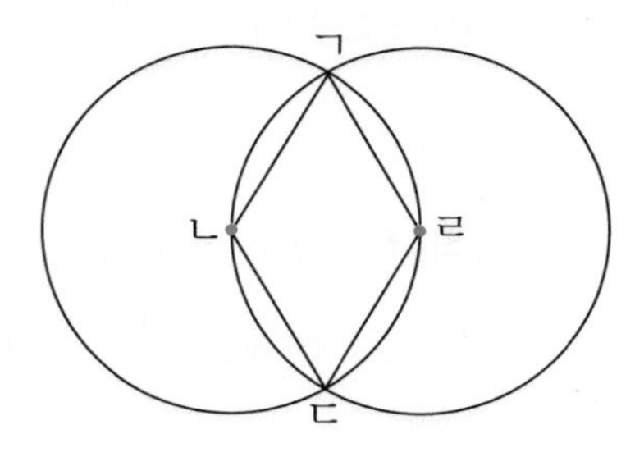

풀이

답

실전 시험처럼 문제를 풀어 보세요.

5 다음 그림에서 선분 ㄱㄴ의 길이는 몇 cm인지 구해 보세요.

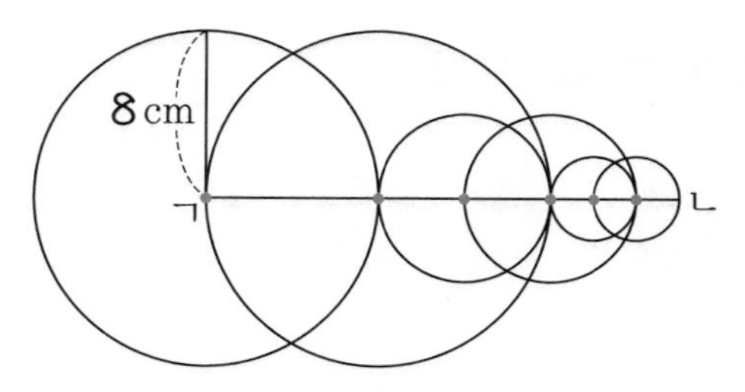

풀이

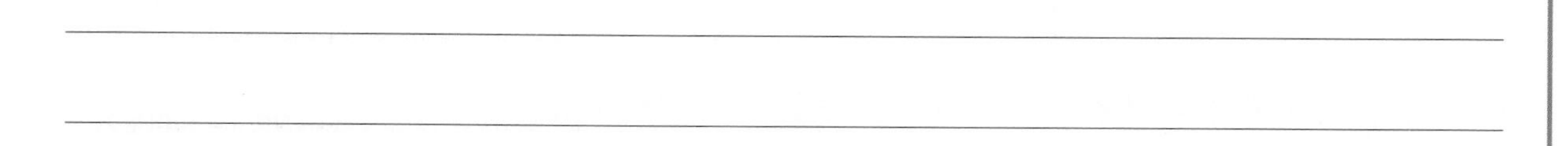

답

3 단원

교과서 핵심잡기  4. 분수

4-1 분수로 나타내어 볼까요

부분은 전체의 얼마인지 분수로 나타내기

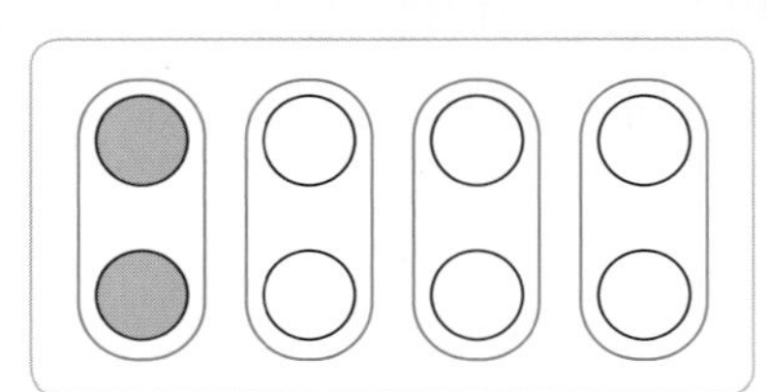

① 색칠한 부분은 4묶음 중에서 1묶음이므로 전체의 $\frac{1}{4}$입니다.

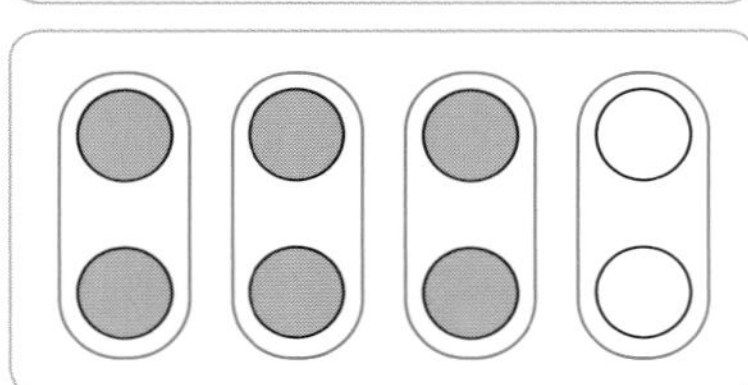

② 색칠한 부분은 4묶음 중에서 3묶음이므로 전체의 $\frac{3}{4}$입니다.

• 분수로 나타내기
전체는 '분모'에,
부분은 '분자'에 표현하므로
$\frac{\text{(부분 묶음 수)}}{\text{(전체 묶음 수)}}$와 같이
나타낼 수 있습니다.

□ 안에 알맞은 수를 써넣으세요.

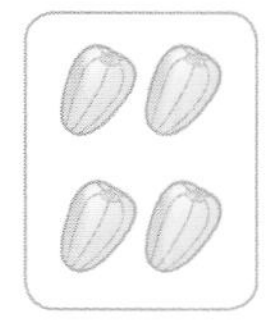 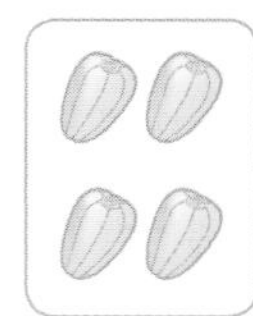 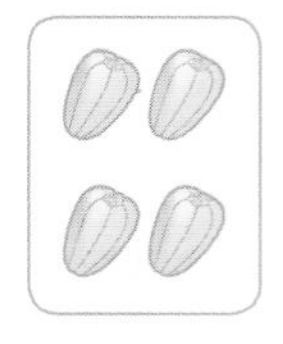 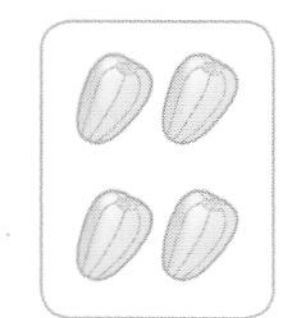

16을 4씩 묶으면 □묶음이 됩니다.

8은 16의 $\frac{□}{□}$입니다.

16을 4씩 묶으면 4묶음이 됩니다.
8은 16의 $\frac{2}{4}$입니다.

답 4, $\frac{2}{4}$

4-2 분수만큼은 얼마일까요(1)

전체에 대한 분수만큼은 얼마인지 알아보기

① 8의 $\frac{1}{4}$ 알아보기: 사과 8개를 똑같이 4묶음으로 묶으면 1묶음은 2개입니다. ➜ 8의 $\frac{1}{4}$ 은 2 입니다.

② 8의 $\frac{3}{4}$ 알아보기: 사과 8개를 똑같이 4묶음으로 묶으면 3묶음은 6개입니다. ➜ 8의 $\frac{3}{4}$ 은 6 입니다.

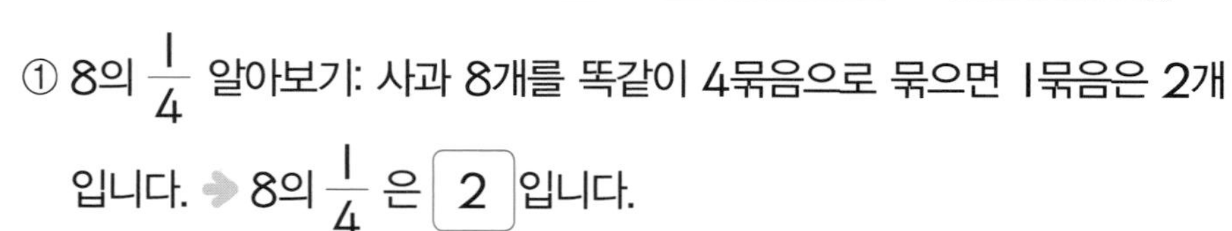

• 9의 $\frac{1}{3}$ 알아보기
9를 3으로 나눈 것 중의 1은 3입니다.

• 8의 $\frac{2}{4}$ 알아보기
8을 4로 나눈 것 중의 1은 2이고, 2는 2배이므로 4입니다.

• 12의 $\frac{3}{4}$ 알아보기
12를 4로 나눈 것 중의 1은 3이고, 3은 3배이므로 9입니다.

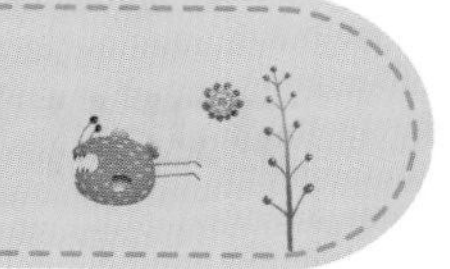

수학 익힘 풀기 4. 분수

4-1 분수로 나타내어 볼까요

1 색칠한 부분을 분수로 나타내어 보세요.

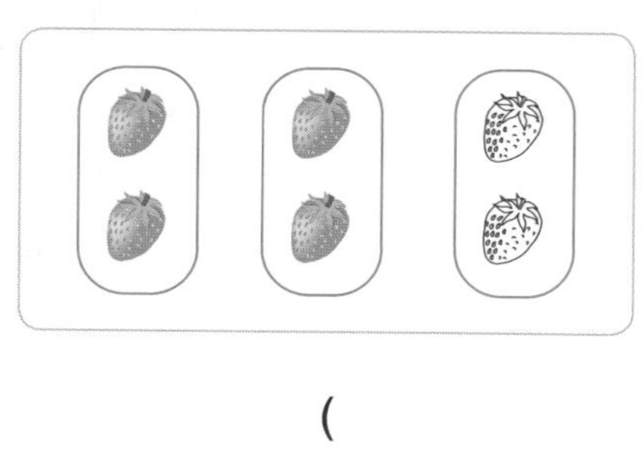

(　　　　　　　　)

2 □ 안에 알맞은 수를 써넣으세요.

12를 3씩 묶으면 □ 묶음이 됩니다.

6은 12의 $\frac{\square}{\square}$ 입니다.

3 □ 안에 알맞은 수를 써넣으세요.

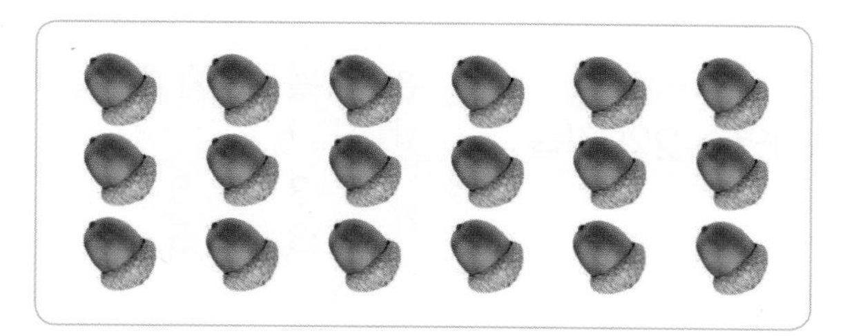

18을 6씩 묶으면 □ 묶음이 됩니다.

12는 18의 $\frac{\square}{\square}$ 입니다.

4-2 분수만큼은 얼마일까요(1)

4 □ 안에 알맞은 수를 써넣으세요.

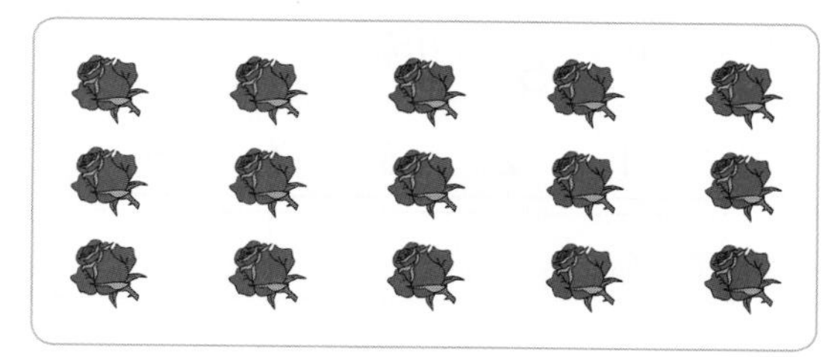

15의 $\frac{2}{5}$는 □입니다.

5 재경이는 식탁에 있던 만두의 $\frac{4}{5}$를 먹었습니다. 재경이가 먹은 만두는 몇 개인지 구해 보세요.

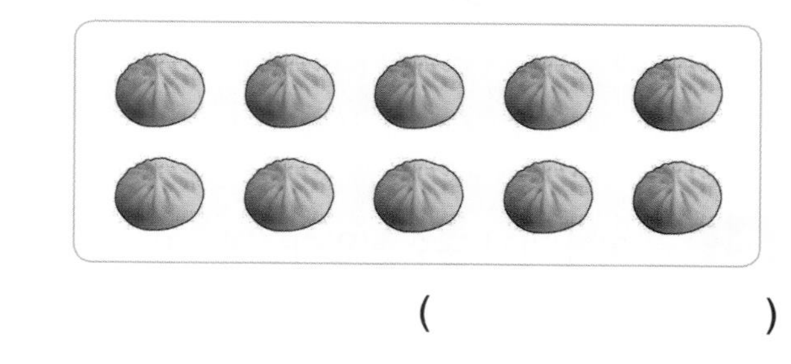

(　　　　　　　　)

6 주머니 속에 24개의 구슬이 섞여 있습니다. 각각의 구슬은 몇 개인지 구해 보세요.

- 빨간색: 24의 $\frac{1}{8}$
- 파란색: 24의 $\frac{3}{8}$
- 노란색: 24의 $\frac{4}{8}$

㉠ 빨간색 구슬: (　　　　　　)
㉡ 파란색 구슬: (　　　　　　)
㉢ 노란색 구슬: (　　　　　　)

교과서 핵심잡기  4. 분수

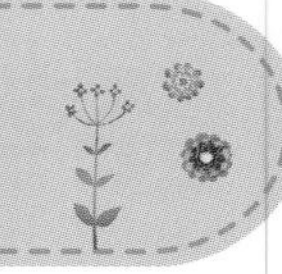

4-3 분수만큼은 얼마일까요(2)

전체 길이에 대한 분수만큼은 얼마인지 알아보기

① 10 cm의 $\frac{1}{5}$ 알아보기

0 1 2 3 4 5 6 7 8 9 10(cm)

➔ 10 cm의 $\frac{1}{5}$은 2 cm입니다.

② 10 cm의 $\frac{3}{5}$ 알아보기

0 1 2 3 4 5 6 7 8 9 10(cm)

➔ 10 cm의 $\frac{3}{5}$은 6 cm입니다.

• **6 cm의 $\frac{1}{3}$ 알아보기**

6 cm를 3으로 나눈 것 중의 1은 2 cm입니다.

• **100 cm의 $\frac{4}{5}$ 알아보기**

100 cm를 5로 나눈 것 중의 1은 20 cm이고, 4는 4배이므로 80 cm입니다.

• **1시간의 $\frac{2}{4}$ 알아보기**

1시간을 4로 나눈 것 중의 1은 15분이고, 2는 2배이므로 30분입니다.

4-4 여러 가지 분수를 알아볼까요(1)

진분수: 분자가 분모보다 작은 분수를 진분수라고 합니다.

예 $\frac{1}{4}$, $\frac{2}{4}$, $\frac{3}{4}$ 등

가분수: 분자가 분모와 같거나 분모보다 큰 분수를 가분수라고 합니다.

예 $\frac{4}{4}$, $\frac{5}{4}$, $\frac{6}{4}$, $\frac{7}{4}$, $\frac{8}{4}$ 등

자연수: 1, 2, 3과 같은 수를 자연수라고 합니다.

예 가분수 $\frac{4}{4}$는 자연수 1과 같습니다. 가분수 $\frac{8}{4}$은 자연수 2와 같습니다.

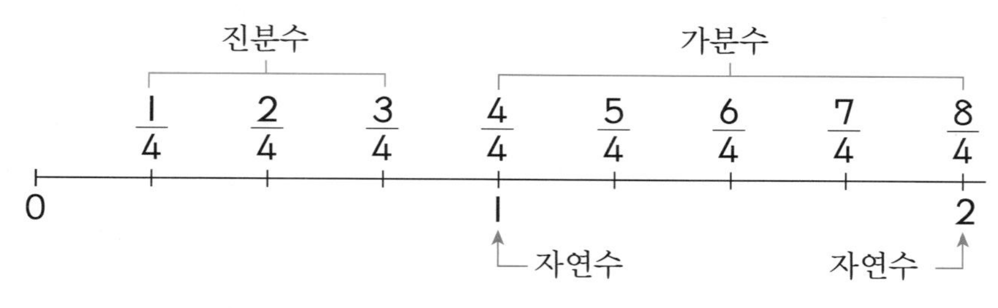

• **진분수 알아보기**

분모가 5인 진분수의 개수는 (5−1)개인 4개입니다.

➔ $\frac{1}{5}$, $\frac{2}{5}$, $\frac{3}{5}$, $\frac{4}{5}$(총 4개)

• **가분수 알아보기**

가분수에서 분자가 분모와 같은 경우를 빼먹지 않도록 주의합니다.

예 $\frac{2}{2}$, $\frac{3}{3}$, $\frac{4}{4}$, $\frac{5}{5}$……도 가분수입니다.

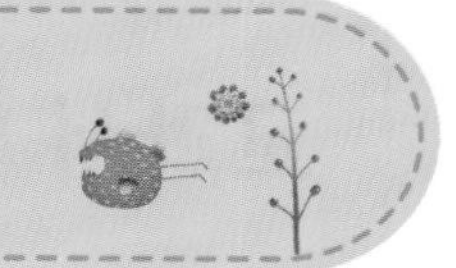

4-3 분수만큼은 얼마일까요(2)

1 그림을 보고 ☐ 안에 알맞은 수를 써넣으세요.

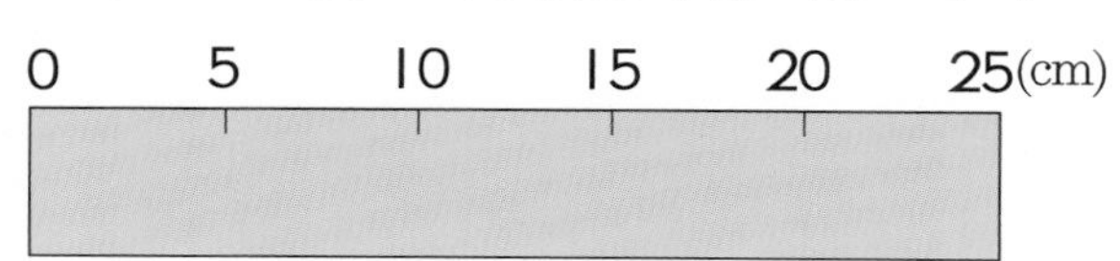

(1) 25 cm의 $\frac{1}{5}$은 ☐ cm입니다.

(2) 25 cm의 ☐ 은 15 cm입니다.

2 그림을 보고 ☐ 안에 알맞은 수를 써넣으세요.

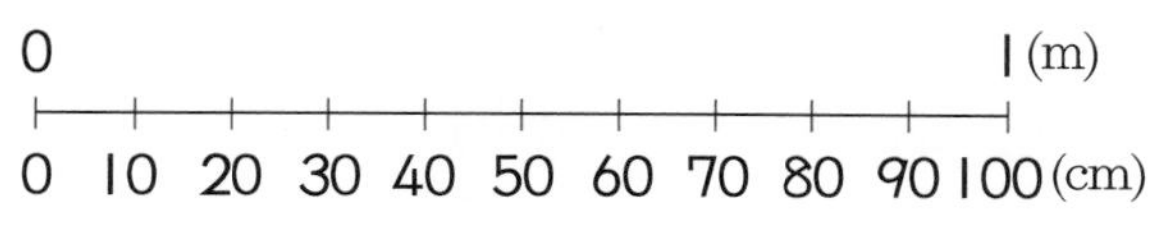

(1) $\frac{2}{5}$ m는 ☐ cm입니다.

(2) ☐ m는 80 cm입니다.

3 지금은 12시입니다. 승찬이와 애영이가 만나는 시각은 언제인지 구해 보세요.

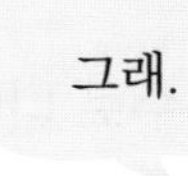

( )

4-4 여러 가지 분수를 알아볼까요(1)

4 그림을 보고 ☐ 안에 알맞은 분수를 써넣으세요.

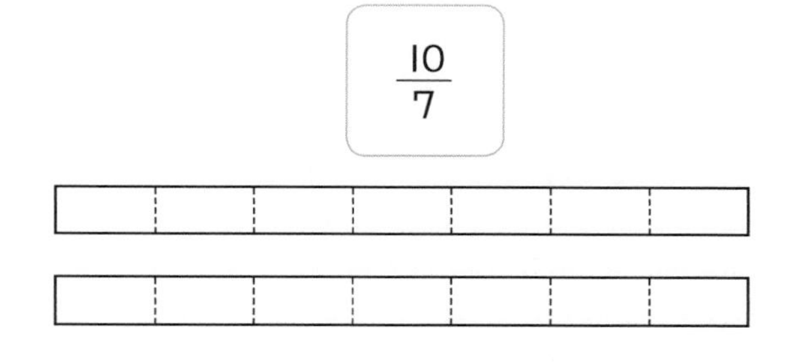

5 다음 분수만큼 색칠해 보세요.

$\frac{10}{7}$

6 진분수와 가분수 중 어느 것인지 선으로 이어 보세요.

(1) $\frac{7}{9}$ •

(2) $\frac{5}{5}$ •

(3) $\frac{12}{8}$ •

• ㉠ 진분수

• ㉡ 가분수

4 단원

교과서 핵심잡기  4. 분수

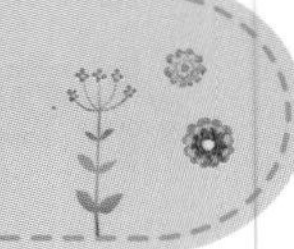

4 - 5 여러 가지 분수를 알아볼까요(2)

- **대분수:** 자연수와 진분수로 이루어진 분수를 대분수라고 합니다.

  예 $1\frac{1}{2}$, $2\frac{2}{3}$, $3\frac{1}{4}$ 등

- 1과 $\frac{1}{2}$: $1\frac{1}{2}$이라 쓰고, 1과 2분의 1이라고 읽습니다.

- **대분수 $1\frac{1}{2}$을 가분수로 나타내기**

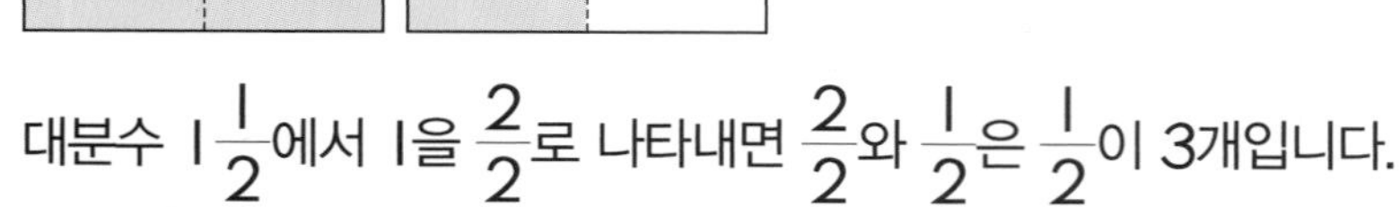

대분수 $1\frac{1}{2}$에서 1을 $\frac{2}{2}$로 나타내면 $\frac{2}{2}$와 $\frac{1}{2}$은 $\frac{1}{2}$이 3개입니다.

➜ $1\frac{1}{2}=\boxed{\frac{3}{2}}$

- **가분수 $\frac{5}{2}$를 대분수로 나타내기**

가분수 $\frac{5}{2}$에서 자연수로 표현되는 가분수 $\frac{4}{2}$를 자연수 2로 나타내고,

나머지 $\frac{1}{2}$은 진분수로 나타내면 $2\frac{1}{2}$이 됩니다. ➜ $\frac{5}{2}=\boxed{2\frac{1}{2}}$

> **• 대분수를 가분수로 나타내기**
> 자연수를 가분수로 나타내고 가분수와 진분수에서 단위분수가 몇 개인지 나타내면 됩니다.

> **• 가분수를 대분수로 나타내기**
> 가분수에서 자연수로 표현되는 가분수를 자연수로 나타내고 나머지는 진분수로 나타내면 됩니다.

4 - 6 분모가 같은 분수의 크기를 비교해 볼까요

- **분모가 같은 가분수의 크기 비교:** 분자가 클수록 큰 분수입니다.

  예 $\frac{13}{5}$ ($>$) $\frac{11}{5}$

- **분모가 같은 대분수의 크기 비교:** 자연수 부분이 클수록 큰 분수입니다.

  예 $2\frac{3}{5}$ ($<$) $3\frac{1}{5}$ → 자연수 부분이 같으면 분자가 클수록 큰 분수입니다.

- **분모가 같은 가분수와 대분수의 크기 비교:** 가분수 또는 대분수로 나타내어 분수의 크기를 비교합니다.

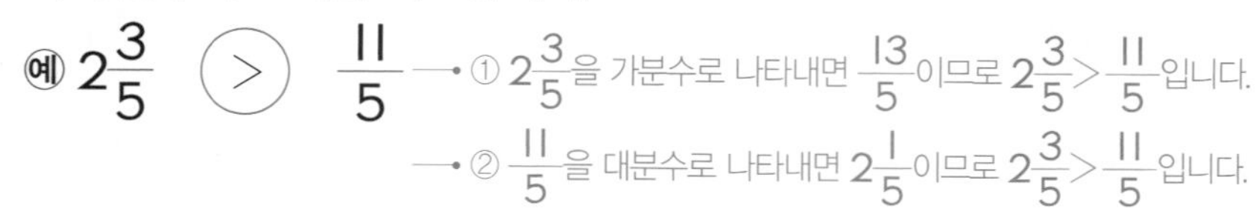

  예 $2\frac{3}{5}$ ($>$) $\frac{11}{5}$ → ① $2\frac{3}{5}$을 가분수로 나타내면 $\frac{13}{5}$이므로 $2\frac{3}{5}>\frac{11}{5}$입니다.

  → ② $\frac{11}{5}$을 대분수로 나타내면 $2\frac{1}{5}$이므로 $2\frac{3}{5}>\frac{11}{5}$입니다.

> **• 분모가 같은 가분수와 대분수의 크기 비교**
> ① 대분수를 가분수로 나타내어 가분수끼리의 크기를 비교합니다.
> ② 가분수를 대분수로 나타내어 가분수끼리의 크기를 비교합니다.

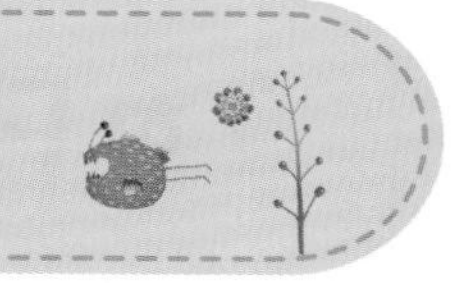

4-5 여러 가지 분수를 알아볼까요(2)

1 그림을 대분수로 나타내어 보세요.

□ $\frac{□}{□}$

2 대분수는 가분수로, 가분수는 대분수로 나타내어 보세요.

(1) $1\frac{2}{5}$

(2) $\frac{15}{10}$

(3) $3\frac{5}{6}$

(4) $\frac{29}{7}$

3 다음 수 카드 3장이 있습니다. 이 가운데에서 2장을 사용하여 만들 수 있는 가분수를 모두 써 보세요.

(　　　　　　　　)

4-6 분모가 같은 분수의 크기를 비교해 볼까요

4 그림을 대분수로 나타내고, 분수의 크기를 비교하여 ○ 안에 >, =, <를 알맞게 써넣으세요.

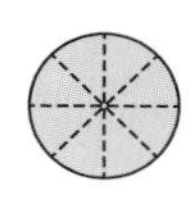

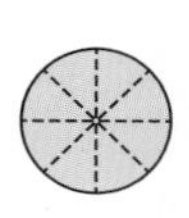

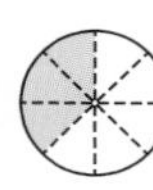

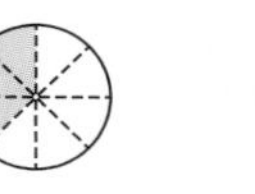

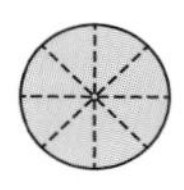

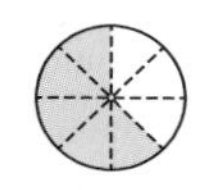

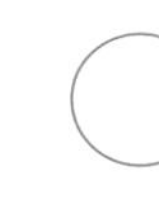

□ ○ □

5 두 분수의 크기를 비교하여 ○ 안에 >, =, <를 알맞게 써넣으세요.

(1) $\frac{19}{6}$ ○ $2\frac{5}{6}$

(2) $1\frac{1}{10}$ ○ $\frac{15}{10}$

6 다음 조건에 맞는 분수를 모두 써 보세요.

(　　　　　　　　)

4 단원

1 □ 안에 알맞은 수를 써넣으세요.

부분 은 전체 를 똑같이 4부분으로 나눈 것 중의 □입니다.

중요

2 □ 안에 알맞은 수를 써넣으세요.

(1) 45를 9씩 묶으면 18은 45의 $\frac{\square}{\square}$ 입니다.

(2) 27을 3씩 묶으면 12는 27의 $\frac{\square}{\square}$ 입니다.

3 ㉠, ㉡에 알맞은 수를 각각 구해 보세요.

14의 $\frac{1}{2}$은 ㉠ 이고,

14의 $\frac{1}{7}$은 ㉡ 입니다.

㉠: (　　　　　)

㉡: (　　　　　)

● 그림을 보고 물음에 답하세요. [4~5]

4 25를 5씩 묶으면 몇 묶음인가요?

(　　　　　)

5 25의 $\frac{2}{5}$는 얼마인가요?

(　　　　　)

6 □ 안에 알맞은 수를 써넣으세요.

(1) 35의 $\frac{1}{7}$은 □입니다.

(2) 35의 $\frac{2}{5}$는 □입니다.

7 그림을 보고 □ 안에 알맞은 수를 써넣으세요.

0 1 2 3 4 5 6 7 8 9 10 (cm)

(1) 10 cm의 $\frac{3}{5}$은 □ cm입니다.

(2) 10 cm의 $\frac{1}{2}$은 □ cm입니다.

8 분수를 수직선 위에 나타내어 보세요.

$\frac{3}{8}$, $\frac{10}{8}$

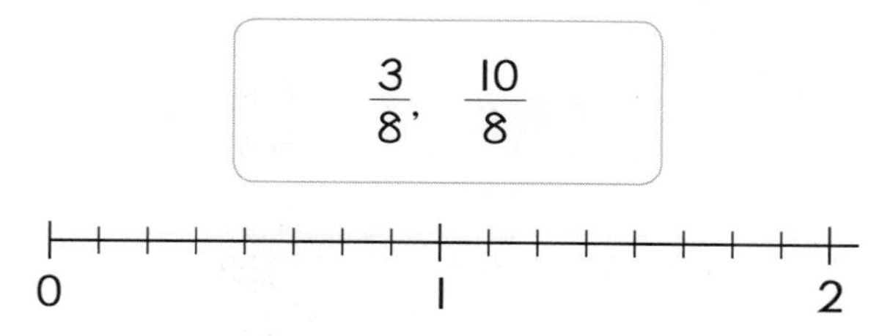

● 다음 수를 보고 물음에 답하세요. [9~10]

$\frac{4}{5}$, $\frac{15}{17}$, $\frac{5}{3}$, $\frac{2}{4}$, $\frac{8}{8}$, $\frac{10}{9}$

9 진분수를 모두 찾아 써 보세요.

(　　　　　　　　)

10 가분수를 모두 찾아 써 보세요.

(　　　　　　　　)

서술형

11 수 카드 1, 3, 5, 8 을 사용하여 분모가 5인 진분수를 모두 만들려고 합니다. 풀이 과정을 쓰고 답을 구해 보세요.

____

____

____

(　　　　　　　　)

12 보기 를 보고 다음 그림을 대분수로 나타내어 보세요.

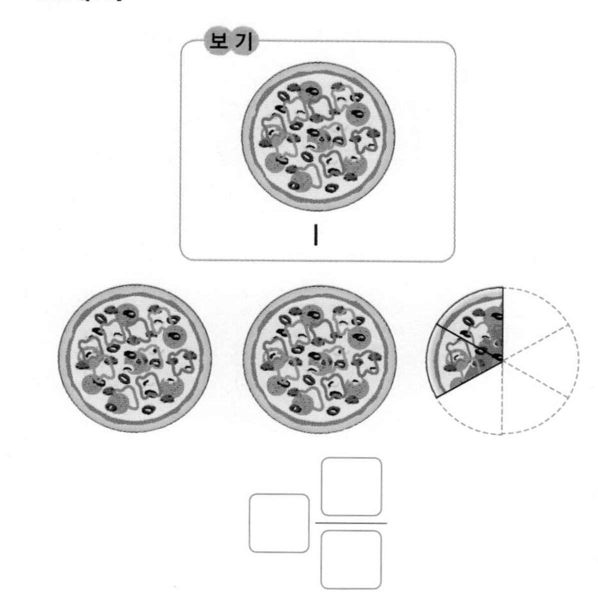

$\square\frac{\square}{\square}$

13 대분수에 색칠해 보세요.

$\frac{3}{7}$	$3\frac{4}{5}$	$\frac{5}{5}$	$\frac{12}{9}$	$1\frac{1}{6}$	$2\frac{9}{11}$

14 주어진 분수는 $\frac{1}{8}$이 몇 개인 수인가요?

$8\frac{5}{8}$

(　　　　　　　　)

4 단원

15 대분수는 가분수로, 가분수는 대분수로 나타내어 보세요.

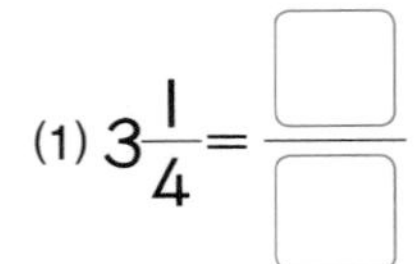

(1) $3\frac{1}{4}=\frac{\square}{\square}$

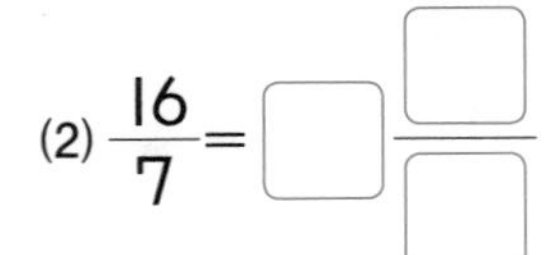

(2) $\frac{16}{7}=\square\frac{\square}{\square}$

16 관계있는 것끼리 선으로 이어 보세요.

(1) $\frac{12}{5}$ •

(2) $\frac{22}{5}$ •

• ㉠ $1\frac{2}{5}$

• ㉡ $2\frac{2}{5}$

• ㉢ $4\frac{2}{5}$

17 그림을 보고 분수의 크기를 비교하여 ◯ 안에 >, =, <를 알맞게 써넣으세요.

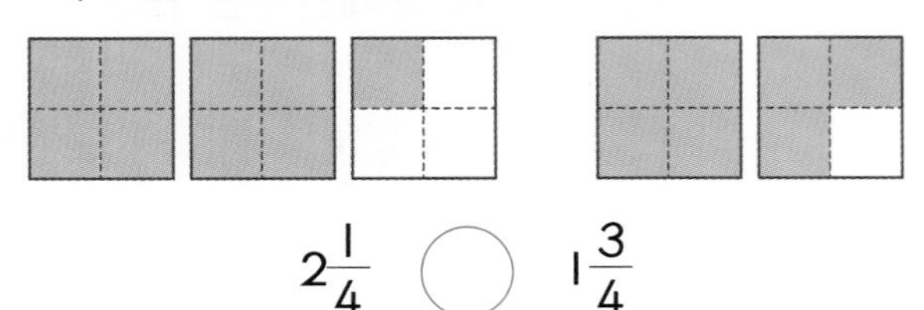

$2\frac{1}{4}$ ◯ $1\frac{3}{4}$

주의

18 두 분수의 크기를 비교하여 더 큰 수에 ◯표 하세요.

$2\frac{11}{12}$ $\frac{25}{12}$

( ) ( )

서술형

19 영선이는 $\frac{13}{5}$ m의 끈을 가지고 있고, 지훈이는 $2\frac{1}{5}$ m의 끈을 가지고 있습니다. 누가 가지고 있는 끈이 더 긴지 풀이 과정을 쓰고 답을 구해 보세요.

____

____

( )

응용

20 가장 큰 분수를 찾아 써 보세요.

$3\frac{2}{7}$ $4\frac{4}{7}$ $\frac{33}{7}$

( )

2회 단원 평가 도전

4. 분수

● 그림을 보고 ☐ 안에 알맞은 수를 써넣으세요. [1~2]

1 24를 3씩 묶으면 9는 24의 $\frac{\square}{\square}$입니다.

2 24를 4씩 묶으면 8은 24의 $\frac{\square}{\square}$입니다.

3 알맞은 분수를 찾아 ○표 하세요.

12는 15의 ($\frac{2}{5}$, $\frac{3}{5}$, $\frac{4}{5}$)입니다.

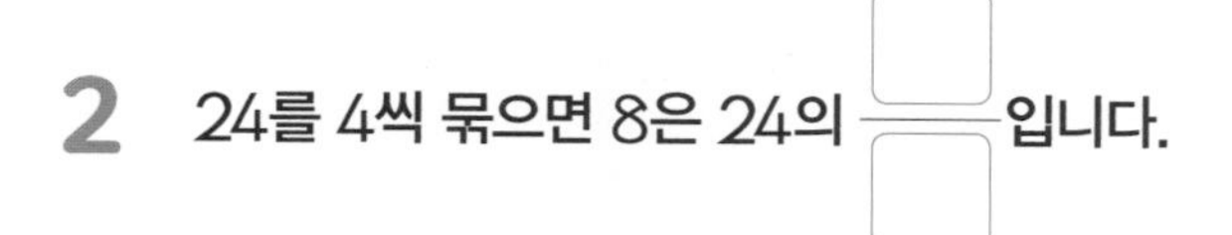

4 그림을 보고 ☐ 안에 알맞은 수를 써넣으세요.

12의 $\frac{4}{6}$는 ☐입니다.

5 관계있는 것끼리 선으로 이어 보세요.

(1) 30의 $\frac{4}{6}$ •

(2) 42의 $\frac{2}{7}$ •

• ㉠ 12

• ㉡ 20

• ㉢ 25

서술형

6 나타내는 수가 9인 것을 찾아 기호를 쓰려고 합니다. 풀이 과정을 쓰고 답을 구해 보세요.

㉠ 50의 $\frac{3}{10}$ ㉡ 27의 $\frac{1}{3}$

( )

중요

7 시계를 보고 ☐ 안에 알맞은 수를 써넣으세요.

1시간의 $\frac{1}{4}$은 ☐분입니다.

4 단원

8 수직선 위에 분수를 각각 나타내어 보세요.

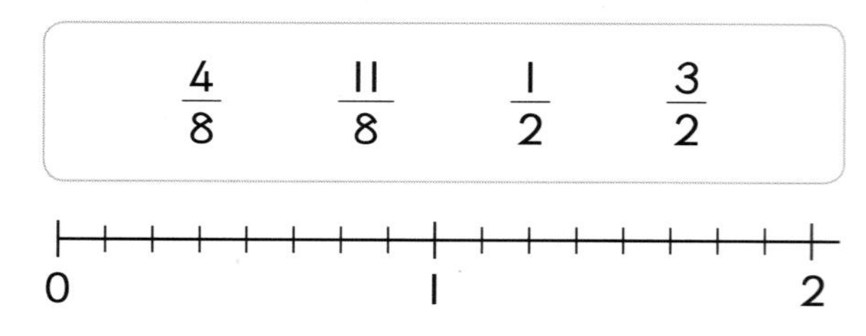

9 가분수에 모두 ○표 해 보세요.

$\frac{7}{8}$ $\frac{9}{6}$ $\frac{2}{3}$

$\frac{4}{4}$ $\frac{10}{14}$ $\frac{21}{18}$

중요

10 사다리를 타고 내려간 곳이 참이면 ○표, 거짓이면 ×표를 하세요.

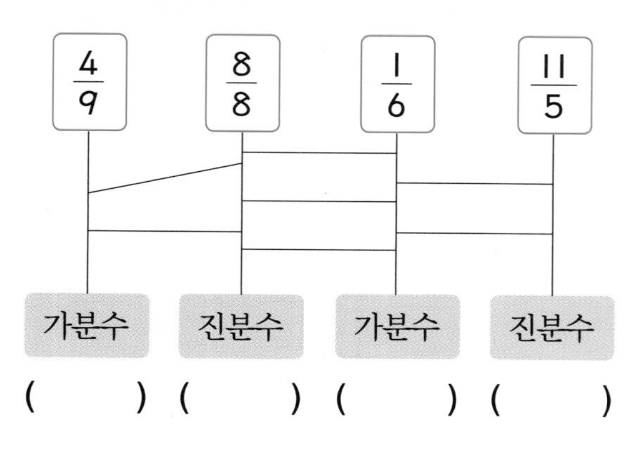

( ) ( ) ( ) ( )

11 다음은 분모가 6인 진분수입니다. □ 안에 들어갈 수 있는 자연수를 모두 써 보세요.

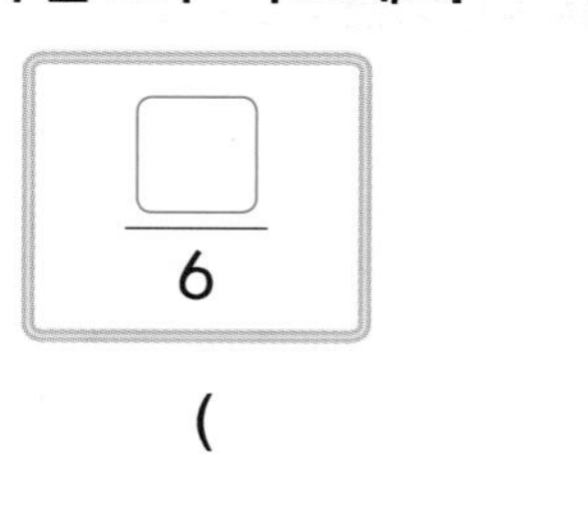

( )

12 색칠한 부분을 대분수로 나타내어 보세요.

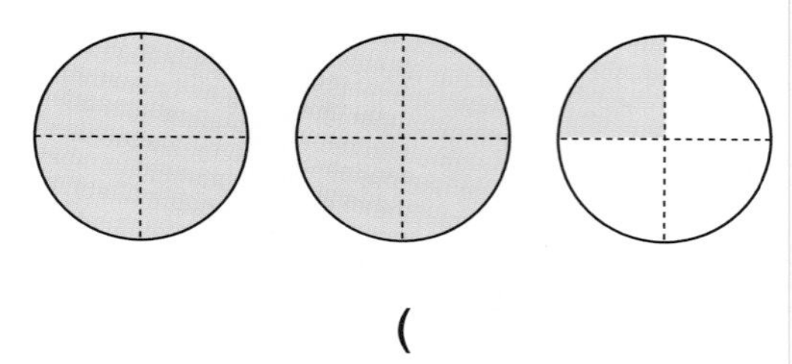

( )

13 다음 중 대분수를 모두 고르세요. (,)

① $\frac{2}{9}$ ② $\frac{5}{5}$

③ $1\frac{4}{10}$ ④ $1\frac{7}{8}$

⑤ $\frac{11}{4}$

14 대분수는 가분수로, 가분수는 대분수로 나타내어 보세요.

(1) $2\frac{1}{4}=\frac{\square}{\square}$ (2) $\frac{17}{7}=\square\frac{\square}{\square}$

주의

15 어떤 대분수를 가분수로 나타내었더니 $\frac{18}{7}$이었습니다. 어떤 대분수를 구해 보세요.

( )

16 크기가 다른 하나를 찾아 기호를 써 보세요.

㉠ $1\frac{7}{8}$ ㉡ $\frac{17}{8}$ ㉢ $2\frac{1}{8}$

( )

17 그림에 분수만큼 색칠하고 분수의 크기를 비교하여 ◯ 안에 >, =, <를 알맞게 써넣으세요.

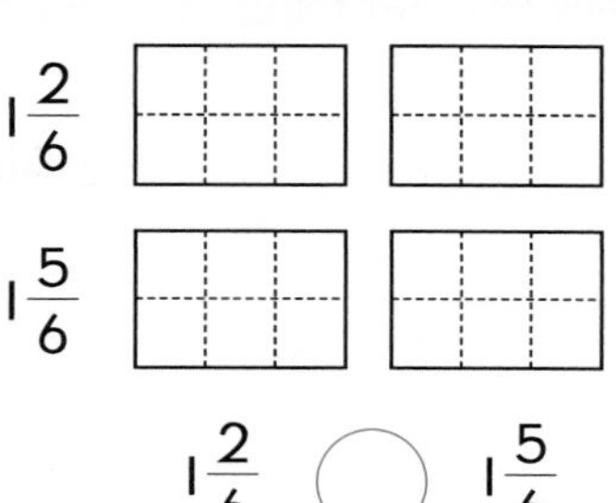

$1\frac{2}{6}$ ◯ $1\frac{5}{6}$

18 두 수의 크기를 비교하여 ◯ 안에 >, =, <를 알맞게 써넣으세요.

(1) $\frac{5}{3}$ ◯ $1\frac{1}{3}$

(2) $\frac{12}{8}$ ◯ $2\frac{5}{8}$

응용

19 노란색 페인트가 $3\frac{1}{4}$ L 있고 빨간색 페인트가 $\frac{9}{4}$ L 있습니다. 페인트는 어느 색이 더 많이 있나요?

( )

서술형

20 ☐ 안에 들어갈 수 있는 수를 모두 구하려고 합니다. 풀이 과정을 쓰고 답을 구해 보세요.

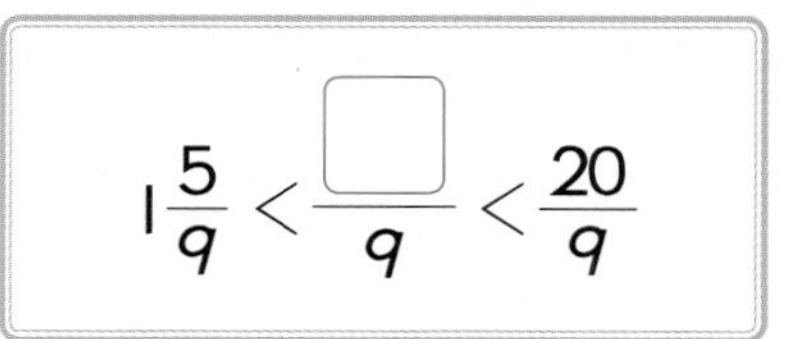

$1\frac{5}{9} < \frac{\square}{9} < \frac{20}{9}$

( )

1 ☐ 안에 알맞은 수를 써넣으세요.

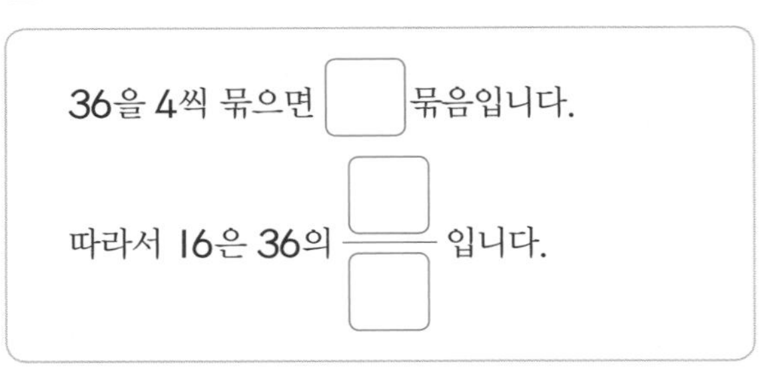

2 ☐ 안에 알맞은 수를 써넣으세요.

(1) 18은 45의 $\frac{☐}{5}$ 입니다.

(2) 12는 27의 $\frac{4}{☐}$ 입니다.

3 사탕 32개를 한 봉지에 4개씩 나누어 담았습니다. 사탕 12개는 32개의 몇 분의 몇인가요?

(　　　　　　　)

4 그림을 보고 ☐ 안에 알맞은 수를 써넣으세요.

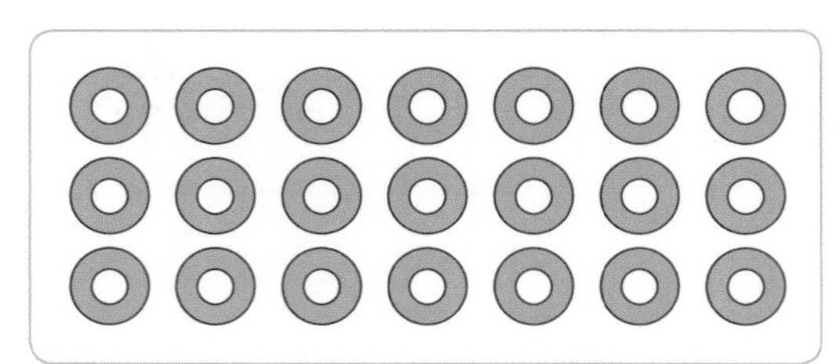

21의 $\frac{3}{7}$은 ☐ 입니다.

서술형

5 피자 한 판은 8조각입니다. 준수는 8조각의 $\frac{3}{4}$을 먹었습니다. 준수가 먹은 피자는 몇 조각인지 풀이 과정을 쓰고 답을 구해 보세요.

(　　　　　　　)

6 ㉠, ㉡에 알맞은 수들의 합을 구해 보세요.

26의 $\frac{1}{2}$= ㉠

36의 $\frac{3}{4}$= ㉡

(　　　　　　　)

7 다음에 맞게 노란색과 파란색을 색칠하세요.

노란색: 8의 $\frac{1}{4}$　　파란색: 8의 $\frac{3}{4}$

0 1 2 3 4 5 6 7 8

8 수직선 위에 표시된 ↓가 가리키는 곳을 가분수로 나타내어 보세요.

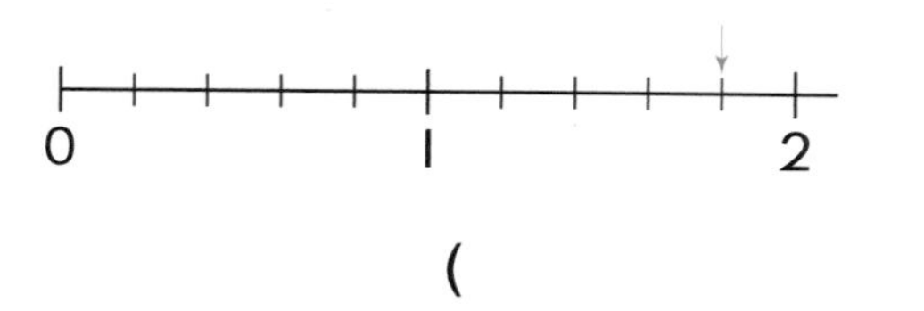

( )

9 관계있는 것끼리 선으로 이어 보세요.

(1) $\frac{4}{7}$ • • ㉠ 자연수

(2) 5 • • ㉡ 진분수

(3) $\frac{7}{4}$ • • ㉢ 가분수

10 자연수 2를 분모가 4인 가분수로 나타내어 보세요.

( )

11 조건에 맞는 분수에 ○표 하세요.

분모와 분자의 합이 12이고 진분수입니다.

($\frac{6}{6}$ $\frac{8}{4}$ $\frac{5}{7}$)

12 대분수는 모두 몇 개인가요?

$\frac{3}{8}$ $\frac{15}{9}$ $1\frac{4}{5}$ $3\frac{1}{2}$ $\frac{4}{3}$ $3\frac{5}{9}$

( )

서술형

13 자연수가 4이고 분모가 9인 대분수 중에서 가장 큰 분수를 구하려고 합니다. 풀이 과정을 쓰고 답을 구해 보세요.

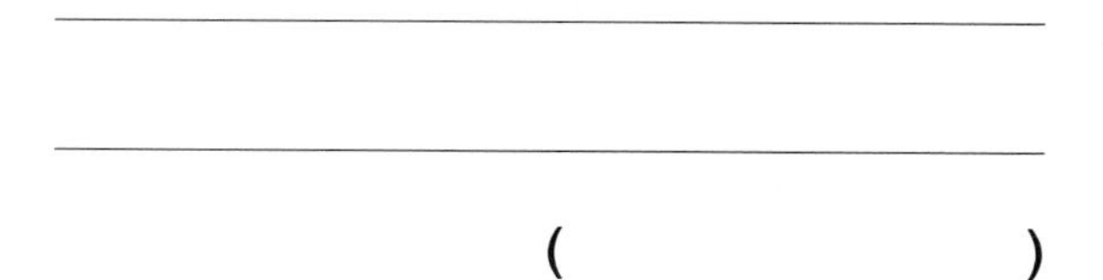

( )

14 그림을 보고 대분수와 가분수로 나타내어 보세요.

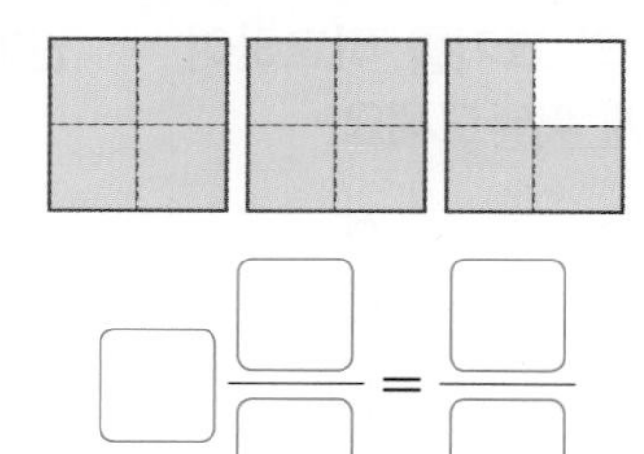

4 단원

15 가분수로 고쳤을 때 분자가 가장 작은 것은 어느 것인가요? (　　　)

① $8\frac{2}{3}$　② $7\frac{1}{5}$　③ $5\frac{2}{4}$　④ $3\frac{3}{9}$　⑤ $2\frac{5}{10}$

16 영미가 가진 색 테이프의 길이는 $\frac{35}{11}$ cm입니다. 영미가 가진 색 테이프의 길이를 대분수로 나타내어 보세요.

(　　　　　　　　)

17 두 수의 크기를 비교하여 ○ 안에 >, =, <를 알맞게 써넣으세요.

(1) $\frac{25}{13}$ ○ $1\frac{6}{13}$

(2) $\frac{47}{30}$ ○ $1\frac{19}{30}$

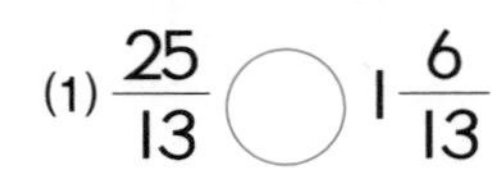

18 두 분수의 크기를 비교하여 더 큰 분수를 □ 안에 써넣으세요.

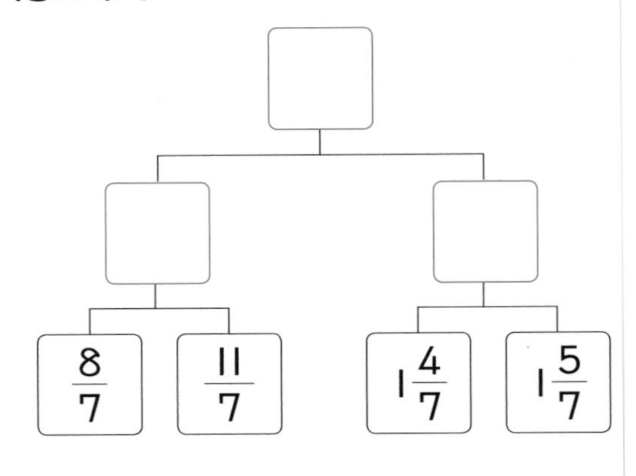

서술형

19 병원과 우체국 중 도서관에서 더 먼 곳은 어디인지 풀이 과정을 쓰고 답을 구해 보세요.

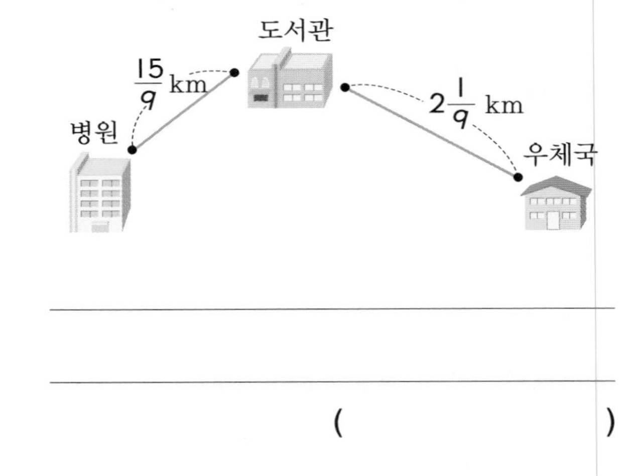

(　　　　　　　　)

20 큰 분수부터 차례로 써 보세요.

$5\frac{2}{7}$　$\frac{38}{7}$　$4\frac{4}{7}$

(　　　　　　　　)

4회 단원 평가 실전

4. 분수

● 그림을 보고 ☐ 안에 알맞은 수를 써넣으세요. [1~2]

1 40을 8씩 묶으면 24는 40의 $\frac{\square}{\square}$입니다.

2 40을 5씩 묶으면 35는 40의 $\frac{\square}{\square}$입니다.

3 ☐ 안에 알맞은 수가 더 작은 것을 찾아 기호를 써 보세요.

- 8은 40의 $\frac{1}{㉠}$입니다.
- 4는 28의 $\frac{1}{㉡}$입니다.

(　　　　　　　)

4 ☐ 안에 알맞은 수를 써넣으세요.

56의 $\frac{3}{8}$은 ☐ 입니다.

5 주어진 수만큼 색칠해 보세요.

18의 $\frac{2}{9}$

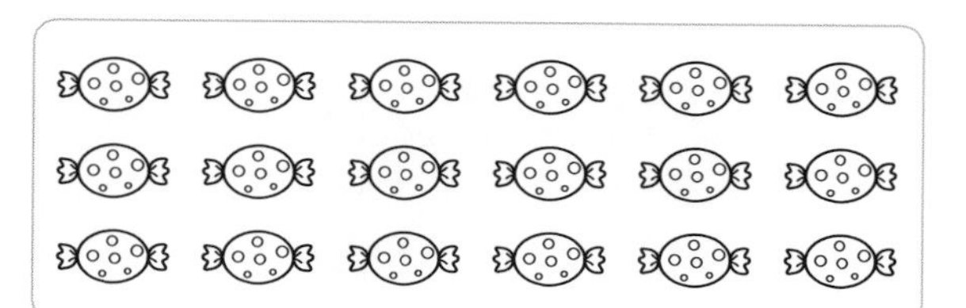

서술형

6 책상 위에 연필이 25자루 있습니다. 아현이는 연필의 $\frac{2}{5}$만큼을 연필꽂이에 꽂았습니다. 연필꽂이에 꽂은 연필은 몇 자루인지 풀이 과정을 쓰고 답을 구해 보세요.

(　　　　　　　)

7 그림을 보고 ☐ 안에 알맞은 수를 써넣으세요.

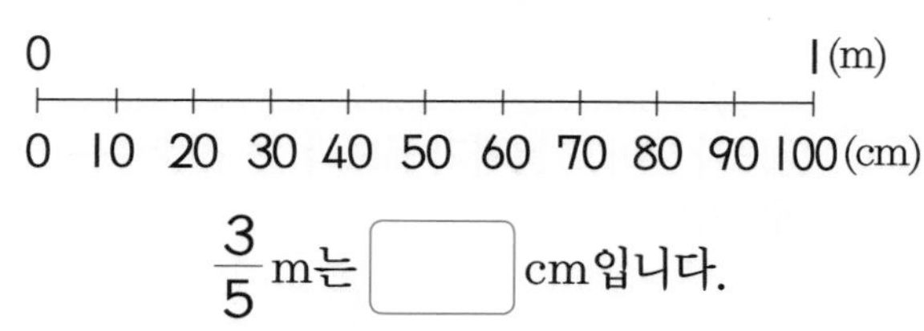

$\frac{3}{5}$ m는 ☐ cm입니다.

4 단원

8 현우는 어떤 분수를 수직선 위에 화살표로 표시하였고, 선주는 같은 분수를 그림으로 나타내었습니다. 선주가 나타낸 그림을 찾아 기호를 써 보세요.

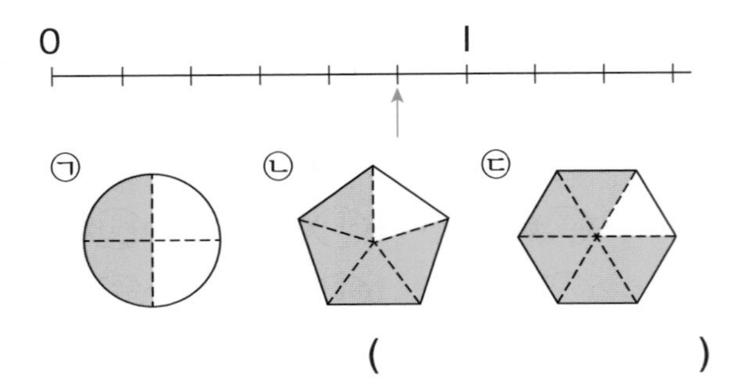

( )

9 분모가 7인 가분수를 1개 정하여 색칠하고, 그 가분수를 써 보세요.

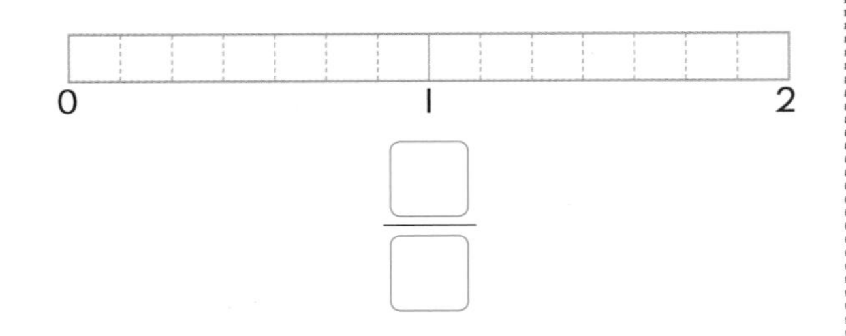

10 분모가 9이고 분자가 5보다 큰 진분수는 모두 몇 개인가요?

( )

11 다음은 분모가 10인 가분수입니다. □ 안에 들어갈 수 있는 수 중에서 가장 작은 수는 얼마인가요?

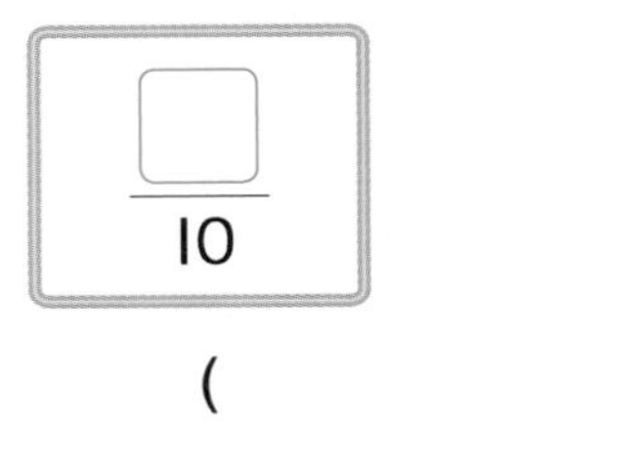

( )

12 색칠한 부분을 가분수로 나타내어 보세요.

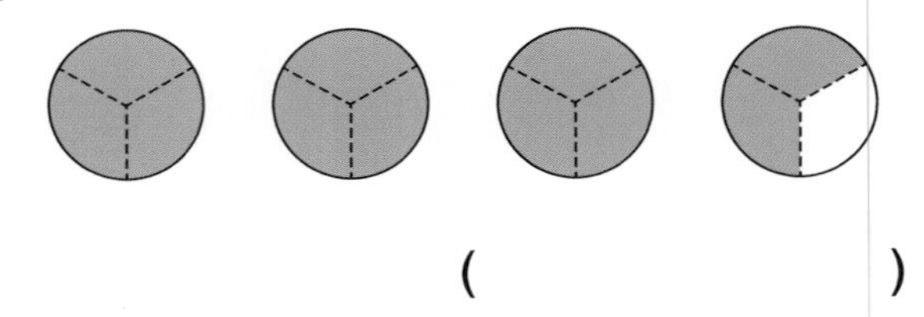

( )

서술형

13 $4\frac{5}{3}$ 는 대분수가 아닌 이유를 써 보세요.

14 대분수는 가분수로, 가분수는 대분수로 나타내어 보세요.

(1) $5\frac{1}{2}$ → ( )

(2) $\frac{23}{9}$ → ( )

15 대분수를 가분수로 바르게 나타낸 어린이는 누구인가요?

다영	민수
$3\frac{5}{8}=\frac{29}{8}$	$4\frac{2}{7}=\frac{42}{7}$

( )

서술형

16 수 카드 [2], [3], [7] 을 모두 사용하여 만들 수 있는 가장 큰 대분수를 가분수로 나타내려고 합니다. 풀이 과정을 쓰고 답을 구해 보세요.

____

____

____

( )

17 두 분수의 크기를 비교하여 ○ 안에 $>$, $=$, $<$를 알맞게 써넣으세요.

(1) $1\frac{7}{12}$ ○ $\frac{15}{12}$

(2) $\frac{41}{20}$ ○ $3\frac{9}{20}$

18 주스가 $2\frac{2}{7}$ L 있고, 우유가 $\frac{13}{7}$ L 있습니다. 주스와 우유 중에서 어느 것이 더 많이 있나요?

( )

19 $1\frac{7}{8}$보다 크고 $\frac{21}{8}$보다 작은 분수를 모두 찾아 ○표 해 보세요.

$\frac{9}{8}$ $1\frac{5}{8}$ $2\frac{3}{8}$ $\frac{17}{8}$ $3\frac{1}{8}$

20 □ 안에 들어갈 수 있는 수를 모두 구하려고 합니다. 풀이 과정을 쓰고 답을 구해 보세요.

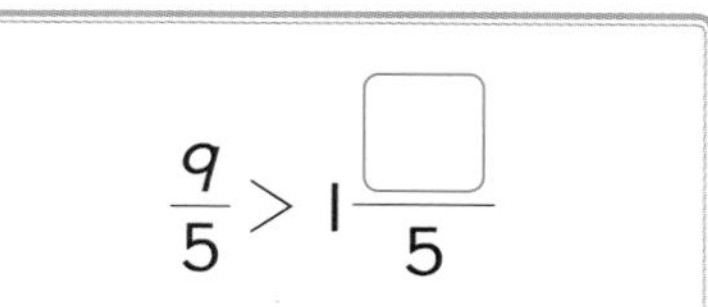

____

____

( )

연습 각 단계에 따라 문제를 풀어 보세요.

1 정아네 집은 1상자에 12개가 들어 있는 복숭아를 1상자 사서 3일 동안 전체의 $\frac{2}{3}$를 먹었습니다. 현기네 집은 똑같은 복숭아를 2상자 사서 3일 동안 전체의 $\frac{3}{8}$을 먹었습니다. 누구네 집에서 복숭아를 몇 개 더 많이 먹었는지 구해 보세요.

1단계 정아네 집에서 먹은 복숭아는 몇 개인가요?

( )

2단계 현기네 집에서 먹은 복숭아는 몇 개인가요?

( )

3단계 누구네 집에서 복숭아를 몇 개 더 많이 먹었나요?

(,)

도전 위에서 푼 방법을 생각하며 풀어 보세요.

1-1 시연이 어머니는 시장에서 다음과 같이 과일을 샀습니다. 어느 과일을 몇 개 더 많이 샀는지 구해 보세요.

과일의 종류	사과	귤
한 상자에 들어 있는 과일 수	20개	50개
산 과일의 수(개)	한 상자의 $\frac{3}{4}$	한 상자의 $\frac{2}{5}$

풀이

답 ,

이렇게 술술 풀어요

① 어머니가 산 사과의 수를 구합니다.

② 어머니가 산 귤의 수를 구합니다.

③ 어느 과일을 몇 개 더 샀는지 구합니다.

연습 각 단계에 따라 문제를 풀어 보세요.

2 ㈎는 어떤 수인지 구해 보세요.

- ㈎는 진분수입니다.
- 분모와 분자의 합은 11입니다.
- 분모와 분자의 차는 3입니다.

1단계 분모와 분자의 합이 11인 두 수를 모두 구해 보세요.

( )

2단계 **1단계** 에서 구한 수들 중 차가 3인 두 수를 구해 보세요.

( )

3단계 ㈎는 어떤 수인가요?

( )

4 단원

도전 위에서 푼 방법을 생각하며 풀어 보세요.

2-1 ㈎는 어떤 수인지 구해 보세요.

- ㈎는 가분수입니다.
- 분모와 분자의 합은 9입니다.
- 분모와 분자의 차는 5입니다.

풀이

답

이렇게 술술 풀어요

① 합이 9인 두 수를 모두 구합니다.

② 위에서 구한 두 수 중 차가 5인 두 수를 구합니다.

③ 가분수인 ㈎를 구합니다.

연습 각 단계에 따라 문제를 풀어 보세요.

3 ☐ 안에 들어갈 수 있는 수 중 가장 큰 수를 구해 보세요.

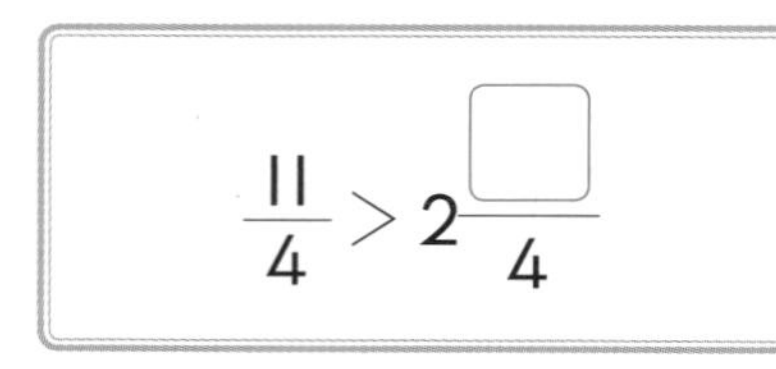

$\frac{11}{4} > 2\frac{\square}{4}$

1단계 $\frac{11}{4}$을 대분수로 나타내어 보세요.

( )

2단계 ☐ 안에 들어갈 수 있는 수를 모두 구해 보세요.

( )

3단계 ☐ 안에 들어갈 수 있는 수 중 가장 큰 수를 구해 보세요.

( )

도전 위에서 푼 방법을 생각하며 풀어 보세요.

3-1 ☐ 안에 들어갈 수 있는 수 중 가장 작은 수를 구해 보세요.

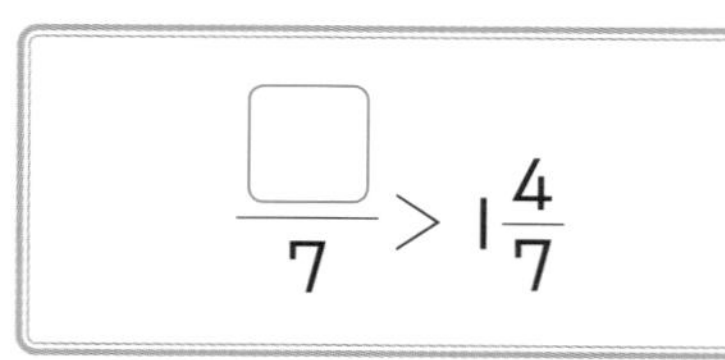

$\frac{\square}{7} > 1\frac{4}{7}$

풀이

답 

이렇게 술술 풀어요

① $1\frac{4}{7}$를 가분수로 나타냅니다.

② ☐ 안에 들어갈 수 있는 수를 구합니다.

③ ☐ 안에 들어갈 수 있는 수 중 가장 작은 수를 구합니다.

실전 시험처럼 문제를 풀어 보세요.

4 어떤 대분수를 가분수로 고쳤더니 분자와 분모의 합은 27이고 차는 5가 되었습니다. 어떤 대분수를 구해 보세요.

풀이

답

실전 시험처럼 문제를 풀어 보세요.

5 $3\frac{2}{5}$보다 작은 분모가 5인 가분수 중에서 가장 큰 분수를 구해 보세요.

풀이

답

4 단원

교과서 핵심잡기  5. 들이와 무게

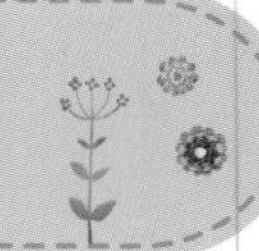

5-1 들이를 비교해 볼까요

- 주스병과 물병의 들이 비교하기

방법1 주스병에 물을 가득 채운 뒤 물병에 옮겨 담았을 때 물이 다 들어가면 물병의 들이가 더 많고, 물이 다 들어가지 않으면 주스병의 들이가 더 많습니다.

방법2 주스병과 물병 모두 물을 가득 채운 뒤 크기가 같은 수조 2개에 병에 담긴 물을 각각 부어 수조에 담긴 물의 양을 비교합니다.

- 물병의 들이를 여러 가지 단위로 비교하기

㈎ 노란색 물병에는 빨간색 물병보다 종이컵 1개만큼 물이 더 많이 들어갑니다. → 노란색 물병의 들이가 더 큽니다.

㈎ 노란색 물병은 종이컵으로 7개만큼, 빨간색 물병은 요구르트병으로 11개만큼 들어갑니다. → 들이를 비교할 때 사용하는 단위(㈎ 종이컵, 요구르트병)가 다르면 들이가 어느 것이 더 많은지 비교하기 어렵습니다.

- **들이:** 물체가 차지하는 크기 또는 그릇의 용량을 나타내는 말로 물체 내부 공간에 담을 수 있는 양을 말합니다.
- 같은 단위(㈎ 종이컵)로 두 물병의 들이를 비교할 때에는 단위가 많이 사용된 물병의 들이가 더 큽니다.

단위	노란색 물병	빨간색 물병
㈎ 종이컵	7개	6개

→ 노란색 물병에는 빨간색 물병보다 종이컵 1개만큼 물이 더 많이 들어가므로 노란색 물병의 들이가 더 큽니다.

5-2 들이의 단위는 무엇일까요

- **들이의 단위:** 리터(L)와 밀리리터(mL) 등이 있습니다.

① 1 리터: 1 L라고 씁니다.

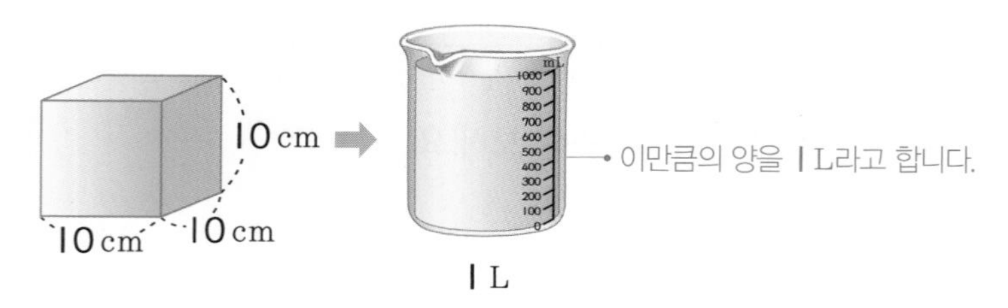

→ 이만큼의 양을 1 L라고 합니다.

② 1 밀리리터: 1 mL라고 씁니다.

③ 1 L는 1000 mL와 같습니다.

→ 1 mL가 1000개 모이면 1 L가 됩니다.

- 2 L보다 500 mL 더 많은 들이를 L와 mL로 나타내기

① 쓰기: 2 L 500 mL

② 읽기: 2 리터 500 밀리리터

③ 2 L 500 mL: 2 L+500 mL=2000 mL+500 mL=2500 mL

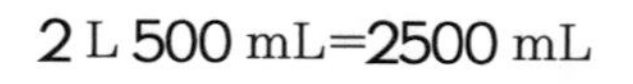

→ 2000 mL보다 500 mL 더 많은 들이는 2500 mL입니다.

- 들이의 단위 쓰기

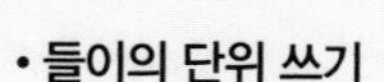

- 1 L는 1000 mL와 같으므로 많은 들이는 L 단위를 사용하고, 적은 들이는 mL 단위를 사용하는 것이 좋습니다.

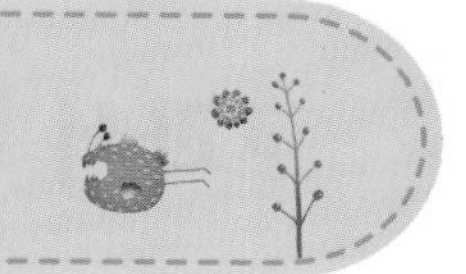

5-1 들이를 비교해 볼까요

1 ㉠ 병에 물을 가득 채운 후 ㉡ 병에 옮겨 담았습니다. 그림과 같은 경우 들이가 더 많은 것은 어느 것인지 써 보세요.

[ ] 병

2 ㉠ 병과 ㉡ 병에 물을 가득 채운 후 모양과 크기가 같은 그릇에 옮겨 담았습니다. 그림과 같은 경우 들이가 더 많은 것은 어느 것인지 써 보세요.

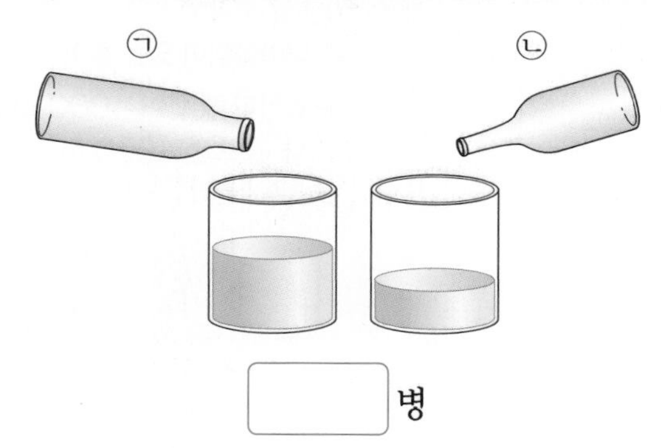

[ ] 병

3 ㉠ 병과 ㉡ 병에 물을 가득 채운 후 모양과 크기가 같은 컵에 옮겨 담았습니다. 그림과 같은 경우 들이가 더 많은 것은 어느 것인지 써 보세요.

[ ] 병

5-2 들이의 단위는 무엇일까요

4 물의 양이 얼마인지 눈금을 읽고, □ 안에 알맞은 수를 써넣으세요.

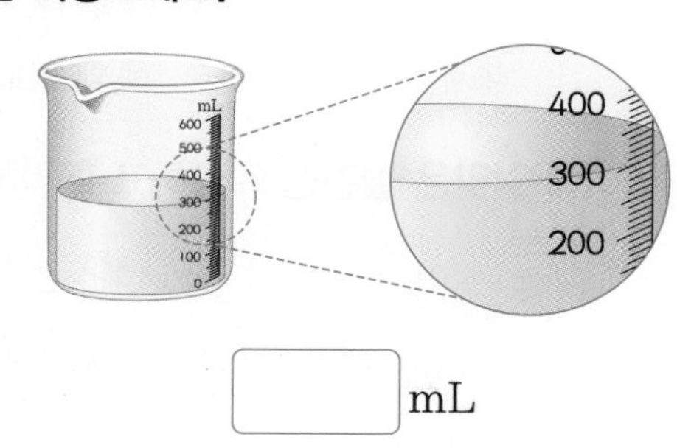

[ ] mL

5 □ 안에 알맞은 수를 써넣으세요.

(1) 7 L = [ ] mL

(2) 5700 mL = [ ] L [ ] mL

(3) 6 L 300 mL = [ ] mL

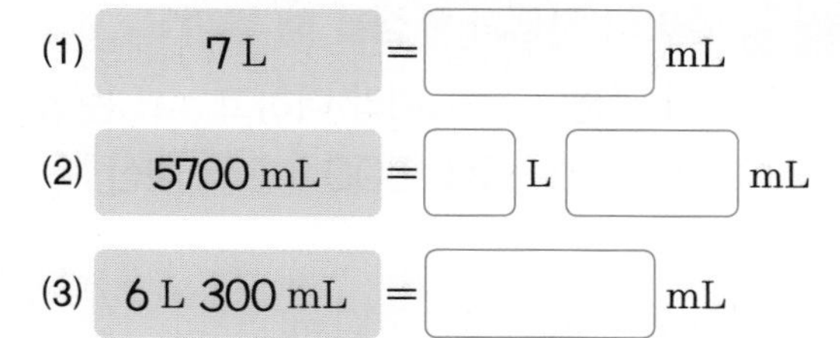

6 들이가 가장 적은 것은 어느 것인지 써 보세요.

㉠	㉡	㉢
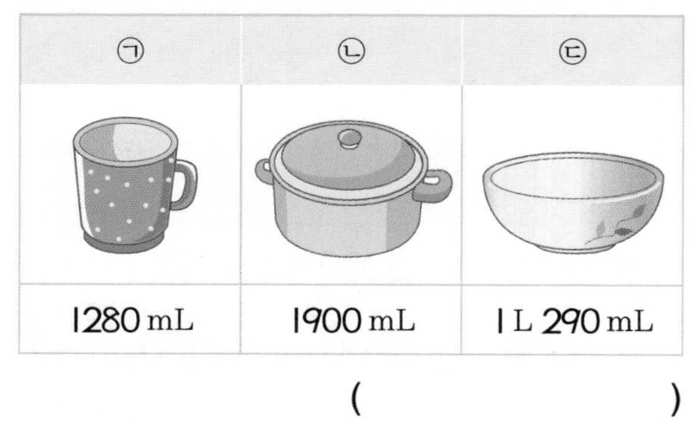		
1280 mL	1900 mL	1 L 290 mL

( )

5 단원

교과서 핵심잡기  5. 들이와 무게

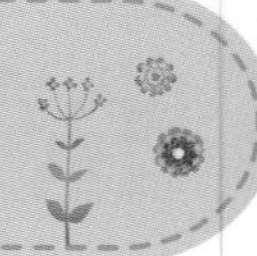

5 - 3 들이를 어림하고 재어 볼까요

여러 가지 물건의 들이를 어림하고 재어 보기

물건	어림한 들이	직접 잰 들이
예 우유	예 약 200 mL	예 180 mL

들이에 알맞은 물건을 예상하고 확인하기

들이	예상한 물건	직접 잰 들이
1 L	예 생수병	예 950 mL
100 mL	예 간장병	예 98 mL

알맞은 단위 선택하기

약병의 들이	작은 생수병의 들이	큰 생수병의 들이	욕조의 들이
예 약 35 mL	예 약 350 mL	예 약 1 L	예 약 300 L

• 어림한 들이와 직접 잰 들이의 차이가 작을수록 더 잘 어림한 것입니다.

들이를 어림하여 말할 때에는 약 □L 또는 약 □mL라고 해.

5 - 4 들이의 덧셈과 뺄셈을 해 볼까요

들이의 덧셈: L는 L끼리 더하고, mL는 mL끼리 더합니다.

예 1 L 200 mL+2 L 500 mL의 계산

1 L 200 mL+2 L 500 mL =3 L 700 mL	1 L 200 mL + 2 L 500 mL ――――― 3 L 700 mL

예 1200 mL+2500 mL의 계산 → mL끼리 더한 다음, 1 L=1000 mL임을 이용하여 mL를 L로 나타낼 수 있습니다.

1200 mL+2500 mL=3700 mL=3 L 700 mL

들이의 뺄셈: L는 L끼리 빼고, mL는 mL끼리 뺍니다.

예 5 L 600 mL−3 L 200 mL의 계산

5 L 600 mL−3 L 200 mL =2 L 400 mL	5 L 600 mL − 3 L 200 mL ――――― 2 L 400 mL

예 5600 mL−3200 mL의 계산 → mL끼리 뺀 다음, 1 L=1000 mL임을 이용하여 mL를 L로 나타낼 수 있습니다.

5600 mL−3200 mL=2400 mL=2 L 400 mL

• 받아올림이 있는 들이의 덧셈

mL끼리의 합이 1000보다 크거나 같으면 1000 mL를 1 L로 받아올림합니다.

	L		mL
	1 L	700	mL
+	2 L	500	mL
	3 L	1200	mL
	1 L ←	1000	mL
	4 L	200	mL

• 받아내림이 있는 들이의 뺄셈

mL끼리 뺄 수 없을 때에는 1 L를 1000 mL로 받아내림합니다.

	L		mL
	4	1000	
	5 L	200	mL
−	3 L	600	mL
	1 L	600	mL

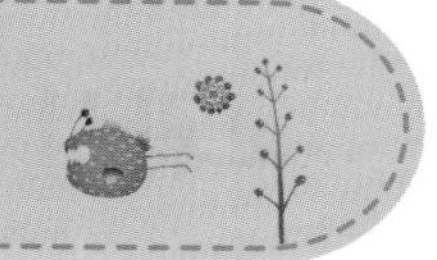

5-3 들이를 어림하고 재어 볼까요

1 □ 안에 L와 mL 중 알맞은 단위를 써넣으세요.

(1) 어항의 들이는 약 3000 □ 입니다.

(2) 냉장고의 들이는 약 500 □ 입니다.

(3) 약숟가락의 들이는 약 10 □ 입니다.

(4) 음료수 캔의 들이는 약 350 □ 입니다.

2 주전자의 들이를 어림한 것입니다. □ 안에 알맞은 단위를 써넣으세요.

약 1 □ 500 □

3 보기 에서 알맞은 물건을 골라 □ 안에 기호를 써넣으세요.

보기

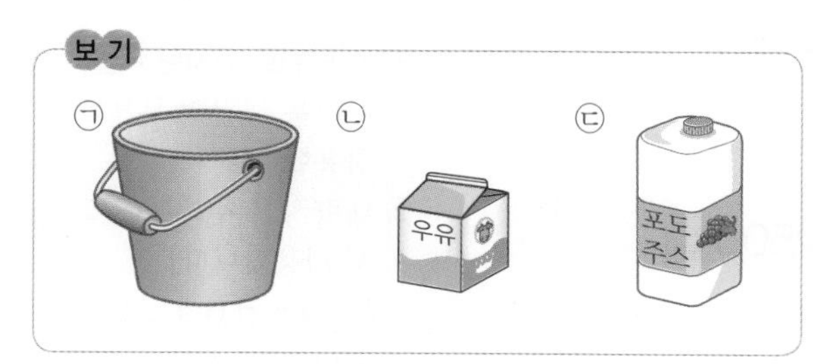

(1) □ 의 들이는 약 2 L입니다.

(2) □ 의 들이는 약 200 mL입니다.

(3) □ 의 들이는 약 500 mL입니다.

5-4 들이의 덧셈과 뺄셈을 해 볼까요

4 □ 안에 알맞은 수를 써넣으세요.

(1)

	2	L	500	mL
+	5	L	300	mL
	□	L	□	mL

(2)

	7	L	500	mL
−	5	L	200	mL
	□	L	□	mL

5 □ 안에 알맞은 수를 써넣으세요.

(1) 1400 mL+5500 mL

= □ mL

= □ L □ mL

(2) 6700 mL − 2500 mL

= □ mL

= □ L □ mL

6 들이의 덧셈과 뺄셈을 해 보세요.

(1)

	3	L	700	mL
+	2	L	600	mL

(2)

	5	L	100	mL
−	1	L	600	mL

5 단원

교과서 핵심잡기  5. 들이와 무게

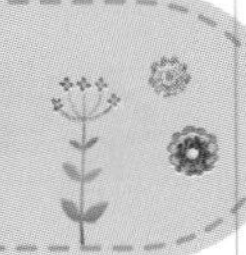

5-5 무게를 비교해 볼까요

- **저울로 무게 비교하기:** 바나나는 귤보다 무겁고, 토마토는 바나나보다 무겁습니다. 따라서 귤이 가장 가볍고, 토마토가 가장 무겁습니다.

귤과 바나나: 바나나가 더 무겁습니다.

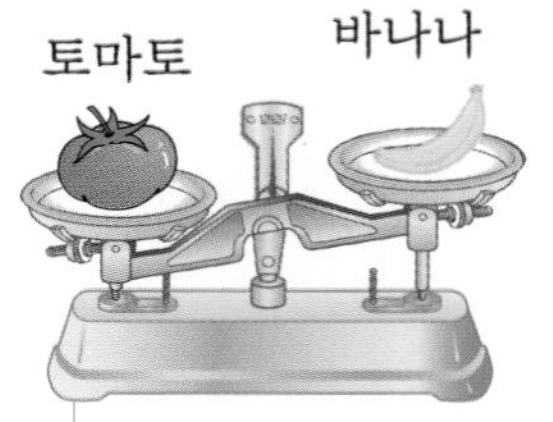

토마토와 바나나: 토마토가 더 무겁습니다.

- **저울을 사용하여 과일의 무게를 여러 가지 단위로 비교하기**
  바둑돌, 공깃돌, 클립, 동전 등의 수로 물건의 무게를 비교할 수 있습니다.

단위	바나나	귤
예 바둑돌	20개	14개
예 공깃돌	18개	13개

단위의 수가 많은 것이 더 무겁습니다.
같은 물건이라도 사용하는 단위에 따라 단위의 수가 달라집니다.

• **무게:** 물체의 무거운 정도를 나타냅니다.

• **저울을 사용하여 물건의 무게를 비교할 때 가장 먼저 해야 할 일:** 저울의 영점을 맞춥니다.

• 저울이 기울어진 정도나 눈금을 통해 두 물건의 무게를 쉽게 비교할 수 있습니다.

5-6 무게의 단위는 무엇일까요

- **무게의 단위:** 킬로그램(kg)과 그램(g) 등이 있습니다.

① 1 킬로그램: 1 kg이라고 씁니다.
② 1 그램: 1 g이라고 씁니다.
③ 1 kg은 1000 g과 같습니다.

1 kg=1000 g → 1 g이 1000개 모이면 1 kg이 됩니다.

- **2 kg보다 500 g 더 무거운 무게를 kg과 g으로 나타내기**

① 쓰기: 2 kg 500 g
② 읽기: 2 킬로그램 500 그램
③ 2 kg 500 g: 2 kg+500 g=2000 g+500 g=2500 g

2 kg 500 g=2500 g → 2000 g보다 500 g 더 무거운 무게는 2500 g입니다.

- **1 톤(t):** 1000 kg의 무게를 1 t이라 쓰고 1 톤이라고 읽습니다.

1 t=1000 kg → 1 kg이 1000개 모이면 1 t이 됩니다.

• **무게의 단위 쓰기**

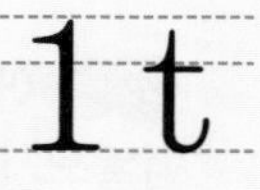

• **kg 단위로 표시된 저울**
① 무거운 물건의 무게를 잴 때 사용합니다.
② 대략적인 무게를 알고 싶을 때 사용합니다.

• **g 단위로 표시된 저울**
① 가벼운 물건의 무게를 잴 때 사용합니다.
② 정확한 무게를 알고 싶을 때 사용합니다.

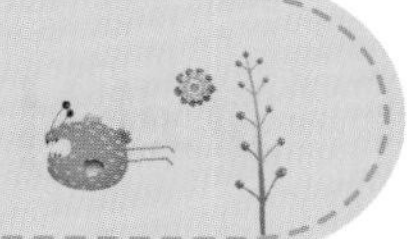

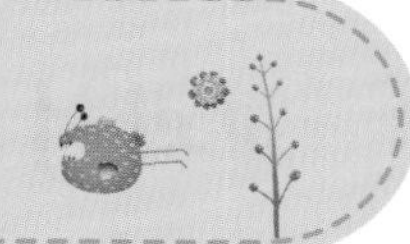

5-5 무게를 비교해 볼까요

1 두 개의 지우개를 양손으로 들어 보니 무게가 비슷하여 어느 것이 더 무거운지 알 수 없었습니다. 두 지우개를 저울의 양쪽 접시에 올려놓았을 때 옳게 말한 사람은 누구인지 이름을 써 보세요.

위로 올라간 접시의 지우개가 더 무거워.

아래로 내려온 접시의 지우개가 더 무거워.

(　　　　　　　　)

2 저울로 과일들의 무게를 비교하였을 때 가장 무거운 과일부터 차례대로 이름을 써 보세요.

(　　　　　,　　　　　,　　　　　)

3 저울과 100원짜리 동전들로 사과와 감의 무게를 비교한 것입니다. □ 안에 알맞은 과일의 이름과 수를 써넣으세요.

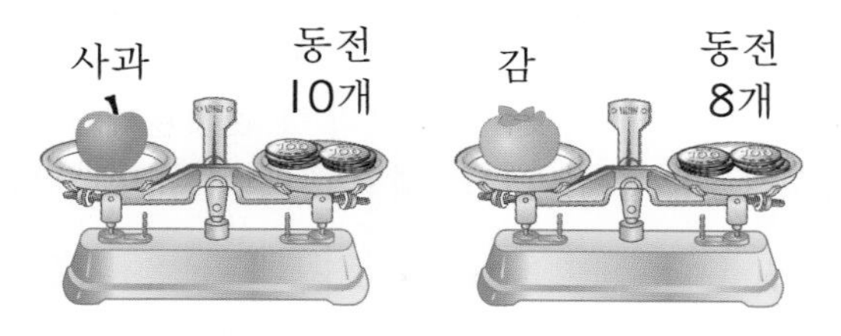

□이/가 100원짜리 동전 □개만큼 더 무겁습니다.

5-6 무게의 단위는 무엇일까요

4 무게가 같은 것끼리 이어 보세요.

(1) 2500 g •　　　　• ㉠ 2 t

(2) 2000 kg •　　　　• ㉡ 3400 g

(3) 3 kg 400 g •　　　　• ㉢ 2 kg 500 g

5 저울 위의 물건의 무게를 나타내어 보세요.

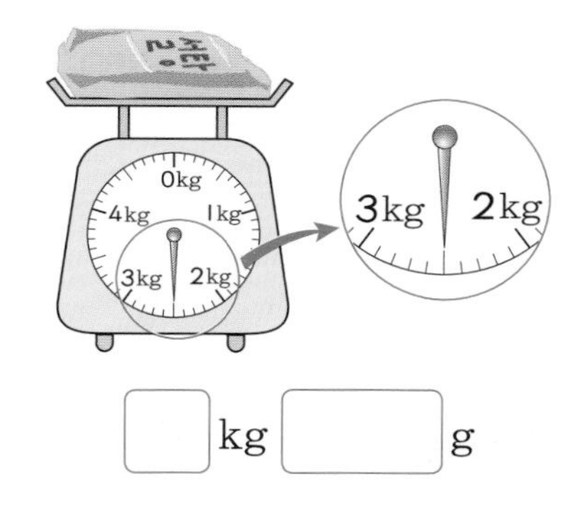

□ kg □ g

6 시멘트 한 포대의 무게는 20 kg입니다. 그림을 보고 시멘트의 전체 무게를 구해 보세요.

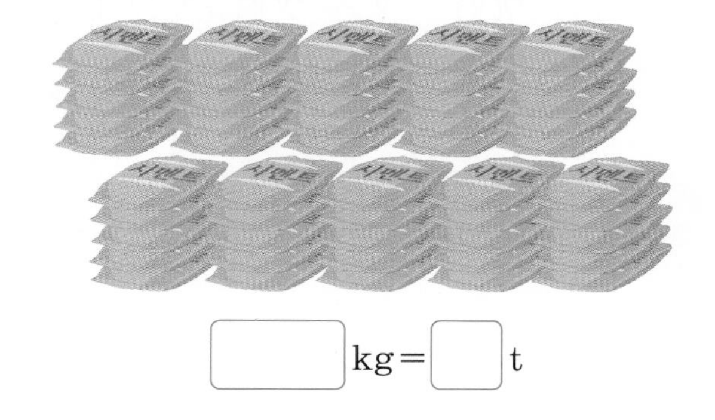

□ kg = □ t

5 단원

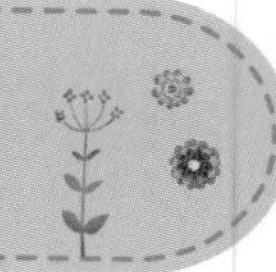

교과서 핵심잡기 5. 들이와 무게

5-7 무게를 어림하고 재어 볼까요

● 여러 가지 물건의 무게를 어림하고 재어 보기

물건	어림한 무게	직접 잰 무게
예 책가방	예 약 3 kg	예 2 kg 900 g
예 실내화 가방	예 약 900 g	예 800 g

● 무게에 알맞은 물건을 예상하고 확인하기

무게	예상한 물건	직접 잰 무게
1 kg	예 생수병	예 950 g
100 g	예 요구르트병	예 98 g

● 알맞은 단위 선택하기

연필의 무게	당근의 무게	책가방의 무게	소방차의 무게
예 약 35 g	예 약 350 g	예 약 3 kg	예 약 3 t

• 무게를 어림하는 방법

예 책가방의 무게는 1 kg인 물건이 3개만큼인 무게와 같으므로 약 3 kg이 될 것 같습니다.

예 실내화 가방은 1 kg보다 조금 가벼우므로 약 900 g이 될 것 같습니다.

무게를 어림하여 말할 때에는 약 □kg 또는 약 □g이라고 해.

5-8 무게의 덧셈과 뺄셈을 해 볼까요

● **무게의 덧셈:** kg은 kg끼리 더하고, g은 g끼리 더합니다.

예 3 kg 300 g+2 kg 500 g의 계산: 3 kg과 2 kg을 더하고, 300 g과 500 g을 더합니다.

3 kg 300 g+2 kg 500 g =5 kg 800 g	3 kg 300 g + 2 kg 500 g ───────── 5 kg 800 g

● **무게의 뺄셈:** kg은 kg끼리 빼고, g은 g끼리 뺍니다.

예 4 kg 700 g−3 kg 200 g의 계산: 4 kg에서 3 kg을 빼고, 700 g에서 200 g을 뺍니다.

4 kg 700 g−3 kg 200 g =1 kg 500 g	4 kg 700 g − 3 kg 200 g ───────── 1 kg 500 g

• **받아올림이 있는 무게의 덧셈**

g끼리의 합이 1000보다 크거나 같으면 1000 g을 1 kg으로 받아올림합니다.

```
    1 kg   700 g
+   2 kg   500 g
─────────────────
    3 kg  1200 g
    1 kg ← 1000 g
─────────────────
    4 kg   200 g
```

• **받아내림이 있는 무게의 뺄셈**

g끼리 뺄 수 없을 때에는 1 kg을 1000 g으로 받아내림합니다.

```
    4      1000
    5 kg   200 g
−   3 kg   600 g
─────────────────
    1 kg   600 g
```

수학 익힘 풀기 5. 들이와 무게

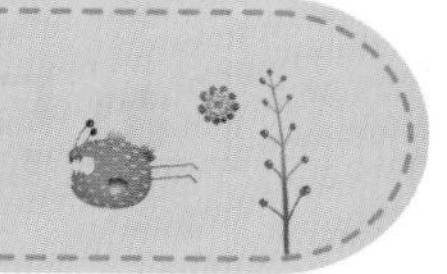

5-7 무게를 어림하고 재어 볼까요

1 □ 안에 kg, g, t 중 알맞은 단위를 써넣으세요.

(1) 종이컵의 무게는 약 3 □ 입니다.

(2) 음료수 캔의 무게는 약 350 □ 입니다.

(3) 큰 생수병의 무게는 약 1 □ 입니다.

(4) 트럭의 무게는 약 30 □ 입니다.

2 전기밥솥의 무게를 어림한 것입니다. □ 안에 알맞은 단위를 써넣으세요.

약 7 □ 200 □

3 보기 에서 알맞은 물건을 골라 □ 안에 기호를 써넣으세요.

보기

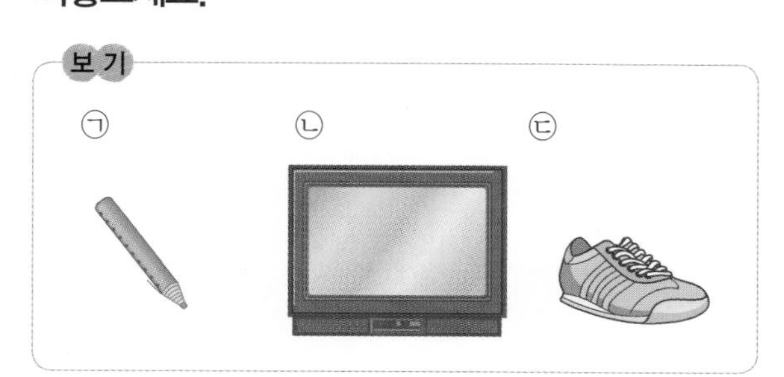

(1) □ 의 무게는 약 20 kg입니다.

(2) □ 의 무게는 약 10 g입니다.

(3) □ 의 무게는 약 500 g입니다.

5-8 무게의 덧셈과 뺄셈을 해 볼까요

4 □ 안에 알맞은 수를 써넣으세요.

(1)

	4 kg	300 g
+	3 kg	600 g
	□ kg	□ g

(2)

	9 kg	800 g
−	5 kg	200 g
	□ kg	□ g

5 아람이와 빛나의 몸무게의 합을 구해 보세요.

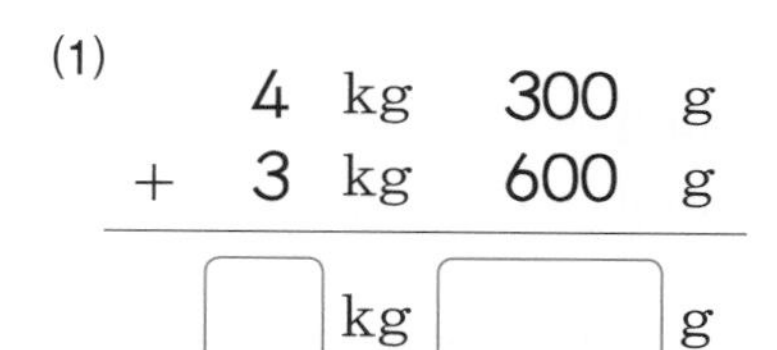

(   )

6 무게의 덧셈과 뺄셈을 해 보세요.

(1)

	4 kg	800 g
+	2 kg	600 g

(2)

	6 kg	200 g
−	2 kg	500 g

5 단원

● 모양과 크기가 같은 물통에 ㉮, ㉯, ㉰, ㉱ 그릇으로 각각 다음 횟수만큼 물을 부었더니 물통이 가득 찼습니다. 물음에 답하세요. [1~2]

㉮ 그릇: 14번	㉯ 그릇: 17번
㉰ 그릇: 19번	㉱ 그릇: 15번

1 부은 횟수가 가장 적은 그릇의 기호를 써 보세요.

( )

2 들이가 많은 그릇부터 차례대로 기호를 써 보세요.

(, , ,)

중요

3 □ 안에 알맞은 수를 써넣으세요.

(1) 5 L=□mL

(2) 3000 mL=□L

(3) 5800 mL=□L □mL

4 성민이는 2 L의 물이 들어 있는 물통에 600 mL의 물을 더 부었습니다. 물의 양은 모두 몇 L 몇 mL인가요?

( )

5 들이가 적은 것부터 차례대로 기호를 써 보세요.

㉠ 1290 mL	㉡ 9900 mL
㉢ 1 L 29 mL	㉣ 10 L 290 mL

(, , ,)

6 단위를 잘못 사용한 문장을 찾아 기호를 쓰고 옳게 고쳐 보세요.

㉠ 양치 컵의 들이는 약 300 L입니다.
㉡ 물병의 들이는 약 1100 mL입니다.

( )

7 들이의 합과 차는 각각 몇 L 몇 mL인가요?

5 L 500 mL	2280 mL

㉠ 합: ( )
㉡ 차: ( )

8 3개의 그릇에 다음과 같이 물이 들어 있습니다. 물은 모두 몇 L 몇 mL인가요?

2 L 300 mL　　7 L 500 mL　　5 L 100 mL

(　　　　　　　　)

9 ◯ 안에 >, =, <를 알맞게 써넣으세요.

4 L 350 mL+3 L 600 mL 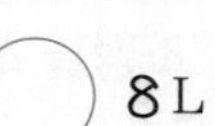 8 L

10 물 4 L 500 mL가 들어 있는 통에 물을 더 넣었더니 8600 mL가 되었습니다. 더 넣은 물은 몇 L 몇 mL인가요?

(　　　　　　　　)

서술형

11 저울로 감, 사과, 귤의 무게를 비교하고 있습니다. 가장 가벼운 과일은 무엇인지 풀이 과정을 쓰고 답을 구해 보세요.

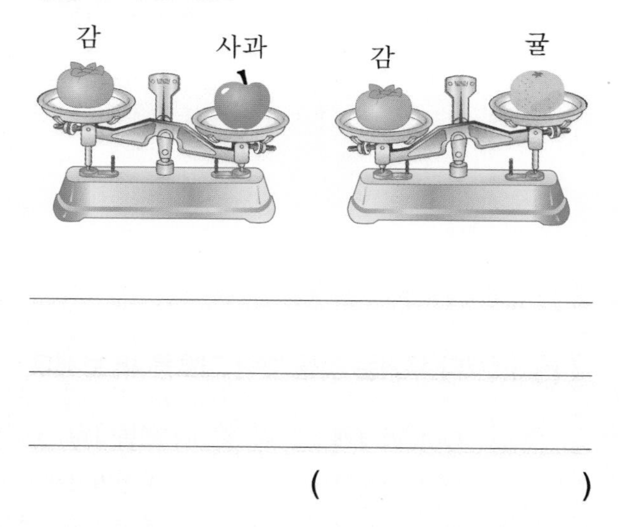

____

____

____

(　　　　　　　　)

12 저울의 눈금을 읽어 보세요.

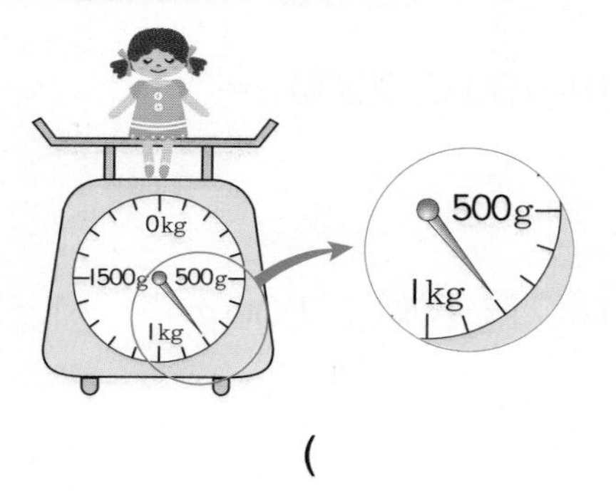

(　　　　　　　　)

13 ▢ 안에 알맞은 수를 써넣으세요.

500200 g=▢kg ▢g

5 단원

중요

14 무거운 것부터 차례대로 기호를 써 보세요.

㉠ 4 kg	㉡ 4010 g
㉢ 4001 g	㉣ 4 kg 100 g

(, , ,)

15 1 t보다 무거운 것을 찾아 기호를 써 보세요.

㉠ 의자 1개	㉡ 트럭 1대
㉢ 피아노 1대	㉣ 자전거 1대

( )

16 □ 안에 알맞은 수를 써넣으세요.

(1) 1100 g+2200 g=□ g

=□ kg □ g

(2) 2 kg 800 g−500 g=□ kg □ g

주의

17 가장 무거운 것의 기호를 써 보세요.

㉠ 20 kg 500 g
㉡ 23 kg−2 kg 600 g
㉢ 14 kg 300 g+4250 g

( )

18 정은이는 동생과 함께 폐휴지를 모았습니다. 두 사람이 모은 폐휴지의 무게는 모두 몇 kg 몇 g인가요?

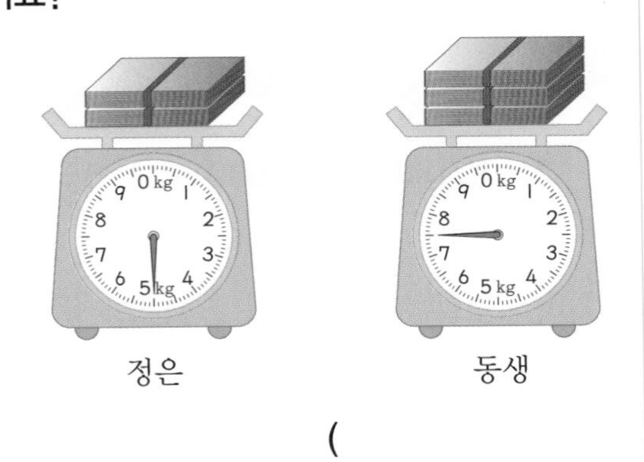

( )

서술형

19 지수의 책가방의 무게는 1 kg 900 g이고, 윤아의 책가방의 무게는 2 kg 250 g입니다. 두 사람의 책가방의 무게는 모두 몇 kg 몇 g인지 풀이 과정을 쓰고 답을 구해 보세요.

( )

응용

20 바구니에 배를 담아 무게를 재어 보니 7 kg 200 g이었습니다. 바구니만의 무게가 650 g이라면 배의 무게는 몇 kg 몇 g인가요?

( )

2회 단원 평가 도전

5. 들이와 무게

1 들이가 많은 것부터 순서대로 기호를 써 보세요.

㉠  ㉡ 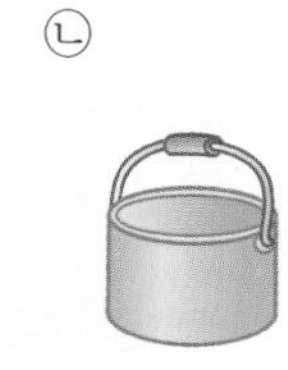 ㉢ 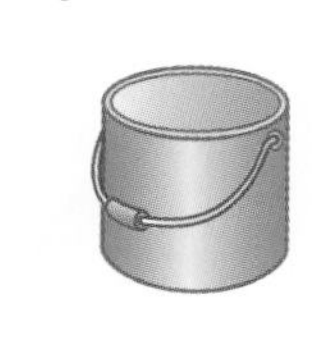

(, ,)

2 ㉠, ㉡에 물을 가득 채웠다가 모양과 크기가 같은 그릇에 각각 옮겨 담았습니다. ㉠과 ㉡ 중 들이가 더 많은 것의 기호를 써 보세요.

( )

3 다음 중 잘못된 것을 모두 고르세요.

(,)

① 7000 mL=7 L
② 2 L 300 mL=23 mL
③ 3 L 30 mL=3030 mL
④ 5050 mL=50 L 50 mL
⑤ 4300 mL=4 L 300 mL

4 들이를 비교하여 ○ 안에 >, =, <를 알맞게 써넣으세요.

(1) 8800 mL ○ 8 L

(2) 3700 mL ○ 3 L 70 mL

5 왼쪽 물통을 가득 채운 물의 양을 500 mL짜리 우유갑으로 나타낸 것입니다. 물통의 들이는 약 몇 L 몇 mL인가요?

( )

● 계산해 보세요. [6~7]

6

$$\begin{array}{rrrr} & 4\text{ L} & 500 & \text{mL} \\ + & 2\text{ L} & 400 & \text{mL} \\ \hline & \square\text{ L} & \square & \text{mL} \end{array}$$

7

$$\begin{array}{rrrr} & 7\text{ L} & 450 & \text{mL} \\ - & 4\text{ L} & 300 & \text{mL} \\ \hline & \square\text{ L} & \square & \text{mL} \end{array}$$

5 단원

8 물 8 L 700 mL와 매실 원액 1 L 150 mL를 섞었습니다. 모두 몇 L 몇 mL가 되었나요?

( )

응용

9 들이가 가장 많은 것과 가장 적은 것의 들이의 차는 몇 mL인가요?

5800 mL	6000 mL
3 L 700 mL	4 L 200 mL

( )

10 참기름이 2500 mL 있습니다. 이 중에서 음식을 만드는 데 750 mL를 사용했다면 남은 참기름은 몇 L 몇 mL인가요?

( )

11 무게가 무거운 것부터 순서대로 기호를 써 보세요.

㉠ ㉡ ㉢

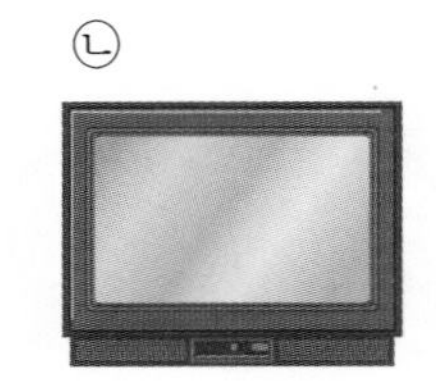

(, ,)

12 양팔 저울과 바둑돌로 감과 귤의 무게를 다음과 같이 비교했습니다. □ 안에 알맞은 말이나 수를 써넣으세요.

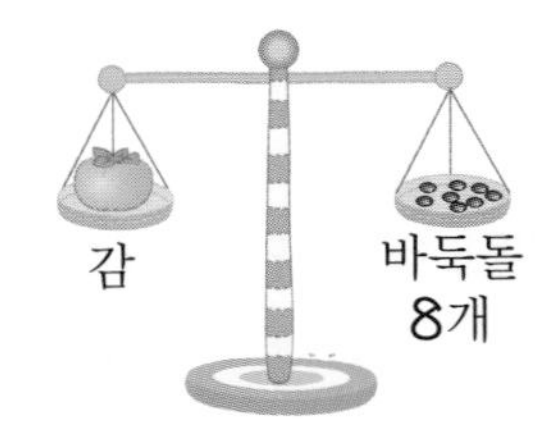

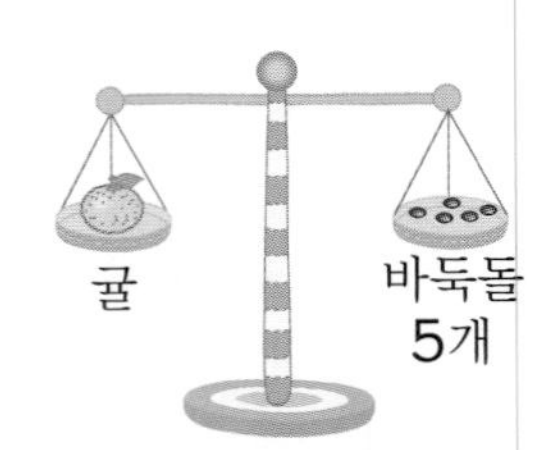

□이 □보다 바둑돌 □개만큼 더 무겁습니다.

서술형

13 저울의 눈금을 다음과 같이 읽었습니다. 눈금을 바르게 읽었는지 알아보고 그 이유를 써 보세요.

저울의 바늘이 1100 g을 가리키고 있으므로 포도의 무게는 11 kg이야.

이유

14 ☐ 안에 알맞은 수를 써넣으세요.

(1) 4 t=☐kg

(2) 7400 g=☐kg ☐g

15 두 수의 크기를 비교하여 ○ 안에 >, =, <를 알맞게 써넣으세요.

(1) 3 kg ○ 3 kg 800 g

(2) 9600 g ○ 9 kg 60 g

주의

16 보기 에서 알맞은 단위를 찾아 ☐ 안에 써넣으세요.

보기
g   kg   t

책상의 무게는 약 20 ☐입니다.

17 ☐ 안에 알맞은 수를 써넣으세요.

2500 g+6700 g=☐g

=☐kg ☐g

18 5 kg 200 g−2 kg 500 g을 계산하는 과정입니다. ㉠, ㉡에 알맞은 수를 각각 구해 보세요.

5 kg 200 g−2 kg 500 g
=4 kg ㉠ g−2 kg 500 g
=2 kg ㉡ g

㉠: (   )
㉡: (   )

19 상연이의 몸무게는 19 kg 600 g이고, 미연이의 몸무게는 13 kg 200 g입니다. 두 사람의 몸무게의 합은 몇 kg 몇 g인가요?

(   )

서술형

20 주말농장에서 감자를 상현이는 3 kg 300 g 캤고, 하현이는 3 kg 900 g 캤습니다. 감자를 누가 얼마나 더 많이 캤는지 풀이 과정을 쓰고 답을 구해 보세요.

(,   )

5 단원

3회 단원 평가

1 우유와 콜라 중 어느 것의 들이가 더 많나요?

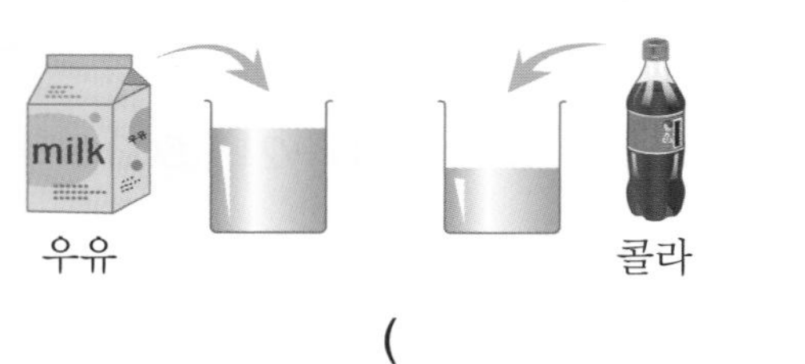

(   )

2 물통에 물을 가득 채우기 위해서 여러 가지 그릇으로 부은 횟수를 나타낸 것입니다. 들이가 가장 많은 그릇은 어느 것인가요? (   )

그릇	①	②	③	④	⑤
횟수(회)	14	3	10	5	6

3 □ 안에 알맞은 수를 써넣으세요.

(1) 2 L=□ mL

(2) 4 L 150 mL=□ mL

(3) 3700 mL=□ L □ mL

4 들이를 비교하여 ○ 안에 >, =, <를 알맞게 써넣으세요.

(1) 2300 mL ○ 2600 mL

(2) 2 L 500 mL ○ 1970 mL

서술형

5 들이가 가장 적은 것을 찾아 기호를 쓰려고 합니다. 풀이 과정을 쓰고 답을 구해 보세요.

㉠ 820 mL	㉡ 1007 mL
㉢ 3600 mL	㉣ 2 L 800mL

(   )

6 물병의 들이를 비커로 재었습니다. 물병의 들이는 몇 mL인가요?

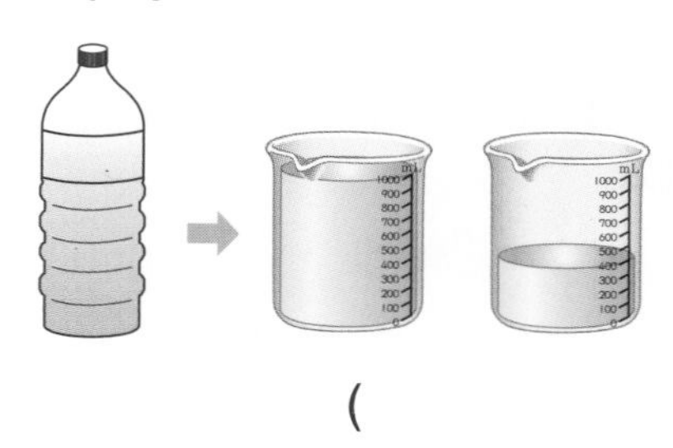

(   )

7 들이의 합과 차는 몇 L 몇 mL인가요?

6 L 700 mL　　　2 L 200 mL

㉠ 합: (   )

㉡ 차: (   )

8 ▢ 안에 알맞은 수를 써넣으세요.

$$\begin{array}{rrlrl} & 5 & \mathrm{L} & 600 & \mathrm{mL} \\ - & 1 & \mathrm{L} & \square & \mathrm{mL} \\ \hline & 4 & \mathrm{L} & 400 & \mathrm{mL} \end{array}$$

9 지훈이는 우유를 어제는 $1\,\mathrm{L}\ 500\,\mathrm{mL}$ 마시고, 오늘은 $1\,\mathrm{L}\ 600\,\mathrm{mL}$ 마셨습니다. 지훈이가 어제와 오늘 마신 우유는 모두 몇 L 몇 mL인가요?

( )

10 선영이는 식용유 $3\,\mathrm{L}\ 300\,\mathrm{mL}$ 중에서 튀김을 하는 데 $800\,\mathrm{mL}$를 사용하였습니다. 남아 있는 식용유는 몇 L 몇 mL인가요?

( )

11 무게가 무거운 것부터 순서대로 기호를 써 보세요.

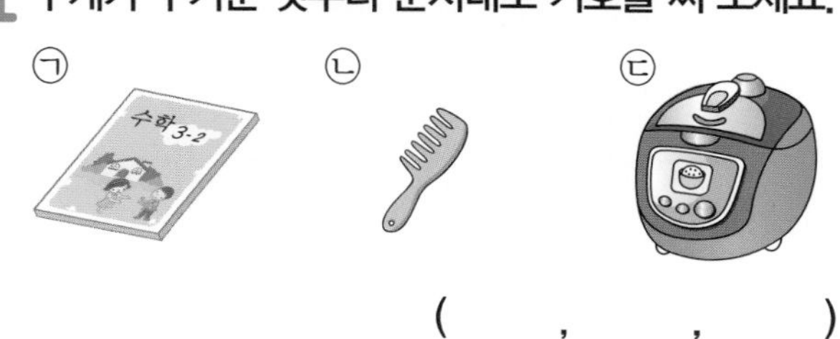

(, ,)

서술형

12 철호는 바나나와 귤의 무게를 바둑돌을 이용하여 재었습니다. 바나나는 바둑돌 20개, 귤은 바둑돌 12개의 무게와 같았습니다. 어느 것이 바둑돌 몇 개만큼 더 무거운지 풀이 과정을 쓰고 답을 구해 보세요.

____

____

____

(,)

13 ▢ 안에 알맞은 수를 써넣으세요.

(1) $3\,\mathrm{kg}\ 850\,\mathrm{g} = \square\,\mathrm{g}$

(2) $5800\,\mathrm{g} = \square\,\mathrm{kg}\ \square\,\mathrm{g}$

14 무게를 비교하여 ○ 안에 $>$, $=$, $<$를 알맞게 써넣으세요.

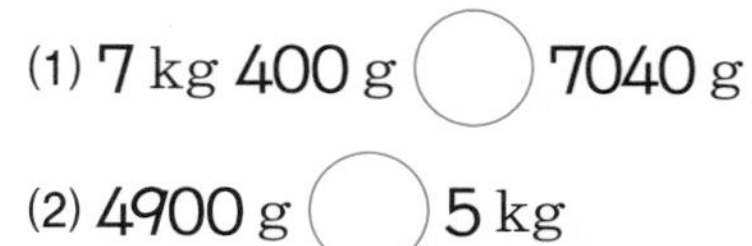

(1) $7\,\mathrm{kg}\ 400\,\mathrm{g}$ ○ $7040\,\mathrm{g}$

(2) $4900\,\mathrm{g}$ ○ $5\,\mathrm{kg}$

5 단원

15 사과를 근영이는 2 kg 100 g을 땄고, 선미는 3 kg 500 g을 땄습니다. 누가 사과를 얼마나 더 많이 땄나요?

(,)

16 단위를 잘못 사용한 문장을 찾아 기호를 쓰고 옳게 고쳐 보세요.

㉠ 4 kg 20 g은 4020 g입니다.
㉡ 버스 한 대의 무게는 약 12 t입니다.
㉢ 냉장고 한 대의 무게는 약 120 g입니다.

( )

17 □ 안에 알맞은 수를 써넣으세요.

	3 kg	□ g
+	□ kg	600 g
	10 kg	500 g

18 규영이의 몸무게는 28 kg 500 g입니다. 강아지의 무게가 3 kg 200 g이라면 규영이가 강아지를 안고 잰 무게는 몇 kg 몇 g인가요?

( )

19 ㉠−㉡−㉢의 값을 구해 보세요.

㉠ 5700 g
㉡ 3 kg 650 g
㉢ 1 kg 980 g

( )

서술형

20 여행 가방의 무게가 15 kg을 넘지 않도록 짐을 넣으려고 합니다. 빈 가방의 무게가 1 kg 500 g이라면 가방에 넣을 수 있는 짐의 무게는 몇 kg 몇 g까지인지 풀이 과정을 쓰고 답을 구해 보세요.

( )

1 ㉮와 ㉯ 중 들이가 더 많은 것의 기호를 써 보세요.

( )

2 2 L 400 mL의 물을 다음과 같은 그릇으로 덜어 내려고 합니다. 덜어 내는 횟수가 가장 적은 그릇은 어느 것인가요? ( )

① 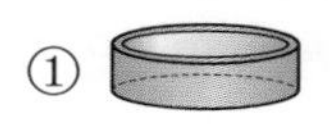
② 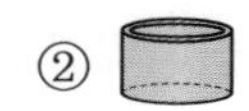
③ 
④ 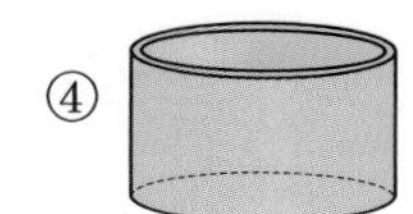
⑤

3 수조에 물을 가득 채우려면 들이가 다른 네 그릇 ㉮, ㉯, ㉰, ㉱로 각각 다음과 같이 물을 부어야 합니다. 그릇의 들이가 많은 것부터 차례로 기호를 써 보세요.

㉮ 8번	㉯ 6번	㉰ 3번	㉱ 10번

(, , ,)

4 주스가 5 L 있습니다. 여기에 800 mL를 더 부으면 주스는 모두 몇 L 몇 mL가 되나요?

( )

5 들이가 많은 것부터 차례대로 기호를 써 보세요.

㉠ 2 L	㉡ 1590 mL
㉢ 2020 mL	㉣ 1 L 500 mL

(, , ,)

6 보기 에서 알맞은 물건을 선택하여 문장을 완성해 보세요.

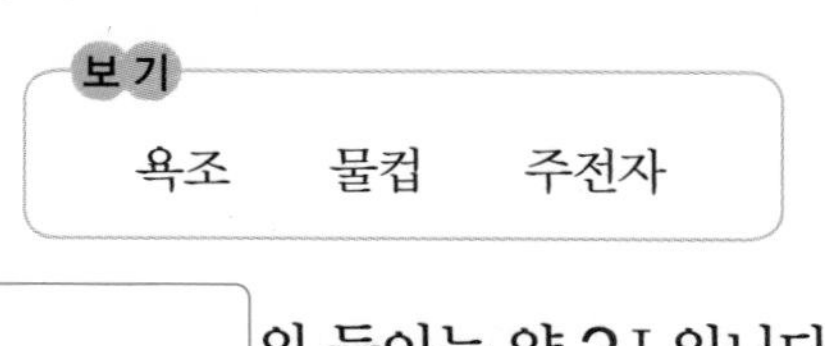
보기
욕조 물컵 주전자

☐의 들이는 약 2 L입니다.

서술형

7 소영이와 순호가 그림과 같이 양동이에 물을 받아 왔습니다. 양동이에 물을 더 많이 받아 온 사람은 누구인지 풀이 과정을 쓰고 답을 구해 보세요.

소영

2 L 500 mL

순호

1 L 300 mL

( )

8 선민이네 가족은 우유를 오늘 1 L 200 mL 마시고, 어제는 3 L 500 mL 마셨습니다. 선민이네 가족이 이틀 동안 마신 우유의 양은 모두 몇 L 몇 mL인가요?

(　　　　　　　　)

9 간장병에서 간장을 2 L 400 mL 썼더니 3 L 200 mL 남았습니다. 처음 간장병에 들어 있던 간장은 모두 몇 L 몇 mL인가요?

(　　　　　　　　)

서술형

10 9 L 900 mL의 물이 들어 있는 물탱크에서 2100 mL의 물을 빼고, 다시 3 L 700 mL의 물을 더 뺐습니다. 물탱크에 남아 있는 물의 양은 몇 L 몇 mL인지 풀이 과정을 쓰고 답을 구해 보세요.

____

____

____

____

(　　　　　　　　)

11 저울과 100원짜리 동전을 이용하여 노란색 지우개와 초록색 지우개의 무게를 비교한 것입니다. 둘 중 어느 것이 동전 몇 개만큼 더 무겁나요?

노란색 지우개　동전 6개　　초록색 지우개　동전 10개

(　　　　　　,　　　　　　)

12 무게가 같은 배 2개를 저울에 올렸더니 다음 그림과 같았습니다. 배 1개의 무게는 몇 g인가요?

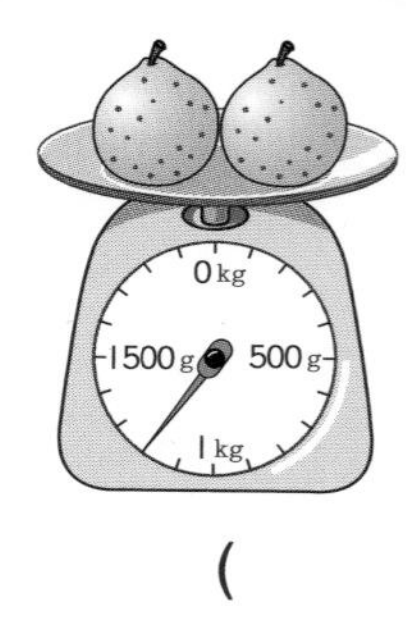

(　　　　　　　　)

13 다음 중 옳은 것은 어느 것인가요?(　　　)

① 2 kg=200 g
② 4200 g=4 kg 20 g
③ 2908 g=2 kg 98 g
④ 3 kg 50 g=3500 g
⑤ 5375 g=5 kg 375 g

14 무게를 비교하여 ◯ 안에 >, =, <를 알맞게 써넣으세요.

(1) 3 kg 700 g ◯ 4 kg

(2) 3960 g ◯ 3 kg 60 g

서술형

15 가벼운 것부터 차례대로 기호를 쓰려고 합니다. 풀이 과정을 쓰고 답을 구해 보세요.

㉠ 5 kg　㉡ 5550 g　㉢ 5 kg 500 g

(, ,)

16 □ 안에 알맞은 수를 써넣으세요.

(1) 3600 g+4700 g=□ g
=□ kg □ g

(2) 7700 g−5800 g=□ g
=□ kg □ g

17 ◯ 안에 >, =, <를 알맞게 써넣으세요.

15 kg ◯ 40 kg−25 kg 50 g

18 아버지의 몸무게는 74 kg 500 g이고, 영식이의 몸무게는 32 kg 800 g입니다. 아버지는 영식이보다 몇 kg 몇 g 더 무겁나요?

( )

19 무거운 것부터 차례대로 기호를 써 보세요.

㉠ 8 kg 600 g
㉡ 4 kg 200 g+3 kg 700 g
㉢ 10 kg 900 g−5 kg 400 g

(, ,)

서술형

20 수미의 책가방의 무게는 1 kg 900 g이고, 진수의 책가방의 무게는 수미의 책가방의 무게보다 1 kg 200 g 더 무겁습니다. 진수의 책가방의 무게는 몇 kg 몇 g인지 풀이 과정을 쓰고 답을 구해 보세요.

( )

연습 각 단계에 따라 문제를 풀어 보세요.

1 들이가 가장 많은 것과 가장 적은 것의 차는 몇 mL인지 구해 보세요.

㉠ 2500 mL ㉡ 20 L 500 mL ㉢ 20050 mL

1단계 ㉡의 들이는 몇 mL인지 나타내어 보세요.

( )

2단계 들이가 가장 많은 것과 가장 적은 것을 찾아 기호를 써 보세요.

가장 많은 것: ( ), 가장 적은 것: ( )

3단계 들이가 가장 많은 것과 가장 적은 것의 차는 몇 mL인가요?

( )

도전 위에서 푼 방법을 생각하며 풀어 보세요.

1-1 들이가 가장 많은 것과 가장 적은 것의 합은 몇 L 몇 mL인지 구해 보세요.

㉠ 10 L 60 mL ㉡ 1 L 600 mL ㉢ 16000 mL

풀이

답

이렇게 술술 풀어요

① 같은 단위로 나타냅니다.

② 들이가 가장 많은 것과 가장 적은 것을 찾습니다.

③ 들이가 가장 많은 것과 가장 적은 것의 합을 구합니다.

연습 각 단계에 따라 문제를 풀어 보세요.

2 승우와 민주가 산 음료의 들이입니다. 누가 산 음료의 들이가 더 많은지 구해 보세요.

	승우	민주
우유	1 L 300 mL	600 mL
주스	450 mL	1 L 100 mL

1단계 승우가 산 음료의 들이를 구해 보세요.

( )

2단계 민주가 산 음료의 들이를 구해 보세요.

( )

3단계 누가 산 음료의 들이가 몇 mL 더 많나요?

(,)

5 단원

도전 위에서 푼 방법을 생각하며 풀어 보세요.

2-1 진서와 인영이가 마신 물의 들이의 합은 몇 mL인지 구해 보세요.

	진서	인영
마시기 전	2 L	1 L 700 mL
마신 후	1 L 300 mL	800 mL

풀이

답

이렇게 술술 풀어요

① 진서가 마신 물의 들이를 구합니다.

② 인영이가 마신 물의 들이를 구합니다.

③ 두 사람이 마신 물의 들이의 합을 구합니다.

연습 각 단계에 따라 문제를 풀어 보세요.

3 찬호, 정희, 민수는 재활용품을 모았습니다. 정희는 찬호보다 600 g 더 모았고, 민수는 정희가 모은 것보다 500 g 덜 모았습니다. 찬호가 1 kg 500 g을 모았다면 세 사람이 모은 재활용품은 모두 몇 kg 몇 g인지 구해 보세요.

1단계 정희가 모은 재활용품은 몇 kg 몇 g인가요?

(　　　　　　)

2단계 민수가 모은 재활용품은 몇 kg 몇 g인가요?

(　　　　　　)

3단계 세 사람이 모은 재활용품은 모두 몇 kg 몇 g인가요?

(　　　　　　)

도전 위에서 푼 방법을 생각하며 풀어 보세요.

3-1 아버지의 몸무게는 나의 몸무게의 2배이고, 어머니의 몸무게는 아버지의 몸무게보다 20 kg 500 g 가볍습니다. 나의 몸무게가 38 kg 200 g일 때, 우리 세 가족의 몸무게의 합은 몇 kg 몇 g인지 구해 보세요.

풀이

답

① 아버지의 몸무게를 구합니다.

② 어머니의 몸무게를 구합니다.

③ 우리 세 가족의 몸무게의 합을 구합니다.

실전 시험처럼 문제를 풀어 보세요.

4 노란색 페인트 2 L 100 mL와 파란색 페인트 1700 mL를 섞어서 초록색 페인트를 만들고, 빨간색 페인트 1900 mL와 파란색 페인트 1 L 800 mL를 섞어서 보라색 페인트를 만들었습니다. 초록색 페인트와 보라색 페인트 중 어느 것이 얼마나 더 많은지 구해 보세요.

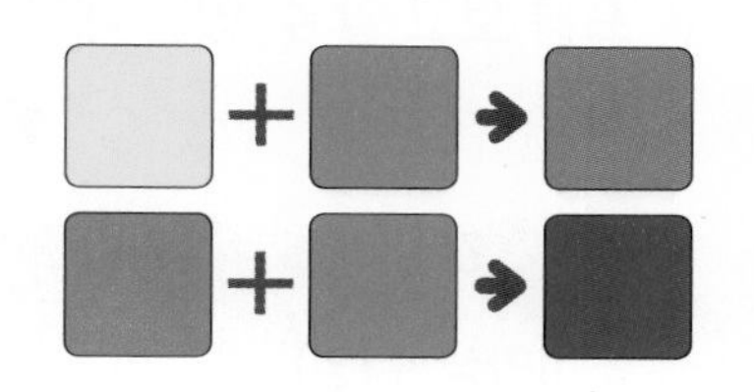

풀이

답 ______, ______

실전 시험처럼 문제를 풀어 보세요.

5 사과 6개를 바구니에 담아 무게를 재어 보니 2 kg이었고, 무게가 같은 바구니에 귤 9개를 담아 무게를 재어 보니 1 kg 850 g이었습니다. 귤 1개의 무게가 150 g이라면 사과 1개의 무게는 몇 g인지 구해 보세요.

2 kg

1 kg 850 g

풀이

답 ______

6. 자료의 정리

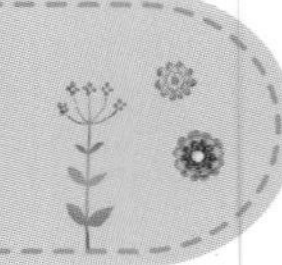

6-1 표에서 무엇을 알 수 있을까요

표를 보고 알 수 있는 내용

㉵ 좋아하는 간식별 학생 수

간식	김밥	토스트	떡볶이	햄버거	합계
여학생 수(명)	6	2	5	2	15
남학생 수(명)	2	1	7	6	16

① 여학생은 김밥을 좋아하는 학생이 가장 많고, 남학생은 떡볶이를 좋아하는 학생이 가장 많습니다.
② 남학생과 여학생 상관없이 가장 많은 학생이 좋아하는 간식은 떡볶이입니다.
③ 간식을 한 가지 정해야 한다면 떡볶이로 정하는 것이 좋을 것 같습니다.

• 표를 살펴보는 방법

제목 살펴보기

㉵ '좋아하는 간식별 학생 수'입니다.

↓

분류한 내용 살펴보기

㉵ 김밥, 토스트, 떡볶이, 햄버거로 분류하였습니다.

↓

내용별 수 알아보기

㉵ 여학생은 김밥을, 남학생은 떡볶이를 가장 많이 좋아합니다.

6-2 자료를 수집하여 표로 나타내어 볼까요

실생활 자료를 수집하여 표로 나타내기

① 조사할 내용 정하기: ㉵ 재경이네 반 학생들이 좋아하는 과일을 조사합니다.
② 자료 수집 방법 정하기: ㉵ 붙임딱지 붙이기로 자료를 수집합니다.
③ 자료 수집하기

└• 질문을 듣고 직접 손 들기로 자료를 수집할 수도 있습니다.

㉵ 좋아하는 과일

망고	♥ ♥ ♥ ♥
멜론	♥ ♥ ♥ ♥ ♥ ♥
오렌지	♥ ♥ ♥ ♥ ♥ ♥ ♥ ♥ ♥ ♥ ♥
딸기	♥ ♥ ♥ ♥ ♥ ♥ ♥ ♥ ♥ ♥ ♥ ♥ ♥ ♥ ♥ ♥
귤	♥ ♥ ♥ ♥ ♥ ♥ ♥ ♥ ♥ ♥ ♥ ♥

♥ 여학생 ♥ 남학생

④ 조사한 결과를 표로 정리하기

좋아하는 과일별 학생 수

과일	망고	멜론	오렌지	딸기	귤	합계
여학생 수(명)	2	2	4	10	7	25
남학생 수(명)	2	4	7	6	5	24

• 자료를 수집하여 표로 나타내는 방법

조사할 내용 정하기

↓

자료 수집 방법 정하기

↓

자료 수집하기

↓

조사한 결과를 표로 정리하기

• 표로 정리할 때 유의할 점

① 조사 내용에 알맞은 제목을 정합니다.
② 조사 항목의 수에 맞게 칸을 나눕니다.
③ 조사 내용에 맞게 빈칸을 채웁니다.
④ 합계가 맞는지 확인합니다.

수학 익힘 풀기 6. 자료의 정리

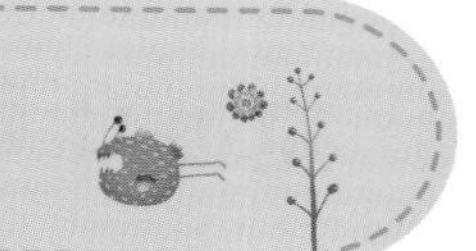

6-1 표에서 무엇을 알 수 있을까요

1, 2반 학생들이 현장 체험 학습을 가려고 조사하여 표로 나타내었습니다. 물음에 답하세요. [1~4]

현장 체험 학습을 가고 싶은 장소별 학생 수

장소	놀이공원	박물관	과학관	수영장	합계
1반 학생 수(명)	8	㉠	9	6	30
2반 학생 수(명)	10	6	㉡	9	30

1 ㉠, ㉡에 알맞은 수를 써넣으세요.

㉠: (　　　　　　)

㉡: (　　　　　　)

2 1반 학생 중 가장 많은 학생들이 가고 싶어 하는 장소는 어디인가요?

(　　　　　　)

3 2반 학생 중 가장 적은 학생들이 가고 싶어 하는 장소는 어디인가요?

(　　　　　　)

4 위 표를 보고 알 수 있는 내용을 정리한 것입니다. □ 안에 알맞은 장소를 써넣으세요.

> 1, 2학년 학생들 중 가장 많은 학생들이 가고 싶어 하는 장소인 □으로 현장 체험 학습을 가면 좋을 것 같습니다.

6-2 자료를 수집하여 표로 나타내어 볼까요

재경이네 반 학생들이 운동회 때 간식으로 먹을 음료를 조사하였습니다. 물음에 답하세요. [5~8]

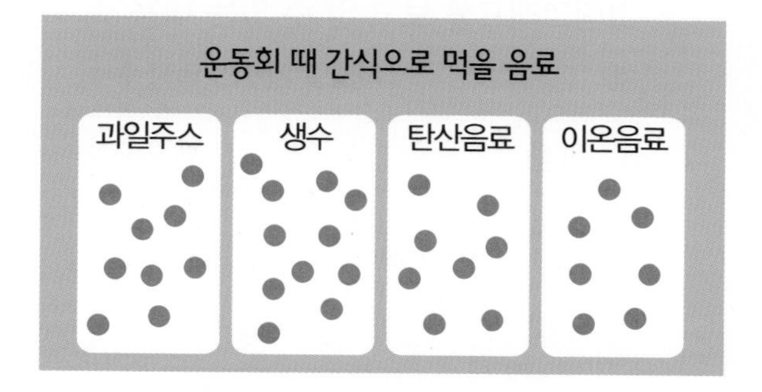

5 조사한 내용은 무엇인지 써 보세요.

(　　　　　　)

6 자료를 수집한 방법은 무엇인지 기호를 써 보세요.

> ㉠ 붙임딱지 붙이기
> ㉡ 질문을 듣고 직접 손 들기

(　　　　　　)

7 조사한 자료를 보고 표로 나타내어 보세요.

운동회 때 간식으로 먹을 음료

음료	과일 주스	생수	탄산 음료	이온 음료	합계
학생 수(명)					

8 운동회 때 간식으로 먹을 음료로 무엇을 정하면 좋을지 써 보세요.

(　　　　　　)

6 단원

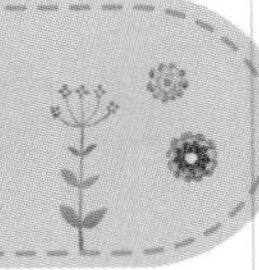

6-3 그림그래프를 알아볼까요

- **그림그래프:** 알려고 하는 수(조사한 수)를 그림으로 나타낸 그래프를 그림그래프라고 합니다.
- **그림그래프를 보고 알 수 있는 내용**

예) 마을별 키우는 돼지 수

마을	돼지 수
기쁨	(10마리 2, 1마리 3)
달빛	(10마리 3)
무지개	(10마리 1, 1마리 5)
별빛	(10마리 2, 1마리 1)

10마리

1마리

① 기쁨 마을에서 키우는 돼지 수는 23마리입니다.
② 키우는 돼지 수가 가장 많은 마을은 달빛 마을입니다. → 30마리
③ 키우는 돼지 수가 가장 적은 마을은 무지개 마을입니다. → 15마리

• **표와 그림그래프의 장단점**
① 표는 각각의 수와 합계를 쉽게 알 수 있습니다.
② 그림그래프는 각각의 자료의 수와 크기를 쉽게 비교할 수 있습니다.

6-4 그림그래프로 나타내어 볼까요

- **표를 보고 그림그래프로 나타내기**

예) 좋아하는 놀이 기구별 학생 수

놀이 기구	회전목마	회전 컵	바이킹	정글탐험	합계
학생 수(명)	16	37	15	28	96

좋아하는 놀이 기구별 학생 수

놀이 기구	학생 수
회전목마	◎○○○○○○
회전 컵	◎◎◎○○○○○○○
바이킹	◎○○○○○
정글탐험	◎◎○○○○○○○○

◎ 10명
○ 1명

- **10명, 5명, 1명을 단위로 하여 그림그래프로 나타내기:** 10명, 1명을 단위로 하여 나타낸 그림그래프보다 그림이 줄고 더 간단하게 나타낼 수 있습니다.

• **표와 그림그래프의 다른 점**

표	① 그림을 일일이 세지 않아도 됩니다. ② 조사한 양의 크기를 바로 알 수 있습니다. ③ 각각의 자료를 서로 비교하기 불편합니다.
그림그래프	① 표보다 재미있습니다. ② 한눈에 비교가 잘됩니다. ③ 어느 정도 많은지 쉽게 비교가 됩니다.

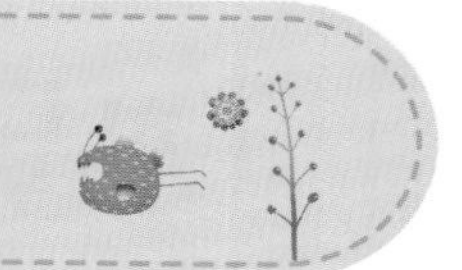

6-3 그림그래프를 알아볼까요

네 마을의 사과 생산량을 조사하여 그림그래프로 나타내었습니다. 물음에 답하세요. [1~4]

사과 생산량

마을	생산량
진달래	●●●••••••
백합	●•••••••••
동백	●●●●•••
장미	●●●●●•

● 10상자 • 1상자

1 진달래 마을의 사과 생산량은 몇 상자인가요?

( )

2 사과 생산량이 가장 많은 마을은 어디인가요?

( )

3 동백 마을과 백합 마을의 사과 생산량의 차이는 얼마나 되나요?

( )

4 내년에 사과를 담을 상자를 가장 많이 준비해야 할 것 같은 마을은 어디인가요?

( )

6-4 그림그래프로 나타내어 볼까요

겨울 방학 동안에 여행을 가보고 싶은 도시별 학생 수를 조사하여 표로 나타내었습니다. 물음에 답하세요. [5~7]

가보고 싶은 도시별 학생 수

도시	강릉	속초	춘천	삼척	합계
학생 수 (명)	29	28	26	27	110

5 위 표를 보고 그림그래프로 나타내어 보세요.

가보고 싶은 도시별 학생 수

도시	학생 수
강릉	
속초	
춘천	
삼척	

◎ 10명 ○ 1명

6 위 표를 보고 그림그래프로 나타내어 보세요.

가보고 싶은 도시별 학생 수

도시	학생 수
강릉	
속초	
춘천	
삼척	

◎ 10명 △ 5명 ○ 1명

7 표와 그림그래프 중 어느 정도 많은지 쉽게 비교가 되는 것은 어느 것인지 써 보세요.

( )

슬기네 반 학생들이 좋아하는 운동을 조사하여 나타낸 표입니다. 물음에 답하세요. [1~4]

좋아하는 운동별 학생 수

운동	축구	발야구	피구	줄넘기	합계
학생 수(명)	5	7	10		30

1 줄넘기를 좋아하는 학생은 몇 명인가요?

( )

2 피구를 좋아하는 학생 수가 발야구를 좋아하는 학생 수보다 몇 명 더 많나요?

( )

3 피구를 좋아하는 학생 수는 축구를 좋아하는 학생 수의 몇 배인가요?

( )

4 좋아하는 학생 수가 많은 운동부터 순서대로 써 보세요.

(, , ,)

희진이가 가지고 있는 학용품을 조사하였습니다. 자료를 보고 물음에 답하세요. [5~7]

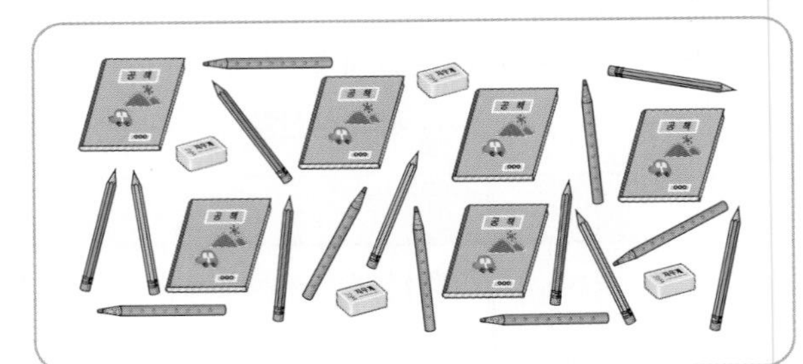

5 학용품의 수는 모두 몇 개인가요?

( )

중요

6 조사한 자료를 보고 표로 나타내어 보세요.

종류별 학용품의 수

종류	연필	공책	색연필	지우개	합계
학용품의 수(개)					

7 학용품의 수가 가장 많은 것은 어느 것인가요?

( )

어느 지역 초등학교별 불우이웃돕기 성금액을 조사하여 나타낸 그림그래프입니다. 물음에 답하세요. [8~14]

초등학교별 불우이웃돕기 성금액

초등학교	성금액
누리	100만 원 그림 1개, 10만 원 그림 6개
사랑	100만 원 그림 2개, 10만 원 그림 2개
희망	100만 원 그림 3개, 10만 원 그림 2개
지혜	100만 원 그림 4개

(큰 그림) 100만 원 (작은 그림) 10만 원

8 □ 안에 알맞은 말을 써넣으세요.

알려고 하는 수(조사한 수)를 □으로 나타낸 그래프를 그림그래프라고 합니다.

중요

9 그림 (큰 그림)과 (작은 그림)은 각각 얼마를 나타내나요?

㉠ (큰 그림) : ( )

㉡ (작은 그림) : ( )

10 사랑초등학교의 불우이웃돕기 성금액은 얼마인가요?

( )

응용

11 희망초등학교와 지혜초등학교의 불우이웃돕기 성금액의 차는 얼마인가요?

( )

12 불우이웃돕기 성금액을 가장 많이 모은 초등학교는 어디인가요?

( )

13 모은 불우이웃돕기 성금액이 희망초등학교의 반인 초등학교는 어디인가요?

( )

서술형

14 그림그래프를 보고 알 수 있는 내용을 한 가지만 써 보세요.

6 단원

과수원별 사과 생산량을 조사하여 그림그래프로 나타내려고 합니다. 물음에 답하세요. [15~17]

과수원별 사과 생산량

과수원	㉮	㉯	㉰	㉱	합계
생산량(상자)	240	300	150	410	1100

15 표를 보고 그림그래프로 나타내어 보세요.

과수원별 사과 생산량

과수원	생산량
㉮	
㉯	
㉰	
㉱	

100상자
10상자

16 사과 생산량이 가장 많은 과수원은 어디인가요?

(　　　　　　　　)

서술형

17 ㉰ 과수원 생산량의 2배인 과수원은 어디인지 풀이 과정을 쓰고 답을 구해 보세요.

(　　　　　　　　)

현석이네 반 학생들이 좋아하는 과일을 조사하여 그림그래프로 나타내려고 합니다. 물음에 답하세요. [18~20]

과일별 학생 수

과일	사과	수박	배	딸기	합계
학생 수(명)	8	10	6	5	29

과일별 학생 수

과일	학생 수
사과	
수박	
배	
딸기	

5명
1명

주의

18 배를 좋아하는 학생 수를 나타내려면 그림 과 을 각각 몇 개씩 그려야 하나요?

㉠ : (　　　　　　　　)

㉡ : (　　　　　　　　)

19 표를 보고 그림그래프를 완성해 보세요.

20 가장 많은 학생들이 좋아하는 과일은 무엇인가요?

(　　　　　　　　)

● 초등학교별 교실 수를 조사하여 나타낸 표입니다. 물음에 답하세요. [1~4]

초등학교별 교실 수

초등학교	성실	슬기	튼튼	정직	합계
교실 수(개)	36		52	48	176

1 네 학교의 교실 수는 모두 몇 개인가요?

( )

2 슬기초등학교의 교실 수는 몇 개인가요?

( )

3 정직초등학교의 교실 수는 성실초등학교의 교실 수보다 몇 개 더 많나요?

( )

4 교실 수가 가장 많은 초등학교는 어디인가요?

( )

● 아랑이네 반 학생들이 좋아하는 색깔을 조사하였습니다. 자료를 보고 물음에 답하세요. [5~7]

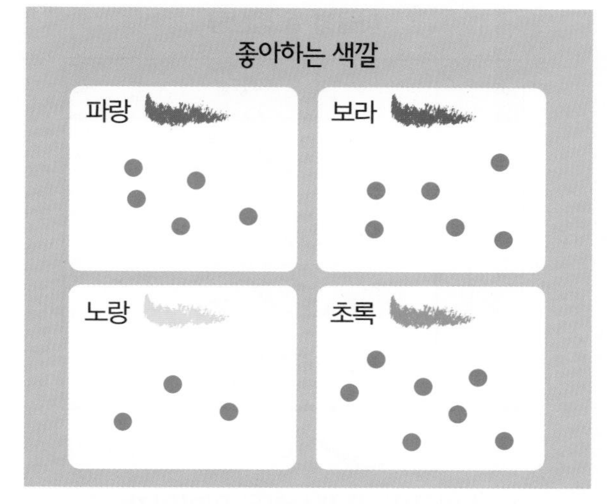

5 조사한 학생은 모두 몇 명인가요?

( )

주의

6 조사한 자료를 보고 표로 나타내어 보세요.

좋아하는 색깔

색깔					합계
학생 수(명)					

7 많은 학생들이 좋아하는 색깔부터 순서대로 써 보세요.

(, , ,)

● 마을별 쌀 생산량을 조사하여 나타낸 그림그래프입니다. 물음에 답하세요. [8~11]

마을별 쌀 생산량

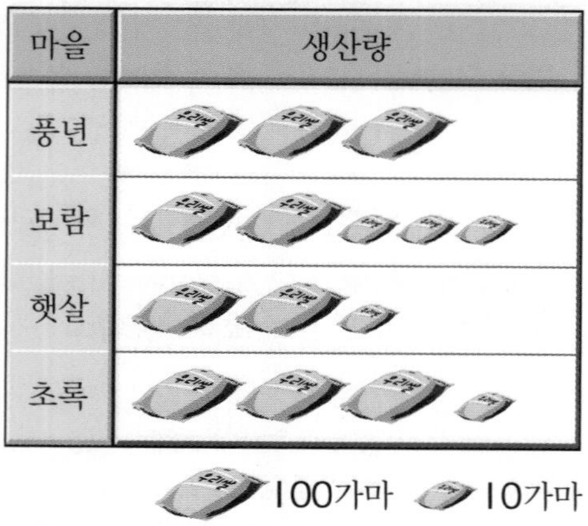

마을	생산량
풍년	
보람	
햇살	
초록	

100가마 10가마

8 보람 마을의 쌀 생산량은 얼마인가요?

( )

9 쌀 생산량이 가장 많은 마을은 어느 마을인가요?

( )

10 쌀 생산량이 가장 많은 마을과 가장 적은 마을의 생산량의 차는 몇 가마인가요?

( )

중요

11 쌀 생산량이 적은 마을부터 차례대로 써 보세요.

(, , ,)

● 은주네 반 학생들이 좋아하는 간식을 조사하여 나타낸 그림그래프입니다. 물음에 답하세요. [12~14]

좋아하는 간식별 학생 수

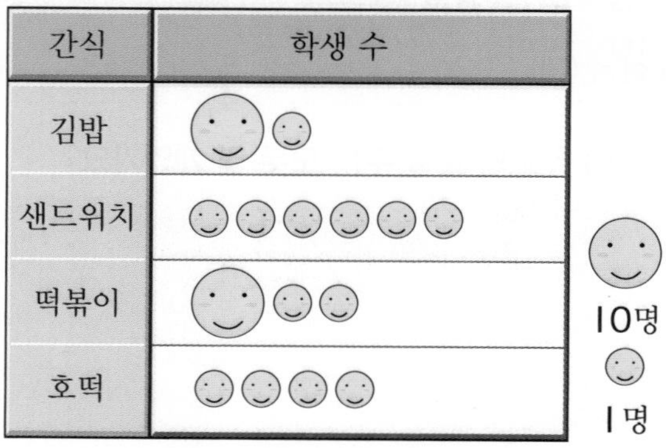

간식	학생 수
김밥	
샌드위치	
떡볶이	
호떡	

10명 1명

12 김밥을 좋아하는 학생 수는 호떡을 좋아하는 학생 수보다 몇 명 더 많나요?

( )

13 샌드위치를 좋아하는 학생 수의 2배인 간식은 어느 것인가요?

( )

서술형

14 은주네 반 학생들이 간식을 한 가지만 만든다면 어떤 음식이 좋을지 고르고, 그 이유를 써 보세요.

( )

이유

3학년 학생들이 사는 마을별 학생 수를 조사하여 나타낸 표입니다. 물음에 답하세요. [15~17]

㉠

마을	㉮	㉯	㉰	㉱	㉲	합계
학생 수(명)	9	26	34		20	100

15 위의 표를 보고 그림그래프로 나타내어 보세요.

㉠

마을	학생 수
㉮	
㉯	
㉰	
㉱	
㉲	

10명
1명

중요

16 표와 그림그래프의 ㉠에 들어갈 제목으로 알맞은 것을 고르세요. (　　　)

① 마을별 크기
② ㉮ 마을에 사는 3학년 학생
③ 우리 반 학생들이 사는 마을
④ 3학년 학생들이 사는 마을별 학생 수
⑤ 3학년 학생들이 사는 마을별 가구 수

서술형

17 학생 수가 ㉯ 마을보다 적은 마을을 모두 찾아 기호를 쓰려고 합니다. 풀이 과정을 쓰고 답을 구해 보세요.

(　　,　　,　　)

어느 고장의 과수원별 감나무 수를 조사하여 나타낸 그림그래프입니다. 물음에 답하세요. [18~20]

과수원별 감나무 수

과수원	감나무 수
꿀맛	🌳🌳🌱🌱
이삭	
달콤	🌳🌳🌳🌳🌱
무럭	🌳🌳🌱🌱🌱

🌳 10그루
🌱 1그루

응용

18 어느 고장의 전체 감나무 수는 모두 120그루입니다. 이삭 과수원에 있는 감나무는 몇 그루인가요?

(　　　　　　)

19 그림그래프를 완성해 보세요.

20 감나무가 가장 많이 있는 과수원은 어디인가요?

(　　　　　　)

6 단원

3회 단원 평가 기출

6. 자료의 정리

● 민주네 반 학생들이 현장 체험 학습을 가고 싶은 장소를 조사하여 나타낸 표입니다. 물음에 답하세요. [1~4]

현장 체험 학습을 가고 싶은 장소별 학생 수

장소	놀이 공원	과학관	박물관	고궁	합계
여학생 수(명)	5		4	3	13
남학생 수(명)	3	4		2	12

1 빈칸에 알맞은 수를 써 넣으세요.

2 많은 여학생들이 가고 싶은 장소부터 순서대로 써 보세요.

(, , ,)

3 가장 많은 학생들이 가고 싶은 장소를 써 보세요.

( )

서술형

4 여학생과 남학생의 조사 내용이 어떻게 다른지 써 보세요.

● 한결이네 반 남학생들이 좋아하는 운동을 조사하였습니다. 자료를 보고 물음에 답하세요. [5~7]

5 자료를 수집한 대상은 누구인가요?

( )

6 조사한 학생은 모두 몇 명인가요?

( )

7 조사한 자료를 보고 표로 나타내어 보세요.

좋아하는 운동별 학생 수

운동	축구	농구	야구	배구	합계
학생 수(명)					

● 마을별 쌀 생산량을 조사하여 나타낸 그림그래프입니다. 물음에 답하세요. [8~11]

마을별 쌀 생산량

마을	생산량
매화	■■▪▪
난초	■■▪▪▪
국화	■■■
대나무	■■■▪

■ 100kg ▪ 10kg

8 매화 마을의 쌀 생산량은 몇 kg인가요?

( )

9 네 마을에서 생산한 쌀은 모두 몇 kg인가요?

( )

10 쌀을 가장 많이 생산한 마을은 어느 마을인가요?

( )

11 난초 마을보다 쌀 생산량이 더 적은 마을은 어느 마을인가요?

( )

● 시후네 반 학급 문고에 있는 책의 종류를 조사하여 나타낸 그림그래프입니다. 물음에 답하세요. [12~14]

종류별 책의 수

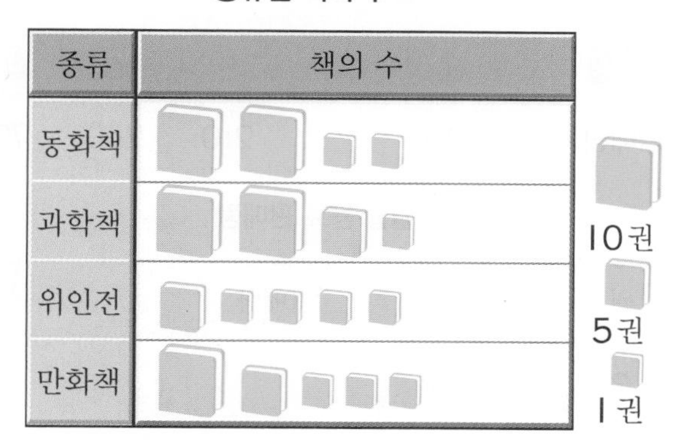

종류	책의 수
동화책	■■▪▪
과학책	■■◆▪
위인전	◆▪▪▪▪
만화책	■◆▪▪▪

■ 10권 ◆ 5권 ▪ 1권

12 ■, ◆, ▪은 각각 몇 권을 나타내나요?

㉠ ■ : ( )

㉡ ◆ : ( )

㉢ ▪ : ( )

13 학급 문고에 많이 있는 책부터 순서대로 써 보세요.

(, , ,)

서술형

14 다음 대화를 읽고 답을 써 보세요.

동화책과 과학책이 많구나.

학급 도서를 더 구입한다면 어떤 도서가 좋을까?

6 단원

● 어느 음료 전문점의 월별 음료 판매량을 조사한 표를 보고 그림그래프로 나타내려고 합니다. 물음에 답하세요. [15~17]

월별 음료 판매량

월	3	4	5	6	합계
판매량(잔)	120		210	280	790

월별 음료 판매량

월	판매량
3	☕ ☕ ☕
4	
5	
6	

☕ [ ]잔 ☕ [ ]잔

15 4월의 커피 판매량은 몇 잔인가요?

( )

16 그림 ☕과 ☕은 각각 몇 잔을 나타내나요?

㉠ ☕ : ( )

㉡ ☕ : ( )

17 표를 보고 그림그래프를 완성해 보세요.

● 마을별 학생 수를 조사하여 나타낸 그림그래프입니다. 물음에 답하세요. [18~20]

마을별 학생 수

마을	학생 수
㉮	☺☺ ☺☺
㉯	☺☺☺☺ ☺☺☺
㉰	
㉱	☺ ☺☺☺☺☺☺☺

☺ 10명 ☺ 1명

서술형

18 조사한 학생이 모두 100명이라면 ㉰ 마을 학생은 몇 명인지 풀이 과정을 쓰고 답을 구해 보세요.

( )

19 학생 수가 가장 많은 마을은 어느 마을인가요?

( )

20 학생 수가 적은 마을부터 차례대로 마을 이름을 써보세요.

(, , ,)

4회 단원 평가 실전

과수원별 나무 수를 조사하여 나타낸 표입니다. 물음에 답하세요. [1~4]

과수원별 나무 수

과수원	하나	초록	상큼	나라	합계
나무 수(그루)		210	98	151	583

1 하나 과수원의 나무 수를 구해 보세요.

( )

2 나무 수가 가장 많은 과수원의 이름을 써 보세요.

( )

3 나라 과수원보다 나무 수가 적은 과수원을 모두 찾아 이름을 써 보세요.

( )

서술형

4 위의 표를 보고 알 수 있는 내용을 두 가지만 써 보세요.

•

•

민주네 반 학생들이 좋아하는 계절을 조사하였습니다. 물음에 답하세요. [5~7]

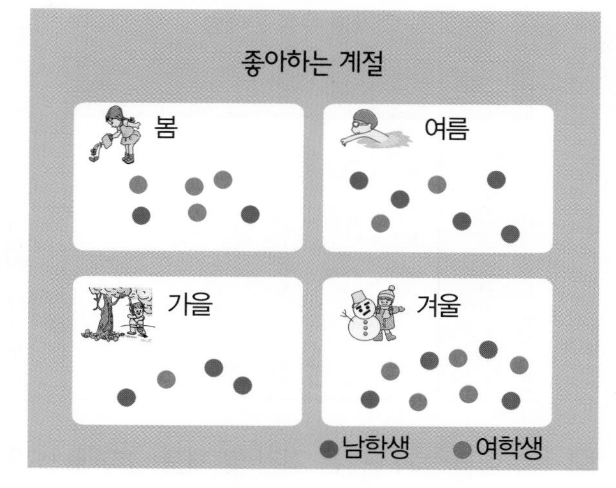

5 조사한 학생은 모두 몇 명인가요?

( )

6 조사한 자료를 보고 표로 나타내어 보세요.

좋아하는 계절별 학생 수

계절	봄	여름	가을	겨울	합계
남학생 수(명)					
여학생 수(명)					

7 학생들이 좋아하는 계절부터 순서대로 써 보세요.

(, , ,)

6 단원

● 가게별 우유 판매량을 조사하여 나타낸 그림그래프입니다. 물음에 답하세요. [8~11]

가게별 우유 판매량

가게	우유 판매량
달님	
햇님	
별님	
구름	

10개
1개

8 그림 과 은 각각 몇 개를 나타내나요?

㉠ : (　　　　　　　　)

㉡ : (　　　　　　　　)

9 별님 가게의 우유 판매량을 구해 보세요.

(　　　　　　　　)

10 우유 판매량이 20개보다 적은 가게를 모두 찾아 써 보세요.

(　　　　　　　　)

서술형

11 우유 판매량이 가장 많은 가게와 가장 적은 가게의 우유 판매량의 차는 몇 개인지 풀이 과정을 쓰고 답을 구해 보세요.

(　　　　　　　　)

● 승호네 반 학생들이 등교할 때 이용하는 교통수단을 조사하여 나타낸 표입니다. 물음에 답하세요. [12~14]

교통수단별 학생 수

교통수단	지하철	버스	자전거	도보	합계
학생 수(명)		7	8	12	32

12 지하철로 등교하는 학생은 몇 명인가요?

(　　　　　　　　)

13 위의 표를 보고 그림그래프를 완성해 보세요.

교통수단별 학생 수

교통수단	학생 수
지하철	
버스	
자전거	
도보	

5명
1명

14 표와 그림그래프 중 가장 많은 학생들이 이용하는 교통수단을 한눈에 알아보기 쉬운 것은 어느 것인가요?

(　　　　　　　　)

● 모둠별 칭찬 붙임딱지 수를 조사하여 나타낸 표입니다. 물음에 답하세요. [15~20]

모둠별 칭찬 붙임딱지 수

모둠	가	나	다	라	합계
붙임딱지 수(개)	38	26	19	42	

15 네 모둠의 칭찬 붙임딱지 수는 모두 몇 개인가요?

( )

서술형

16 칭찬 붙임딱지 수가 다 모둠의 2배인 모둠을 찾아 쓰려고 합니다. 풀이 과정을 쓰고 답을 구해 보세요.

( )

17 서하는 조사한 표를 보고 그림그래프를 그리려고 합니다. 그림그래프를 완성해 보세요.

모둠별 칭찬 붙임딱지 수

모둠	붙임딱지 수
가	◎◎◎○○○○○○○○
나	
다	
라	

◎10명 ○1명

18 유석이는 조사한 표를 보고 ◎는 10명, △는 5명, ○는 1명으로 나타내려고 합니다. 그림그래프를 완성해 보세요.

모둠별 칭찬 붙임딱지 수

모둠	붙임딱지 수
가	
나	
다	
라	

◎10명 △5명 ○1명

19 칭찬 붙임딱지 수가 많은 모둠부터 순서대로 써 보세요.

(, , ,)

서술형

20 서하와 유석이가 그린 그래프를 비교하여 써 보세요.

6 단원

연습 각 단계에 따라 문제를 풀어 보세요.

1 주한이네 반 학생들이 먹고 싶은 음식을 조사하여 나타낸 표입니다. 가장 많은 학생들이 먹고 싶은 음식과 가장 적은 학생들이 먹고 싶은 음식의 학생 수의 차를 구해 보세요.

먹고 싶은 음식별 학생 수

음식	떡볶이	피자	자장면	김밥	합계
학생 수(명)	5		12	8	32

1단계 피자를 먹고 싶은 학생은 몇 명인가요?

( )

2단계 가장 많은 학생들이 먹고 싶은 음식과 가장 적은 학생들이 먹고 싶은 음식을 차례대로 써 보세요.

(,)

3단계 가장 많은 학생들이 먹고 싶은 음식과 가장 적은 학생들이 먹고 싶은 음식의 학생 수의 차를 구해 보세요.

( )

도전 위에서 푼 방법을 생각하며 풀어 보세요.

1-1 선아네 학년 학생들이 여름 방학 때 가고 싶은 곳을 조사하여 나타낸 표입니다. 가장 많은 학생들이 가고 싶은 곳과 가장 적은 학생들이 가고 싶은 곳의 학생 수의 차를 구해 보세요.

여름 방학 때 가고 싶은 곳

장소	산	바다	강	수영장	합계
학생 수(명)	21	57	23		189

풀이

답

이렇게 술술 풀어요

① 수영장에 가고 싶은 학생 수를 구합니다.

② 가장 많은 학생들이 가고 싶은 곳과 가장 적은 학생들이 가고 싶은 곳을 차례대로 구합니다.

③ 가장 많은 학생들이 가고 싶은 곳과 가장 적은 학생들이 가고 싶은 곳의 학생 수의 차를 구합니다.

연습 각 단계에 따라 문제를 풀어 보세요.

2 준우네 마을의 마트에서 팔린 쌀의 양을 조사하여 나타낸 그림그래프입니다. 준우네 마을의 마트에서 팔린 쌀은 모두 몇 kg인지 구해 보세요.

마트별 팔린 쌀의 양

마트	쌀의 양
알찬	
초롱	
대박	
싱싱	

100 kg 10 kg

1단계 네 마트에서 팔린 쌀의 양을 차례대로 구해 보세요.

(, , ,)

2단계 준우네 마을의 마트에서 팔린 쌀은 모두 몇 kg인지 구해 보세요.

( )

도전 위에서 푼 방법을 생각하며 풀어 보세요.

2-1 지아네 반에서 모은 헌 종이의 무게를 조사하여 나타낸 그림그래프입니다. 지아네 반에서 모은 헌 종이의 무게는 모두 몇 kg인지 구해 보세요.

모둠별 모은 헌 종이의 무게

모둠	헌 종이의 무게
가	
나	
다	
라	

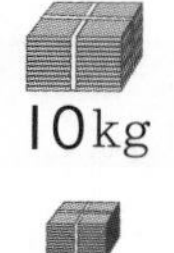

풀이

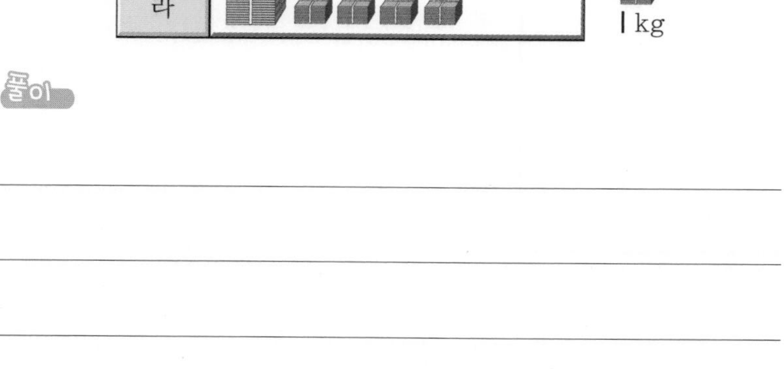

답

① 과 은 각각 몇 kg을 나타내는지 구합니다.

② 네 모둠에서 모은 헌 종이의 무게를 각각 구합니다.

③ 지아네 반에서 모은 헌 종이의 무게를 구합니다.

6 단원

연습 각 단계에 따라 문제를 풀어 보세요.

3 어느 고장의 과수원에 있는 밤나무의 수를 조사하여 나타낸 그림그래프입니다. 밤나무의 수가 모두 1970그루일 때 햇밤 과수원의 밤나무 수를 구하여 그림그래프를 완성해 보세요.

과수원별 밤나무 수

과수원	밤나무 수
달콤	
햇밤	
쑥쑥	
꿀맛	

100그루
10그루

1단계 햇밤 과수원의 밤나무 수를 구해 보세요.

( )

2단계 그림그래프를 완성해 보세요.

도전 위에서 푼 방법을 생각하며 풀어 보세요.

3-1 어느 아파트의 동별 학생 수를 조사하여 나타낸 그림그래프입니다. 전체 학생 수가 모두 93명일 때 다 동의 학생 수를 구하여 그림그래프를 완성해 보세요.

동별 학생 수

아파트	학생 수
가	
나	
다	
라	

10명
1명

풀이

이렇게 술술 풀어요

① 가, 나, 라 동의 학생 수를 구하여 다 동의 학생 수를 구합니다.

② 그림그래프를 완성합니다.

실전 시험처럼 문제를 풀어 보세요.

4 마을별로 기르고 있는 소의 수를 조사하여 나타낸 그림그래프의 일부입니다. 네 마을에서 기르고 있는 전체 소의 수는 250마리이고, ㉮ 마을에서 기르고 있는 소의 수가 ㉰ 마을에서 기르고 있는 소의 수의 2배일 때 소를 가장 많이 기르는 마을과 가장 적게 기르는 마을의 소의 수의 차는 몇 마리인지 구해 보세요.

마을별 소의 수

마을	소의 수
㉮	
㉯	
㉰	
㉱	

10마리 1마리

풀이

답

실전 시험처럼 문제를 풀어 보세요.

5 어느 종합 병원을 찾은 환자의 수를 진료 과목별로 조사하여 나타낸 그림그래프입니다. 보기를 보고 그림그래프를 완성해 보세요.

보기
- 진료한 환자는 모두 840명입니다.
- 외과를 찾은 환자는 280명입니다.
- 내과와 치과를 찾은 환자 수는 같습니다.

진료 과목별 환자 수

과목	환자 수
소아과	
외과	
내과	
치과	

100명 10명

풀이

100점
예상문제

수학 3-2

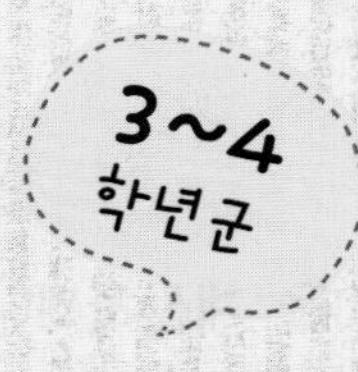

1 곱셈

1 빈칸에 알맞은 수를 써넣으세요.

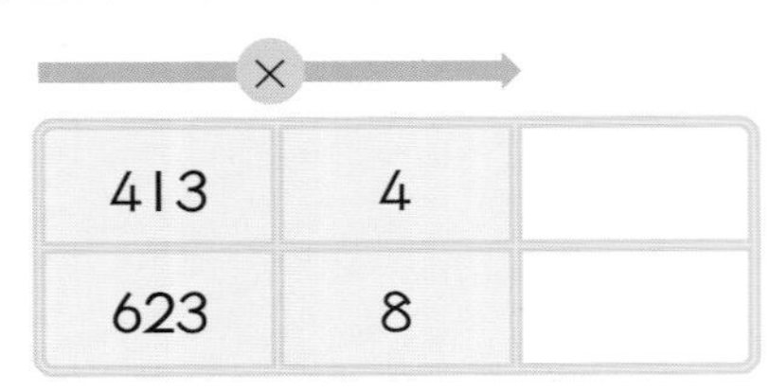

×		
413	4	
623	8	

2 계산 결과를 비교하여 ◯ 안에 >, =, <를 알맞게 써넣으세요.

(1) 431×2 ◯ 302×3

(2) 263×4 ◯ 503×2

3 50×90을 계산하려고 합니다. $\underline{5} \times 9 = 45$에서 밑줄 친 5는 ㉠~㉣ 중 어느 자리에 써야 하나요?

		5	0
	×	9	0
㉠	㉡	㉢	㉣

(　　　　　　)

4 곱이 큰 것부터 차례대로 기호를 써 보세요.

㉠ 87×30　　㉡ 39×40

㉢ 56×50　　㉣ 93×10

(　　,　　,　　,　　)

5 다음 계산에서 잘못된 곳을 찾아 바르게 계산해 보세요.

	4	8
×	3	5
2	4	0
1	4	4
3	8	4

→

	4	8
×	3	5

서술형

6 3장의 수 카드 [4], [7], [2] 중에서 2장을 골라 만들 수 있는 가장 작은 두 자리 수와 47의 곱은 얼마인지 풀이 과정을 쓰고 답을 구해 보세요.

풀이 ______________________

____

답 ______________________

서술형

7 어떤 수에 57을 곱해야 할 것을 잘못하여 더했더니 130이 되었습니다. 바르게 계산하면 얼마인지 풀이 과정을 쓰고 답을 구해 보세요.

풀이 ______________________

____

답 ______________________

8 계산해 보세요.

(1) $80 \div 4$

(2) $50 \div 2$

9 ㉠과 ㉡의 합을 구해 보세요.

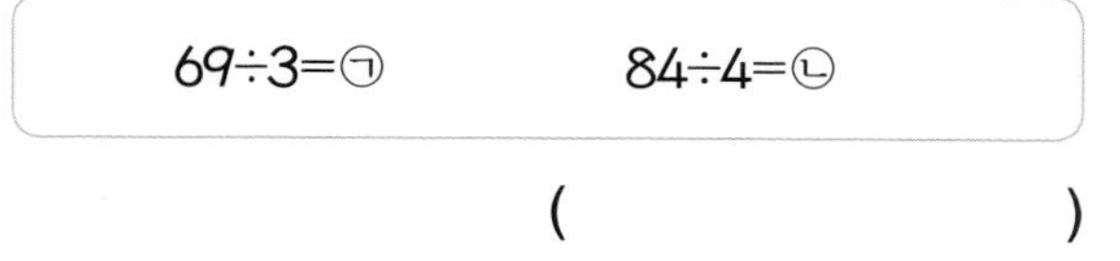

( )

10 나머지가 4가 될 수 없는 식을 찾아 기호를 써 보세요.

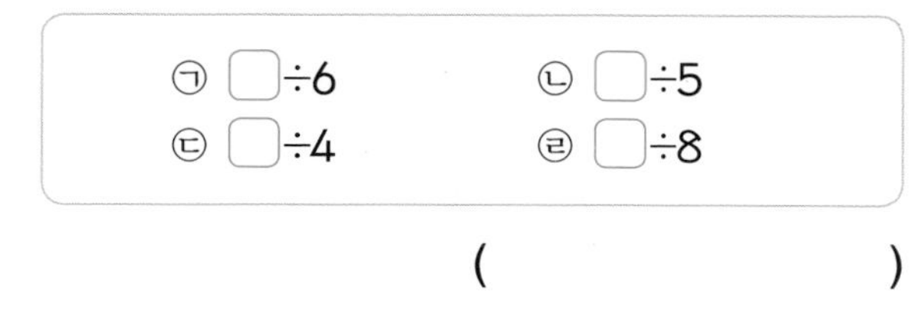

( )

11 몫의 크기를 비교하여 ○ 안에 >, =, <를 알맞게 써넣으세요.

83÷8 ○ 57÷6

12 □ 안에 알맞은 수를 써넣으세요.

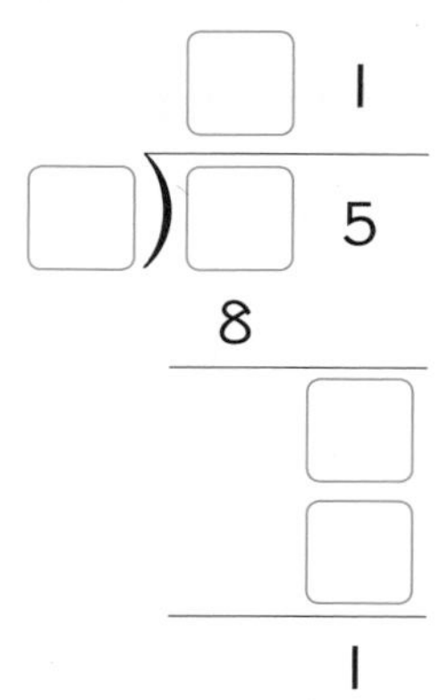

13 귤 465개를 7개의 상자에 똑같이 나누어 담으려고 합니다. 한 상자에 귤을 몇 개씩 담을 수 있고, 몇 개가 남나요?

한 상자에 □개씩 담을 수 있고, □개가 남습니다.

서술형

14 색 테이프를 5 cm씩 자르면 14도막이 되고 3 cm가 남습니다. 이 색 테이프를 6 cm씩 자르면 모두 몇 도막이 되고, 몇 cm가 남는지 풀이 과정을 쓰고 답을 구해 보세요.

풀이

답 ,

100점 예상 문제

3 원

15 원의 중심을 찾아 기호를 써 보세요.

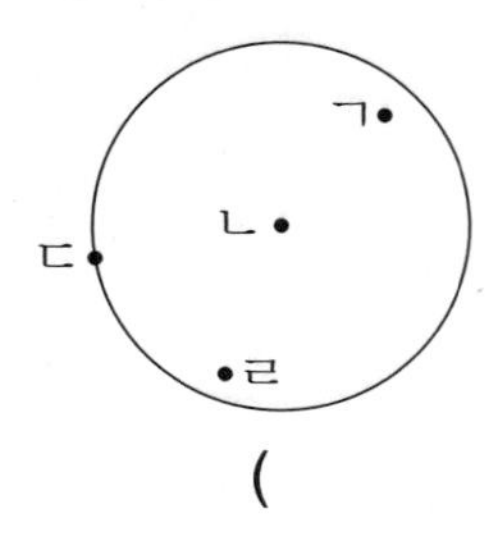

(　　　　　　　)

16 반지름이 2 cm인 원을 그리려고 합니다. 컴퍼스를 바르게 벌린 것을 찾아 기호를 써 보세요.

㉠
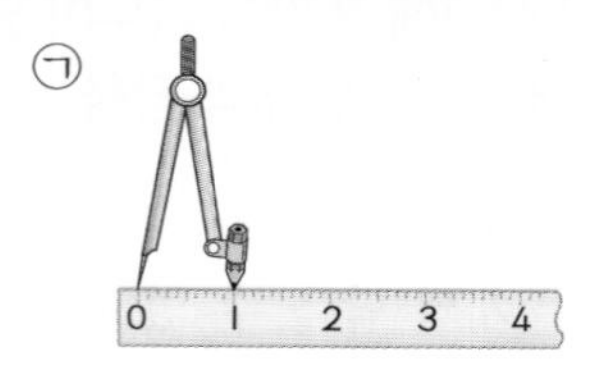

㉡
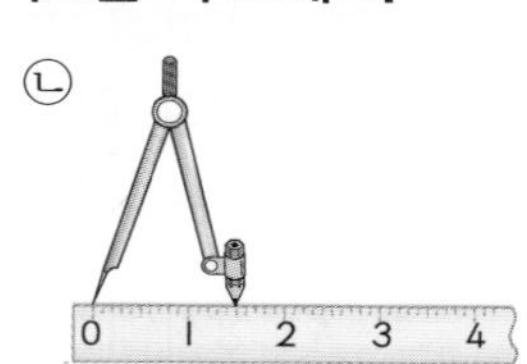

㉢
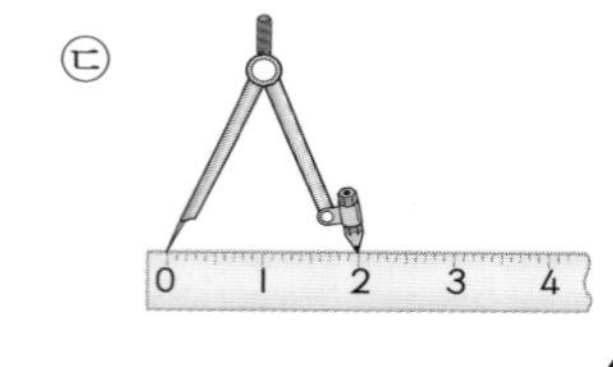

㉣
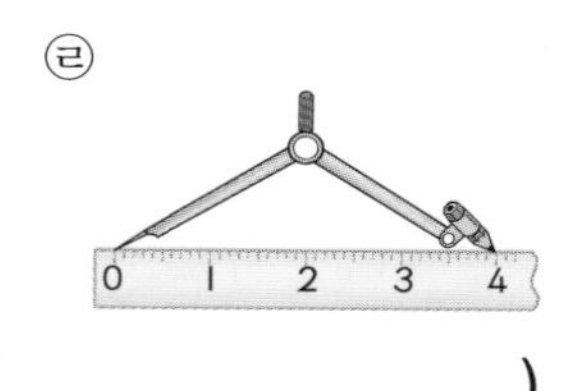

(　　　　　　　)

17 가장 큰 원을 찾아 기호를 써 보세요.

㉠ 지름이 19 cm인 원
㉡ 반지름이 7 cm인 원
㉢ 반지름이 8 cm인 원

(　　　　　　　)

18 원의 반지름은 몇 cm인가요?

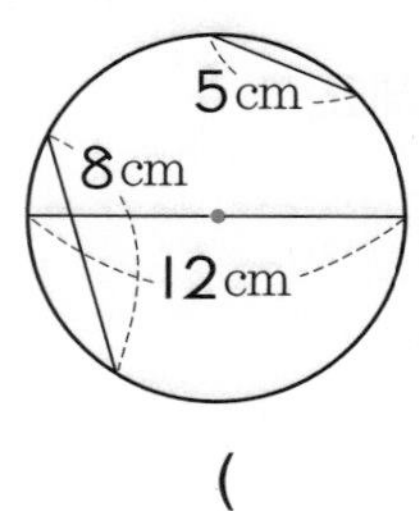

(　　　　　　　)

19 주어진 모양을 그리기 위하여 컴퍼스의 침을 꽂아야 할 곳은 모두 몇 군데인가요?

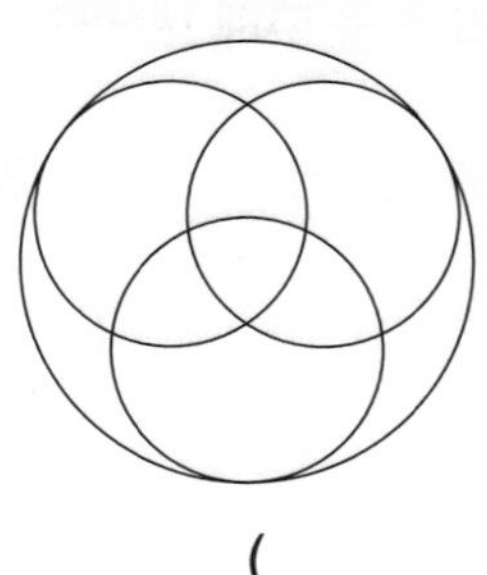

(　　　　　　　)

서술형

20 큰 원 2개는 지름이 16 cm입니다. 선분 ㄱㄴ의 길이는 몇 cm인지 풀이 과정을 쓰고 답을 구해 보세요.

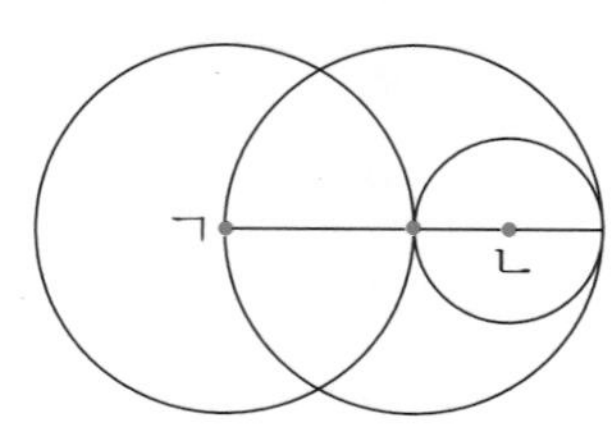

풀이 ______________________________

답 ______________

100점 예상문제 2회

4. 분수 ~ 6. 자료의 정리

4 분수

1 ▢ 안에 알맞은 수를 써넣으세요.

42를 7씩 묶으면 ▢ 묶음이 됩니다.

14는 42의 $\frac{\square}{\square}$입니다.

2 나타내는 수가 7인 것을 찾아 기호를 써 보세요.

㉠ 63의 $\frac{1}{9}$

㉡ 36의 $\frac{2}{4}$

㉢ 25의 $\frac{3}{5}$

(　　　　　　)

3 그림을 보고 ▢ 안에 알맞은 수를 써넣으세요.

1시간의 $\frac{3}{4}$은 ▢ 분입니다.

4 가분수를 모두 찾아 기호를 써 보세요.

㉠ $\frac{8}{15}$　㉡ $\frac{9}{8}$　㉢ $\frac{9}{9}$　㉣ $\frac{7}{10}$

(　　　　　　)

5 분모가 7인 진분수를 모두 써 보세요.

(　　　　　　)

6 가분수를 대분수로 고쳤을 때 분자가 가장 큰 것은 어느 것인가요? (　　)

① $\frac{21}{5}$　② $\frac{34}{8}$　③ $\frac{26}{7}$

④ $\frac{33}{6}$　⑤ $\frac{31}{9}$

7 혜윤이의 책가방의 무게는 $3\frac{2}{7}$ kg이고, 대현이의 책가방의 무게는 $\frac{25}{7}$ kg입니다. 누구의 책가방이 더 무거운지 풀이 과정을 쓰고 답을 구해 보세요.

풀이

답

100점 예상문제

5 들이와 무게

8 들이가 24 L인 통에 물을 가득 채우려면 그릇에 물을 가득 채워 다음과 같이 각각의 횟수만큼 부어야 합니다. 세 그릇의 들이의 합은 몇 L인가요?

그릇	가	나	다
횟수(회)	8	2	4

( )

9 단위를 잘못 사용한 문장을 찾아 기호를 쓰고 옳게 고쳐 보세요.

㉠ 물컵의 들이는 약 500 L입니다.
㉡ 주전자의 들이는 약 2100 mL입니다.

( )

10 들이가 많은 것부터 차례대로 기호를 써 보세요.

㉠ 1500 mL ㉡ 1050 mL
㉢ 1 L 15 mL ㉣ 10 L 150 mL

(, , ,)

11 윤진이와 승도가 약수터에서 물을 받았습니다. 윤진이는 1 L 300 mL를 받았고, 승도는 1 L 500 mL를 받았습니다. 두 사람이 받은 물은 모두 몇 L 몇 mL인가요?

( )

12 저울과 바둑돌로 풀과 지우개의 무게를 다음과 같이 비교했습니다. 어느 것이 바둑돌 몇 개만큼 더 무겁나요?

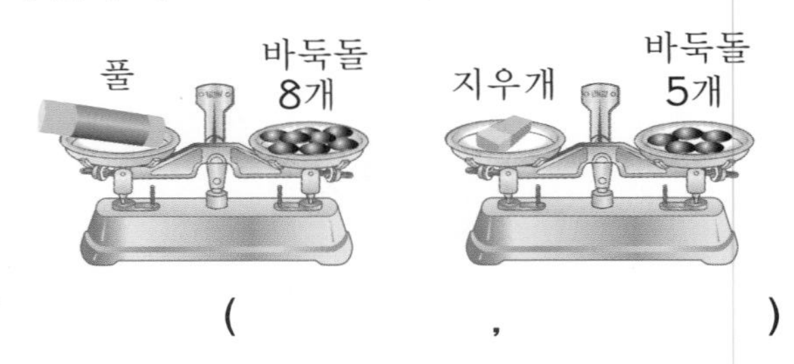

(,)

13 무게를 비교하여 ○ 안에 >, =, <를 알맞게 써넣으세요.

7 kg 90 g ○ 7900 g

서술형

14 어머니께서 시장에서 호박과 수박을 각각 한 개씩 사 오셨습니다. 호박의 무게는 4 kg 750 g이고, 수박의 무게는 호박의 무게보다 1 kg 550 g 더 무겁습니다. 어머니께서 사 오신 호박과 수박의 무게는 모두 몇 kg 몇 g인지 풀이 과정을 쓰고 답을 구해 보세요.

풀이 ______________________

____

____

____

답 ______________

6 자료의 정리

과일 가게에서 오늘 판매한 과일의 수를 조사하여 나타낸 표입니다. 물음에 답하세요. [15~17]

과일별 판매 수

과일	사과	귤	감	배	합계
판매 수(개)		290	220	80	750

15 오늘 사과는 모두 몇 개를 팔았나요?

( )

16 판매한 수가 감보다 적은 과일을 모두 찾아 써 보세요.

( )

17 가장 많이 판 과일을 써 보세요.

( )

마을별 학생 수를 조사하여 나타낸 표입니다. 물음에 답하세요. [18~20]

마을별 학생 수

마을	㉮	㉯	㉰	㉱	합계
학생 수(명)	32		22	30	100

18 ㉯ 마을의 학생 수는 몇 명인가요?

( )

19 위의 표를 보고 그림그래프로 나타내어 보세요.

마을별 학생 수

마을	학생 수
㉮	
㉯	
㉰	
㉱	

☺ 10명
☺ 1명

20 학생 수가 ㉯ 마을의 학생 수의 2배인 마을은 어느 마을인가요?

( )

100점 예상문제 3회

1. 곱셈 ~ 6. 자료의 정리

1 곱셈

1 가장 큰 수와 가장 작은 수의 곱을 구해 보세요.

312	5	9	273

( )

서술형

2 수 카드 [4], [9]를 한 번씩만 사용하여 계산 결과가 가장 큰 곱셈식을 만들려고 합니다. ㉠, ㉡에 알맞은 수는 얼마인지 풀이 과정을 쓰고 답을 구해 보세요.

$$\begin{array}{r} ㉠ \\ \times \ 7\ ㉡ \\ \hline \end{array}$$

풀이

답 ㉠: , ㉡:

3 곱의 크기를 비교하여 ○ 안에 >, =, <를 알맞게 써넣으세요.

37×22 ○ 53×30

2 나눗셈

4 나눗셈의 몫을 모두 더하면 얼마인가요?

㉠ 40÷2 ㉡ 70÷5 ㉢ 30÷3

( )

5 초콜릿 48개를 한 사람에게 5개씩 나누어 주면 몇 명에게 나누어 주고 몇 개가 남나요?

(,)

6 나머지가 가장 큰 것을 찾아 기호를 써 보세요.

㉠ 69÷4	㉡ 75÷6
㉢ 174÷7	㉣ 326÷5

( )

서술형

7 어떤 수를 6으로 나누었더니 몫이 12이고 나머지가 1이었습니다. 어떤 수는 얼마인지 풀이 과정을 쓰고 답을 구해 보세요.

풀이

답

3 원

8 크기가 더 큰 원의 기호를 써 보세요.

㉠ 지름이 12 cm인 원
㉡ 반지름이 7 cm인 원

( )

9 컴퍼스를 이용하여 지름이 16 cm인 원을 그릴 때 컴퍼스의 침과 연필심 사이의 거리는 몇 cm로 해야 하나요?

(　　　　　　　　)

10 반지름이 9 cm인 원 3개를 이어 붙여서 그린 것입니다. 삼각형 ㄱㄴㄷ의 세 변의 길이의 합은 몇 cm인가요?

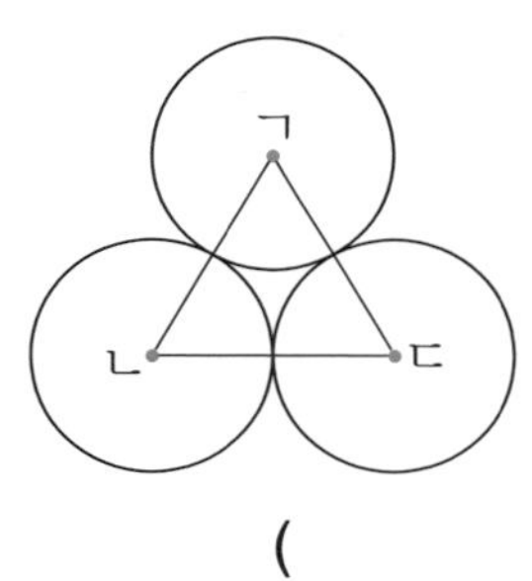

(　　　　　　　　)

4 분수

11 □ 안에 알맞은 수를 써넣으세요.

56을 8씩 묶으면 7묶음이 됩니다. 40은 7묶음 중 5묶음이므로 56의 $\frac{\square}{\square}$입니다.

12 5장의 수 카드 중에서 2장을 뽑아 만들 수 있는 분모가 8인 진분수를 모두 써 보세요.

2	5	7	8	9

(　　　　　　　　)

13 보기 를 보고 다음 그림을 대분수와 가분수로 나타내어 보세요.

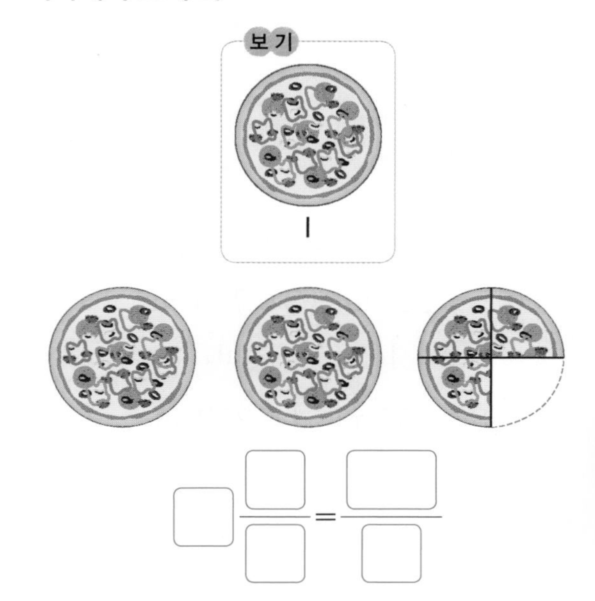

$\square\frac{\square}{\square} = \frac{\square}{\square}$

14 가장 큰 분수를 찾아 써 보세요.

$\frac{12}{9}$　　$1\frac{4}{9}$　　$\frac{8}{9}$

(　　　　　　　　)

5 들이와 무게

서술형

15 ㉮, ㉯ 그릇에 가득 들어 있던 물을 모양과 크기가 같은 컵에 따랐더니 ㉮ 그릇의 물은 6컵, ㉯ 그릇의 물은 8컵이 되었습니다. 어느 그릇의 들이가 더 많은지 설명해 보세요.

풀이 ____________________

____

16 □ 안에 알맞은 수를 써넣으세요.

(1) 5 L 200 mL+3 L 700 mL
=□ L □ mL

(2) 8 L 500 mL−1 L 300 mL
=□ L □ mL

17 사과 한 상자의 무게는 15 kg 300 g이고, 귤 한 상자의 무게는 13 kg 600 g입니다. 어느 것이 몇 kg 몇 g 더 무겁나요? (단, 빈 상자의 무게는 같습니다.)

(,)

6 자료의 정리

마을별 고추 생산량을 조사하여 나타낸 표입니다. 물음에 답하세요. [18~20]

마을별 고추 생산량

마을	햇빛	별빛	달빛	햇살	합계
생산량(kg)	520	430	380	560	

18 위의 표를 보고 그림그래프로 나타내어 보세요.

마을별 고추 생산량

마을	생산량
햇빛	
별빛	
달빛	
햇살	

100 kg
10 kg

19 마을별 고추 생산량은 모두 몇 kg인가요?

( )

20 고추를 가장 많이 생산한 마을은 어느 마을인가요?

( )

1 곱셈

1 수 카드를 한 번씩 사용하여 곱이 가장 큰 (세 자리 수)×(한 자리 수)의 곱셈식을 만들어 보세요.

2 4 5 7

식 ______________________

2 □ 안에 알맞은 수를 써넣으세요.

$80\times\square=32\times50$

3 운동장 한 바퀴는 327 m입니다. 영재는 운동장을 7바퀴 뛰었습니다. 영재가 뛴 거리는 몇 m인가요?

( )

2 나눗셈

4 계산해 보세요.

(1) $80\div5$

(2) $6\overline{)78}$

서술형

5 ㉠과 ㉡에 알맞은 수의 합은 얼마인지 풀이 과정을 쓰고 답을 구해 보세요.

$83\div5=$㉠$\cdots3$

$78\div8=\square\cdots$㉡

풀이 ______________________

답 ______________________

6 초콜릿 368개를 8상자에 똑같이 나누어 담으려고 합니다. 한 상자에 초콜릿을 몇 개씩 담을 수 있나요?

( )

7 어떤 수를 9로 나누었더니 몫이 10이고 나머지가 2가 되었습니다. 어떤 수를 8로 나누었을 때의 나머지를 구해 보세요.

( )

3 원

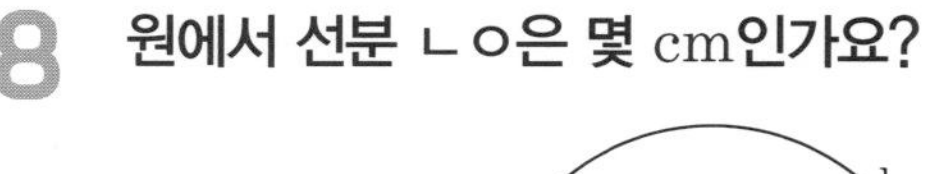

8 원에서 선분 ㄴㅇ은 몇 cm인가요?

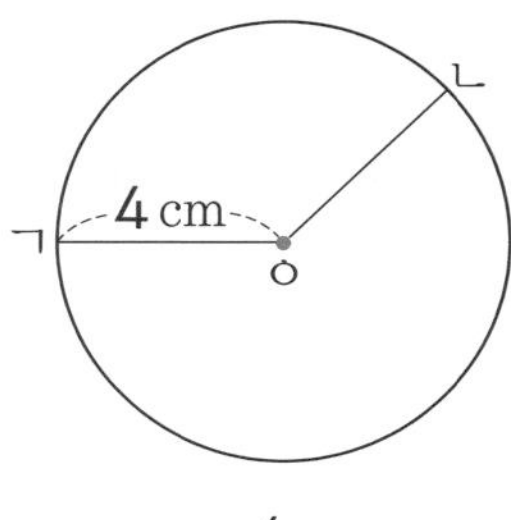

( )

9 그림에서 원의 중심은 모두 몇 개인가요?

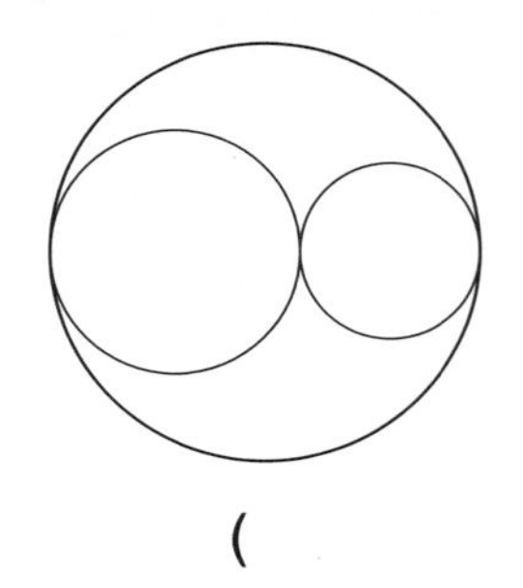

( )

서술형

10 크기가 같은 원 3개를 서로 중심이 지나도록 겹쳐서 그린 것입니다. 선분 ㄱㄴ의 길이는 몇 cm인지 풀이 과정을 쓰고 답을 구해 보세요.

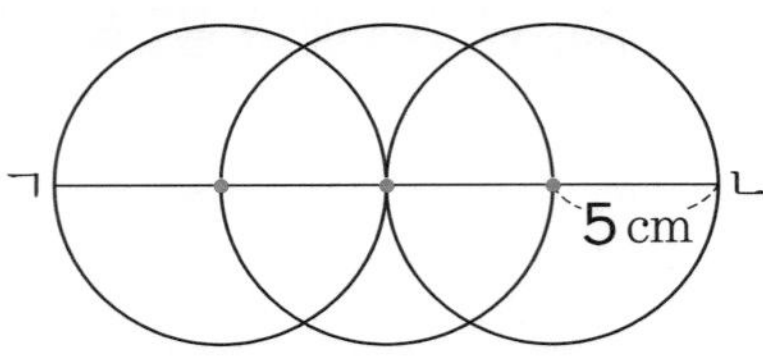

풀이 ______________________

____

____

답 ______________

4 분수

11 ㉠과 ㉡의 합을 구해 보세요.

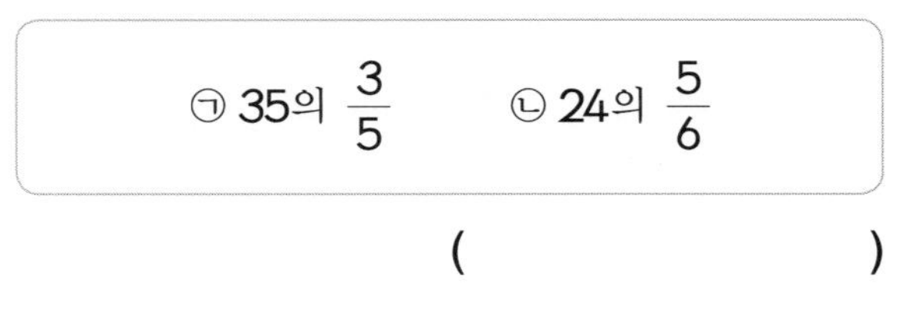

㉠ 35의 $\frac{3}{5}$ ㉡ 24의 $\frac{5}{6}$

( )

12 분모가 8인 진분수는 모두 몇 개인가요?

( )

13 딸기 우유가 $1\frac{5}{11}$ L 있고, 초콜릿 우유가 $\frac{19}{11}$ L 있습니다. 어느 것이 더 많이 있나요?

( )

5 들이와 무게

14 들이를 비교하여 ◯ 안에 >, =, <를 알맞게 써넣으세요.

(1) 5 L ◯ 5500 mL

(2) 3600 mL ◯ 3 L 60 mL

15 수조에 물이 10 L 600 mL 들어 있었습니다. 그 중에서 4200 mL를 덜어 냈습니다. 수조에 남아 있는 물은 몇 L 몇 mL인가요?

( )

16 무게의 합과 차를 각각 구해 보세요.

3 kg 200 g   2700 g

㉠ 합: ( )
㉡ 차: ( )

서술형

17 태영이가 강아지를 안고 체중계에 올라가면 눈금은 32 kg 300 g을 가리키고, 태영이만 올라가면 29 kg 500 g을 가리킵니다. 강아지의 무게는 몇 kg 몇 g인지 풀이 과정을 쓰고 답을 구해 보세요.

풀이

답

6 자료의 정리

정민이네 반 친구들이 좋아하는 색깔을 조사하여 나타낸 표입니다. 물음에 답하세요. [18~20]

좋아하는 색깔별 학생 수

색깔	분홍	초록	빨강	파랑	합계
학생 수(명)		3	4	5	18

18 분홍색을 좋아하는 학생은 몇 명인가요?

( )

19 위의 표를 보고 그림그래프로 나타내어 보세요.

좋아하는 색깔별 학생 수

색깔	학생 수
분홍	
초록	
빨강	
파랑	

5명
1명

20 가장 적은 학생들이 좋아하는 색깔은 무엇인가요?

( )

100점 예상문제

1 곱셈

1 □ 안에 알맞은 수를 써넣으세요.

$$\begin{array}{r} 3\,\square\,4 \\ \times \quad\ \ 8 \\ \hline \square\,8\,3\,2 \end{array}$$

2 계산해 보세요.

(1) 7×89

(2) 26×38

서술형

3 어떤 수에 27을 곱해야 할 것을 잘못하여 7로 나누었더니 몫이 5가 되었습니다. 바르게 계산하면 얼마인지 풀이 과정을 쓰고 답을 구해 보세요.

풀이 ______________________

____

____

답 ______________________

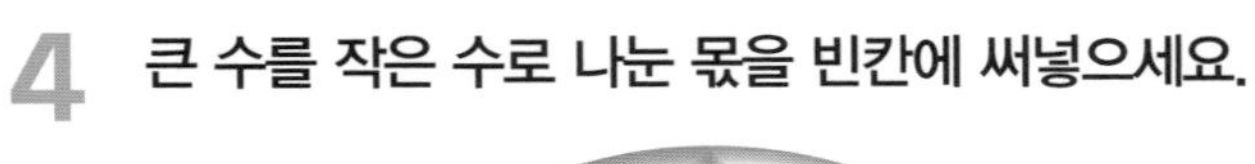

2 나눗셈

4 큰 수를 작은 수로 나눈 몫을 빈칸에 써넣으세요.

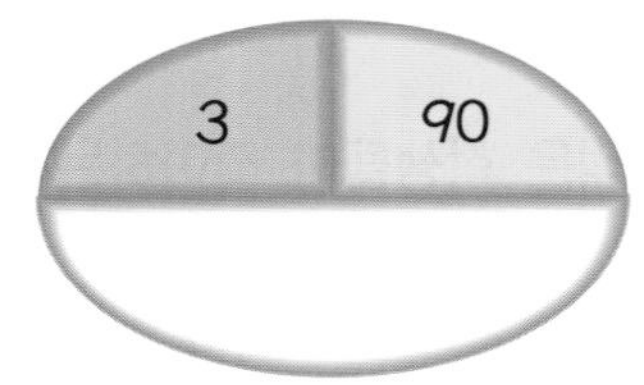

5 사탕 72개를 한 봉지에 4개씩 담아 포장하려고 합니다. 봉지는 모두 몇 개 필요한가요?

( )

6 몫이 가장 큰 것을 찾아 기호를 써 보세요.

㉠ $304 \div 4$	㉡ $476 \div 7$
㉢ $345 \div 5$	㉣ $639 \div 9$

( )

7 □ 안에 알맞은 수를 써넣으세요.

$\square \div 8 = 9 \cdots 4$

3 원

8 그림에서 원의 반지름을 나타내는 선분을 찾아 써 보세요.

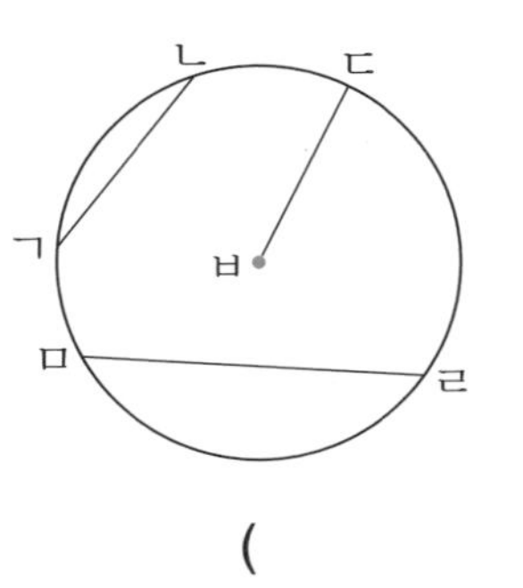

( )

9 그림과 같은 무늬를 만들려면 컴퍼스의 침을 꽂아야 할 곳은 모두 몇 군데인가요?

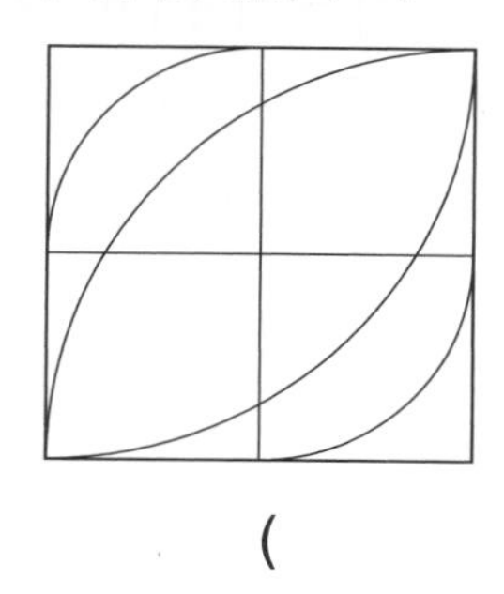

(   )

서술형

10 그림에서 가장 큰 원의 지름은 몇 cm인지 풀이 과정을 쓰고 답을 구해 보세요.

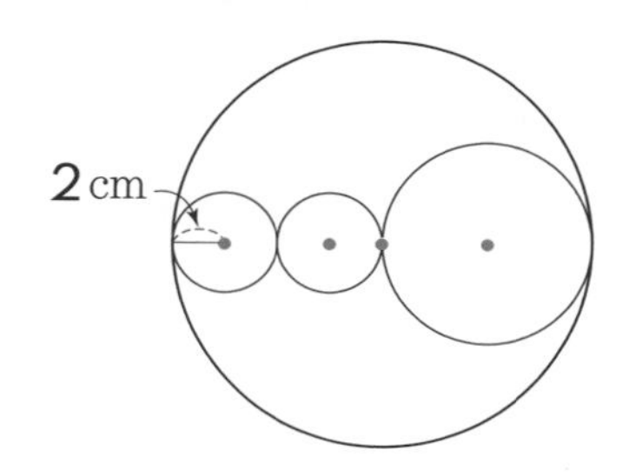

풀이 ______________________

답 ______________

11 ☐ 안에 알맞은 수를 써넣으세요.

81의 $\frac{7}{9}$은 ☐ 입니다.

12 조건에 맞는 분수에 ○표 하세요.

분모와 분자의 합이 14이고 진분수입니다.

($\frac{11}{3}$, $\frac{5}{9}$, $\frac{7}{7}$)

13 대분수는 모두 몇 개인가요?

$\frac{3}{8}$ $\frac{15}{9}$ $1\frac{4}{5}$ $3\frac{1}{2}$ $\frac{4}{3}$ $3\frac{5}{9}$

(   )

14 ☐ 안에 들어갈 수 있는 수를 모두 구하려고 합니다. 풀이 과정을 쓰고 답을 구해 보세요.

$\frac{15}{6} > 2\frac{☐}{6}$

풀이 ______________________

답 ______________

100점 예상 문제

5 들이와 무게 

15 가장 많은 들이와 가장 적은 들이의 차는 몇 L 몇 mL인가요?

- 7200 mL
- 6 L 400 mL
- 8 L 100 mL

( )

16 무게를 비교하여 ○ 안에 >, =, <를 알맞게 써넣으세요.

(1) 3 kg 200 g ○ 4 kg

(2) 6400 g ○ 6 kg 40 g

17 무게가 250 g인 바구니에 인형 4개를 넣고 무게를 재어 보니 2 kg 250 g이었습니다. 인형 1개의 무게는 몇 g인가요?

( )

6 자료의 정리 

어느 과수원의 과일별 나무 수를 조사하여 나타낸 표입니다. 물음에 답하세요. [18~20]

과일별 나무 수

과일	사과	배	감	귤	합계
나무 수 (그루)	120	130	220	180	650

18 위의 표를 그림그래프로 나타낼 때 어느 그림으로 나타내는 것이 좋은가요? ( )

① 10 그루, 1 그루
② 10 그루, 5 그루
③ 50 그루, 1 그루
④ 100 그루, 10 그루
⑤ 100 그루, 50 그루

19 위의 표를 보고 그림그래프를 완성해 보세요.

과일별 나무 수

과일	나무 수
사과	
배	
감	
귤	

□ 그루
□ 그루

서술형

20 그래프를 보고 알 수 있는 내용을 2가지 써 보세요.

•

•

100점 예상문제 6회

1. 곱셈 ~ 6. 자료의 정리

1 곱셈

1 계산해 보세요.

(1)
$$\begin{array}{r} 7 \\ \times\ 2\ 8 \\ \hline \end{array}$$

(2)
$$\begin{array}{r} 2\ 4 \\ \times\ 5\ 9 \\ \hline \end{array}$$

2 곱이 가장 큰 것과 가장 작은 것의 차를 구해 보세요.

㉠ 52×46	㉡ 29×92
㉢ 74×31	㉣ 63×42

( )

서술형

3 영민이는 둘레가 245 m인 연못을 하루에 2바퀴씩 뜁니다. 영민이가 4일 동안 뛴 거리는 모두 몇 m인지 풀이 과정을 쓰고 답을 구해 보세요.

풀이

답

2 나눗셈

4 빈칸에 알맞은 수를 써넣으세요.

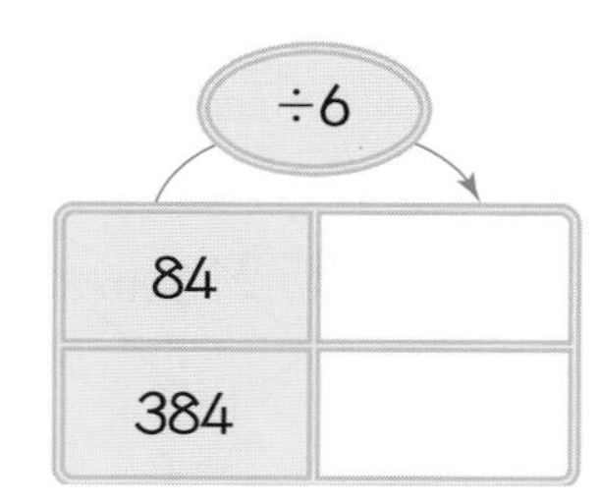

5 남학생 26명과 여학생 34명이 있습니다. 학생들이 한 줄에 4명씩 서면 모두 몇 줄이 되나요?

( )

6 다음 나눗셈을 나누어떨어지게 만들려고 합니다. 0부터 9까지의 수 중에서 □ 안에 들어갈 수 있는 수를 써 보세요.

$$7\overline{)\,8\square}$$

( )

서술형

7 사탕 76개를 한 봉지에 몇 개씩 담았더니 9봉지가 되고 4개가 남았습니다. 사탕을 한 봉지에 몇 개씩 담았는지 풀이 과정을 쓰고, 답을 구해 보세요.

풀이

답

100점 예상문제

3 원 

8 원의 반지름은 몇 cm인가요?

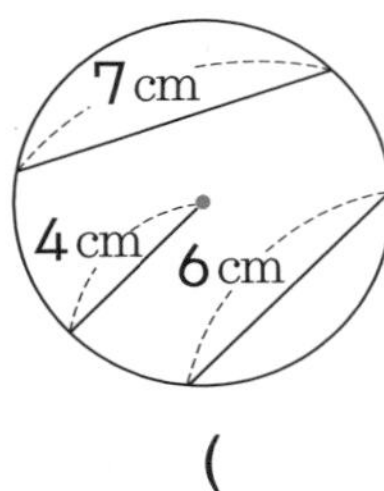

(　　　　　　　　)

9 컴퍼스를 이용하여 지름이 6 cm인 원을 그릴 때 컴퍼스의 침과 연필심 사이의 거리는 몇 cm로 해야 하나요?

(　　　　　　　　)

10 선분 ㄱㄴ의 길이는 몇 cm인가요?

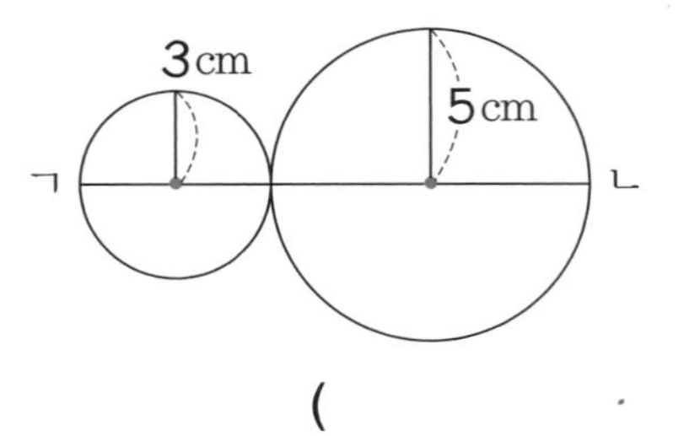

(　　　　　　　　)

4 분수 

11 주어진 수를 구해 보세요.

18의 $\frac{2}{9}$

(　　　　　　　　)

12 대분수를 찾아 가분수로 나타내어 보세요.

$\frac{5}{8}$　　$1\frac{3}{8}$　　$\frac{10}{8}$　　$\frac{2}{8}$

(　　　　　　　　)

13 두 분수의 크기를 비교하여 ◯ 안에 >, =, <를 알맞게 써넣으세요.

$3\frac{1}{5}$ ◯ $\frac{14}{5}$

5 들이와 무게 

14 다음 중 잘못된 것은 어느 것인가요? (　　　)

① 2 L 60 mL=2600 mL
② 8100 mL=8 L 100 mL
③ 6250 mL=6 L 250 mL
④ 3 L 500 mL=3500 mL
⑤ 7 L 200 mL=7200 mL

서술형

15 들이가 5 L보다 많은 것을 찾아 기호를 쓰려고 합니다. 풀이 과정을 쓰고 답을 구하세요.

㉠ 1 L 600 mL+2 L 200 mL
㉡ 9 L 800 mL−3 L 900 mL
㉢ 10 L 700 mL−6 L 600 mL

풀이 ______

답 ______

16 저울과 100원짜리 동전으로 복숭아와 귤의 무게를 다음과 같이 비교했습니다. 어느 것이 100원짜리 동전 몇 개만큼 더 무겁나요?

(　　　　,　　　　)

17 빈 병 한 개의 무게는 250 g입니다. 현민이는 빈 병 6개를 모았고, 준혁이는 빈 병 4개를 모았습니다. 두 사람이 모은 빈 병의 무게는 모두 몇 g인가요?

(　　　　)

6 자료의 정리

어느 지역의 마을별 쌀 생산량을 조사하여 나타낸 표입니다. 물음에 답하세요. [18~20]

마을별 쌀 생산량

마을	㉮	㉯	㉰	㉱	합계
생산량(kg)	430	150		220	1110

18 ㉰ 마을의 쌀 생산량은 몇 kg인가요?

(　　　　)

19 쌀 생산량이 많은 마을부터 순서대로 써 보세요.

(　　,　　,　　,　　)

20 표를 보고 ㉮ 마을의 쌀 생산량을 다음과 같이 나타내었습니다. (큰 그림)과 (작은 그림)은 각각 몇 kg을 나타내나요?

마을	쌀 생산량
㉮	(큰 그림 4개, 작은 그림 3개)

(큰 그림): (　　　　)
(작은 그림): (　　　　)

100점 예상 문제

메모 Memo

선생님이 강력 추천하는
개념 PLUS
단원평가

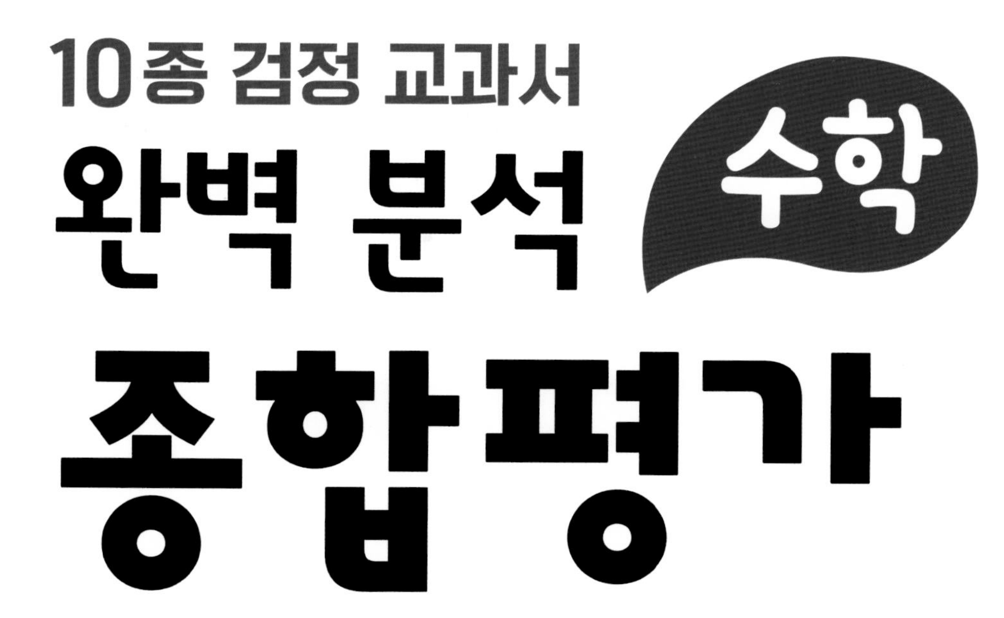

3·2

3~4학년군

교육의 길잡이·학생의 동반자
(주)교학사

1 두 수의 곱을 빈칸에 써넣으세요.

(1)

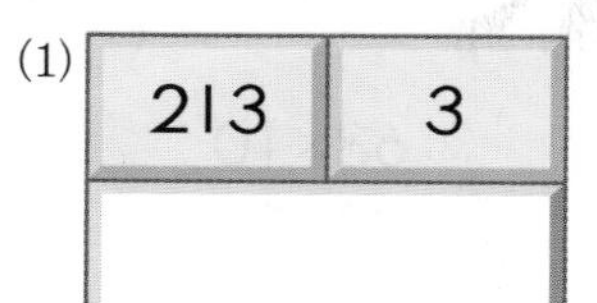

(2)

2 다음은 곱셈 계산 과정입니다. □ 안에 알맞은 수는 어느 것인가요? (   )

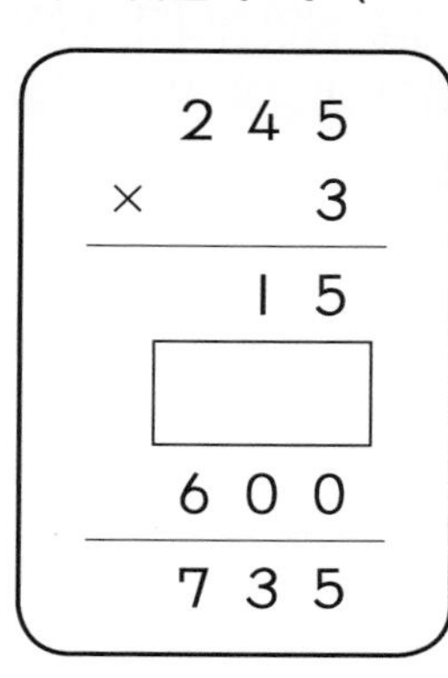

① 1
② 12
③ 120
④ 1200
⑤ 12000

3 다음 식을 곱셈식으로 나타내어 보세요.

식 ______________________

4 □ 안에 알맞은 수를 써넣으세요.

$$\begin{array}{r} 5\,4\,\square \\ \times \quad 3 \\ \hline 1\,6\,4\,4 \end{array}$$

5 서연이는 하루에 줄넘기를 180번씩 합니다. 일주일 동안에는 줄넘기를 모두 몇 번 하게 되나요?

(   )

서술형

6 어느 농장에서 돼지를 115마리, 닭을 284마리 기르고 있습니다. 이 농장에서 기르는 돼지와 닭의 다리는 모두 몇 개인지 풀이 과정을 쓰고 답을 구해 보세요.

____

____

____

____

답 ______________________

7 곱셈을 계산할 때 $4\times7=28$에서 8은 어느 자리에 써야 하나요? (   )

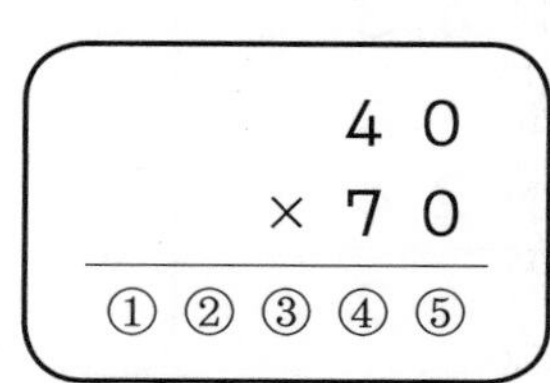

8 두 수의 곱을 빈칸에 써넣으세요.

(1)

(2)

9 다음 수 카드 중에서 4장을 뽑아 (몇십)×(몇십)의 곱셈식을 만들려고 합니다. 곱이 가장 큰 곱셈식을 만들어 보세요.

0 2 3 5 0

식 ______________________

10 계산에서 잘못된 부분을 찾아 바르게 고쳐 보세요.

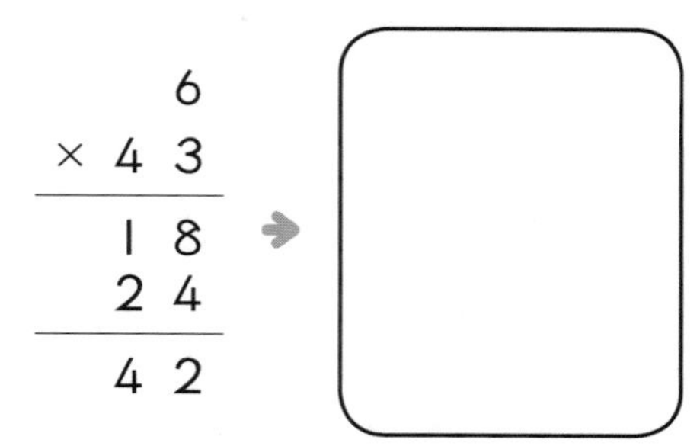

11 다음 중 곱이 가장 작은 것은 어느 것인가요? (　　　)

① 68×10　② 63×10
③ 32×20　④ 33×20
⑤ 19×30

서술형

12 한 상자에 30개씩 들어 있는 사과가 24상자 있습니다. 그중에서 사과 258개를 팔았습니다. 남아 있는 사과는 모두 몇 개인지 풀이 과정을 쓰고 답을 구해 보세요.

____

____

____

(　　　　　　)

13 곱의 크기를 비교하여 ○ 안에 $>$, $=$, $<$를 알맞게 써넣으세요.

353×4 ○ 28×52

14 빈 곳에 알맞은 수를 써넣으세요.

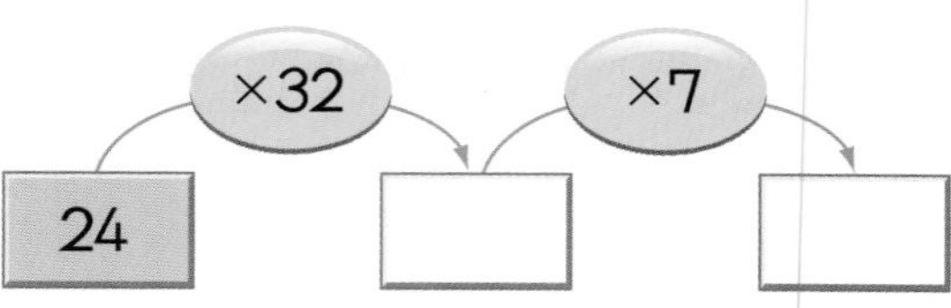

15 곱의 크기가 다른 것을 찾아 기호를 쓰세요.

㉠ 136×5 ㉡ 34×20
㉢ 68×10 ㉣ 44×15

( )

16 □ 안에 들어갈 수 있는 수를 보기에서 모두 찾아 쓰세요.

$43\times\square > 3200$

보기
60 70 80 90

( )

서술형

17 강당에 의자를 한 줄에 15개씩 35줄을 놓았습니다. 강당에 놓인 의자는 모두 몇 개인지 풀이 과정을 쓰고 답을 구해 보세요.

( )

[18~20] 다음 교통 수단은 탈 수 있는 인원이 제한되어 있습니다. 물음에 답해 보세요.

교통 수단	탑승 인원
(버스)	45명
(배)	528명
(비행기)	276명

18 사람을 가득 태운 버스 20대가 있습니다. 버스에 타고 있는 사람은 모두 몇 명인가요?

( )

19 모든 교통 수단에 사람이 가득 탔습니다. 사람이 많이 타고 있는 순서대로 기호를 쓰세요.

㉠ 버스 35대 ㉡ 배 3척 ㉢ 비행기 6대

( )

20 비행기 4대와 배 2척에 사람이 가득 탔습니다. 비행기와 배 중에서 어느 곳에 사람이 몇 명 더 많이 탔나요?

( ), ( )

1 수 모형을 보고 □ 안에 알맞은 수를 써넣으세요.

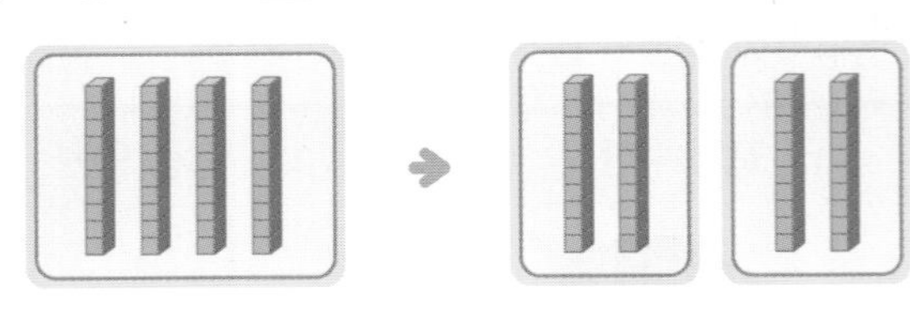

40÷2=□

2 빈 곳에 알맞은 수를 써넣으세요.

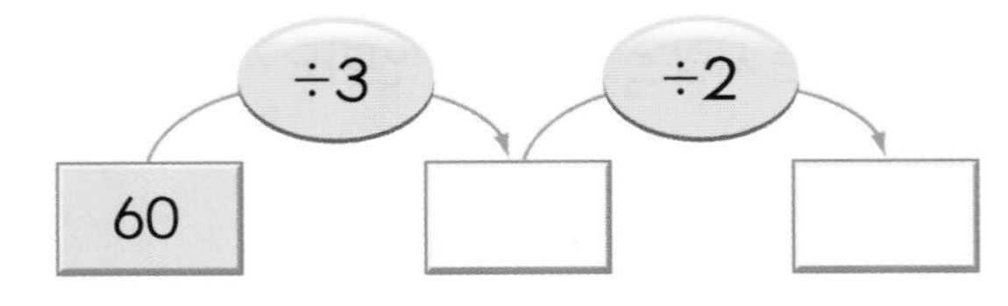

3 몫이 20보다 작은 것을 찾아 ○표 하세요.

80÷2 ( )　　70÷7 ( )

4 몫의 크기를 비교하여 ○ 안에 >, =, <를 알맞게 써넣으세요.

75÷5 ○ 50÷2

5 계산을 하세요.

(1) $6\overline{)39}$

몫 ( )
나머지 ( )

(2) $5\overline{)42}$

몫 ( )
나머지 ( )

서술형

6 빵이 13개씩 6상자와 낱개 3개가 있습니다. 이 빵을 3개의 반에 똑같이 나누어 주었습니다. 한 반에 나누어 준 빵은 몇 개인지 풀이 과정을 쓰고 답을 구해 보세요.

( )

7 민유네 학교 친구 33명이 4명씩 모둠 활동을 하려고 합니다. 몇 개 모둠이 생기고, 몇 명이 남나요?

( ), ( )

8 큰 수를 작은 수로 나눈 몫을 빈 곳에 써넣으세요.

7	84

9 몫이 큰 것부터 차례대로 기호를 쓰세요.

㉠ 60÷5 ㉡ 84÷6
㉢ 77÷7 ㉣ 52÷4

( )

10 계산에서 잘못된 부분을 찾아 바르게 고쳐 보세요.

$$\begin{array}{r} 13 \\ 6\overline{)86} \\ 60 \\ \hline 26 \\ 18 \\ \hline 8 \end{array} \rightarrow 6\overline{)86}$$

11 나머지를 찾아 이어 보세요.

72÷7 ·	· 5
77÷6 ·	· 1
91÷3 ·	· 2

12 다음 조건을 모두 만족하는 수를 구해 보세요.

- 56보다 크고 60보다 작습니다.
- 4로 나누었을 때 나머지가 3입니다.

( )

서술형

13 도형 가와 나는 정사각형입니다. 가의 네 변의 길이의 합은 84 cm이고, 나의 네 변의 길이의 합은 64 cm입니다. 도형 가와 나의 한 변의 길이의 차는 몇 cm인지 풀이 과정을 쓰고 답을 구해 보세요.

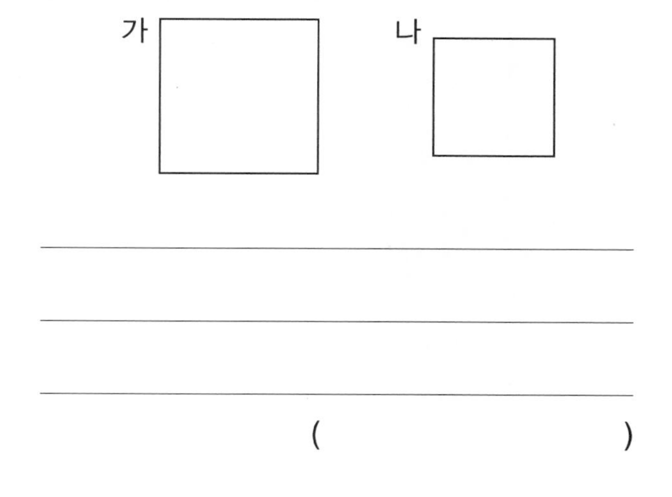

( )

14 농구는 던진 거리에 따라 2점씩, 3점씩 점수가 올라갑니다. 어떤 팀이 3점 슛으로 45점을 얻었고, 2점 슛으로 56점을 얻었습니다. 3점 슛과 2점 슛을 각각 몇 개씩 넣었나요?

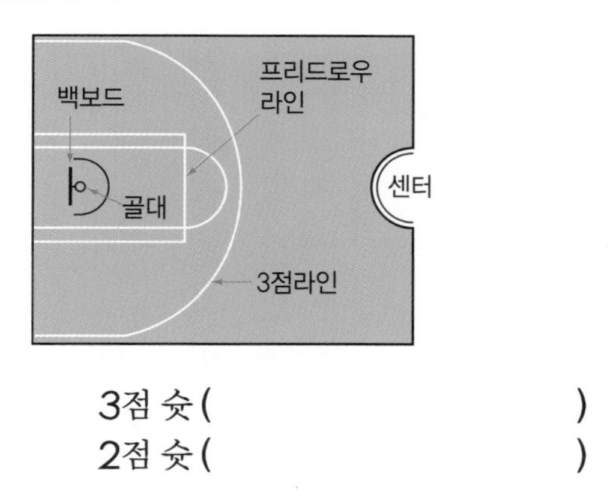

3점 슛 ( )
2점 슛 ( )

15 몫을 찾아 이어 보세요.

224÷4 ·	· 58
300÷5 ·	· 56
406÷7 ·	· 60

16 다음은 동물의 다리 수를 모두 세어 나타낸 표입니다. 각각 몇 마리인지 빈칸에 써넣으세요.

종류	한 마리의 다리 수(개)	다리 수의 합(개)	동물 수(마리)
	2	38	
	4	128	
	6	450	
	8	96	

서술형

17 4장의 수 카드를 한 번씩만 사용하여 (세 자리 수)÷(한 자리 수)를 만들려고 합니다. 몫이 가장 작게 될 때, 나눗셈의 몫은 얼마인지 풀이 과정을 쓰고 답을 구해 보세요.

8 9 3 7

(　　　　　)

18 계산해 보고 계산 결과가 맞는지 확인해 보세요.

$$\begin{array}{r} \square \\ 8\overline{)\ 5\ 8} \\ \square \\ \hline \square \end{array}$$

확인 ____________

19 □ 안에 알맞은 수를 써넣으세요.

(1) $\square \div 4 = 17$

(2) $\square \div 6 = 15 \cdots 3$

20 선생님께서 밤을 9명에게 똑같이 나누어 주었더니 한 사람이 10개씩 가졌고 4개가 남았습니다. 선생님께서 나누어 주신 밤은 모두 몇 개인가요?

(　　　　　)

1 원의 중심을 찾아 쓰세요.

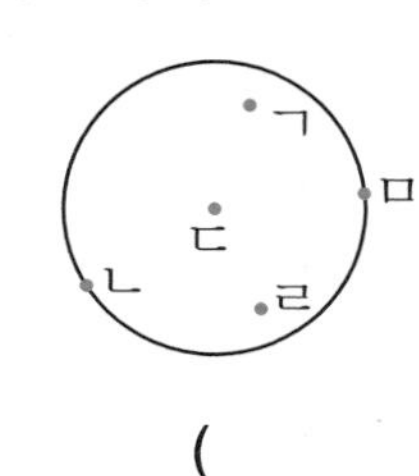

( )

2 한 원에서 반지름은 몇 개 그을 수 있나요?

( )

① 1개 ② 2개
③ 3개 ④ 4개
⑤ 셀 수 없이 많이 그을 수 있습니다.

3 □ 안에 알맞은 수를 써넣으세요.

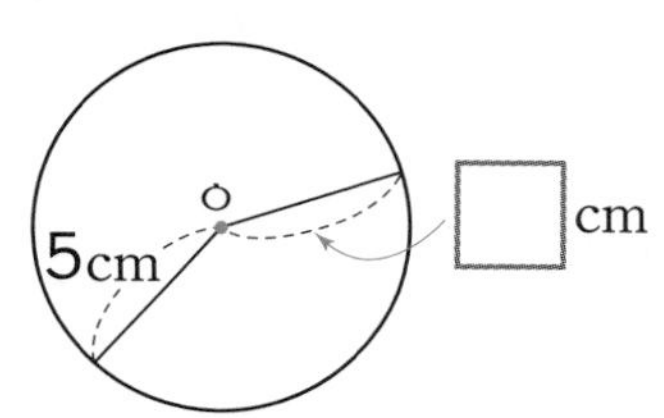

4 원의 지름은 몇 cm인가요?

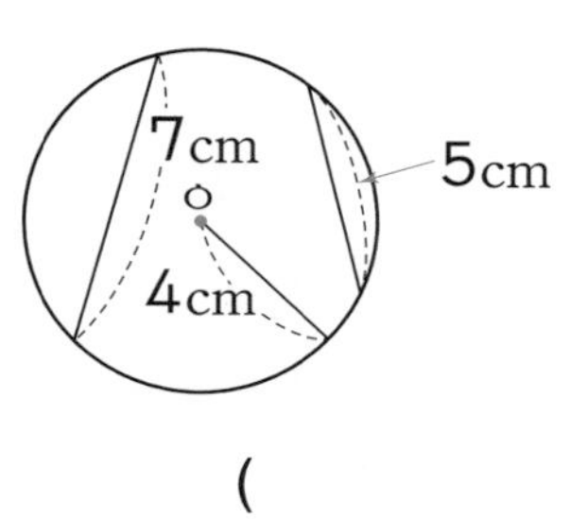

( )

5 원에 지름을 2개 그려 보세요.

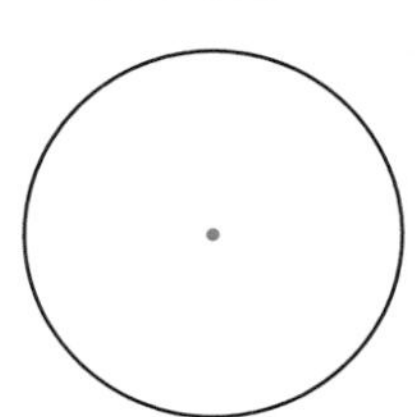

6 □ 안에 알맞은 수를 써넣으세요.

한 원에서 지름은 반지름의 2배입니다. 따라서 지름이 30cm인 원의 반지름은 □ cm입니다.

7 민성이는 집에 있는 망원경의 렌즈의 반지름을 재어 보았습니다.

㉠과 ㉡의 원의 지름은 각각 몇 cm인가요?

㉠ ( )
㉡ ( )

8 크기가 같은 원끼리 이어 보세요.

지름이 10cm인 원 •		• 반지름이 7cm인 원
지름이 14cm인 원 •		• 반지름이 5cm인 원

서술형

9 가장 큰 원을 찾아 기호를 쓰려고 합니다. 풀이 과정을 쓰고 답을 구해 보세요.

㉠ 반지름이 5cm인 원
㉡ 지름이 12cm인 원
㉢ 반지름이 7cm인 원

( )

10 크기가 같은 원 5개를 서로 원의 중심이 지나도록 겹쳐서 그렸습니다. 선분 ㄱㄴ의 길이는 몇 cm인가요?

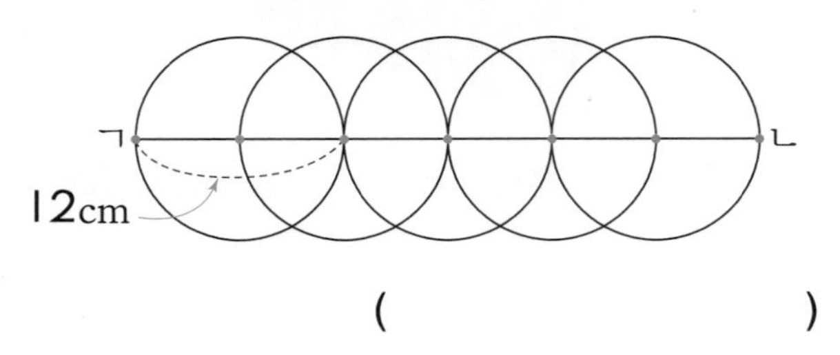

( )

11 선분 ㄱㄴ의 길이는 몇 cm인가요?

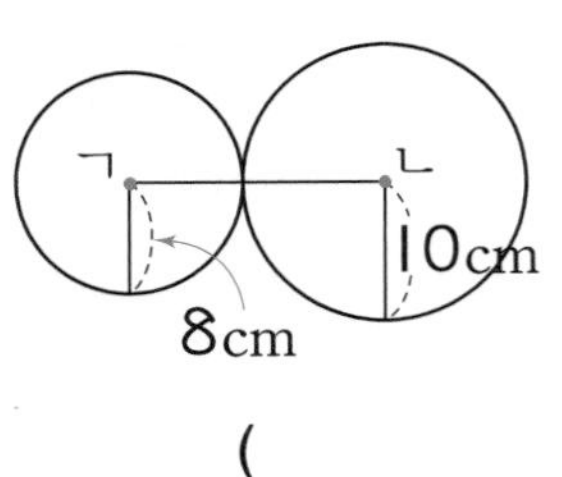

( )

12 큰 원의 지름이 80 cm입니다. 작은 원의 반지름은 몇 cm인가요?

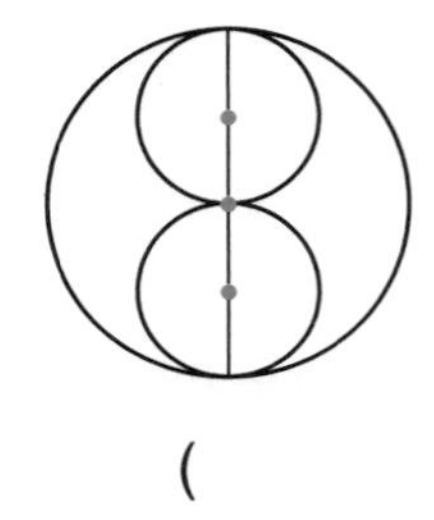

( )

13 그림에서 정사각형의 네 변의 길이의 합은 몇 cm인가요?

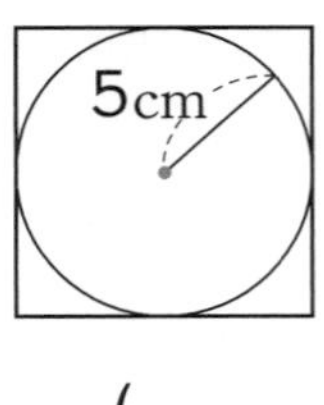

( )

14 자동차의 바퀴는 쇠로 된 부분과 고무로 된 부분으로 나누어집니다. 쇠로 된 부분은 반지름이 20 cm인 원 모양이고, 고무로 된 부분은 6 cm입니다. 자동차 바퀴의 지름은 몇 cm인가요?

(　　　　　　　　)

서술형

15 직사각형 안에 크기가 같은 원 4개를 이어 붙여서 그린 것입니다. 직사각형의 네 변의 길이의 합이 80 cm일 때 원의 반지름은 몇 cm인지 풀이 과정을 쓰고 답을 구해 보세요.

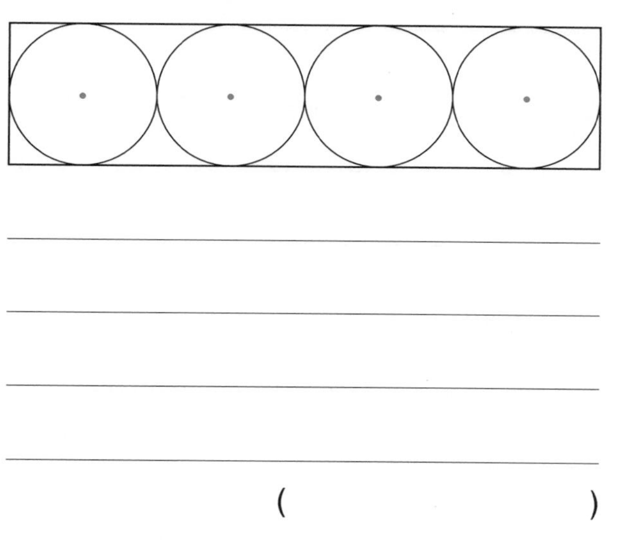

(　　　　　　　　)

16 컴퍼스로 원을 그리는 과정입니다. □ 안에 알맞은 말을 써넣으세요.

① 원의 □이 되는 점을 정합니다.

② 컴퍼스를 원의 □만큼 벌립니다.

③ 컴퍼스의 침을 원의 □에 꽂고 원을 그립니다.

17 컴퍼스를 이용하여 지름이 12 cm인 원을 그릴 때, 컴퍼스의 침과 연필심 사이의 길이는 몇 cm로 해야 하나요?

(　　　　　　　　)

18 원을 이용하여 다음과 같은 모양을 그려 보세요.

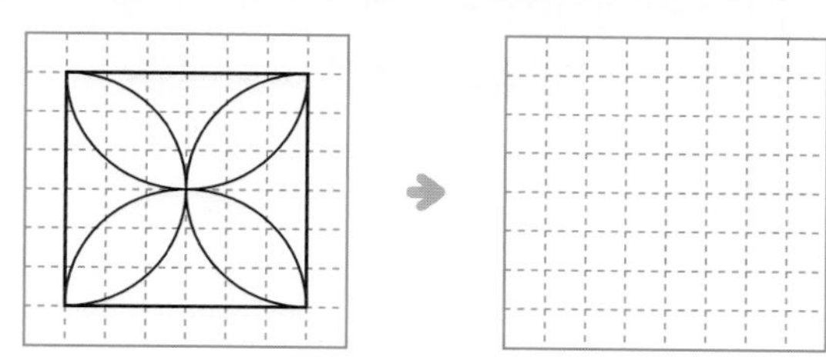

[19~20] 그림을 보고 물음에 답해 보세요.

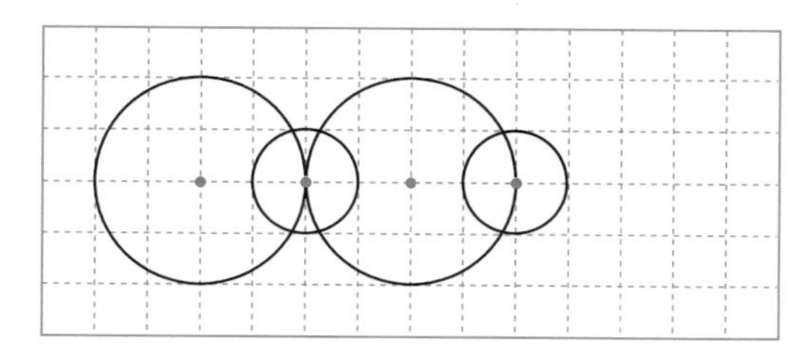

19 어떤 규칙이 있는지 설명하세요.

예 반지름 □칸인 원과 □이 1칸인 원이 반복되어 나타나는 규칙입니다.

20 규칙에 따라 원을 1개 더 그려 보세요.

1 그림을 보고 □ 안에 알맞은 수를 써넣으세요.

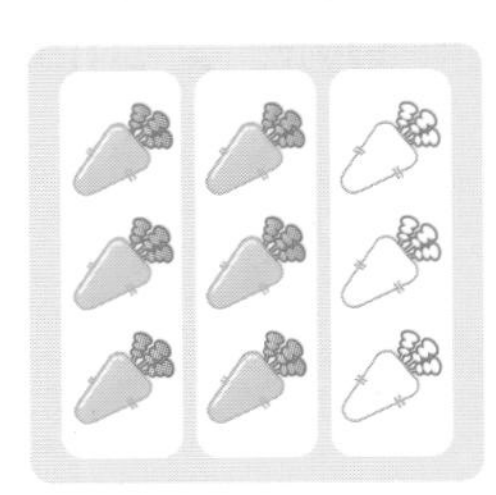

색칠한 부분은 전체 3묶음 중에서 □ 묶음이므로 전체의 $\frac{□}{□}$ 입니다.

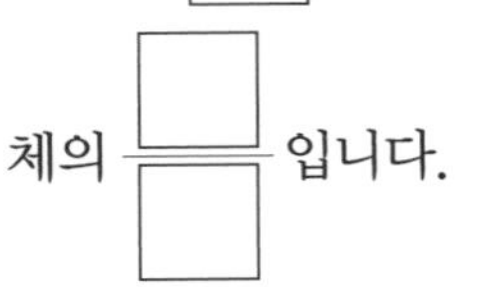

[2~3] 양파가 한 망에 18개 들어 있습니다. 이 양파를 세 그릇에 똑같이 담았습니다. 18을 6씩 묶으면 6은 18의 몇 분의 몇인지 □ 안에 알맞은 수를 써넣으세요.

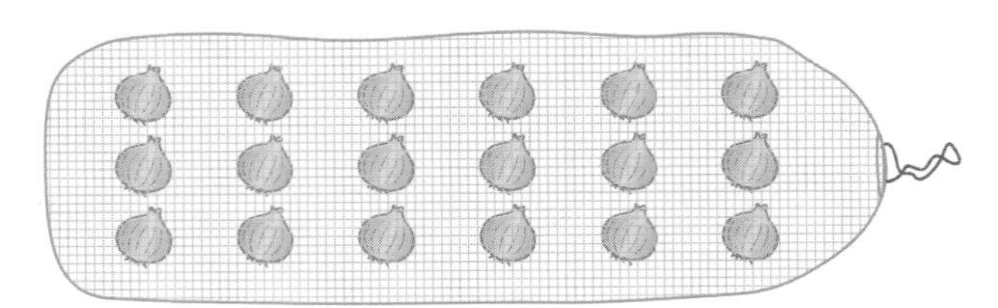

2 18을 6씩 묶으면 □ 묶음이고, 한 묶음은 □ 입니다.

3 18을 6씩 묶으면 6은 3묶음 중 □ 묶음이므로 6은 18의 $\frac{□}{□}$ 입니다.

4 그림을 보고 □ 안에 알맞은 수를 써넣으세요.

(1) 15의 $\frac{1}{5}$ 은 □ 입니다.

(2) 15의 $\frac{3}{5}$ 은 □ 입니다.

서술형

5 주혁이는 사탕 30개 중 $\frac{3}{5}$ 을 먹었습니다. 주혁이가 먹은 사탕은 몇 개인지 풀이 과정을 쓰고 답을 구해 보세요.

(　　　　　　)

6 그림을 보고 □ 안에 알맞은 수를 써넣으세요.

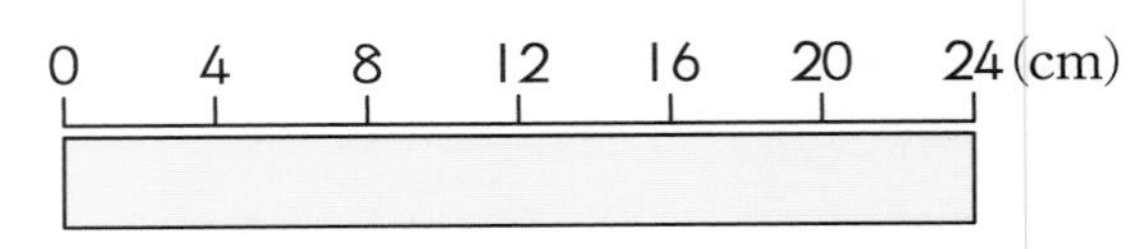

(1) 24 cm의 $\frac{1}{6}$ 은 □ cm입니다.

(2) 24 cm의 $\frac{4}{6}$ 는 □ cm입니다.

7 지은이는 생일 선물을 포장하는 데 끈 90 cm의 $\frac{4}{5}$ 를 사용하였습니다. 사용하고 남은 끈의 길이는 몇 cm인가요?

(　　　　　　)

8 다음 분수 중 진분수는 모두 몇 개인가요?

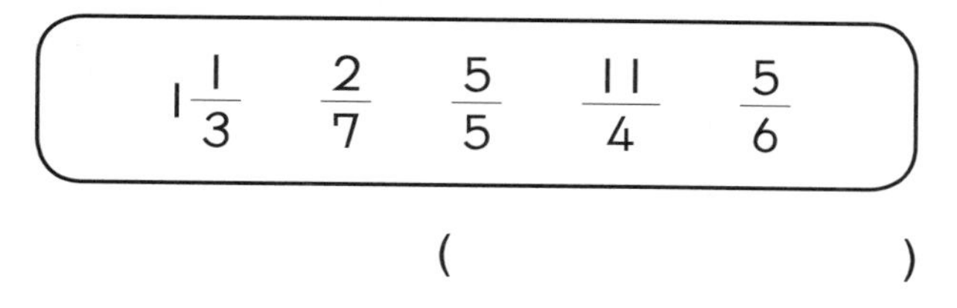

$1\frac{1}{3}$ $\frac{2}{7}$ $\frac{5}{5}$ $\frac{11}{4}$ $\frac{5}{6}$

(　　　　　　)

9 그림을 보고 가분수로 나타내어 보세요.

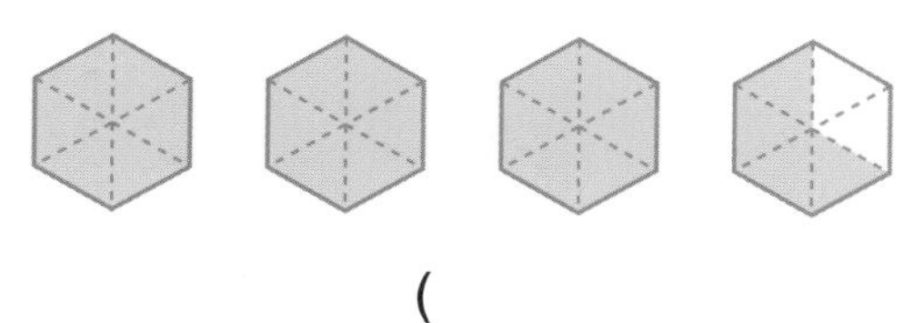

(　　　　　　)

10 가분수를 모두 찾아 ○표 하세요.

$\frac{5}{3}$ $1\frac{6}{11}$ $\frac{8}{8}$ $3\frac{2}{9}$ $\frac{1}{6}$

11 수직선 위에 분수를 각각 찾아 표시해 보세요.

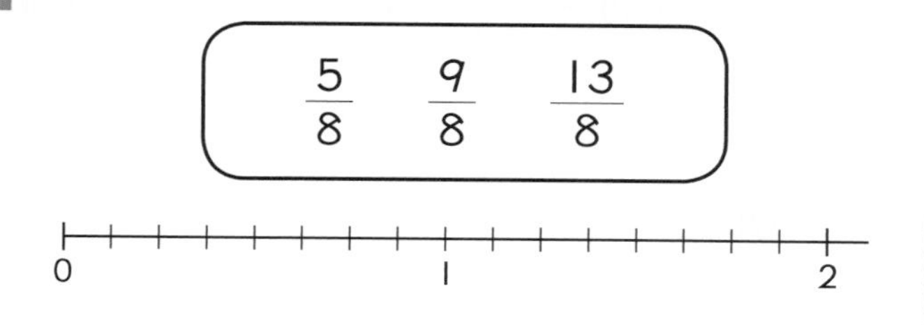

$\frac{5}{8}$ $\frac{9}{8}$ $\frac{13}{8}$

12 □ 안에 들어갈 수 있는 수 중 가장 작은 수는 어느 것인가요? (　　　)

$\frac{\square}{15}$ 은/는 가분수입니다.

① 15　② 17　③ 19
④ 20　⑤ 30

13 색종이를 접은 모습입니다. □ 안에 알맞은 수를 써넣으세요.

1　$\frac{2}{2}$　$\frac{\square}{\square}$　$\frac{\square}{\square}$

14 다음 표는 1994년도에 가장 인기있는 노래 순위를 나타낸 것입니다. ㉠을 대분수로 쓰세요.

금주	지난주	곡 명	가수
1	2	㉠ 일과 이분의 일	TwoTwo
2	1	사랑할수록	부활
3	3	칵테일 사랑	마로니에
4	4	내가 널 닮아갈 때	Noise
5	5	사랑하고 있다는 걸	손지창
6	10	서울 이곳은	장철웅
7	6	그냥 걸었어	임종환
8	8	그리움으로 지는 너	CoCo
9	9	오래된 친구	빛과소금
10	7	어떤 기다림	김건모

(　　　　　　)

15 다음 중 대분수를 가분수로 잘못 나타낸 것은 어느 것인가요? (　　　　)

① $3\frac{1}{3}=\frac{10}{3}$　② $4\frac{3}{7}=\frac{25}{7}$

③ $4\frac{2}{5}=\frac{22}{5}$　④ $2\frac{3}{7}=\frac{17}{7}$

⑤ $8\frac{1}{5}=\frac{41}{5}$

16 □ 안에 알맞은 수를 구해 보세요.

$3\frac{2}{9}$는 $\frac{1}{9}$이 □개인 수입니다.

(　　　　　　　　)

17 윤호가 설명한 가분수를 구하고 대분수로 나타내어 보세요.

분모와 분자의 합은 15이고 차는 3인 가분수야!

윤호

가분수　　　　대분수

(　　　　　) ➔ (　　　　　)

서술형

18 □ 안에 들어갈 수 있는 자연수는 모두 몇 개인지 풀이 과정을 쓰고 답을 구해 보세요.

$3\frac{5}{9} < \frac{\square}{9} < 4\frac{2}{9}$

(　　　　　　　　)

19 두 분수의 크기를 비교하여 ○ 안에 >, =, <를 알맞게 써넣으세요.

(1) $\frac{12}{5}$ ○ $2\frac{4}{5}$

(2) $1\frac{7}{9}$ ○ $\frac{16}{9}$

20 책을 세진이는 $2\frac{7}{11}$시간 동안 읽었고, 승일이는 $\frac{30}{11}$시간 동안 읽었습니다. 누가 더 오랫동안 책을 읽었나요?

(　　　　　　　　)

1 각 그릇에 물을 가득 채운 후 모양과 크기가 같은 그릇에 부었습니다. 그릇의 들이가 많은 순서대로 번호를 쓰세요.

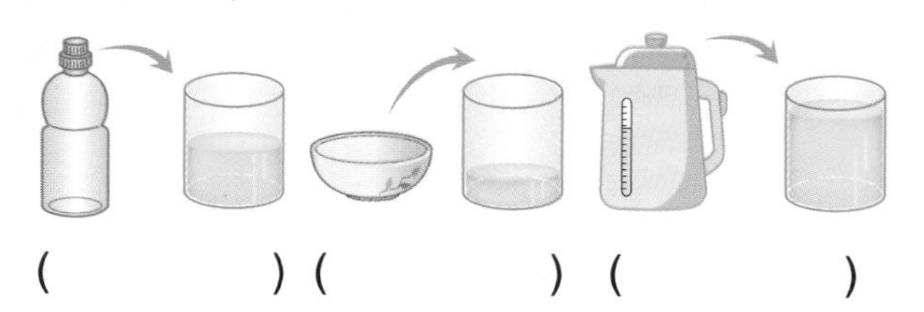

( ) ( ) ( )

2 다음 중 들이의 단위를 모두 고르세요. ( )

① cm ② mL ③ kg
④ L ⑤ g

3 들이를 읽어 보세요.

7 L 280 mL

읽기 ____________________

4 관계있는 것끼리 이어 보세요.

3 L 30 mL •	• 3033 mL
3 L 300 mL •	• 3030 mL
3 L 33 mL •	• 3300 mL

5 욕조의 들이를 가장 가깝게 어림한 것은 어느 것인가요? ( )

① 5 mL ② 50 mL ③ 500 mL
④ 5 L ⑤ 50 L

6 들이의 단위를 알맞게 사용한 학생은 누구인가요?

지호: 내 컵의 들이는 200 mL 정도 돼.
유빈: 주사기에 약이 4 L 정도 들어 있어.

( )

서술형

7 양동이에 찬물을 4 L 300 mL 부었고, 따뜻한 물을 5 L 800 mL 부었습니다. 양동이에 부은 물은 모두 몇 L 몇 mL인지 풀이 과정을 쓰고 답을 구해 보세요.

( )

8 계산 결과가 4 L보다 많은 것을 찾아 기호를 쓰세요.

㉠ 2200 mL + 1500 mL
㉡ 2400 mL + 2 L 750 mL
㉢ 5800 mL − 1 L 900 mL

( )

[9~10] 나영이가 가게에서 다음과 같이 종류별로 우유를 사 왔습니다. 물음에 답해 보세요.

9 아이스크림을 만들기 위해 200 mL 우유 4개를 그릇에 부었더니 그림과 같이 가득 찼습니다. 그릇의 들이는 약 몇 mL인가요?

( )

10 들이가 가장 많은 우유는 500 mL 우유보다 몇 L 몇 mL 더 많이 있나요?

( )

11 무게가 무거운 순서대로 번호를 쓰세요.

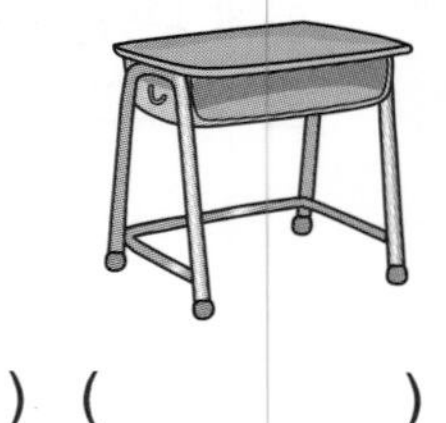

( ) ( ) ( )

12 무게를 나타내는 단위를 모두 고르세요.

㉠ mm ㉡ kg ㉢ cm
㉣ L ㉤ g ㉥ t

( )

[13~14] 우리나라에서는 고기의 무게를 '근'으로 나타내고 채소의 무게를 '관'으로 나타내기도 합니다. 물음에 답해 보세요.

13 g과 kg을 각각 읽어 보세요.

g ( )
kg ( )

14 시장에서 삼겹살 1근과 감자 1관을 샀습니다. 삼겹살과 감자를 합한 무게는 몇 kg 몇 g인가요?

( )

15 무게가 무거운 것부터 차례대로 기호를 쓰세요.

㉠ 5400 g	㉡ 5 kg 50 g
㉢ 5600 g	㉣ 5 kg 500 g

(　　　　　　　　)

16 그림을 보고 무게의 덧셈과 뺄셈을 계산해 보세요.

(1) 

\+ 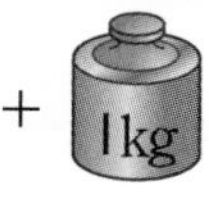 

$$\begin{array}{r} 3\text{ kg } 500\text{ g} \\ +\ 1\text{ kg } 300\text{ g} \\ \hline \square\text{ kg } \square\text{ g} \end{array}$$

(2) 

$$\begin{array}{r} 3\text{ kg } 500\text{ g} \\ -\ 1\text{ kg } 300\text{ g} \\ \hline \square\text{ kg } \square\text{ g} \end{array}$$

17 계산해 보세요.

(1)
$$\begin{array}{r} 4\text{ kg } 500\text{ g} \\ +\ 3\text{ kg } 750\text{ g} \\ \hline \square \end{array}$$

(2)
$$\begin{array}{r} 12\text{ kg } 100\text{ g} \\ -\ 3\text{ kg } 700\text{ g} \\ \hline \square \end{array}$$

서술형

18 바구니에 오이를 담아 무게를 재었더니 3 kg 200 g이었습니다. 바구니만의 무게가 300 g일 때 오이의 무게는 몇 kg 몇 g인지 풀이 과정을 쓰고 답을 구해 보세요.

(　　　　　　　　)

[19~20] 다음은 운동할 때 사용하는 공의 대략적인 무게를 나타낸 것입니다. 물음에 답해 보세요.

공	무게	공	무게
(야구공)	145 g	(축구공)	430 g
(농구공)	750 g	(배구공)	270 g
(공)	57 g	(공)	470 g

19 축구공의 무게는 야구공 몇 개의 무게와 비슷한가요?

(　　　　　　　　)

20 농구공 주머니에 농구공이 3개 들어 있고, 배구공 주머니에 배구공이 10개 들어 있습니다. 농구공 주머니와 배구공 주머니 중 어느 것이 몇 g 더 무겁나요? (단, 주머니의 무게는 생각하지 않습니다.)

(　　　　　　　　), (　　　　　　　　)

[1~3] 윤성이네 학년 학생들이 좋아하는 운동을 조사하였습니다. 물음에 답해 보세요.

좋아하는 운동

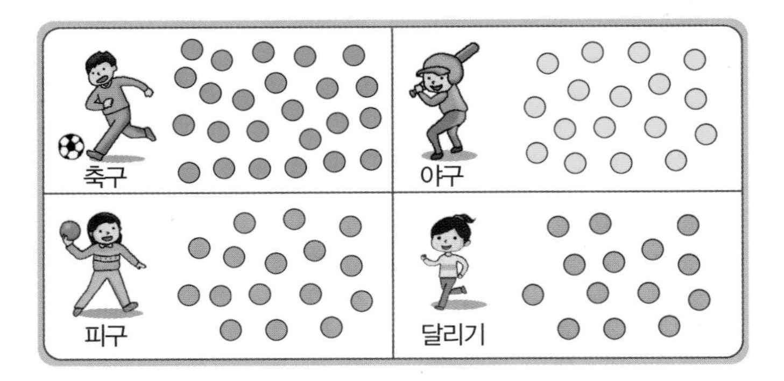

1 야구를 좋아하는 학생은 몇 명인가요?

( )

2 가장 많은 학생들이 좋아하는 운동은 무엇인가요?

( )

3 많은 학생들이 좋아하는 운동부터 순서대로 써 보세요.

( )

[4~7] 설희는 친구들이 어디에 사는지 조사하였습니다. 물음에 답해 보세요.

살고 있는 아파트

보람 아파트 / 행복 아파트 / 긍정 아파트 / 배려 아파트

4 조사한 자료를 보고 표로 나타내어 보세요.

살고 있는 아파트별 학생 수

아파트	보람	행복	긍정	배려	합계
학생 수(명)					

5 설희가 조사한 친구는 모두 몇 명인가요?

( )

6 가장 많은 친구들이 살고 있는 아파트는 어느 아파트인가요?

( )

서술형

7 보람 아파트에 사는 친구들은 배려 아파트에 사는 친구들보다 몇 명 더 많은지 풀이 과정을 쓰고 답을 구해 보세요.

( )

[8~12] 어느 지역의 마을에서 기르는 돼지의 수를 조사하여 나타낸 그래프입니다. 물음에 답해 보세요.

마을별 기르는 돼지의 수

마을	돼지의 수
가	
나	
다	
라	

100마리
10마리

8 위와 같이 자료를 그림으로 나타낸 그래프를 무슨 그래프라고 하나요?

( )

9 그림 와 은 각각 몇 마리를 나타내고 있나요?

( )

( )

10 나 마을에서 기르는 돼지는 몇 마리인가요?

( )

11 돼지를 가장 적게 기르는 마을은 어느 마을인가요?

( )

12 기르는 돼지의 수가 많은 마을부터 차례대로 써 보세요.

( )

[13~15] 효주네 모둠 학생들이 한 달 동안 읽은 책의 수를 조사하여 나타낸 표와 그림그래프입니다. 물음에 답해 보세요.

학생별 읽은 책의 수

이름	효주	은성	승우	합계
책의 수(권)	32	25	14	71

학생별 읽은 책의 수

이름	책의 수
효주	
은성	
승우	

10권 1권

13 그림 과 은 각각 몇 권을 나타내고 있나요?

( )

( )

14 표를 보고 그림그래프를 완성해 보세요.

15 책을 가장 많이 읽은 학생은 누구인가요?

( )

[16~18] 윤창이네 반에서 일주일 동안 칭찬 붙임 딱지를 받은 학생 수를 조사하여 나타낸 표입니다. 물음에 답해 보세요.

칭찬 붙임 딱지를 받은 학생 수

요일	월	화	수	목	금	합계
학생 수(명)	24	12	15	33		92

16 금요일에 칭찬 붙임 딱지를 받은 학생은 몇 명인가요?

( )

17 칭찬 붙임 딱지를 받은 학생 수가 가장 많은 요일과 가장 적은 요일의 학생 수의 차는 몇 명인가요?

( )

18 표를 보고 그림그래프를 완성해 보세요.

칭찬 붙임 딱지를 받은 학생 수

요일	학생 수
월	
화	
수	
목	
금	

10명 1명

19 3학년 학생들이 좋아하는 계절을 조사하여 나타낸 표와 그림그래프입니다. 표의 빈칸에 알맞은 수를 써넣고 그림그래프를 완성해 보세요.

좋아하는 계절별 학생 수

계절	봄	여름	가을	겨울	합계
학생 수(명)	50		27	21	130

좋아하는 계절별 학생 수

봄	여름
가을	겨울

10명 1명

서술형

20 과수원별 사과 생산량을 조사하여 나타낸 표와 그림그래프입니다. 그림그래프가 표보다 좋은 점을 써 보세요.

과수원별 사과 생산량

과수원	별	해	달	합계
생산량(kg)	240	180	320	740

과수원별 사과 생산량

과수원	생산량
별	
해	
달	

100kg 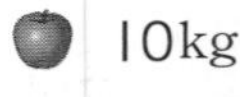 10kg

1 그림을 보고 □ 안에 알맞은 수를 써넣으세요.

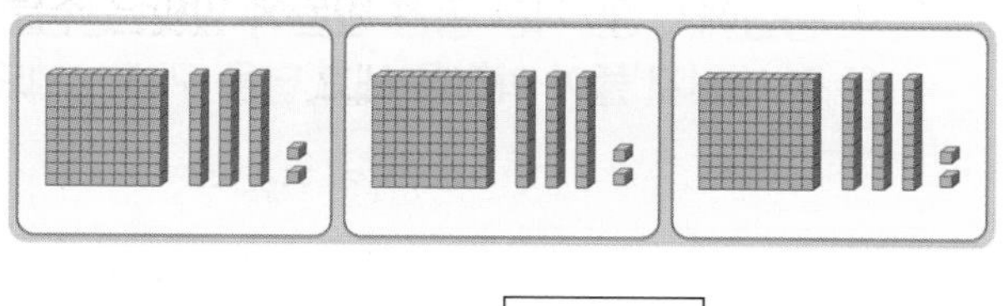

$132 \times 3 = \square$

2 보기와 같은 방법으로 계산하세요.

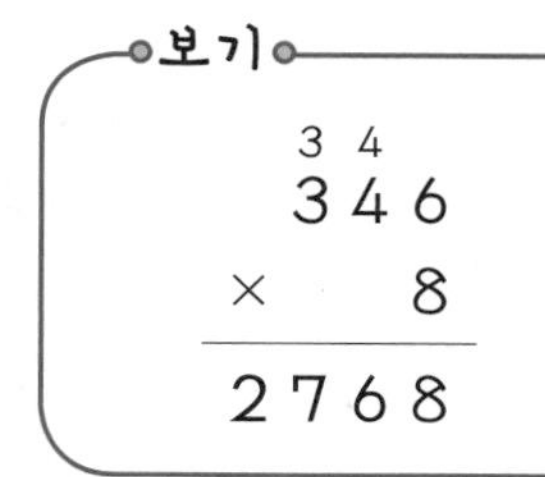

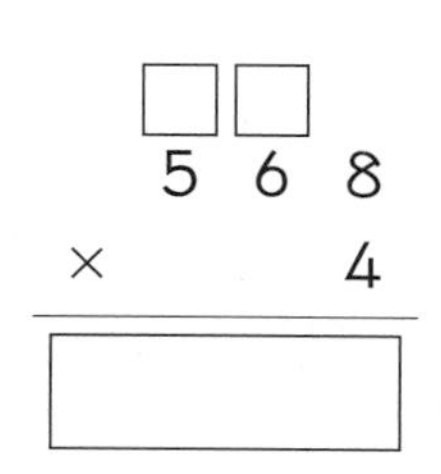

3 두 수의 곱을 빈 곳에 써넣으세요.

(1)

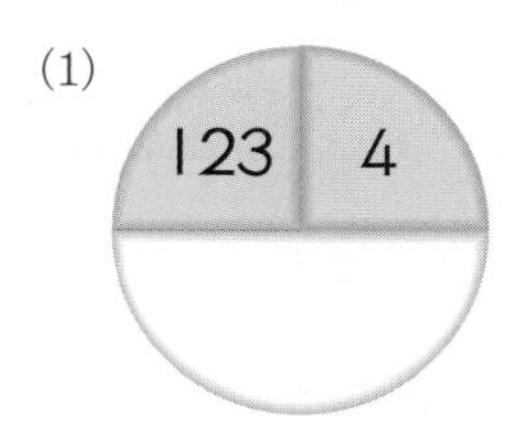

(2)

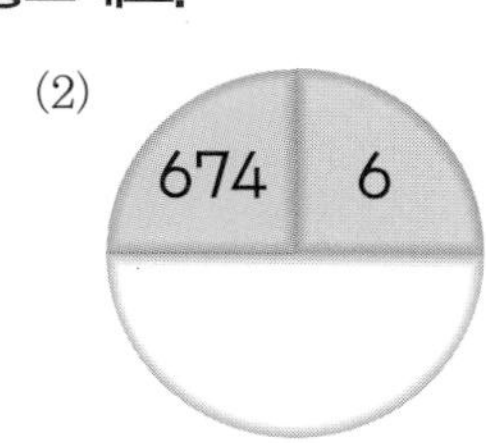

4 곱의 크기를 비교하여 ○ 안에 >, =, <를 알맞게 써넣으세요.

$327 \times 3 \bigcirc 246 \times 4$

5 □ 안에 알맞은 수를 써넣으세요.

$$\begin{array}{r} 15\square \\ \times \quad 7 \\ \hline 1071 \end{array}$$

서술형

6 재희네 반에는 책을 312권씩 꽂은 책꽂이가 3개 있습니다. 재희네 반 책꽂이에 있는 책은 모두 몇 권인지 풀이 과정을 쓰고 답을 구해 보세요.

(　　　　　　　　)

7 어느 가게에서 연필 한 자루를 420원에 팔고 있습니다. 재균이가 연필 8자루를 사려면 얼마가 필요한가요?

(　　　　　　　　)

8 빈칸에 알맞은 수를 써넣으세요.

×40

30	
40	
50	

9 두 식을 보고 □ 안에 알맞은 수를 써넣으세요.

$13\times2=26$　　$13\times20=260$

13×20의 값은 13×2의 값의 □ 배입니다.

10 두 수의 곱은 얼마인가요?

㉮ 10이 5개이고, 1이 3개인 수
㉯ 10이 6개인 수

(　　　　)

11 ◦보기◦와 같이 □ 안에 알맞은 수를 써넣으세요.

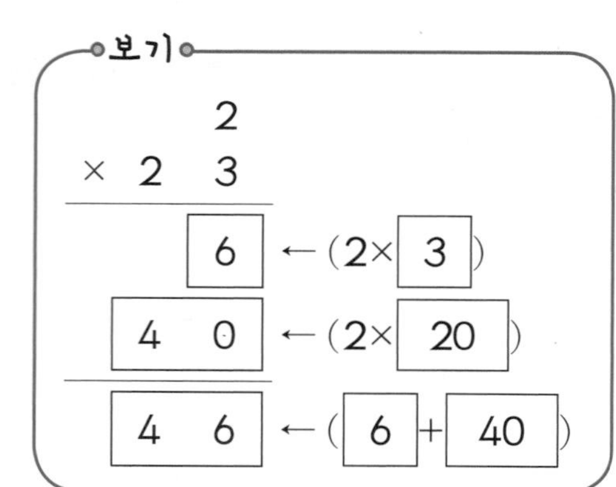

$$\begin{array}{r} 3 \\ \times\ 24 \\ \hline \end{array}$$

□ ← (3×□)
□ ← (3×□)
□ ← (□+□)

서술형

12 한 시간에 냉장고를 9대씩 만드는 공장이 있습니다. 이 공장에서 32시간 동안 만들 수 있는 냉장고는 모두 몇 대인지 풀이 과정을 쓰고 답을 구해 보세요.

(　　　　)

13 계산에서 잘못된 곳을 찾아 바르게 고쳐 보세요.

$$\begin{array}{r} 37 \\ \times\ 24 \\ \hline 148 \\ 74 \\ \hline 222 \end{array} \rightarrow \begin{array}{r} 37 \\ \times\ 24 \\ \hline \end{array}$$

14 빈칸에 알맞은 수를 써넣으세요.

(→ ×, ↓ ×)

32	50	
60	45	

15 곱이 가장 큰 것을 찾아 기호를 쓰세요.

㉠ 54×41	㉡ 41×50
㉢ 65×32	㉣ 27×95

( )

16 선생님께서 연필을 학생 한 명에게 한 타씩 나누어 주었더니 모두 26명에게 나누어 주고 3자루가 남았습니다. 선생님께서 처음에 가지고 있던 연필은 모두 몇 자루인가요?

( )

서술형

17 어떤 수에 38을 곱해야 하는데 잘못하여 38을 더했더니 64가 되었습니다. 바르게 계산하면 얼마인지 풀이 과정을 쓰고 답을 구해 보세요.

( )

[18~20] 프린터의 인쇄의 빠르기가 다음과 같을 때, 물음에 답해 보세요.

컬러 인쇄 속도	1분에 11쪽 인쇄
흑백 인쇄 속도	1분에 15쪽 인쇄

18 흑백으로 1시간 동안 인쇄를 하면 몇 쪽이 인쇄되나요?

( )

19 4분 동안은 컬러로 인쇄를 하고, 7분 동안은 흑백으로 인쇄를 하였습니다. 모두 몇 쪽이 인쇄되었나요?

( )

20 더 많이 인쇄된 것에 ○표 하세요.

흑백으로 35분 동안 인쇄	컬러로 48분 동안 인쇄

1 수 모형을 보고 □ 안에 알맞은 수를 써넣으세요.

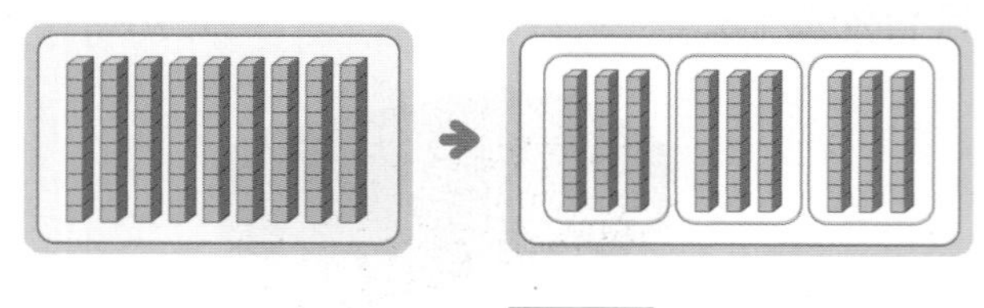

$90 \div 3 = \square$

2 빈 곳에 알맞은 수를 써넣으세요.

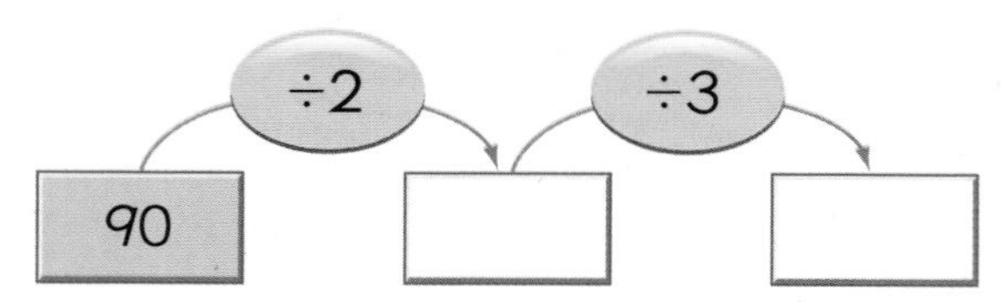

3 □ 안에 알맞은 수를 써넣으세요.

(1)

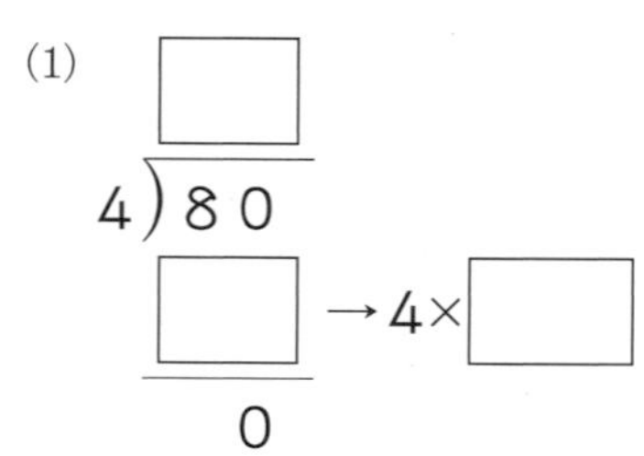

(2)

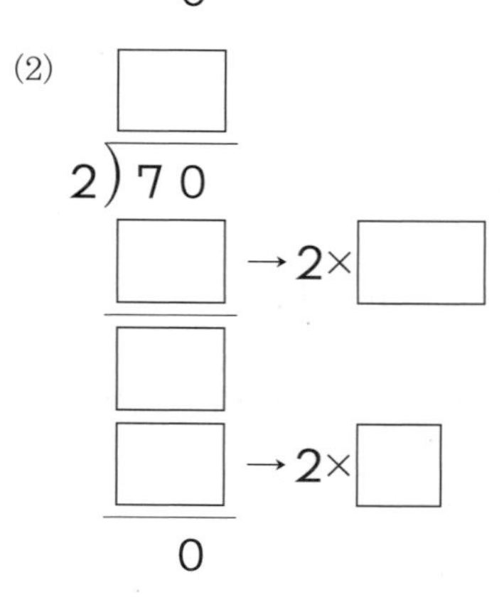

4 몫의 크기를 비교하여 ○ 안에 >, =, <를 알맞게 써넣으세요.

$70 \div 5$ ○ $90 \div 6$

5 계산에서 잘못된 곳을 찾아 바르게 고쳐 보세요.

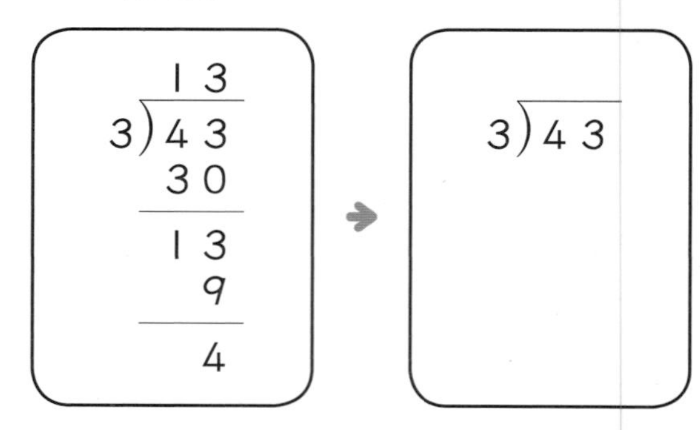

6 계산을 하세요.

(1) 3)72

(2) 5)66

몫 ( ) 몫 ( )

나머지 ( ) 나머지 ( )

서술형

7 곶감 69개를 3명이 똑같이 나누어 가지려고 합니다. 한 명이 가지는 곶감은 몇 개인지 풀이 과정을 쓰고 답을 구해 보세요.

( )

8 빈칸에 큰 수를 작은 수로 나눈 몫을 써넣으세요.

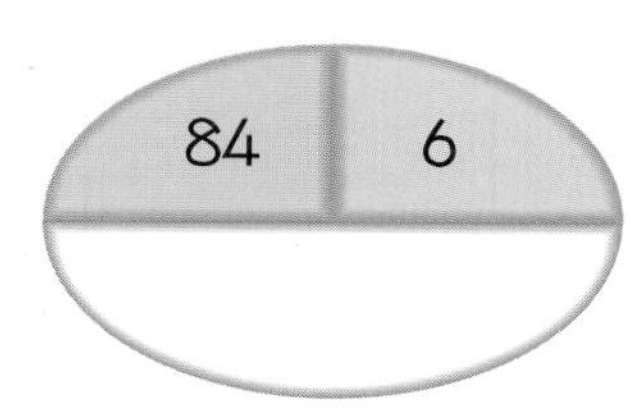

9 다음 중 나머지가 가장 큰 것을 찾아 기호를 쓰세요.

㉠ $24 \div 5$　㉡ $35 \div 8$
㉢ $79 \div 7$　㉣ $97 \div 6$

(　　　　　　)

10 학교 운동장에 45명의 학생이 모여 있습니다. 이 학생들이 한 모둠에 4명씩 한 팀이 되어 이어달리기를 한다면 몇 팀이 생기고, 몇 명이 남게 되나요?

(　　　　　　), (　　　　　　)

11 굴비 20마리를 한 두름이라고 합니다. 굴비 세 두름을 5일 동안 똑같이 나누어 먹으려면 하루에 몇 마리씩 먹으면 되나요?

(　　　　　　)

서술형

12 귤이 76개 있습니다. 6사람에게 남김없이 똑같이 나누어 주려면 적어도 몇 개의 귤이 더 필요한지 풀이 과정을 쓰고 답을 구해 보세요.

(　　　　　　)

13 계산해 보세요.

(1) $4\overline{)692}$　　(2) $6\overline{)470}$

몫 (　　　　)　몫 (　　　　)
나머지 (　　　　)　나머지 (　　　　)

14 두 나눗셈의 몫의 차를 구해 보세요.

$502 \div 5$　　$711 \div 3$

(　　　　　　)

[15~16] 우리나라는 다른 나라에서 만든 물건을 사 오거나 우리가 만든 물건을 다른 나라에 팔 때 컨테이너(커다란 상자)에 물건을 넣어 배에 실어서 운반합니다. 이러한 배를 컨테이너선이라고 합니다. 물음에 답해 보세요.

15 컨테이너선에 컨테이너 144개를 실고 6개의 나라에 똑같이 나누어 팔려고 합니다. 한 나라에 컨테이너를 몇 개씩 내리면 되나요?

( )

16 컨테이너 한 개에 에어컨이 96대 들어 있습니다. 상인 4명이 와서 에어컨을 똑같이 나누어 샀습니다. 한 명의 상인이 에어컨을 몇 대 샀나요?

( )

서술형

17 4장의 수 카드를 한 번씩만 사용하여 (세 자리 수)÷(한 자리 수)를 만들려고 합니다. 몫이 가장 크게 될 때, 나눗셈의 몫은 얼마인지 풀이 과정을 쓰고 답을 구해 보세요.

9 3 5 7

( )

18 관계있는 것끼리 이어 보세요.

$67 \div 7$ •	• $3 \times 27 = 81$, $81 + 1 = 82$
$58 \div 4$ •	• $7 \times 9 = 63$, $63 + 4 = 67$
$82 \div 3$ •	• $4 \times 14 = 56$, $56 + 2 = 58$

19 계산해 보고 계산 결과가 맞는지 확인해 보세요.

$4\overline{)70}$

확인

20 어떤 수를 6으로 나누었더니 몫이 8이고 나머지가 4가 되었습니다. 어떤 수는 얼마인가요?

( )

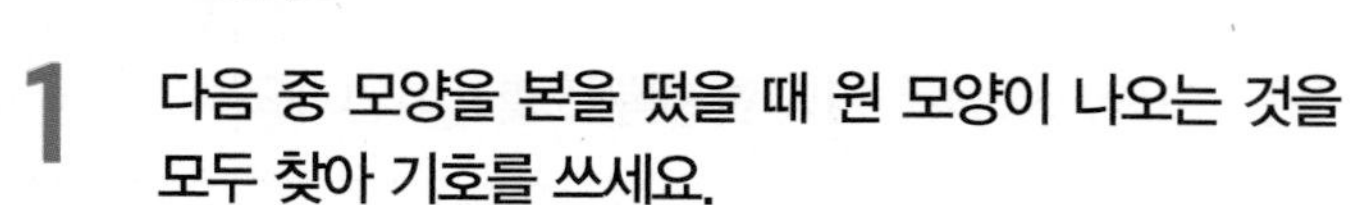

1 다음 중 모양을 본을 떴을 때 원 모양이 나오는 것을 모두 찾아 기호를 쓰세요.

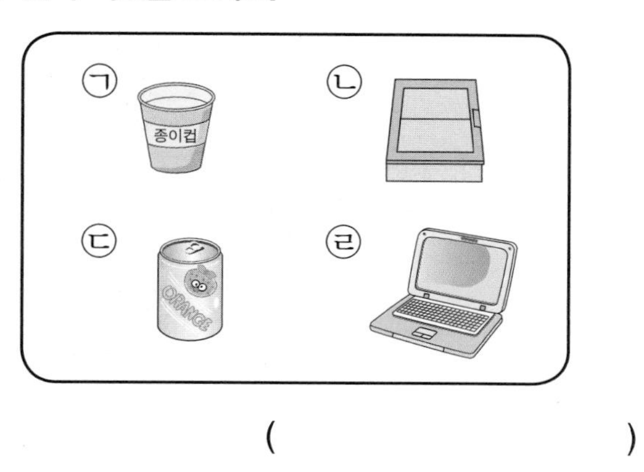

( )

2 원의 반지름은 몇 cm인가요?

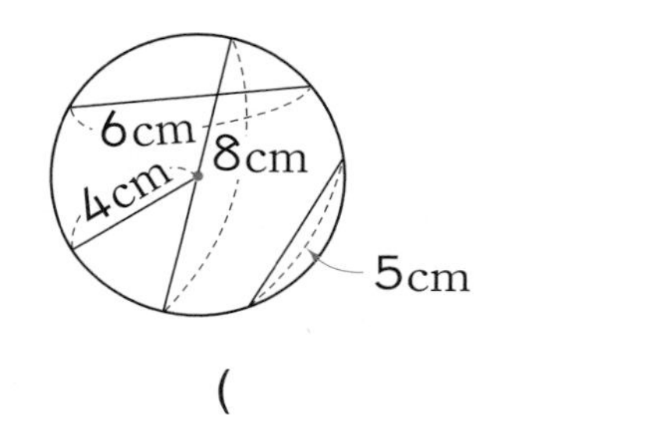

( )

3 원의 지름을 나타내는 선분을 찾아 쓰세요.

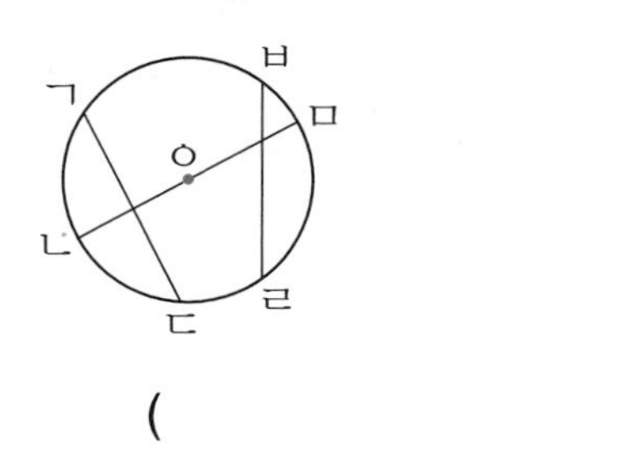

( )

4 □ 안에 알맞은 수를 써넣으세요.

(1) (2)

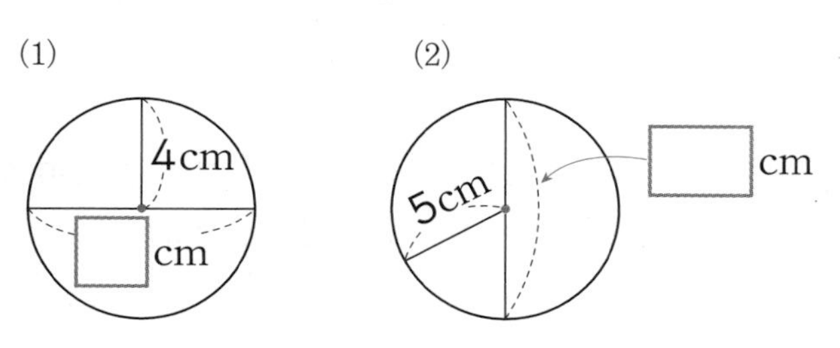

[5~6] 다음 시계를 보고 물음에 답해 보세요.

5 9시에 있는 점과 3시에 있는 점을 선분으로 이었습니다. 그 선분을 원의 무엇이라고 하나요?

원의 ( )

6 원의 한가운데에서 숫자 12, 6, 9가 있는 점까지 선분을 긋고 길이를 비교해 보세요.

세 선분의 길이는 모두 (같습니다 , 다릅니다).

7 육상 경기 종목 중 원반던지기는 둥근 원반을 얼마나 더 멀리 던지는지를 겨루는 경기입니다. 경기에 사용되는 원반의 크기는 남자와 여자가 다릅니다. 남자는 지름이 22 cm인 원반을, 여자는 지름이 18 cm인 원반을 사용합니다.

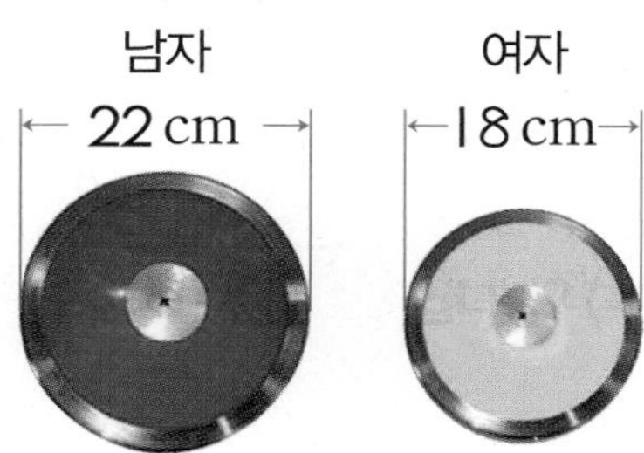

남자가 사용하는 원반과 여자가 사용하는 원반의 반지름은 각각 몇 cm인가요?

남자가 사용하는 원반 ( )

여자가 사용하는 원반 ( )

[8~9] 원의 반지름이 3 cm인 원 3개를 그림과 같이 붙여 놓고, 세 원의 중심을 이었습니다. 물음에 답해 보세요.

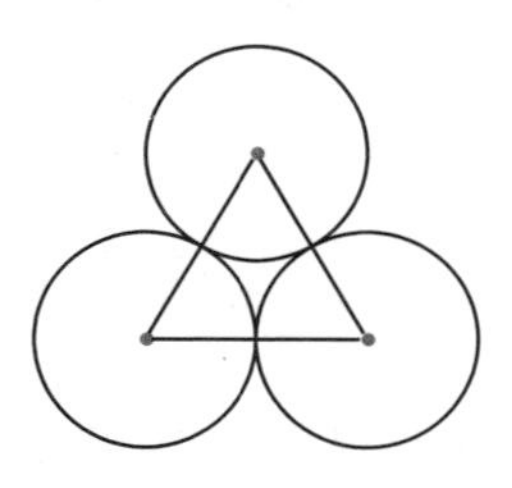

8 삼각형의 한 변의 길이는 몇 cm인가요?

(　　　　　　　　　)

9 삼각형의 세 변의 길이의 합은 몇 cm인가요?

(　　　　　　　　　)

서술형

10 그림과 같이 한 변의 길이가 48 cm인 정사각형 안에 가장 큰 원을 그렸습니다. 그린 원의 반지름은 몇 cm인지 풀이 과정을 쓰고 답을 구해 보세요.

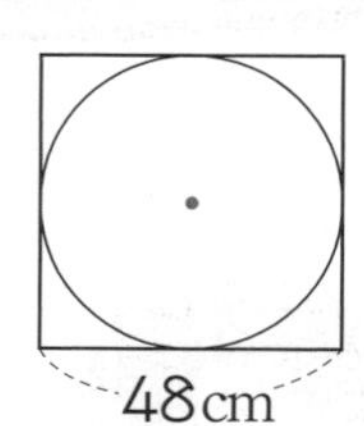

(　　　　　　　　　)

11 그림에서 작은 원의 반지름은 몇 cm인가요?

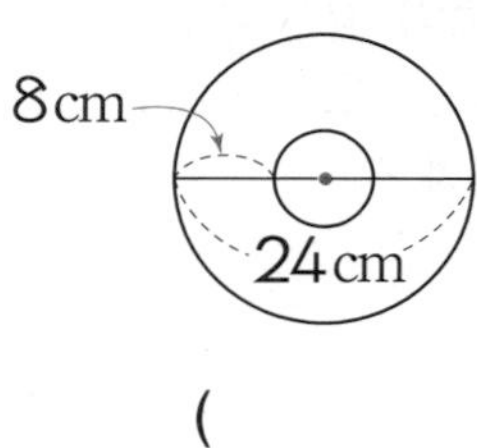

(　　　　　　　　　)

12 선분 ㄱㄴ의 길이는 몇 cm인가요?

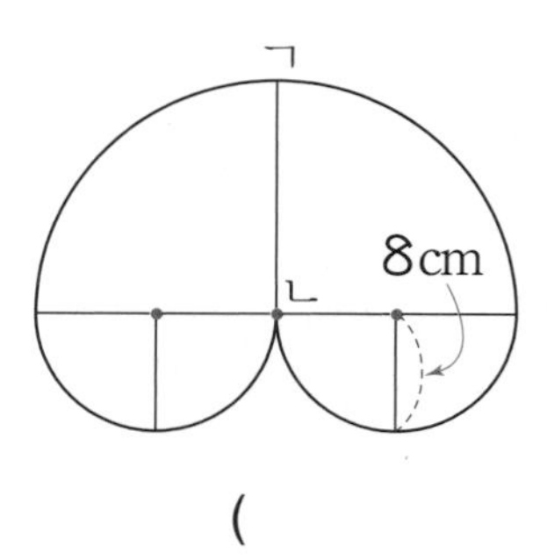

(　　　　　　　　　)

서술형

13 그림에서 가장 작은 원의 반지름이 3 cm입니다. 정사각형의 네 변의 길이의 합은 몇 cm인지 풀이 과정을 쓰고 답을 구해 보세요.

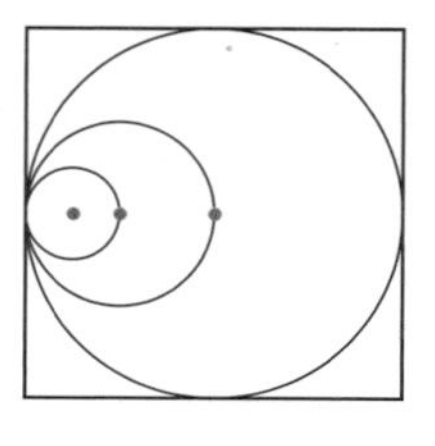

(　　　　　　　　　)

14 다음은 크기가 같은 바퀴가 달린 트럭입니다. 바퀴 1개의 반지름이 48 cm일 때 표시된 직사각형의 가로는 몇 cm인가요? (단, 바퀴와 바퀴 사이의 간격은 10 cm입니다.)

( )

15 컴퍼스와 자를 이용하여 반지름이 5 cm인 원을 그리는 순서입니다. □ 안에 알맞게 써넣으세요.

① 원의 □ 이 되는 점 ㅇ을 정합니다.

② 컴퍼스의 침과 연필심 사이의 길이를 □ cm만큼 벌립니다.

③ 컴퍼스의 침을 점 □ 에 꽂고 원을 그립니다.

16 컴퍼스와 자를 이용하여 반지름이 2 cm인 원을 그리려고 합니다. 컴퍼스를 바르게 벌린 것을 찾아 기호를 쓰세요.

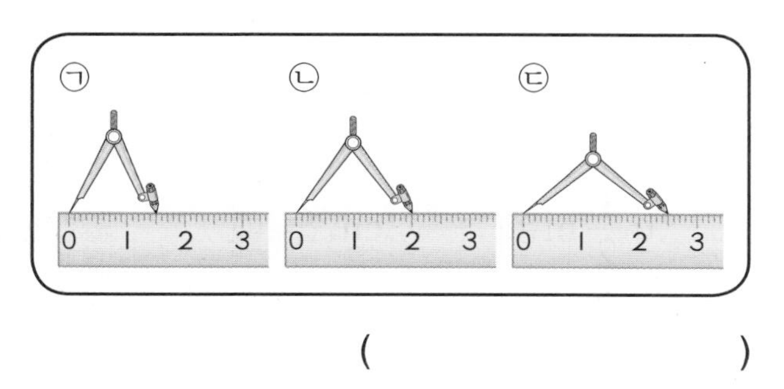

( )

17 다음과 같은 모양을 그리기 위하여 컴퍼스의 침을 꽂아야 할 곳에 표시하세요.

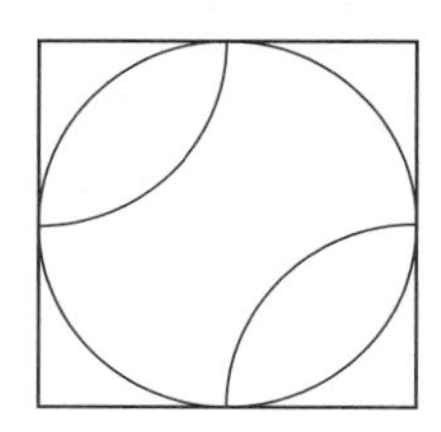

18 원을 이용하여 다음과 같은 모양을 그려 보세요.

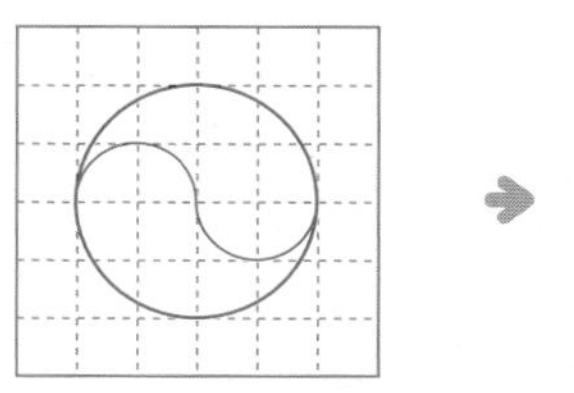

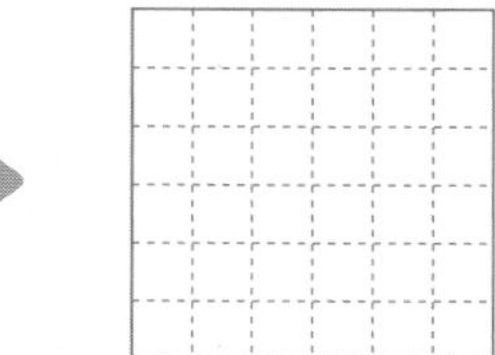

[19~20] 그림을 보고 물음에 답해 보세요.

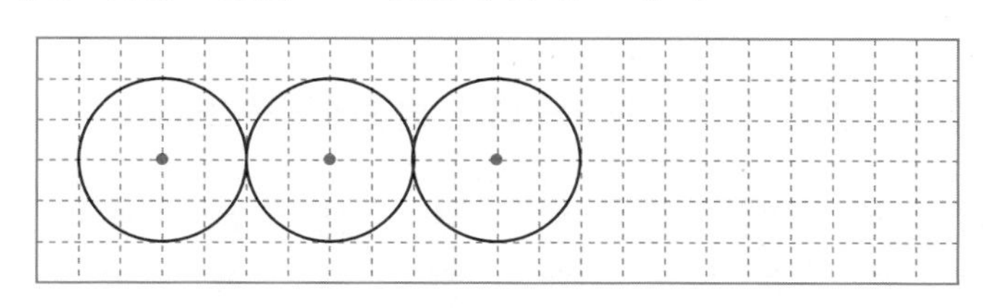

19 어떤 규칙이 있는지 설명한 것입니다. □ 안에 알맞은 수를 써넣고, 알맞은 말에 ○표 하세요.

원의 중심이 오른쪽으로 □ 칸씩 옮겨 가고, 원의 반지름은 (변하는 , 변하지 않는) 규칙입니다.

20 규칙에 따라 원을 2개 더 그려 보세요.

1 그림을 보고 □ 안에 알맞은 수를 써넣으세요.

14를 2씩 묶으면 □ 묶음이 되므로 6은 전체의 $\frac{□}{□}$ 입니다.

2 색칠한 부분을 분수로 나타낸 것을 찾아 이어 보세요.

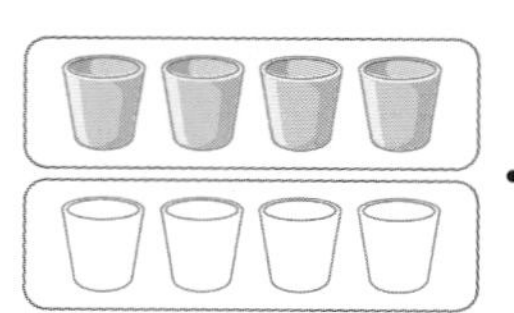

$\frac{4}{8}$

$\frac{2}{4}$

$\frac{1}{2}$

[3~4] 튤립 24송이가 있습니다. 물음에 답해 보세요.

3 튤립을 3송이씩 묶고 □ 안에 알맞은 수를 써넣으세요.

24를 3씩 묶으면 9는 24의 $\frac{□}{□}$ 입니다.

4 튤립 24송이의 $\frac{5}{6}$ 는 몇 송이인가요?

( )

5 □ 안에 알맞은 수를 써넣으세요.

(1) 32의 $\frac{1}{2}$ 은 □ 입니다.

(2) 32의 $\frac{3}{4}$ 은 □ 입니다.

(3) 32의 $\frac{7}{8}$ 은 □ 입니다.

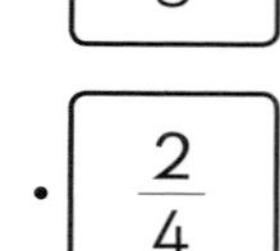

서술형

6 민지는 자두 28개 중 $\frac{3}{7}$ 을 먹었습니다. 민지가 먹은 자두는 몇 개인지 풀이 과정을 쓰고 답을 구해 보세요.

( )

7 □ 안에 알맞은 수를 써넣으세요.

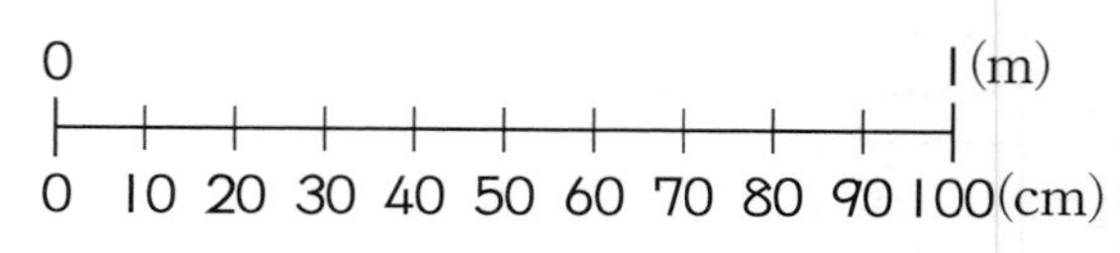

(1) $\frac{1}{2}$ m는 □ cm입니다.

(2) $\frac{2}{5}$ m는 □ cm입니다.

8 한 개를 똑같이 6조각으로 나눈 케이크가 그림과 같이 여러 조각 있습니다. 케이크 조각을 가분수로 나타내어 보세요.

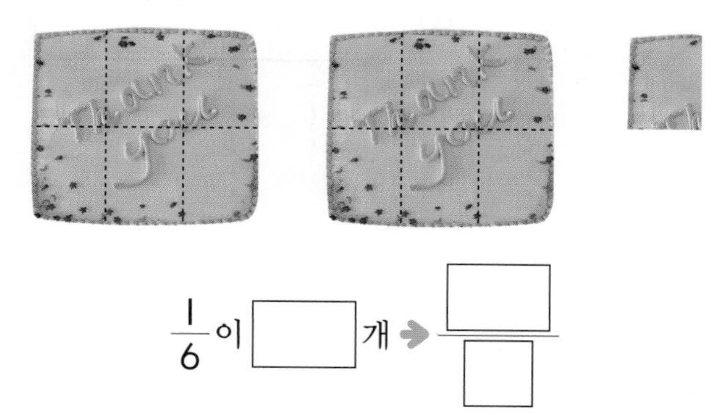

$\frac{1}{6}$이 □개 ➔ $\frac{□}{□}$

9 진분수를 모두 찾아 쓰세요.

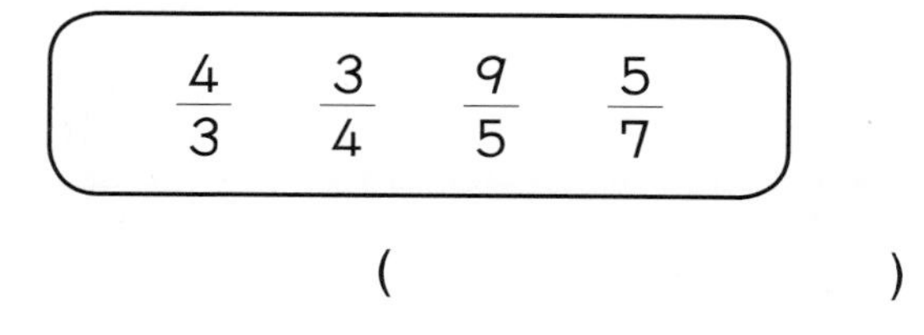
$\frac{4}{3}$ $\frac{3}{4}$ $\frac{9}{5}$ $\frac{5}{7}$

( )

10 관계있는 것끼리 이어 보세요.

$\frac{5}{4}$ •	• 진분수
$\frac{7}{7}$ •	• 대분수
$5\frac{1}{2}$ •	• 가분수

11 그림으로 표시된 분수를 수직선 위에 표시해 보세요.

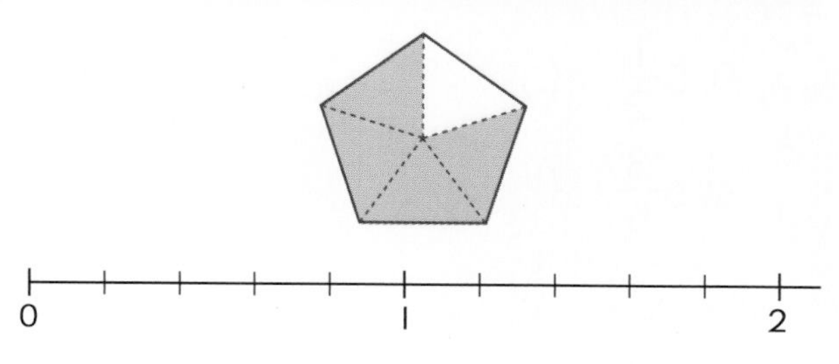

12 □ 안에 들어갈 수 <u>없는</u> 수는 어느 것인가요?

( )

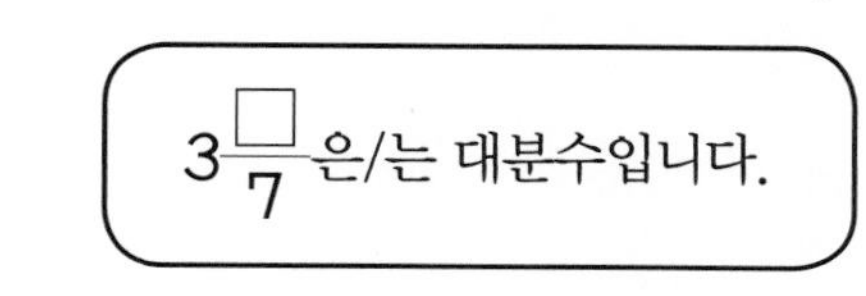
$3\frac{□}{7}$은/는 대분수입니다.

① 2 ② 3 ③ 5
④ 6 ⑤ 7

서술형

13 수 카드 4장 중에서 2장을 골라 만들 수 있는 가분수는 모두 몇 개인지 풀이 과정을 쓰고 답을 구해 보세요.

3 5 7 8

( )

14 대분수를 가분수로 나타내어 보세요.

(1) $5\frac{1}{2}$ → (　　　　　　)

(2) $6\frac{3}{5}$ → (　　　　　　)

15 가분수를 대분수로 나타내어 보세요.

(1) $\frac{8}{3}$ → (　　　　　　)

(2) $\frac{17}{4}$ → (　　　　　　)

16 수 카드가 3장 있습니다. 수 카드를 한 번씩만 사용하여 가장 큰 대분수를 만들고, 가분수로 나타내어 보세요.

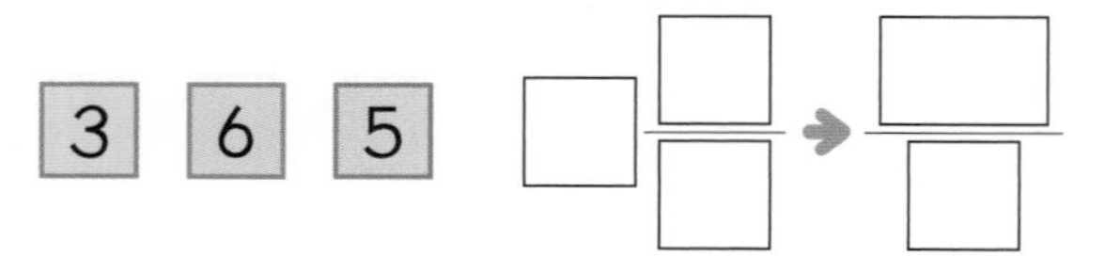

17 다음 대분수를 가분수로 나타낼 때, ㉮와 ㉯의 차를 구해 보세요.

$7\frac{2}{3}=\frac{㉮}{㉯}$

(　　　　　　)

18 □ 안에 들어갈 수 있는 자연수를 모두 구해 보세요.

$\frac{3}{10} < \frac{\square}{10} < \frac{10}{10}$

(　　　　　　)

19 분수의 크기를 비교하여 ○ 안에 >, =, <를 알맞게 써넣으세요.

(1) $5\frac{5}{8}$ ○ $\frac{43}{8}$　　(2) $\frac{32}{9}$ ○ $3\frac{5}{9}$

20 가장 큰 계량스푼의 크기를 1로 보았을 때, 나머지 작은 계량스푼의 크기는 각각 $\frac{1}{2}$, $\frac{1}{4}$입니다. 다음 중 어느 쪽의 양이 더 많은지 ○ 안에 >, =, <를 알맞게 써넣으세요.

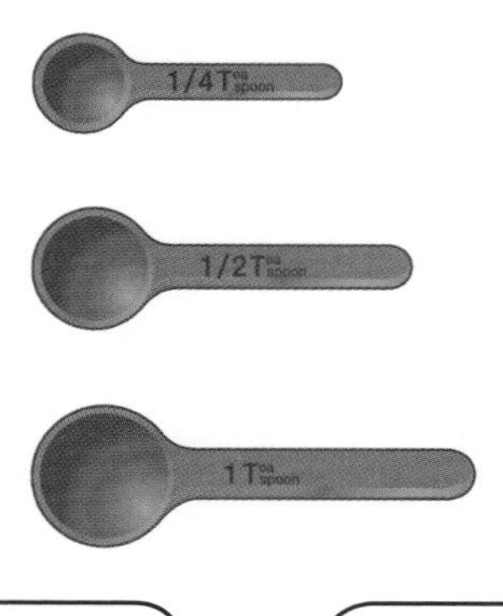

가장 큰 계량스푼으로 4번 넣고 $\frac{1}{4}$ 계량스푼으로 3번 넣은 양 ○ $\frac{1}{4}$ 계량스푼으로 17번 넣은 양

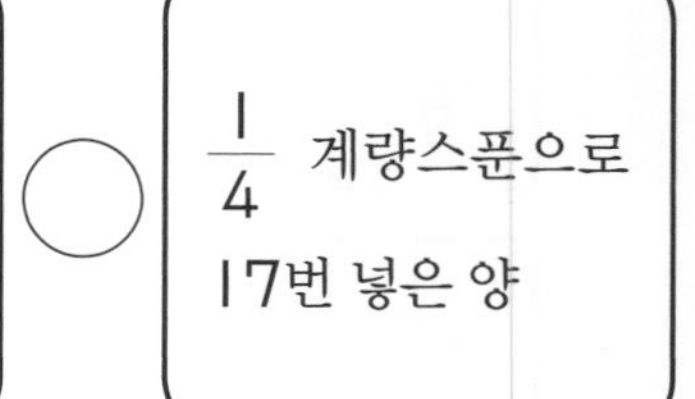

1 물을 많이 담을 수 있는 컵의 순서대로 번호를 쓰세요.

(　　　) (　　　) (　　　)

2 각각 물병, 주스병, 우유갑에 가득 담긴 물을 모양과 크기가 같은 컵에 담았습니다. 들이가 가장 많은 것은 어느 것인가요?

(　　　　　　)

3 □ 안에 알맞은 수를 써넣으세요.

(1) 4 L= □ mL

(2) 2500 mL= □ L □ mL

(3) 7 L 250 mL= □ mL

4 들이를 비교하여 ○ 안에 >, =, <를 알맞게 써넣으세요.

(1) 5800 mL ○ 5 L 80 mL

(2) 7 L 40 mL ○ 7040 mL

5 들이가 1 L인 물병에 물을 가득 채워 어항에 3번 부었더니 가득 찼습니다. 어항의 들이는 약 몇 L인가요?

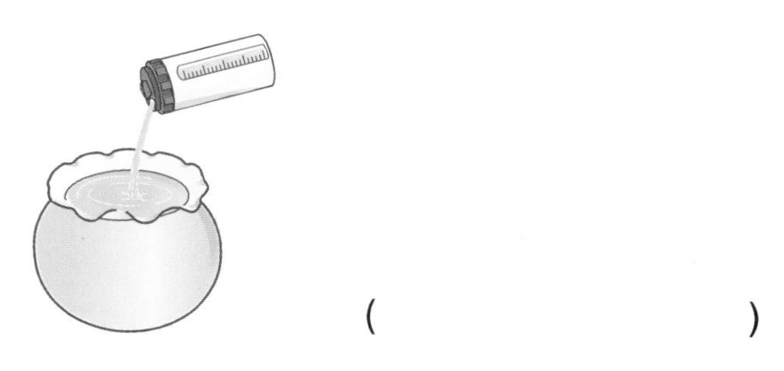

(　　　　　　)

6 들이의 단위를 알맞게 사용한 것의 기호를 쓰세요.

㉠ 어제 우유를 200 L 마셨어.
㉡ 요구르트를 100 mL 마셨어.

(　　　　　　)

7 그림을 보고 들이의 덧셈과 뺄셈을 하세요.

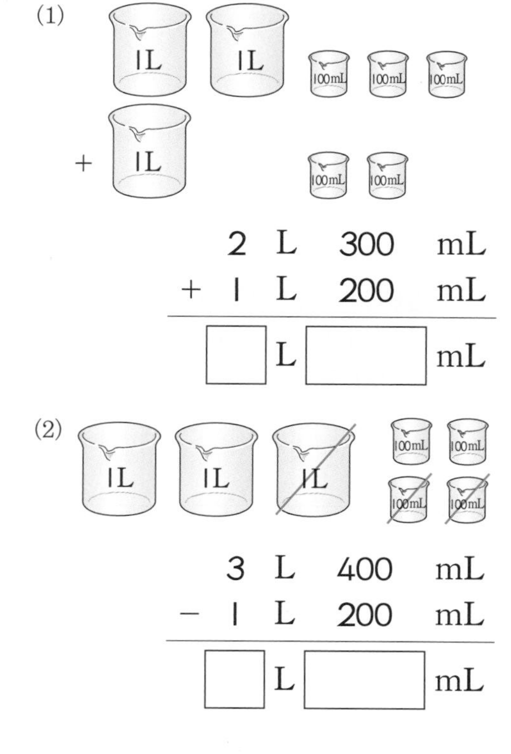

(1)

$$\begin{array}{rrrr} & 2\ \text{L} & 300\ \text{mL} \\ + & 1\ \text{L} & 200\ \text{mL} \\ \hline & \square\ \text{L} & \square\ \text{mL} \end{array}$$

(2)

$$\begin{array}{rrrr} & 3\ \text{L} & 400\ \text{mL} \\ - & 1\ \text{L} & 200\ \text{mL} \\ \hline & \square\ \text{L} & \square\ \text{mL} \end{array}$$

8 계산해 보세요.

(1)
$$\begin{array}{r} 5\text{ L } 700\text{ mL} \\ +\ 2\text{ L } 400\text{ mL} \\ \hline \square \end{array}$$

(2)
$$\begin{array}{r} 6\text{ L } 200\text{ mL} \\ -\ 3\text{ L } 800\text{ mL} \\ \hline \square \end{array}$$

9 들이를 비교하여 ○ 안에 >, =, <를 알맞게 써넣으세요.

3 L 200 mL+1900 mL ○ 7 L 100 mL−1800 mL

서술형

10 들이가 2 L 200 mL인 그릇에 물을 가득 채워 양동이에 4번 부었습니다. 양동이에 부은 물의 양은 모두 몇 L 몇 mL인지 풀이 과정을 쓰고 답을 구해 보세요.

(　　　　　　　)

11 양팔 저울에 지우개와 연필을 올려놓았더니 그림과 같았습니다. 더 무거운 쪽에 ○표 하세요.

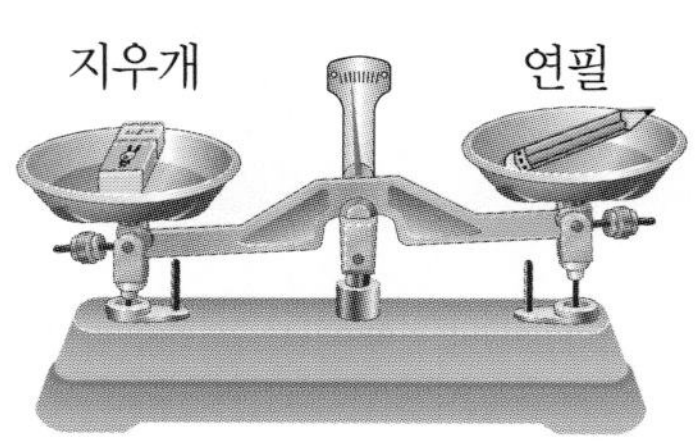

12 물건의 무게를 나타내어 보세요.

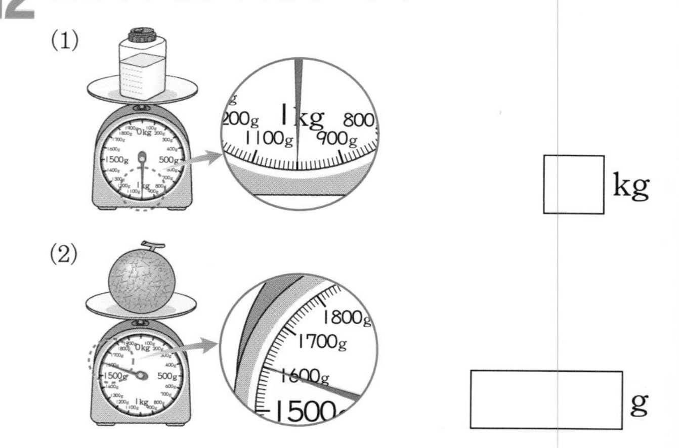

(1) □ kg

(2) □ g

13 □ 안에 알맞은 수를 써넣으세요.

(1) 6 kg=□ g

(2) 3 kg 400 g=□ g

(3) 2500 g=□ kg □ g

(4) 7 t=□ kg

14 무게가 3 kg인 수박을 무게가 350 g인 바구니에 담았습니다. 수박이 담긴 바구니의 무게는 몇 g인가요?

(   )

15 □ 안에 알맞은 무게의 단위를 써넣으세요.

(1) 내 몸무게는 34 □ 입니다.

(2) 축구공의 무게는 500 □ 입니다.

(3) 버스의 무게는 12 □ 입니다.

16 텔레비전의 무게를 가장 가깝게 어림한 것은 어느 것인가요? (   )

① 1 g ② 10 g ③ 1 kg
④ 10 kg ⑤ 1 t

17 계산해 보세요.

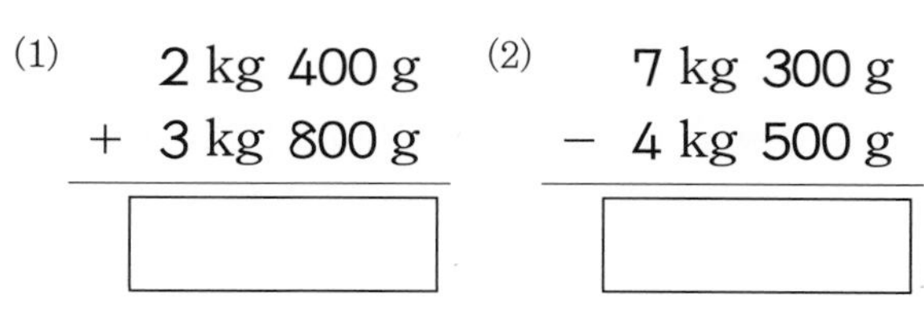

(1) 2 kg 400 g + 3 kg 800 g = □

(2) 7 kg 300 g − 4 kg 500 g = □

서술형

18 감자를 어제는 8 kg 400 g 캤고, 오늘은 어제보다 500 g 더 많이 캤습니다. 어제와 오늘 캔 감자는 모두 몇 kg 몇 g인지 풀이 과정을 쓰고 답을 구해 보세요.

(   )

[19~20] 시장에서 파는 여러 가지 과일의 무게입니다. 물음에 답해 보세요.

과일	무게	과일	무게
(수박)	3 kg 600 g	(배)	300 g
(사과)	200 g	(바나나)	1 kg 900 g

19 저울 위에 수박 1통과 배 3개, 사과 2개를 올려놓았습니다. 저울의 눈금은 몇 kg 몇 g을 나타내나요?

(   )

20 수박 1통은 바나나 1송이보다 몇 g 더 무겁나요?

(   )

[1~3] 태윤이는 친구들의 생일을 조사하였습니다. 물음에 답해 보세요.

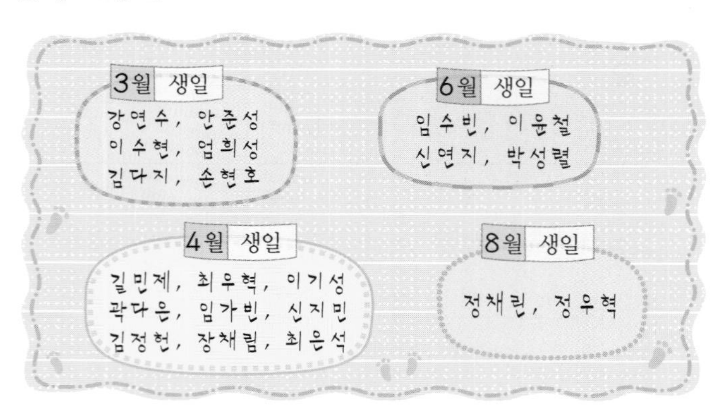

1 3월에 태어난 친구들은 모두 몇 명인가요?

( )

2 친구들이 가장 많이 태어난 달과 가장 적게 태어난 달을 각각 구해 보세요.

가장 많이 태어난 달 ( )
가장 적게 태어난 달 ( )

3 태윤이가 조사한 친구는 모두 몇 명인가요?

( )

[4~7] 종국이가 운동을 할 때마다 동그라미를 해 놓은 것을 월별로 나타낸 것입니다. 물음에 답해 보세요.

월별 운동한 횟수

9월	10월	11월	12월
○○○○○○○○○○○	○○○○○○○○○○○○○○○○○○○○○○○	○○○○○○○○○○○○○○○○○○○○	○○○○○○○○○○

4 조사한 자료를 보고 표로 나타내어 보세요.

월별 운동한 횟수

월	9월	10월	11월	12월	합계
횟수(회)					

5 9월부터 12월까지 운동한 횟수는 모두 몇 회인가요?

( )

서술형

6 운동을 가장 많이 한 달은 가장 적게 한 달보다 몇 회 더 많은지 풀이 과정을 쓰고 답을 구해 보세요.

( )

7 위 그림에서 많고 적음을 알아보기 쉽도록 나타내려고 합니다. 가장 알맞은 방법은 무엇인가요?

( )

① 더 작은 동그라미로 그립니다.
② 여러 가지 색깔을 사용합니다.
③ 최대한 크게 그려서 나타냅니다.
④ 운동을 한 날짜까지 자세히 기록합니다.
⑤ 10회를 큰 동그라미로, 1회를 작은 동그라미로 나타냅니다.

[8~10] 연수네 반 학생들이 좋아하는 과목을 조사하였습니다. 물음에 답해 보세요.

좋아하는 과목

이름	과목	이름	과목	이름	과목
연수	수학	정헌	체육	연지	영어
준성	사회	가빈	체육	성렬	체육
수현	영어	채림	미술	수민	수학
다지	미술	기성	수학	용석	체육

8 조사한 자료를 보고 표로 나타내어 보세요.

좋아하는 과목별 학생 수

계절	수학	사회	영어	미술	체육	합계
학생 수(명)						

9 가장 많은 학생들이 좋아하는 과목은 무엇인가요?

( )

10 연수네 반 학생들이 매일매일 수업이 있었으면 하는 과목은 어느 과목일지 쓰고 그렇게 생각한 이유를 써 보세요.

과목 ______________________

이유 ______________________

____

[11~13] 영수네 학교 학생들이 좋아하는 간식을 조사하여 나타낸 그림그래프입니다. 물음에 답해 보세요.

좋아하는 간식별 학생 수

간식	학생 수
떡볶이	●●○○○○○○
김밥	●○○○○○○○○
순대	●●○○○
라면	●●●○

● 10명 ○ 1명

11 그림 ● 과 ○ 은 각각 몇 명을 나타내고 있나요?

● ( )

○ ( )

서술형

12 떡볶이를 좋아하는 학생은 몇 명인지 풀이 과정을 쓰고 답을 구해 보세요.

____

____

____

( )

13 좋아하는 학생 수가 많은 간식부터 순서대로 써 보세요.

( )

[14~17] 문영이네 반 친구들은 도서 바자회를 하기 위해 모둠별로 책을 모았습니다. 모둠별로 모은 책의 수를 나타낸 표를 그림그래프로 나타내려고 합니다. 물음에 답해 보세요.

모둠별 모은 책의 수

모둠	별	달	해	바람	합계
책의 수(권)	22	16	31	33	102

14 표를 보고 그림그래프로 나타낼 때, 그림 (큰 책)과 (작은 책)는 각각 책 몇 권을 나타내는 게 좋을까요?

(큰 책) (　　　　　)
(작은 책) (　　　　　)

15 표를 보고 그림그래프를 완성해 보세요.

모둠별 모은 책의 수

모둠	책의 수
별	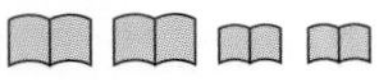 (큰 책)(큰 책)(작은 책)(작은 책)
달	
해	
바람	

(큰 책) □ (작은 책) □

16 책을 가장 많이 모은 모둠은 어느 모둠인가요?

(　　　　　)

17 책을 가장 적게 모은 모둠은 어느 모둠인가요?

(　　　　　)

[18~19] 어느 컴퓨터 가게의 월별 판매량을 조사하여 나타낸 표를 그림그래프로 나타내려고 합니다. 물음에 답해 보세요.

월별 컴퓨터 판매량

월	9월	10월	11월	12월	합계
판매량(대)	37	22		34	120

18 11월의 컴퓨터 판매량은 몇 대인가요?

(　　　　　)

19 표를 보고 그림그래프를 완성해 보세요.

월별 컴퓨터 판매량

월	판매량
9월	
10월	
11월	
12월	

(큰 컴퓨터) 10대
(작은 컴퓨터) 1대

20 마을별 쌀 생산량을 조사하여 나타낸 그림그래프입니다. 네 마을의 쌀 생산량의 합이 1000 kg일 때, 나 마을의 쌀 생산량은 몇 kg인가요?

마을별 쌀 생산량

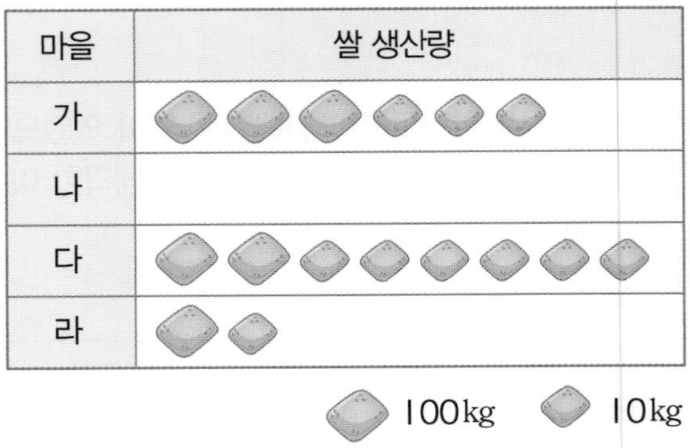

마을	쌀 생산량
가	(큰)(큰)(큰)(작은)(작은)(작은)
나	
다	(큰)(큰)(작은)(작은)(작은)(작은)(작은)(작은)
라	(큰)(작은)

(큰) 100 kg (작은) 10 kg

(　　　　　)

정답과 풀이

1회 1. 곱셈

1~3쪽

1 (1) 639 (2) 864 **2** ③ **3** $325\times5=1625$
4 8 **5** 1260번 **6** 예 돼지 한 마리의 다리는 4개이므로 115마리의 다리는 $115\times4=460$(개)이고, 닭 한 마리의 다리는 2개이므로 닭 284마리의 다리는 $284\times2=568$(개)입니다.
➡ $460+568=1028$(개) ; 1028개 **7** ③
8 (1) 3000 (2) 3600 **9** $50\times30=1500$
10 풀이 참조 **11** ⑤
12 예 (전체 사과 수)$=30\times24=720$(개) ➡ (남은 사과 수)$=720-258=462$(개) ; 462개 **13** <
14 768, 5376 **15** ㄹ **16** 80, 90
17 예 (강당에 놓인 전체 의자 수)=(한 줄에 놓인 의자 수)×(줄 수)$=15\times35=525$(개) ; 525개
18 900명 **19** ㄷ, ㄴ, ㄱ **20** 비행기, 48명

풀이

4 □×3의 일의 자리 숫자가 4이므로 □=8입니다.
5 일주일은 7일입니다. ➡ $180\times7=1260$(번)
8 (1) $50\times60=3000$ (2) $90\times40=3600$
9 곱이 가장 크려면 가장 큰 몇십과 두 번째로 큰 몇십을 곱해야 합니다. 가장 큰 몇십은 50이고, 두 번째로 큰 몇십은 30입니다.
➡ $50\times30=1500$
10
$$\begin{array}{r} 6 \\ \times\ 4\ 3 \\ \hline 1\ 8 \\ 2\ 4\ 0 \\ \hline 2\ 5\ 8 \end{array}$$
6×40의 곱은 240인데 24로 잘못 썼습니다.
11 ① 680 ② 630 ③ 640 ④ 660 ⑤ 570
➡ $570<630<640<660<680$
13 $353\times4=1412$, $28\times52=1456$
➡ $1412<1456$
14 $24\times32=768$, $768\times7=5376$
18 (버스에 타고 있는 사람 수)
=(버스 한 대에 타고 있는 사람 수)×(버스 수)
$=45\times20=900$(명)
19 ㉠ $45\times35=1575$(명) ㉡ $528\times3=1584$(명)
㉢ $276\times6=1656$(명)
➡ ㉢>㉡>㉠
20 (비행기에 탄 사람 수)$=276\times4=1104$(명)
(배에 탄 사람 수)$=528\times2=1056$(명)
➡ $1104>1056$이므로 비행기에 사람이 $1104-1056=48$(명) 더 많이 탔습니다.

1회 2. 나눗셈

4~6쪽

1 20 **2** 20, 10 **3** ( )(○) **4** <
5 (1) 6 ; 3 (2) 8 ; 2
6 예 (전체 빵의 수)$=13\times6+3=78+3=81$(개)
➡ (한 반에 나누어 준 빵의 수)$=81\div3=27$(개) ; 27개
7 8모둠, 1명 **8** 12 **9** ㄴ, ㄹ, ㄱ, ㄷ
10 풀이 참조 **11** (선 잇기) **12** 59
13 예 (도형 가의 한 변의 길이)$=84\div4=21$(cm)
(도형 나의 한 변의 길이)$=64\div4=16$(cm)
➡ $21-16=5$(cm) ; 5 cm
14 15개, 28개 **15** (선 잇기)
16 19, 32, 75, 12
17 예 몫이 가장 작게 되려면 (가장 작은 세 자리 수)÷(가장 큰 한 자리 수)를 만들면 됩니다.
$3<7<8<9$이므로 $378\div9$입니다.
➡ $378\div9=42$; 42
18 7, 56, 2 ; $8\times7=56$, $56+2=58$
19 (1) 68 (2) 93 **20** 94개

풀이

5 (1)
$$\begin{array}{r} 6 \\ 6\overline{)\,3\,9} \\ 3\,6 \\ \hline 3 \end{array}$$
(2)
$$\begin{array}{r} 8 \\ 5\overline{)\,4\,2} \\ 4\,0 \\ \hline 2 \end{array}$$
7 $33\div4=8\cdots1$
➡ 8개 모둠이 생기고, 1명이 남습니다.
10
$$\begin{array}{r} 1\,4 \\ 6\overline{)\,8\,6} \\ 6\,0 \\ \hline 2\,6 \\ 2\,4 \\ \hline 2 \end{array}$$
나머지는 나누는 수보다 작아야 합니다. 26에는 6이 4번 들어갈 수 있으므로 몫은 14입니다.

11 $72 \div 7 = 10 \cdots 2$, $77 \div 6 = 12 \cdots 5$, $91 \div 3 = 30 \cdots 1$

12 56보다 크고 60보다 작은 수는 57, 58, 59입니다. $57 \div 4 = 14 \cdots 1$, $58 \div 4 = 14 \cdots 2$, $59 \div 4 = 14 \cdots 3$ 이 중에서 4로 나누었을 때 나머지가 3인 수는 59입니다.

16 $38 \div 2 = 19$(마리), $128 \div 4 = 32$(마리), $450 \div 6 = 75$(마리), $96 \div 8 = 12$(마리)

18
$$\begin{array}{r} 7 \\ 8\overline{)58} \\ 56 \\ \hline 2 \end{array}$$
$58 \div 8 = 7 \cdots 2$
➡ (확인) $8 \times 7 = 56$, $56 + 2 = 58$

1회 3. 원

7~9쪽

1 점 ㄷ　2 ⑤　3 5　4 8 cm　5 풀이 참조
6 15　7 12 cm ; 8 cm　8 (선 잇기)
9 예 반지름을 비교해 봅니다.
㉠ 5 cm　㉡ $12 \div 2 = 6$(cm)　㉢ 7 cm
따라서 가장 큰 원은 ㉢입니다. ; ㉢
10 36 cm　11 18 cm　12 20 cm
13 40 cm　14 52 cm
15 예 직사각형의 가로는 지름의 4배이고, 세로는 지름과 같으므로 직사각형의 네 변의 길이의 합은 지름의 10배입니다. 따라서 원의 지름은 $80 \div 10 = 8$(cm)이고 반지름은 $8 \div 2 = 4$(cm)입니다. ; 4 cm
16 ① 중심 ② 반지름 ③ 중심　17 6 cm
18 풀이 참조　19 2, 반지름　20 풀이 참조

풀이

5 예 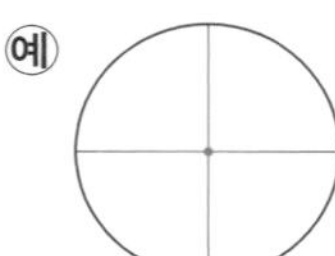
원의 한 점에서 원의 중심을 지나 원의 다른 한 점을 선분으로 이은 것이 지름입니다.

7 (㉠ 원의 지름)$=6 \times 2 = 12$(cm)
(㉡ 원의 지름)$=4 \times 2 = 8$(cm)

10 선분 ㄱㄴ의 길이는 원의 지름의 3배입니다.
➡ $12 \times 3 = 36$(cm)

11 선분 ㄱㄴ의 길이는 작은 원의 반지름과 큰 원의 반지름을 합한 길이입니다.
➡ (선분 ㄱㄴ의 길이)$=8+10=18$(cm)

12 큰 원의 반지름은 작은 원의 지름입니다. 따라서 작은 원의 지름은 $80 \div 2 = 40$(cm)이므로 반지름은 $40 \div 2 = 20$(cm)입니다.

13 정사각형 한 변의 길이는 원의 지름과 같습니다. 원의 지름은 $5 \times 2 = 10$(cm)이므로 정사각형의 네 변의 길이의 합은 $10 \times 4 = 40$(cm)입니다.

14 자동차 바퀴의 반지름은 $20+6=26$(cm)이므로 지름은 $26 \times 2 = 52$(cm)입니다.

17 컴퍼스의 침과 연필심 사이의 길이는 반지름이 됩니다. ➡ $12 \div 2 = 6$(cm)

18 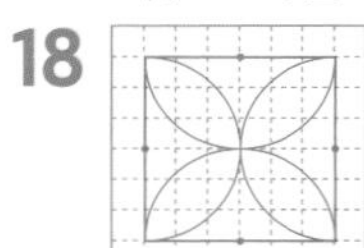

20 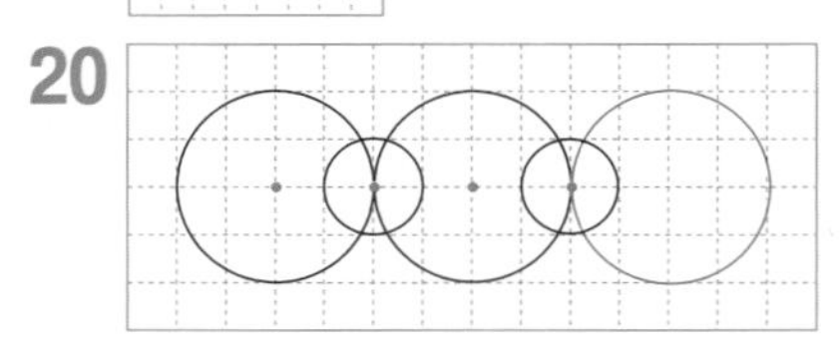

1회 4. 분수

10~12쪽

1 2, $\frac{2}{3}$　2 3, 6　3 1, $\frac{1}{3}$　4 (1) 3 (2) 9
5 예 30의 $\frac{3}{5}$은 30을 똑같이 5묶음으로 나눈 것 중의 3묶음이므로 18입니다. 따라서 주혁이가 먹은 사탕은 18개입니다. ; 18개
6 (1) 4 (2) 16　7 18 cm　8 2개　9 $\frac{22}{6}$
10 $\frac{5}{3}$, $\frac{8}{8}$　11 풀이 참조　12 ①　13 $\frac{4}{4}$, $\frac{8}{8}$
14 $1\frac{1}{2}$　15 ②　16 29　17 $\frac{9}{6}$, $1\frac{3}{6}$
18 예 모두 가분수로 나타내면 $\frac{32}{9} < \frac{\square}{9} < \frac{38}{9}$이므로 □ 안에 들어갈 수 있는 자연수는 33, 34, 35, 36, 37로 모두 5개입니다. ; 5개
19 (1) $<$ (2) $=$　20 승일

풀이

4 (1) 15를 똑같이 5묶음으로 나눈 것 중의 1묶음은 3입니다.
(2) 15를 똑같이 5묶음으로 나눈 것 중의 3묶음은 9입니다.

7 90 cm의 $\frac{1}{5}$은 18 cm, $\frac{4}{5}$는 72 cm이므로 사용하고 남은 끈은 $90-72=18$(cm)입니다.

8 분자가 분모보다 작은 분수를 찾으면 $\frac{2}{7}$, $\frac{5}{6}$로 모두 2개입니다.

11 0, $\frac{5}{8}$, 1, $\frac{9}{8}$, $\frac{13}{8}$, 2

수직선에서 0부터 1까지 8칸으로 나누어져 있으므로 작은 눈금 한 칸의 크기는 $\frac{1}{8}$입니다.

13 분모와 분자가 같으면 1을 나타냅니다.

15 ② $4\frac{3}{7}=\frac{31}{7}$

16 $3\frac{2}{9}$를 가분수로 나타내면 $3\frac{2}{9}=\frac{29}{9}$입니다.
$\frac{29}{9}$는 $\frac{1}{9}$이 29개인 수입니다.

17 합이 15이고, 차가 3인 두 수는 6과 9입니다. 가분수를 만들면 $\frac{9}{6}$이고 대분수로 나타내면 $1\frac{3}{6}$입니다.

19 (1) $2\frac{4}{5}=\frac{14}{5}$이므로 $\frac{12}{5}<\frac{14}{5}$입니다.
(2) $1\frac{7}{9}=\frac{16}{9}$이므로 $\frac{16}{9}=\frac{16}{9}$입니다.

20 $2\frac{7}{11}=\frac{29}{11}$이므로 $\frac{29}{11}<\frac{30}{11}$입니다.
따라서 승일이가 더 오랫동안 책을 읽었습니다.

1회 5. 들이와 무게

13~15쪽

1 (2)(3)(1) **2** ②, ④
3 7 리터 280 밀리리터 **4** (선 잇기) **5** ⑤
6 지호
7 예 (양동이에 부은 물의 들이)
=(찬물의 들이)+(따뜻한 물의 들이)
=4 L 300 mL+5 L 800 mL
=10 L 100 mL ; 10 L 100 mL
8 ㉡ **9** 약 800 mL **10** 1300 mL
11 (2)(3)(1) **12** ㉡, ㉤, ㉥
13 그램, 킬로그램 **14** 4 kg 350 g
15 ㉢, ㉣, ㉠, ㉡ **16** (1) 4, 800 (2) 2, 200
17 (1) 8 kg 250 g (2) 8 kg 400 g
18 예 (오이의 무게)=(오이가 담긴 바구니의 무게)−(바구니만의 무게)=3 kg 200 g−300 g
=2 kg 900 g ; 2 kg 900 g
19 3개 **20** 배구공 주머니, 450 g

풀이

6 주사기에 들어가는 약은 1 L보다 적으므로 mL 단위를 사용하는 것이 알맞습니다.

8 ㉠ 2200 mL+1500 mL=3 L 700 mL
㉡ 2400 mL+2 L 750 mL=5 L 150 mL
㉢ 5800 mL−1 L 900 mL=3 L 900 mL

13 g은 그램이라 읽고, kg은 킬로그램이라 읽습니다.

15 모두 g으로 나타내어 비교해 봅니다.
㉡ 5 kg 50 g=5050 g
㉣ 5 kg 500 g=5500 g
➡ ㉢>㉣>㉠>㉡

19 야구공 3개의 무게는
145 g+145 g+145 g=435 g이므로 축구공의 무게는 야구공 3개의 무게와 비슷합니다.

20 (농구공 주머니의 무게)=750 g×3=2250 g
(배구공 주머니의 무게)=270 g×10=2700 g
➡ 2250 g<2700 g이므로 배구공 주머니가 2700 g−2250 g=450 g 더 무겁습니다.

1회 6. 자료의 정리

16~18쪽

1 17명 **2** 축구 **3** 축구, 야구, 피구, 달리기
4 풀이 참조 **5** 23명 **6** 행복 아파트
7 예 보람 아파트 : 6명, 배려 아파트 : 4명
➡ 6−4=2(명) ; 2명
8 그림그래프 **9** 100마리, 10마리
10 320마리 **11** 다 마을

12 나 마을, 가 마을, 라 마을, 다 마을
13 10권, 1권 14 풀이 참조 15 효주
16 8명 17 25명 18 풀이 참조
19 풀이 참조 20 ㉥ 과수원별 사과 생산량을 한 눈에 비교하기 쉽습니다.

풀이

2 축구 : 24명, 야구 : 17명, 피구 : 16명, 달리기 : 14명
➡ 축구를 좋아하는 학생이 24명으로 가장 많습니다.

4

아파트	보람	행복	긍정	배려	합계
학생 수(명)	6	8	5	4	23

살고 있는 아파트별로 수를 셉니다.
(합계)=6+8+5+4=23(명)

8 자료를 그림으로 나타낸 그래프를 그림그래프라고 합니다.

10 100마리 그림 3개, 10마리 그림 2개 ➡ 320마리

11 100마리 그림의 수가 가장 적은 마을을 찾습니다.

12 가 마을 : 260마리, 나 마을 : 320마리,
다 마을 : 170마리, 라 마을 : 200마리

13 큰 그림은 10권, 작은 그림은 1권을 나타내고 있습니다.

14

이름	책의 수
효주	◎◎◎○○
은성	◎◎○○○○○
승우	◎○○○○

◎ 10권 ○ 1권

15 10권을 나타내는 그림이 가장 많은 사람을 찾습니다.

16 92−24−12−15−33=8(명)

17 학생 수가 가장 많은 요일은 목요일 33명이고 가장 적은 요일은 금요일 8명입니다.
➡ 33−8=25(명)

18

요일	학생 수
월	◎◎○○○○
화	◎○○
수	◎○○○○○
목	◎◎◎○○○
금	○○○○○○○○

◎ 10명 ○ 1명

19

봄 ◎◎◎◎◎	여름 ◎◎◎○○
가을 ◎◎○○○○○○○	겨울 ◎◎○

◎ 10명 ○ 1명

(여름을 좋아하는 학생 수)=130−50−27−21
=32(명)

2회 1. 곱셈

19~21쪽

1 396 2 (위에서부터) 2, 3, 2272
3 (1) 492 (2) 4044 4 < 5 3
6 ㉥ (재희네 반 책꽂이에 있는 책 수)=(책꽂이 한 개에 꽂은 책 수)×(책꽂이 수)=312×3=936(권) ; 936권 7 3360원
8 1200, 1600, 2000 9 10 10 3180
11 (왼쪽부터) 12, 60, 72 ; 4, 20, 12, 60
12 ㉥ (32시간 동안 만들 수 있는 냉장고 수)
=(한 시간 동안 만들 수 있는 냉장고 수)×32
=9×32=288(대) ; 288대
13 풀이 참조 14 (위에서부터) 1600, 2700, 1920, 2250 15 ㉣ 16 315자루
17 ㉥ 어떤 수를 □라 하면 잘못 계산한 식은 □+38=64입니다. ➡ □=64−38=26 따라서 바르게 계산하면 26×38=988입니다. ; 988
18 900쪽 19 149쪽 20 컬러로 48분 동안 인쇄에 ○표

풀이

4 327×3=981, 246×4=984
➡ 981<984

5 □×7의 일의 자리 숫자가 1이므로 □=3입니다.

7 (필요한 돈)=(연필 한 자루의 가격)×(연필 수)
=420×8=3360(원)

10 ㉮는 53이고 ㉯는 60입니다.
➡ 53×60=3180

13
```
    3 7
  × 2 4
  -----
  1 4 8
  7 4 0
  -----
  8 8 8
```
37×20의 계산은 740인데 자리를 잘못 맞추어 썼습니다.

14 $32\times50=1600$, $60\times45=2700$, $32\times60=1920$, $50\times45=2250$

15 ㉠ $54\times41=2214$ ㉡ $41\times50=2050$
㉢ $65\times32=2080$ ㉣ $27\times95=2565$

16 연필 한 타는 12자루이므로 학생들에게 나누어 준 연필은 $12\times26=312$(자루)입니다. 따라서 선생님께서 처음에 가지고 있던 연필은 모두 $312+3=315$(자루)입니다.

18 (흑백으로 1시간 동안 인쇄된 쪽수)
=(흑백으로 1분에 인쇄된 쪽수)$\times60$
$=15\times60=900$(쪽)

2회 2. 나눗셈

22~24쪽

1 30 2 45, 15
3 (1) 20, 80 ; 20 (2) 35, 60, 10, 10 ; 30, 5
4 < 5 풀이 참조 6 (1) 24 ; 0 (2) 13 ; 1
7 예 (한 명이 가지는 곶감 수)=(전체 곶감 수)÷(사람 수)$=69\div3=23$(개) ; 23개
8 14 9 ㉠ 10 11팀, 1명 11 12마리
12 예 귤 76개를 6사람에게 나누어 주면 $76\div6=12\cdots4$로 4개가 남습니다. 따라서 귤이 $6-4=2$(개) 더 있으면 남김없이 똑같이 나누어 줄 수 있습니다. ; 2개
13 (1) 173 ; 0 (2) 78 ; 2 14 137 15 24개
16 24개 17 예 몫이 가장 크게 되려면 (가장 큰 세 자리 수)÷(가장 작은 한 자리 수)를 만들면 됩니다. 따라서 $975\div3=325$이므로 몫이 가장 크게 될 때, 나눗셈의 몫은 325입니다. ; 325
18 (선 잇기) 19 풀이 참조 20 52

풀이

5
```
    1 4
 3)4 3
   3 0
   ---
   1 3
   1 2
   ---
     1
```
나머지는 나누는 수보다 작아야 합니다. 13에는 3이 4번 들어갈 수 있으므로 몫은 14입니다.

6 (1)
```
    2 4
 3)7 2
   6
   ---
   1 2
   1 2
   ---
     0
```
(2)
```
    1 3
 5)6 6
   5
   ---
   1 6
   1 5
   ---
     1
```

10 (전체 학생 수)÷(한 모둠의 학생 수)$=45\div4=11\cdots1$
따라서 11팀이 생기고, 1명이 남습니다.

11 한 두름은 20마리이므로 세 두름은 $20\times3=60$(마리)입니다. ➡ $60\div5=12$(마리)

13 (1)
```
    1 7 3
 4)6 9 2
   4
   -----
   2 9
   2 8
   -----
     1 2
     1 2
   -----
       0
```
(2)
```
      7 8
 6)4 7 0
   4 2
   -----
     5 0
     4 8
   -----
       2
```

15 컨테이너 144개를 6개 나라에 똑같이 내려야 하므로 $144\div6=24$(개)입니다.

16 (한 명의 상인이 산 에어컨의 수)
=(전체 에어컨의 수)÷(상인의 수)
$=96\div4=24$(대)

19
```
    1 7
 4)7 0
   4
   ---
   3 0
   2 8
   ---
     2
```
확인 $4\times17=68$, $68+2=70$

20 어떤 수를 □라 하면 $□\div6=8\cdots4$입니다.
따라서 $6\times8=48$, $48+4=52$입니다.

2회 3. 원

25~27쪽

1 ㉠, ㉢ 2 4 cm 3 선분 ㄴㅁ
4 (1) 8 (2) 10 5 지름 6 같습니다.
7 11 cm, 9 cm 8 6 cm 9 18 cm
10 예 원의 지름은 정사각형의 한 변의 길이와 같습니다. 따라서 원의 반지름은 $48\div2=24$(cm)입니다. ; 24 cm

11 4 cm **12** 16 cm
13 ⓔ 가장 작은 원의 지름은 $3\times2=6$(cm), 중간 원의 지름은 $6\times2=12$(cm), 가장 큰 원의 지름은 $12\times2=24$(cm)입니다. 정사각형 한 변의 길이는 큰 원의 지름과 같으므로 $24\times4=96$(cm)입니다. ; 96 cm
14 308 cm **15** ① 중심 ② 5 ③ ㅇ **16** ㉡
17 풀이 참조 **18** 풀이 참조
19 4, 변하지 않는에 ○표 **20** 풀이 참조

풀이

4 지름은 반지름의 2배입니다.
(1) $4\times2=8$(cm) (2) $5\times2=10$(cm)

5 원의 중심을 지나는 선분을 원의 지름이라고 합니다.

6 한 원에서 반지름은 모두 같습니다.

7 (남자가 사용하는 원반의 반지름)$=22\div2$
$=11$(cm)
(여자가 사용하는 원반의 반지름)$=18\div2$
$=9$(cm)

8 삼각형의 한 변의 길이는 원의 지름과 같습니다.
➡ $3\times2=6$(cm)

11 큰 원의 반지름은 $24\div2=12$(cm)입니다.
➡ (작은 원의 반지름)$=12-8=4$(cm)

12 (큰 원의 반지름)=(작은 원의 지름)
$=8\times2=16$(cm)
이므로 선분 ㄱㄴ의 길이는 16 cm입니다.

14 바퀴 1개의 반지름이 48 cm이므로 지름은 $48\times2=96$(cm)입니다. 바퀴가 3개 있으므로 $96\times3=288$(cm)이고 바퀴와 바퀴 사이 간격이 2군데 있으므로 $10\times2=20$(cm)입니다.
➡ $288+20=308$(cm)

17
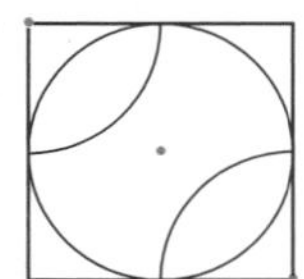

18
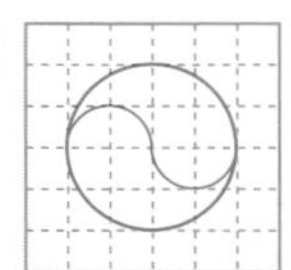

20
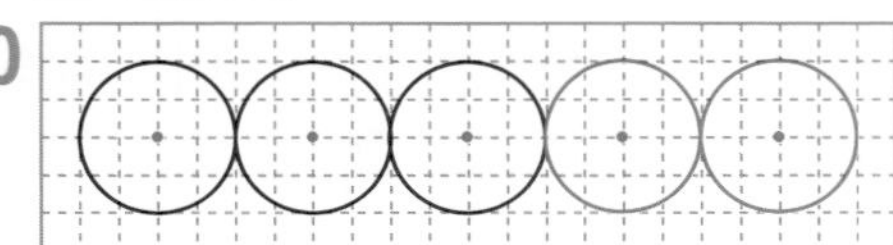

2회 4. 분수

28~30쪽

1 7, $\frac{3}{7}$ **2** (선 잇기) **3** $\frac{3}{8}$ **4** 20송이
5 (1) 16 (2) 24 (3) 28
6 ⓔ 28의 $\frac{3}{7}$은 28을 똑같이 7묶음으로 나눈 것 중의 3묶음이므로 12입니다. 따라서 민지가 먹은 자두는 12개입니다. ; 12개
7 (1) 50 (2) 40 **8** 13, $\frac{13}{6}$ **9** $\frac{3}{4}$, $\frac{5}{7}$
10 (선 잇기) **11** 풀이 참조 **12** ⑤
13 ⓔ 가분수는 분자와 분모가 같거나 분자가 분모보다 큰 분수입니다. $\frac{5}{3}$, $\frac{7}{3}$, $\frac{8}{3}$, $\frac{7}{5}$, $\frac{8}{5}$, $\frac{8}{7}$ ➡ 6개 ; 6개
14 (1) $\frac{11}{2}$ (2) $\frac{33}{5}$ **15** (1) $2\frac{2}{3}$ (2) $4\frac{1}{4}$
16 $6\frac{3}{5}$, $\frac{33}{5}$ **17** 20 **18** 4, 5, 6, 7, 8, 9
19 (1) $>$ (2) $=$ **20** $>$

풀이

3 24를 3씩 묶으면 8묶음입니다. 9는 8묶음 중 3묶음이므로 9는 24의 $\frac{3}{8}$입니다.

4 24를 똑같이 6묶음으로 나눈 것 중의 1묶음은 4입니다.
24의 $\frac{1}{6}$이 4이므로 24의 $\frac{5}{6}$는 $4\times5=20$입니다.

5 (1) 32를 똑같이 2묶음으로 나눈 것 중의 1묶음이므로 16개입니다.
(2) 32를 똑같이 4묶음으로 나눈 것 중의 3묶음이므로 24개입니다.
(3) 32를 똑같이 8묶음으로 나눈 것 중의 7묶음이므로 28개입니다.

7 (1) $\frac{1}{2}$m는 100 cm를 2로 똑같이 나눈 것 중의 1이므로 50 cm입니다.

(2) $\frac{2}{5}$m는 100 cm를 5로 똑같이 나눈 것 중의 2이므로 40 cm입니다.

9 분자가 분모보다 작은 분수를 찾으면 $\frac{3}{4}$, $\frac{5}{7}$입니다.

11 (수직선: 0, $\frac{4}{5}$, 1, 2)

그림으로 표시된 분수는 $\frac{4}{5}$입니다. 수직선에서 0부터 1까지는 5칸으로 나누어져 있으므로 수직선에서 4번째 칸 위치에 표시합니다.

12 대분수의 분수 부분은 진분수이어야 합니다.

14 (1) 5는 $\frac{10}{2}$과 같으므로 $\frac{1}{2}$이 11개입니다. → $\frac{11}{2}$

(2) 6은 $\frac{30}{5}$과 같으므로 $\frac{1}{5}$이 33개입니다. → $\frac{33}{5}$

15 (1) $\frac{8}{3}$에서 $\frac{6}{3}$은 2와 같고 $\frac{2}{3}$가 남습니다. → $2\frac{2}{3}$

(2) $\frac{17}{4}$에서 $\frac{16}{4}$은 4와 같고 $\frac{1}{4}$이 남습니다.

→ $4\frac{1}{4}$

18 분모가 같은 분수의 크기 비교는 분자의 크기만 비교하면 됩니다.
따라서 3<□<10이므로 □ 안에 들어갈 수 있는 자연수는 4, 5, 6, 7, 8, 9입니다.

19 (1) $5\frac{5}{8}=\frac{45}{8}$이므로 $\frac{45}{8}>\frac{43}{8}$입니다.

(2) $3\frac{5}{9}=\frac{32}{9}$이므로 $\frac{32}{9}=\frac{32}{9}$입니다.

20 가장 큰 계량스푼으로 4번 넣고 $\frac{1}{4}$ 계량스푼으로 3번 넣은 것을 분수로 나타내면 $4\frac{3}{4}$이고, $\frac{1}{4}$ 계량스푼으로 17번 넣은 것을 분수로 나타내면 $\frac{17}{4}$입니다. 따라서 $4\frac{3}{4}=\frac{19}{4}$이므로 $\frac{19}{4}>\frac{17}{4}$입니다.

➡ $4\frac{3}{4}>\frac{17}{4}$

2회 5. 들이와 무게

31~33쪽

1 (3)(1)(2) **2** 주스병
3 (1) 4000 (2) 2, 500 (3) 7250
4 (1) > (2) = **5** 약 3 L **6** ㉡
7 (1) 3, 500 (2) 2, 200
8 (1) 8 L 100 mL (2) 2 L 400 mL **9** <
10 예 2 L 200 mL를 4번 더합니다. 2 L 200 mL+2 L 200 mL+2 L 200 mL+2 L 200 mL=8 L 800 mL ; 8 L 800 mL
11 풀이 참조 **12** (1) 1 (2) 1600
13 (1) 6000 (2) 3400 (3) 2, 500 (4) 7000
14 3350 g **15** (1) kg (2) g (3) t **16** ④
17 (1) 6 kg 200 g (2) 2 kg 800 g
18 예 오늘 캔 감자의 무게는 8 kg 400 g+500 g=8 kg 900 g입니다. 따라서 어제와 오늘 캔 감자는 모두 8 kg 400 g+8 kg 900 g=17 kg 300 g입니다. ; 17 kg 300 g
19 4 kg 900 g **20** 1700 g

풀이

1 크기가 클수록 물을 많이 담을 수 있습니다.

2 2<6<7이므로 들이가 가장 많은 것은 주스병입니다.

3 (2) 2500 mL=2000 mL+500 mL
=2 L+500 mL
=2 L 500 mL

(3) 7 L 250 mL=7 L+250 mL
=7000 mL+250 mL
=7250 mL

4 (1) 5 L 80 mL=5 L+80 mL
=5000 mL+80 mL
=5080 mL
➡ 5800 mL>5080 mL

5 들이가 1 L인 물병으로 3번 부었으므로 약 3 L입니다.

6 마신 우유의 양은 200 mL로 표현합니다.

8 1 L=1000 mL

9 3 L 200 mL+1900 mL=5 L 100 mL,
7 L 100 mL−1800 mL=5 L 300 mL
➡ 5 L 100 mL<5 L 300 mL

11 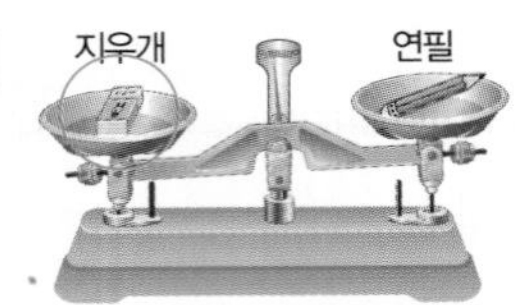

지우개를 올려놓은 쪽이 기울어졌으므로 지우개는 연필보다 더 무겁습니다.

13 (2) 3 kg 400 g=3 kg+400 g=3000 g+400 g
=3400 g
(3) 2500 g=2000 g+500 g=2 kg+500 g
=2 kg 500 g

14 3 kg+350 g=3000 g+350 g=3350 g

15 사람의 몸무게는 kg, 공의 무게는 g, 버스의 무게는 t이 적절합니다.

17 1 kg=1000 g

19 (배 3개의 무게)=300 g+300 g+300 g=900 g
(사과 2개의 무게)=200 g+200 g=400 g
➡ 3 kg 600 g+900 g+400 g=4 kg 900 g

20 3 kg 600 g−1 kg 900 g=1 kg 700 g
=1700 g

2회 6. 자료의 정리 34~36쪽

1 6명 2 4월, 8월 3 21명 4 풀이 참조
5 64회 6 예 운동을 가장 많이 한 달은 10월로 23회이고, 가장 적게 한 달은 12월로 10회입니다.
➡ 23−10=13(회) ; 13회
7 ⑤ 8 풀이 참조 9 체육 10 체육 ; 예 가장 많은 학생들이 좋아하는 과목으로 선택했기 때문입니다. 11 10명, 1명
12 예 10명을 나타내는 그림이 2개, 1명을 나타내는 그림이 6개이므로 26명입니다. ; 26명
13 라면, 떡볶이, 순대, 김밥 14 10권, 1권
15 풀이 참조 16 바람 모둠 17 달 모둠
18 27대 19 풀이 참조 20 300 kg

풀이

2 3월 : 6명, 4월 : 9명, 6월 : 4명, 8월 : 2명
➡ 친구들이 가장 많이 태어난 달은 4월이고, 가장 적게 태어난 달은 8월입니다.

3 6+9+4+2=21(명)

4

월	9월	10월	11월	12월	합계
횟수(회)	11	23	20	10	64

7 ⑤ 10회와 1회를 구분하여 그리면 한눈에 쉽게 알아볼 수 있습니다.

8

계절	수학	사회	영어	미술	체육	합계
학생 수(명)	3	1	2	2	4	12

9 체육을 좋아하는 학생이 4명으로 가장 많습니다.

13 그림그래프에서 10명을 나타내는 그림이 많은 간식부터 순서대로 쓰고, 10명을 나타내는 그림의 수가 같으면 1명을 나타내는 그림이 많은 간식부터 순서대로 씁니다.

14 책의 수는 두 자리 수이므로 각각 10권, 1권으로 나타내는 것이 좋습니다.

15

모둠	책의 수
별	
달	
해	
바람	

10권
1권

16 그림그래프에서 10권을 나타내는 그림의 수를 비교한 다음 1권을 나타내는 그림의 수를 비교합니다.

17 그림그래프에서 10권을 나타내는 그림이 가장 적은 모둠을 찾으면 달 모둠입니다.

18 (11월의 컴퓨터 판매량)
=120−37−22−34
=27(대)

19

월	판매량
9월	
10월	
11월	
12월	

10대
1대

20 가 마을: 330 kg, 다 마을: 260 kg, 라 마을: 110 kg
➡ (나 마을의 쌀 생산량)
=1000−330−260−110
=300(kg)

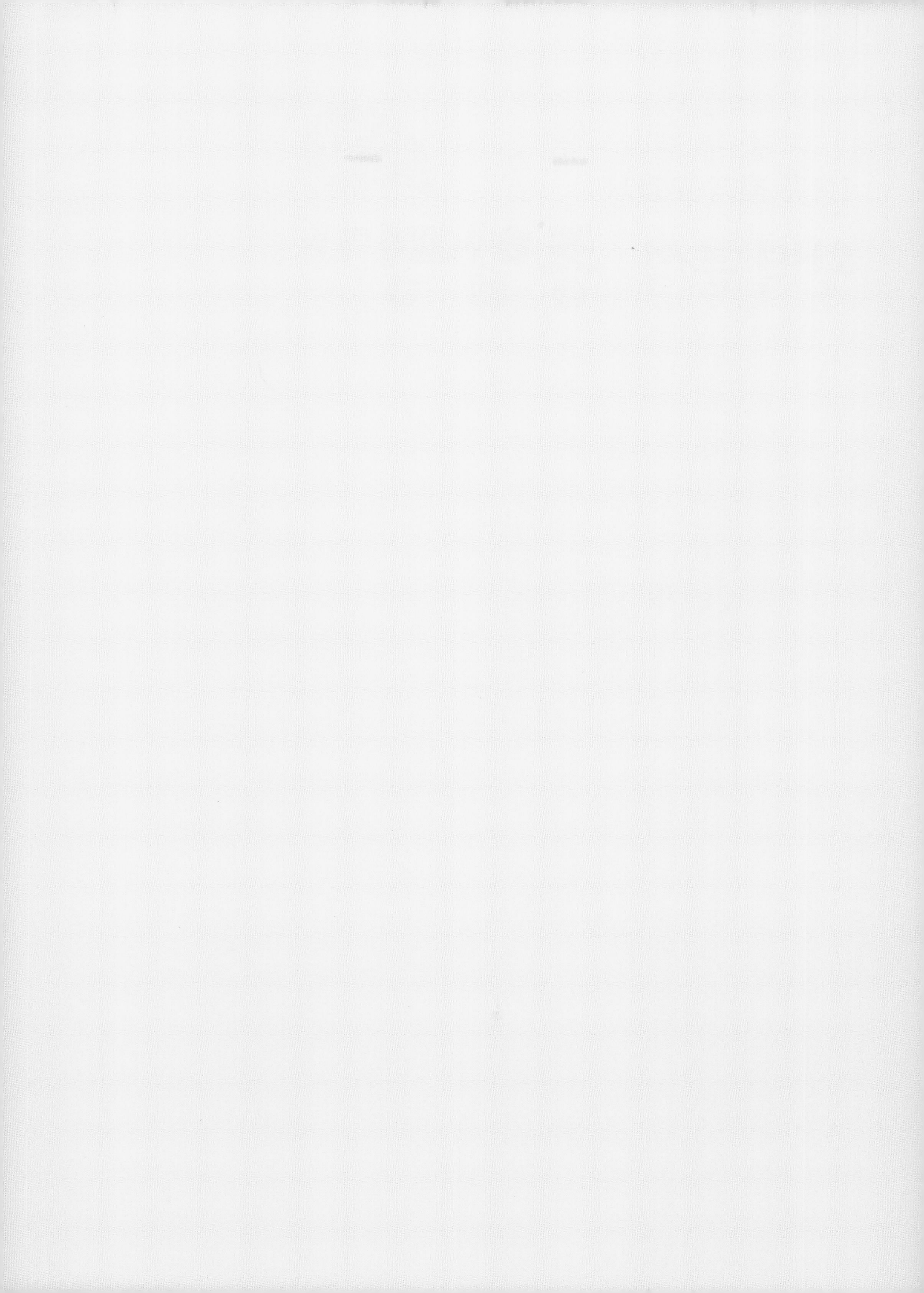

10종 검정 교과서

완벽 분석 종합평가

국어
개념
단원평가
3·2

수학
개념
단원평가
3·2

사회
개념
단원평가
3·2

과학
개념
단원평가
3·2

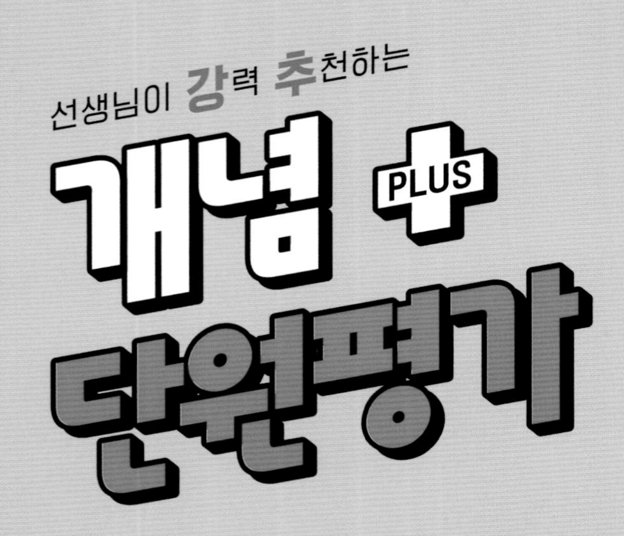
선생님이 강력 추천하는
개념 PLUS
단원평가

정답과 풀이

3·2

3~4학년군

교육의 길잡이·학생의 동반자
(주)교학사

정답과 풀이

1 곱셈

수학 익힘 풀기

9쪽

1 (1) 4, 2, 8 (2) 1, 2, 2 (3) 2, 2, 4 ; 214, 2, 428 2 (1) 396 (2) 864 3 (1) ㉢ (2) ㉠ (3) ㉡ 4 (1) 5 (2) 6 5 풀이 참조 6 (1) 1779 (2) 1928 7 362×4=1448 ; 1448권

풀이

1 (1) 일 모형의 개수: 4×2=8(개)
(2) 십 모형의 개수: 1×2=2(개)
(3) 백 모형의 개수: 2×2=4(개)
➜ 214×2=428

2 (1) 2와 3을 곱하여 일의 자리에, 3과 3을 곱하여 십의 자리에, 1과 3을 곱하여 백의 자리에 씁니다.

3 (1) 324×3=972 (받아올림 1)
(2) 116×5=580 (받아올림 3)
(3) 217×4=868 (받아올림 2)

4 (1) 십의 자리에서 1×5=5와 일의 자리에서 받아올림한 수를 더한 값이 7이므로 일의 자리에서 받아올림한 수는 2입니다. 따라서 □×5=25, □=5입니다.

5

```
      5 3 1
  ×       7
  ---------
          7 … 1 ×7
      2 1 0 … 30 ×7
    3 5 0 0 … 500 ×7
  ---------
    3 7 1 7
```

3717은 1×7, 30×7, 500×7의 합을 나타냅니다.

6 각 자리의 곱이 10보다 크거나 같으면 윗자리에 올림한 수를 작게 쓰고, 윗자리의 곱에 더합니다.

7 362권씩 꽂은 책꽂이가 4개 있으므로 362×4=1448(권)입니다.

수학 익힘 풀기

11쪽

1 100 2 (1) 4200 (2) 3600 3 1380 ; 2820 ; 4680 4 2 ; 30 5 (위에서부터) 252, 208 6 4×43, 5×35

풀이

1 (몇십)×(몇십)의 계산: (몇)×(몇)을 계산하고 곱의 뒤에 0을 2개 더 붙입니다. 0을 2개 더 붙인다는 것은 100배를 의미합니다.

2 (1) (몇십)×(몇십)의 계산: (몇)×(몇)을 계산하고 곱의 뒤에 0을 2개 더 붙입니다.
(2) (몇십몇)×(몇십)의 계산: (몇십몇)×(몇)을 계산하고 곱의 뒤에 0을 1개 더 붙입니다.

3 (1) 23×60=1380 (2) 47×60=2820 (3) 78×60=4680

4 세로 계산에서 14는 7×2, 210은 7×30을 나타냅니다.

5

```
      4            4
  ×  6 3       ×  5 2
  ------       ------
     1 2           8
   2 4 0       2 0 0
  ------       ------
   2 5 2       2 0 8
```

6

2×62	3×51
4×43	5×35
6×27	7×18

2×62=124, 3×51=153
4×43=172, 5×35=175
6×27=162, 7×18=126

수학 익힘 풀기

13쪽

1 풀이 참조 2 풀이 참조 3 풀이 참조 4 (1) ㉠ (2) ㉢ (3) ㉡ 5 98×13=1274 ; 1274 g 6 3575 kg

풀이

1

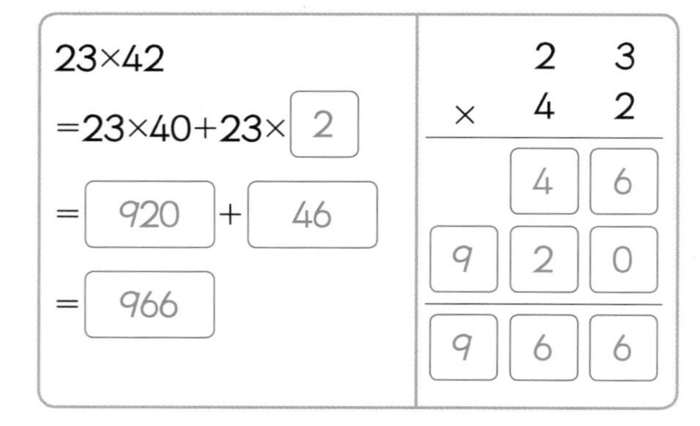

세로 계산에서는 23과 일의 자리 2를 먼저 곱하고, 23과 십의 자리 4를 곱한 값을 더한 것입니다.

2

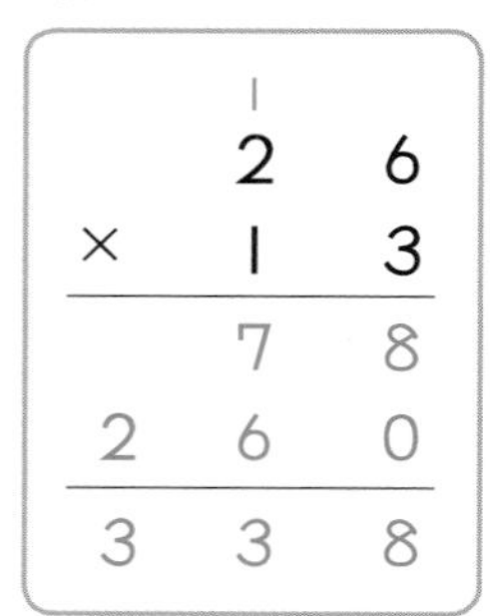

13의 1은 10을 뜻하므로 26×10=260이 됩니다. 따라서 백의 자리에 2를 쓰고, 십의 자리에 6을 써야 합니다.

3

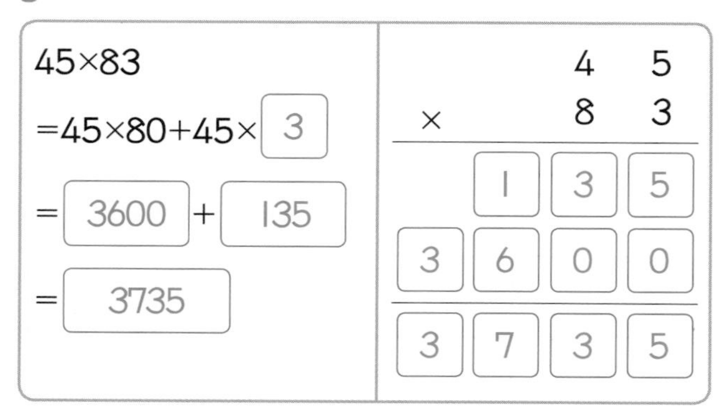

세로 계산에서는 45와 일의 자리 3을 먼저 곱하고, 45와 십의 자리 8을 곱한 값을 더한 것입니다.

4 (1) 54×63=3402
(2) 85×79=6715
(3) 89×56=4984

5 98×13=1274 (g)

6 55×65=3575 (kg)

1회 단원 평가 연습

14~16쪽

1 321, 3, 963 **2** (1) 399 (2) 1500 **3** 6
4 4550원 **5** 예 100이 7개, 10이 15개, 1이 9개인 수는 859입니다. ➔ 859×7=6013 ; 6013 **6** ( )(○) **7** 9 **8** 3250 **9** 2250원 **10** ㉣, ㉡, ㉢, ㉠ **11** (1) 135 (2) 258 **12** ㉠ 70, ㉡ 4 **13** 3 **14** 276, 759 **15** 1627 **16** (위에서부터) 7, 5, 5
17 예 64×82=5248(또는 82×64=5248)
18 440원 **19** 816장 **20** 예 (버스 한 대에 탄 학생 수)=45−4=41(명), (3학년 학생 수)=(버스 한 대에 탄 학생 수)×(버스 수)=41×13=533(명) ; 533명

풀이

2 (2) 올림한 수는 위에 작게 쓰고, 바로 윗자리의 곱에 올림한 수를 더해 줍니다.

3 □×3의 일의 자리 숫자가 8이므로 □=6입니다.

4 650×7=4550(원)

6 30×80=2400, 60×50=3000 ➔ 2400<3000

7 □×4=36 ➔ □=9

8 65×5=325
65×50=3250

9 50×45=2250(원)

10 ㉠ 880 ㉡ 1800 ㉢ 900 ㉣ 2000
➔ 2000>1800>900>880이므로
㉣>㉡>㉢>㉠입니다.

12 4×75=(4×70)+(4×5)=280+20=300

13 6×28=168
□=3일 때 3×43=129, □=4일 때 4×43=172
따라서 □ 안에 들어갈 수 있는 가장 큰 수는 3입니다.

14 12×23=276, 33×23=759

15 ㉠ 1530 ㉡ 1800 ㉢ 3115 ㉣ 1488
➔ ㉢−㉣=3115−1488=1627

16 • ㉠×8의 일의 자리 숫자가 6이므로
㉠=2 또는 ㉠=7입니다.
㉠=2일 때, 42×8=336(×)
㉠=7일 때, 47×8=376(○)

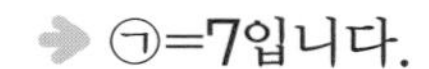
➔ ㉠=7입니다.
- 7+㉢=12이므로 ㉢=5입니다.
- 47×㉡=235이므로 ㉡=5입니다.

$$\begin{array}{r} 4\ \boxed{7}^{㉠} \\ \times\ \boxed{5}^{㉡}\ 8 \\ \hline 3\ 7\ 6 \\ 2\ 3\ \boxed{5}^{㉢}\ 0 \\ \hline 2\ 7\ 2\ 6 \end{array}$$

17 6□×8□를 계산하여 곱이 큰 경우를 찾습니다.
➔ 62×84=5208, 64×82=5248
따라서 곱이 가장 큰 곱셈식은 64×82=5248 또는 82×64=5248입니다.

18 (공책값)=570×8=4560(원)
(거스름돈)=5000−4560=440(원)

19 (한 벽면을 쌓는 데 필요한 벽돌 수)=24×17 =408(장)
(두 벽면을 쌓는 데 필요한 벽돌 수)=408×2 =816(장)

2회 단원 평가 도전 17~19쪽

1 (1) 244 (2) 1065 **2** (1) < (2) > **3** 365×4 =1460 ; 1460 **4** ㉡ **5** (위에서부터) 5, 4 **6** 56 ; 28, 56 **7** (1) 1500 (2) 2720 **8** ㉢ **9** 1, 2 **10** 풀이 참조 **11** 예 4×16=64, 3×24=72이므로 64보다 크고 72보다 작은 두 자리 수는 65, 66, 67, 68, 69, 70, 71로 모두 7개입니다. ; 7개 **12** 7, 3 **13** 풀이 참조 **14** 7440 **15** 풀이 참조 **16** 510쪽 **17** ㉣, ㉡, ㉠, ㉢ **18** 720시간 **19** 예 정사각형의 네 변의 길이는 모두 같습니다. (네 변의 길이의 합)=(한 변의 길이)×4=106×4=424(cm) ; 424 cm **20** 486명

풀이

2 (1) 124×4=496, 211×3=633 ➔ 496<633
(2) 232×3=696, 242×2=484 ➔ 696>484

3 365+365+365+365=365×4로 나타낼 수 있습니다. ➔ 365×4=1460

4 ㉠ 423×2=846 ㉡ 217×4=868

5

$$\begin{array}{r} 3\ \boxed{5}^{㉠}\ 3 \\ \times\ \boxed{4}^{㉡} \\ \hline 1\ 4\ 1\ 2 \end{array}$$

3×㉡에서 곱의 일의 자리 숫자가 2가 나오는 ㉡은 4밖에 없습니다. ㉠×4에서 곱의 일의 자리 숫자가 0이 나오는 ㉠은 5입니다.

6 (몇십몇)×(몇십)은 (몇십몇)×(몇)에 0을 한 개 붙여 줍니다.

8 ㉠ 30×60=1800 ㉡ 73×40=2920
㉢ 80×50=4000

9 40×30=1200이므로
50×□0은 1200보다 작아야 합니다.
50×10=500, 50×20=1000, 50×30=1500이므로 □ 안에 들어갈 수 있는 숫자는 1, 2입니다.

10

$$\begin{array}{r} 4 \\ \times\ 2\ 7 \\ \hline 8\ 2\ 8 \end{array} \qquad \begin{array}{r} 5 \\ \times\ 6\ 3 \\ \hline 3\ 1\ 5 \end{array}$$

(   ) (○)

바르게 계산하면 오른쪽과 같습니다.

$$\begin{array}{r} 4 \\ \times\ 2\ 7 \\ \hline 2\ 8 \\ 8\ 0 \\ \hline 1\ 0\ 8 \end{array}$$

12

$$\begin{array}{r} \boxed{7}^{㉠} \\ \times\ \boxed{3}^{㉡}\ 8 \\ \hline 2\ 6\ 6 \end{array}$$

㉠×8에서 곱의 일의 자리 숫자가 6이 되는 경우는 ㉠=2 또는 ㉠=7입니다.
- ㉠=2이면 2×8=16, 266−16=250이므로 2×㉡0=250에서 ㉡을 만족하는 수는 없습니다.
- ㉠=7이면 7×8=56, 266−56=210이므로 7×㉡0=210에서 ㉡=3입니다.
따라서 ㉠=7, ㉡=3입니다.

13

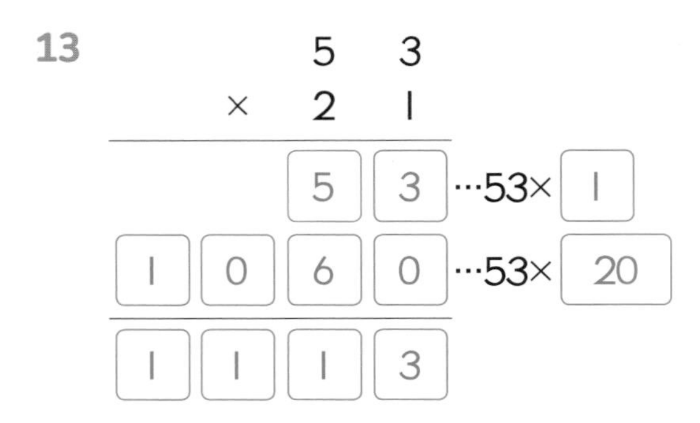

14 앞에서부터 두 수씩 차례대로 계산합니다.
62×15=930, 930×8=7440

15

```
      4  3
   ×  3  4
   --------
      1  7  2
   1  2  9  0
   -----------
   1  4  6  2
```

43×30의 계산 결과는 천의 자리부터 씁니다.

16 34×15=510(쪽)

17 ㉠ 23×46=1058 ㉡ 19×58=1102
㉢ 37×28=1036 ㉣ 63×21=1323
1323>1102>1058>1036 ➡ ㉣>㉡>㉠>㉢

18 24×30=720(시간)

20 46번째 줄에서 72번째 줄까지는 (72−46)+1=27(줄)이므로 강당에 앉아 있는 3학년 학생 수는 모두 18×27=486(명)입니다.

3회 단원 평가 기출 20~22쪽

1 (위에서부터) 777, 505, 555, 707 2 (1) 870 (2) 2088 3 384, 5 ; 1920 4 865개 5 3, 2 6 2100, 3010, 4550 7 40 8 ② 9 86, 60 ; 5160 10 448 11 예 가장 큰 수는 88이고, 가장 작은 수는 50입니다. 88×50=4400 ; 4400 12 9, 7, 5 ; 675 13 216 cm 14 < 15 예 51×50=2550, 42×61=2562이므로 2550<□<2562에서 □ 안에 들어갈 수 있는 자연수는 2551, 2552…… 2560, 2561로 모두 11개입니다. ; 11개 16 54 17 672명 18 1225번 19 188 20 예 (현수가 읽은 쪽수)=18×14=252(쪽), 더 읽어야 하는 쪽수는 288−252=36(쪽)이므로 2일 더 읽어야 모두 읽게 됩니다. ; 2일

풀이

1 111×7=777, 5×101=505
111×5=555, 7×101=707

2 (2) 올림한 수는 윗자리에 작게 쓰고, 바로 윗자리의 곱에 올림한 수를 더해 줍니다.

3 384를 5번 더한 것은 384×5와 같습니다.

4 173×5=865(개)

5 일의 자리: □×7=21이므로 □=3입니다.

6 30×70=2100, 43×70=3010,
65×70=4550

7 0이 2개
90×40=3600
9×4=36

8 ① 1800 ② 1400 ③ 2400 ④ 1500 ⑤ 2800

9 90보다 4 작은 수는 86이므로 86을 60번 더하면 86×60=5160입니다.

10 8×56=448

12 곱이 가장 크려면 (한 자리 수)에 가장 큰 수를 놓아야 합니다. 그리고 두 번째로 큰 수를 (두 자리 수)의 십의 자리에 놓습니다.

13 8×27=216(cm)

14 18×32=576, 24×27=648

16 36×15=540=54×10

17 12×56=672(명)

18 1주일은 7일이므로 175×7=1225(번)

19 어떤 수에 5를 더한 수를 □라 하면 □×6=54에서 □=9입니다. 따라서 (어떤 수)+5=9이므로 (어떤 수)=4입니다. ➡ 4×47=188

4회 단원 평가 실전 23~25쪽

1 428 2 200 3 ㉠ 4 8 5 875권 6 ㉠ 7 1080, 2220, 5340 8 (1) ㉡ (2) ㉠ (3) ㉢ 9 (1) > (2) > 10 예 1시간은 60분입니다. 1분에 78번씩 60분 동안 뛴 횟수는 78×60=4680(번)입니다. ; 4680번 11 61 12 풀이 참조 13 ㉠ 8 ㉡ 6 14 (1) 672 (2) 1702 15 884 16 풀이 참조 17 예 어떤 수를 □라고 하면 □+34=72, □=72−34=38입니다. 따라서 바르게 계산하면 38×34=1292입니다. ;

1292 **18** 예 4월의 날수는 30일입니다. 따라서 4월에 한 윗몸 일으키기 횟수는 모두 $55\times30=1650$(번)입니다. ; 1650번 **19** 5649원 **20** 예 (빨간 구슬 수)$=25\times20=500$(개), (파란 구슬 수)$=34\times16=544$(개), $544>500$이므로 파란 구슬이 $544-500=44$(개) 더 많습니다. ; 파란 구슬, 44개

풀이

1 $214\times2=428$

2 십의 자리의 계산 $50\times4=200$에서 200을 올림한 것이므로 2가 실제로 나타내는 수는 200입니다.

3 ㉠ $448\times3=1344$ ㉡ $328\times4=1312$
$1344>1312$이므로 계산 결과가 더 큰 것은 ㉠입니다.

4 일의 자리 계산에서 $\square\times4$의 일의 자리 수가 2이므로 □는 3 또는 8입니다.
□=3일 때 $563\times4=2252$, □=8일 때 $568\times4=2272$이므로 □ 안에 알맞은 수는 8입니다.

5 $125\times7=875$(권)

6 $80\times70=5600$
㉠ 560 ㉡, ㉢, ㉣ 5600

7 $60\times18=1080$, $60\times37=2220$, $60\times89=5340$

8 (1) $30\times80=2400$ ㉠ $20\times90=1800$
(2) $60\times30=1800$ ㉡ $48\times50=2400$
(3) $36\times20=720$ ㉢ $18\times40=720$

9 (1) $50\times20=1000$, $70\times10=700$
➡ $1000>700$
(2) $60\times48=2880$, $80\times25=2000$
➡ $2880>2000$

11 $8\times47=376$, $5\times63=315$ ➡ $376-315=61$

12

$$\begin{array}{r} 7 \\ \times\ 4\ 6 \\ \hline 4\ 2 \\ 2\ 8\ 0 \\ \hline 3\ 2\ 2 \end{array}$$

십의 자리의 곱은 7×4가 아니라 7×40임에 주의합니다.

13 ㉠=6, ㉡=8일 때 $6\times58=348$
㉠=8, ㉡=6일 때 $8\times56=448$
따라서 계산 결과가 더 큰 곱셈식을 만들려면 ㉠=8, ㉡=6이어야 합니다. ➡ 곱이 가장 크려면 (한 자리 수)에 가장 큰 수를 놓아야 합니다.

14 (1)

$$\begin{array}{r} 3\ 2 \\ \times\ 2\ 1 \\ \hline 3\ 2 \\ 6\ 4\ 0 \\ \hline 6\ 7\ 2 \end{array}$$

(2)

$$\begin{array}{r} 4\ 6 \\ \times\ 3\ 7 \\ \hline 3\ 2\ 2 \\ 1\ 3\ 8\ 0 \\ \hline 1\ 7\ 0\ 2 \end{array}$$

15 $34>28>26$이므로 가장 큰 수와 가장 작은 수의 곱은 $34\times26=884$입니다.

16

$$\begin{array}{r} ㉠\boxed{2}\ 4 \\ \times\ 5\ 6 \\ \hline 1\ 4\ 4 \\ 1\ ㉡\boxed{2}\ 0\ 0 \\ \hline 1\ ㉢\boxed{3}\ 4\ 4 \end{array}$$

㉠$4\times6=144$ ➡ ㉠$\times6=12$이므로 ㉠=2입니다.
$24\times50=1200$ ➡ ㉡=2
$1+2=3$ ➡ ㉢=3

19 $807\times7=5649$(원)

탐구 서술형 평가

26~29쪽

1 1단계 720개 2단계 750개 3단계 준희네 가족, 30개

1-1 예 (3학년 학생 수)$=24\times25=600$(명), (4학년 학생 수)$=32\times21=672$(명), $600<672$이므로 4학년이 $672-600=72$(명) 더 많습니다. ; 4학년, 72명

2 1단계 32명 2단계 224명 3단계 1344장

2-1 예 (한 반의 학생 수)=(남학생 수)+(여학생 수)=18+16=34(명), (한 반에 나누어 준 연필 수)=(한 반의 학생 수)×(한 사람에게 나누어 준 연필 수)=34×4=136(자루), (3학년 학생에게 나누어 준 연필 수)=(한 반에 나누어 준 연필 수)×(반 수)=136×9=1224(자루) ; 1224자루

3 1단계 912 cm 2단계 161 cm 3단계 751 cm

3-1 예 (색 테이프 39장의 전체 길이)=57×39=2223(cm), (겹쳐진 부분의 전체 길이)=12×38=456(cm), (이어 붙인 색 테이프의 전체 길이)=2223−456=1767(cm) ; 1767 cm

4 예 어떤 수를 □라고 하면 □−46=13, □=13+46=59입니다. 따라서 바르게 계산하면 59×46=2714입니다. ; 2714

5 예 보기에서 84×13=1092, 26×42=1092, 46×12=552, 3×184=552이므로 선분의 양 끝에 있는 수를 곱하면 가운데에 있는 수가 나오는 규칙입니다. ➔ ㉠=76×25=1900, 1900=950+950이므로 950×2=1900입니다. 따라서 ㉡=2입니다. ; ㉠ 1900, ㉡ 2

풀이

1 1단계 36×20=720(개)
2단계 25×30=750(개)
3단계 750>720이므로 준희네 가족이 750−720=30(개) 더 많이 땄습니다.

2 1단계 17+15=32(명)
2단계 32명씩 7개 반이므로 32×7=224(명)입니다.
3단계 224×6=1344(장)

3 1단계 38×24=912(cm)
2단계 겹쳐진 부분은 24−1=23(군데)입니다. 7×23=161(cm)
3단계 912−161=751(cm)

4 ① 어떤 수를 □라고 하고 잘못 계산한 식을 세워 어떤 수를 구합니다.
② 바르게 계산한 식으로 답을 구합니다.

5 ① 보기의 규칙이 무엇인지 알아봅니다.
② 보기의 규칙에 맞게 ㉠을 먼저 구한 후 ㉡을 구합니다.

2 나눗셈

수학 익힘 풀기 31쪽

1 (1) 4 (2) 40 2 (1) 30 (2) 30 3 (1) 20 (2) 20 (3) 30 4 (1) 12 (2) 12 5 (1) 25 (2) 15 (3) 35 6 (1) > (2) >

풀이

2 (몇십)÷(몇)은 (몇)÷(몇)을 계산한 다음, 구한 몫에 0을 한 개 더 붙입니다.

6 (1) 30÷2=15, 60÷5=12
(2) 80÷5=16, 60÷4=15

수학 익힘 풀기 33쪽

1 12 2 풀이 참조 3 39÷3=13 ; 13개
4 16 5 풀이 참조 6 45÷3=15 ; 15개

풀이

2 (1)
```
     4 [2]
  ┌──────
2 ) 8  4
   [8]
  ──────
      [4]
      [4]
  ──────
       0
```
(2)
```
     3 [2]
  ┌──────
3 ) 9  6
   [9]
  ──────
      [6]
      [6]
  ──────
       0
```

5 (1)
```
     2 [7]
  ┌──────
2 ) 5  4
   [4]
  ──────
   [1][4]
   [1][4]
  ──────
       0
```
(2)
```
     1 [8]
  ┌──────
3 ) 5  4
   [3]
  ──────
   [2][4]
   [2][4]
  ──────
       0
```

수학 익힘 풀기 35쪽

1 풀이 참조 ; 몫 5 ; 나머지 8 2 (1) 풀이 참조 ; 몫 9 ; 나머지 2 (2) 풀이 참조 ; 몫 7 ; 나머지 2 3 $32\div5=6\cdots2$; 6개씩, 2개 4 (1) 풀이 참조 ; 몫 12 ; 나머지 3 (2) 풀이 참조 ; 몫 16 ; 나머지 3 5 풀이 참조 6 $33\div2=16\cdots1$; 16개씩, 1개

풀이

1

```
     5
9)5 3
  4 5 ← 9×5
    8
```

$53\div9=5\cdots8$에서 53은 '나누어지는 수', 9는 '나누는 수', 5는 '몫', 8은 '나머지'라고 합니다.

2 (1)

```
    9
7)6 5
  6 3
    2
```

(2)

```
    7
8)5 8
  5 6
    2
```

4 (1)

```
  1 2 ← 몫
6)7 5
  6
  1 5
  1 2
    3 ← 나머지
```

(2)

```
  1 6 ← 몫
4)6 7
  4
  2 7
  2 4
    3 ← 나머지
```

5

```
  1 9
3)5 9
  3
  2 9
  2 7
    2
```

나머지는 항상 나누는 수보다 작아야 합니다. 나머지 5가 나누는 수 3보다 크므로 몫을 18에서 19로 1 크게 합니다.

수학 익힘 풀기 37쪽

1 풀이 참조 2 풀이 참조 3 풀이 참조 4 $378\div6=63$; 63개 5 풀이 참조 ; 몫 86 ; 나머지 1 6 $125\div4=31\cdots1$; 31개씩, 1개 7 풀이 참조 ; 몫 90 ; 나머지 3 ; 확인 $4\times90=360$ → $360+3=363$

풀이

1

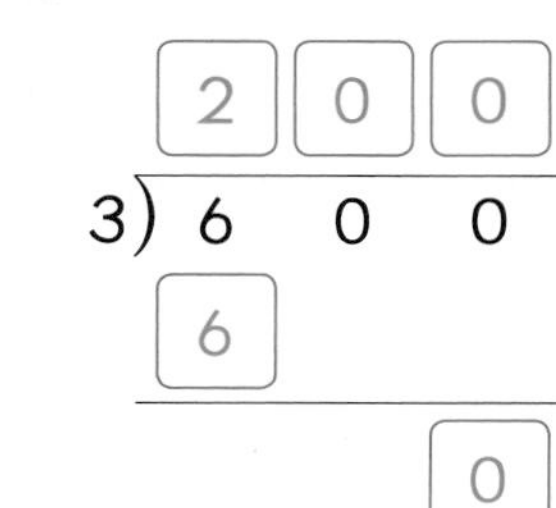

```
  2 0 0
3)6 0 0
  6
      0
```

2

```
  1 6 0
3)4 8 0
  3
  1 8
  1 8
      0
```

3

```
  1 5 5
5)7 7 5
  5
  2 7
  2 5
    2 5
    2 5
      0
```

5

```
    8 6
3)2 5 9
  2 4
    1 9
    1 8
      1
```

7

```
    9 0
4)3 6 3
  3 6
      3
```

나누는 수와 몫의 곱에 나머지를 더하면 나누어지는 수가 되어야 합니다.

1회 단원 평가 연습 38~40쪽

1 ④ 2 예 (전체 색종이 수)=10×6=60(장), (나누어 줄 수 있는 사람 수)=60÷3=20(명) ; 20명 3 ㄹ 4 풀이 참조 5 > 6 11 7 12 8 12cm 9 ⑤ 10 몫 9 ; 나머지 3 11 2개 12 ㉠, ㉢, ㉡, ㉣ 13 풀이 참조 14 (1) 160 (2) 78 15 90명 16 6 17 풀이 참조 ; 몫 43 ; 나머지 1 18 풀이 참조 ; 확인 9×7=63 ➔ 63+2=65 19 예 어떤 수를 □라고 하면 □÷5=9⋯4입니다. 나누는 수에 몫을 곱한 후 나머지를 더하면 나누어지는 수가 되므로 5×9=45 ➔ 45+4=49에서 어떤 수는 49입니다. 따라서 바르게 계산하면 49×5=245입니다. ; 245 20 9개

풀이

1 ① 60÷2=30 ② 40÷2=20 ③ 50÷5=10 ④ 80÷2=40 ⑤ 30÷3=10

3 ㉠ 16 ㉡ 30 ㉢ 15 ㉣ 14

4 (1)
```
   1 2
4)4 8
  4
    8
    8
    0
```
(2)
```
   2 3
3)6 9
  6
    9
    9
    0
```

5 63÷3=21 > 48÷4=12

6 66÷3=22, 22÷2=11

7
```
   1 2
7)8 4
  7
  1 4
  1 4
    0
```

8 (도막의 길이)=(전체 철사의 길이)÷(도막의 수) =96÷8=12(cm)

9 ① 56÷2=28 ② 75÷3=25 ③ 52÷2=26 ④ 72÷3=24 ⑤ 91÷7=13

11 37÷7=5⋯2
경인이가 먹은 사탕은 나머지 2개입니다.

12 ㉠ 34÷6=5⋯4 ㉡ 57÷4=14⋯1 ㉢ 73÷7=10⋯3 ㉣ 96÷4=24

13
```
   [1] 6
[5])8 4
   [5]
    3 4
    3 [0]
      4
```
```
   ㉠ 6
㉡)8 4
   ㉢
   3 4
   3 ㉣
     4
```
• 4−㉣=4 ➔ ㉣=0
• ㉡×6=30 ➔ ㉡=5
• 8−㉢=3 ➔ ㉢=5
• 5×㉠=5 ➔ ㉠=1

14 (1)
```
   1 6 0
4)6 4 0
  4
  2 4
  2 4
      0
```
(2)
```
    7 8
6)4 6 8
  4 2
    4 8
    4 8
      0
```

15 (나누어 줄 수 있는 사람 수)
=(전체 연필 수)÷(한 명에게 줄 연필 수)
=360÷4=90(명)

16 496÷3=165⋯1, 572÷7=81⋯5
➔ 1+5=6

17
```
      [4][3]
[8])[3][4][5]
    [3][2]
       [2][5]
       [2][4]
          [1]
```
가장 작은 세 자리 수는 345이고 가장 큰 한 자리 수는 8이므로 345÷8=43⋯1입니다.

18
```
    7
9)6 5
  6 3
    2
```

20 한 봉지에 담은 귤의 수를 □개라고 하면 56÷□=6⋯2입니다. □×6+2=56이므로 □×6=54, □=54÷6=9(개)입니다.

2회 단원 평가 도전

41~43쪽

1 (1) 10 (2) 30　2 <　3 풀이 참조　4 ③　5 48개　6 (1) ㉡ (2) ㉠ (3) ㉢　7 13, 52, 26　8 예 (읽어야 하는 쪽수)=(전체 쪽수)−(읽은 쪽수)=70−34=36(쪽) ➔ (읽어야 하는 쪽수)÷2=36÷2=18(쪽) ; 18쪽　9 3, 2, 1　10 풀이 참조　11 ⑤　12 ㉣　13 예 49보다 크고 70보다 작은 수는 50, 51……68, 69입니다. 이 중에서 4로 나누어떨어지는 수는 52, 56, 60, 64, 68로 모두 5개입니다. ; 5개　14 풀이 참조　15 64　16 ㉡　17 33, 4　18 풀이 참조 ; 4×15=60 ➔ 60+3=63　19 56　20 87개

풀이

2　80÷8=10 < 40÷2=20

3　(1)

```
     2  3
  ┌──────
2) 4  6
   4
  ──────
      6
      6
  ──────
      0
```

(2)

```
     2  1
  ┌──────
4) 8  4
   8
  ──────
      4
      4
  ──────
      0
```

4　① 18　② 12　③ 23　④ 11　⑤ 8

5　(가로): 48÷4=12(개), (세로): 16÷4=4(개)
(나누어진 정사각형의 수)=12×4=48(개)

6　(1) 96÷4=24
(2) 84÷3=28
(3) 78÷2=39

7　91÷7=13, 13×4=52, 52÷2=26

9　30÷4=7⋯2, 17÷2=8⋯1, 65÷7=9⋯2

10

```
      9
  ┌────
2) 1 9
   1 8
  ────
     1
```

왼쪽 계산에서 나머지 3은 2로 한 번 더 나눌 수 있습니다.

11　⑤ 47÷4=11⋯3

12　㉠ 33÷5=6⋯3　㉡ 48÷5=9⋯3
㉢ 88÷5=17⋯3　㉣ 72÷5=14⋯2

14　(1)

```
     5 3
  ┌──────
7) 3 7 1
   3 5
  ──────
     2 1
     2 1
  ──────
       0
```

(2)

```
     7 9
  ┌──────
4) 3 1 6
   2 8
  ──────
     3 6
     3 6
  ──────
       0
```

15　512÷8=64

16　㉠ 497÷6=82⋯5 ㉡ 564÷9=62⋯6
5<6이므로 나머지가 더 큰 것은 ㉡입니다.

17　169÷5=33⋯4이므로 한 상자에 33개씩 담을 수 있고 4개가 남습니다.

18

```
     1 5
  ┌────
4) 6 3
   4
  ────
   2 3
   2 0
  ────
     3
```

19　어떤 수를 □라 하면 □÷6=9⋯2
6×9=54 ➔ 54+2=□, □=56

20　방울토마토의 수를 □라 하면 □÷6=14⋯3
6×14=84 ➔ 84+3=□, □=87(개)

3회 단원 평가 기출

44~46쪽

1 ③　2 >　3 예 ㉠ 88÷4=22 ㉡ 22÷2=11 ➔ 22÷11=2이므로 ㉠은 ㉡의 2배입니다. ; 2배　4 (1) 19 (2) 14　5 13개　6 12송이　7 ②　8 풀이 참조　9 2, 8　10 ④　11 23÷8=2⋯7　12 풀이 참조 ; 17　13 풀이 참조　14 28도막, 1 cm　15 88, 22　16 ④　17 예 48÷4=12 ➔ ㉠=12, 453÷8=56⋯5 ➔ ㉡=5 ➔ ㉠+㉡=12+5=17 ; 17　18 몫 8 ; 나머지 4 ; 확인 8×8=64 ➔ 64+4=68　19 예 어떤 수를 □라고 하면 □÷6=13⋯3입니다. 나누는 수에 몫을 곱한 다음 나머지를 더하면 나누어지는 수가 되므로 어떤 수는 6×13=78 ➔ 78+3=81입니다. ; 81　20 279

풀이

1　① 90÷3=30　② 50÷5=10　③ 80÷2=40
④ 40÷2=20　⑤ 60÷3=20

2　48÷2=24 > 63÷3=21

4 (1)
```
    1 9
 4)7 6
   4
   3 6
   3 6
     0
```
(2)
```
    1 4
 6)8 4
   6
   2 4
   2 4
     0
```

5 91÷7=13(개)

6 84÷7=12이므로 꽃을 12송이 만들 수 있습니다.

7 ① 26÷4=6…2 ② 27÷3=9
③ 28÷5=5…3 ④ 29÷3=9…2
⑤ 30÷7=4…2

8
```
      7
 8)5 8
   5 6
     2
```
나머지 10은 8로 한 번 더 나눌 수 있습니다.

9 6단 곱셈구구에서 곱의 십의 자리 숫자가 4인 두 자리 수는 42, 48입니다. 따라서 알맞은 ♥의 값을 모두 구하면 2, 8입니다.

10 나머지는 나누는 수보다 반드시 작아야 하므로 ④ □÷3의 나머지는 3이 될 수 없습니다.

11 몫이 가장 작은 (두 자리 수)÷(한 자리 수)는 (가장 작은 두 자리 수)÷(가장 큰 한 자리 수)입니다. 가장 작은 두 자리 수는 23이고 가장 큰 한 자리 수는 8입니다. ➔ 23÷8=2…7

12
```
    1 2
 6)7 7
   6
   1 7
   1 2
     5
```
몫: 12, 나머지: 5 ➔ 12+5=17

13

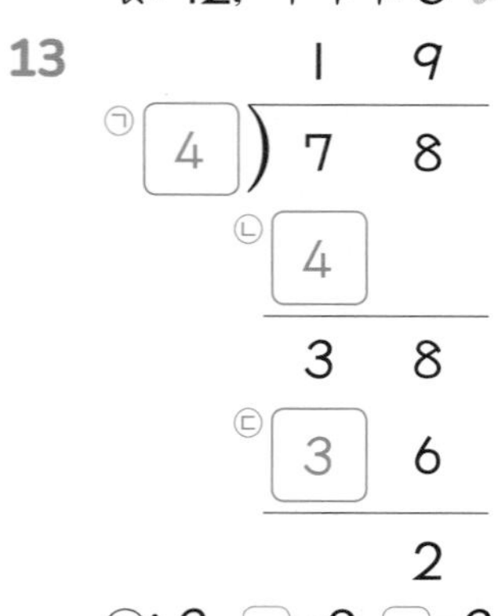

㉢: 3−□=0, □=3
㉡: 7−□=3, □=4
㉠: □×9=㉢6, □×9=36, □=4

14 85÷3=28…1이므로 철사는 모두 28도막이 되고 1 cm가 남았습니다.

15 264÷3=88, 88÷4=22

16 ① 17÷5=3…2 ② 53÷3=17…2
③ 234÷4=58…2 ④ 472÷7=67…3
⑤ 344÷6=57…2

18 68÷8=8…4

20 나누는 수가 8이므로 나머지 □가 될 수 있는 수는 1, 2, 3, 4, 5, 6, 7이고 이 중 가장 큰 수는 7입니다.
8×34=272 ➔ 272+7=279
따라서 ●에 알맞은 세 자리 수 중 가장 큰 수는 279입니다.

4회 단원 평가 실전

47~49쪽

1 ③ **2** 풀이 참조 **3** < **4** 39÷3=13 ; 13명 **5** 12모둠 **6** 25, 5 **7** ③ **8** 17명 **9** 예 (전체 연필 수)=12×6=72(자루), (한 사람이 가질 수 있는 연필 수)=(전체 연필 수)÷(사람 수)=72÷4=18(자루) ; 18자루 **10** 예 ㉠ 47÷4=11…3 ㉡ 37÷3=12…1 ㉢ 44÷2=22 ㉣ 52÷5=10…2 따라서 나머지가 가장 큰 것은 ㉠입니다. ; ㉠ **11** 7봉지, 2개 **12** 예 (과자의 수)=48×2=96(개) ➔ 96÷5=19…1 따라서 과자를 한 사람에게 19개씩 주고 1개가 남습니다. ; 19개, 1개 **13** 1개 **14** (1) 126 (2) 72 **15** 191 **16** 예 정사각형은 네 변의 길이가 모두 같으므로 액자의 한 변의 길이는 344÷4=86(cm)입니다. ; 86 cm **17** 26장, 2장 **18** (1) 9, 2 ; 확인 5, 9 ➔ 2, 47 (2) 9, 3 ; 확인 7, 9 ➔ 3, 66 **19** 6명 **20** 몫 3 ; 나머지 6

풀이

1 ① 20 ② 20 ③ 10 ④ 20 ⑤ 20

2 (1)
```
    2 3
 3)6 9
   6
     9
     9
     0
```
(2)
```
    2 2
 4)8 8
   8
     8
     8
     0
```

3 96÷3=32 < 82÷2=41

4 (먹을 수 있는 사람 수)
=(딸기 수)÷(한 사람이 먹을 딸기 수)
=39÷3=13(명)

6 75÷3=25, 25÷5=5

7 ① 16 ② 26 ③ 12 ④ 24 ⑤ 15

8 51÷3=17(명)

9 타는 연필 등의 물건을 열두 개를 한 묶음으로 하여 세는 단위입니다.

11 30÷4의 몫이 봉지의 수가 되고, 나머지는 남은 과자의 수가 됩니다.
30÷4=7…2이므로 과자는 모두 7봉지가 되고 남은 과자는 2개입니다.

13 55÷4=13…3이므로 1개가 더 있으면 56÷4=14가 되어 남는 것이 없게 됩니다.

14 (1)
```
    1 2 6
 4)5 0 4
   4
   1 0
     8
     2 4
     2 4
       0
```
(2)
```
      7 2
 8)5 7 6
   5 6
     1 6
     1 6
       0
```

15 ㉠ 381÷3=127 ㉡ 448÷7=64
➔ 127+64=191

17 210÷8=26…2
따라서 한 명에게 26장씩 줄 수 있고, 2장이 남습니다.

19 연필 2타는 12+12=24(자루)이므로
(연필 수)=24+8=32(자루)
나누어 가진 사람 수를 □명이라 하면
➔ 32÷□=5…2 ➔ □×5+2=32, □=6(명)

20 어떤 수를 □라 하면 □÷4=8…1
4×8=32 ➔ 32+1=33이므로 □=33입니다.
➔ 33÷9=3…6

탐구 서술형 평가 50~53쪽

1 1단계 75개 2단계 15상자

1-1 예 (전체 공책 수)=4×24=96(권), (나누어 줄 수 있는 학생 수)=(전체 공책 수)÷(한 명에게 줄 공책 수)=96÷6=16(명) ; 16명

2 1단계 58 2단계 몫 14 ; 나머지 2

2-1 예 어떤 수를 □라고 하면 □×7=574, □=574÷7=82입니다. 따라서 바르게 계산하면 82÷7=11…5이므로 몫은 11, 나머지는 5입니다. ; 몫 11 ; 나머지 5

3 1단계 6, 4 ; 2 2단계 32

3-1 예 몫이 가장 크게 되려면 (가장 큰 두 자리 수)÷(가장 작은 한 자리 수)를 만들면 됩니다. 만들 수 있는 가장 큰 두 자리 수는 96이고, 가장 작은 한 자리 수는 4이므로 96÷4=24입니다. 따라서 몫이 가장 크게 될 때 나눗셈의 몫은 24입니다. ; 24

4 예 만들 수 있는 (두 자리 수)÷(한 자리 수)는 67÷4, 76÷4, 47÷6, 74÷6, 46÷7, 64÷7입니다. 각각을 계산해 보면 67÷4=16…3, 76÷4=19, 47÷6=7…5, 74÷6=12…2, 46÷7=6…4, 64÷7=9…1입니다. 따라서 나머지가 가장 크게 되도록 하는 (두 자리 수)÷(한 자리 수)의 나눗셈은 47÷6으로 만들어야 합니다. ; 47÷6

5 예 어떤 수 ■를 7로 나누었을 때 몫을 ●, 나머지를 3이라고 하면 7×●+3=■임을 알 수 있습니다. 7×●+3의 ●에 차례대로 수를 넣어 보면 7×6+3=45, 7×7+3=52, 7×8+3=59…… 7×13+3=94, 7×14+3=101입니다. 따라서 어떤 수는 52, 59, 66, 73, 80, 87, 94로 모두 7개입니다. ; 7개

풀이

1 1단계 6×12=72 ➔ 72+3=75(개)
2단계 75÷5=15(상자)

2 1단계 어떤 수를 □라고 하면 □×4=232, □=232÷4=58입니다.
2단계
```
    1 4
 4)5 8
   4
   1 8
   1 6
     2
```

3 1단계 몫이 가장 크게 되려면 (가장 큰 두 자리 수)÷(가장 작은 한 자리 수)를 만들면 됩니다. ➔ 64÷2
2단계 64÷2=32

정답과 풀이 

3 원

수학 익힘 풀기 55쪽

1 ㉠ 지름 ㉡ 원의 중심 ㉢ 반지름 2 풀이 참조
3 ① 4 ④ 5 10 6 3 cm

풀이

1 ㉠ 원의 지름: 원 위의 두 점을 이은 선분이 원의 중심을 지날 때, 이 선분을 원의 지름이라고 합니다.
㉡ 원의 중심: 원을 그릴 때에 누름 못이 꽂혔던 점을 원의 중심이라고 합니다.
㉢ 원의 반지름: 원의 중심과 원 위의 한 점을 이은 선분을 원의 반지름이라고 합니다.

2
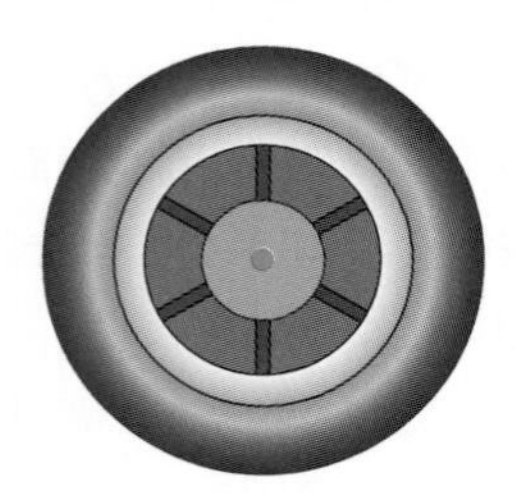

3 원 위의 두 점을 이은 선분이 원의 중심을 지날 때, 이 선분을 원의 지름이라고 합니다. ②, ③, ④, ⑤는 원의 반지름입니다.

4 원의 지름은 원 안에서 그을 수 있는 가장 긴 선분입니다.

5 한 원에서 지름의 길이는 반지름의 길이의 2배입니다.

6 (작은 원의 지름의 길이)=(큰 원의 반지름의 길이)입니다. 따라서 선분 ㄱㄴ은 큰 원의 반지름의 절반 길이입니다.

수학 익힘 풀기 57쪽

1 ㉡ 2 풀이 참조 3 풀이 참조 4 풀이 참조 5 풀이 참조 6 6 cm

풀이

1 컴퍼스의 침과 연필심 사이의 거리가 3 cm인 것을 고릅니다.

2
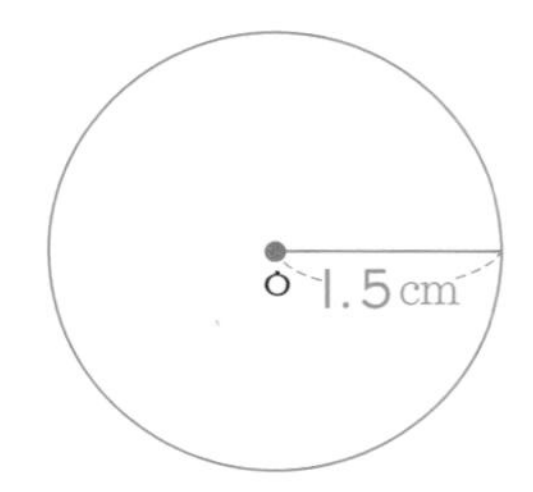

컴퍼스를 원의 반지름(1.5 cm)만큼 벌립니다.
➡ 컴퍼스의 침을 점 ㅇ에 꽂고 원을 그립니다.

3
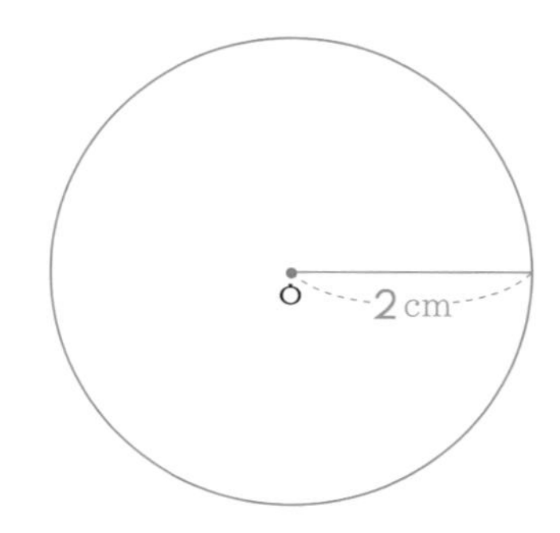

컴퍼스를 선분의 길이만큼 벌립니다. ➡ 컴퍼스의 침을 점 ㅇ에 꽂고 원을 그립니다.

4
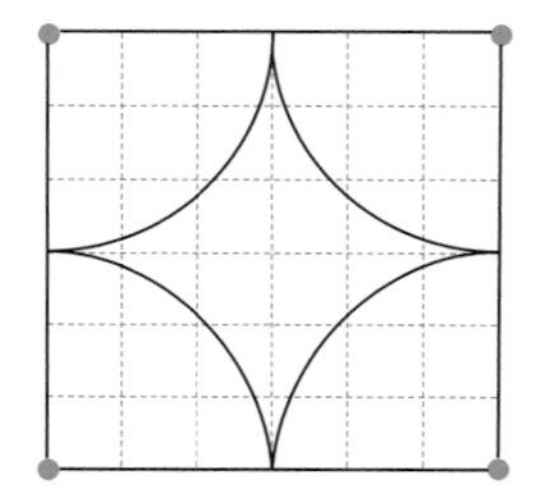

정사각형의 각 꼭짓점을 원의 중심으로 하여 원의 $\frac{1}{4}$만큼씩 그립니다. 따라서 컴퍼스의 침을 꽂아야 하는 곳은 4군데입니다.

5
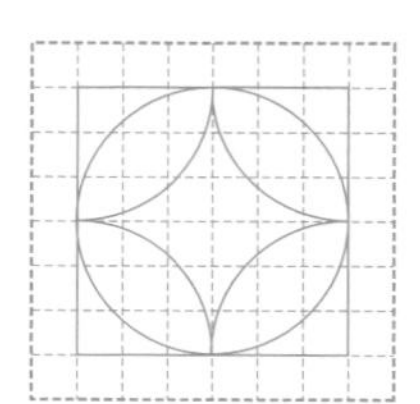

정사각형을 그립니다. ➡ 다음과 같이 5군데에 컴퍼스의 침을 꽂아 차례대로 모양을 그립니다.

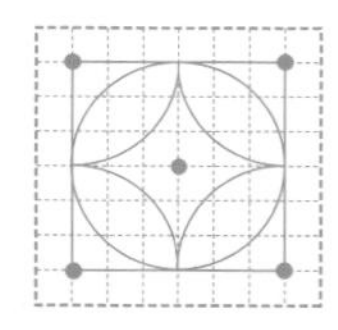

6 컴퍼스는 한 원의 반지름만큼 벌려야 합니다.
(한 원의 반지름)=24÷4=6(cm)

1회 단원 평가 연습 58~60쪽

1 점 ㄷ 2 ㉠ 3 ㉢, ㉣ 4 5 cm 5 ⑤ 6 ㉢ 7 10 cm 8 ㉡ 9 6 10 9 cm 11 예 정사각형의 한 변의 길이는 원의 지름과 같으므로 $7\times2=14$(cm)입니다. ; 14 cm 12 8 cm 13 풀이 참조 14 2 cm 15 5개 16 풀이 참조 17 24 cm 18 18 cm 19 예 사각형 ㄱㄴㄷㄹ의 각 변의 길이는 원의 반지름과 같습니다. 지름이 8 cm인 원의 반지름은 4 cm입니다.
➡ (사각형 ㄱㄴㄷㄹ의 네 변의 길이의 합)$=4\times4=16$(cm) ; 16 cm 20 18 cm

풀이

1 원의 중심은 원의 가장 안쪽에 있는 점 ㄷ입니다.

2 ㉠과 같이 본을 떠서 그린 원은 원의 중심과 반지름을 알기 어렵습니다.

3 원의 중심과 원 위의 한 점을 이은 선분이 반지름입니다.

4 원의 중심과 원 위의 한 점을 이은 선분의 길이는 반지름의 길이와 같습니다.

5 한 원에서 반지름은 무수히 많습니다.

6 원의 지름은 원 위의 두 점을 이은 선분 중에서 원의 중심을 지나는 선분입니다.

7 선분 ㄱㄴ은 원의 중심을 지나므로 원의 지름입니다.

8 ㉡ 한 원에서 지름은 반지름의 2배입니다.

9 (원의 지름)=(원의 반지름)$\times2=3\times2=6$(cm)

10 (원의 반지름)=(원의 지름)$\div2=18\div2=9$(cm)

13

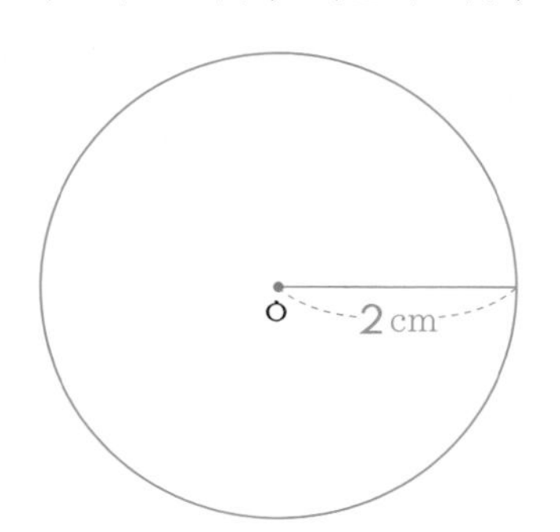

컴퍼스의 침과 연필심 사이의 거리를 2 cm만큼 벌리고, 원의 중심 ㅇ에 컴퍼스의 침을 꽂고 원을 그립니다.

14 컴퍼스의 침과 연필심 사이의 거리는 원의 반지름입니다.

15

16

가장 큰 원을 그린 다음, 작은 원 4개로 무늬를 그립니다.

17 큰 원의 지름은 작은 원의 반지름의 4배이므로 $6\times4=24$(cm)입니다.

18

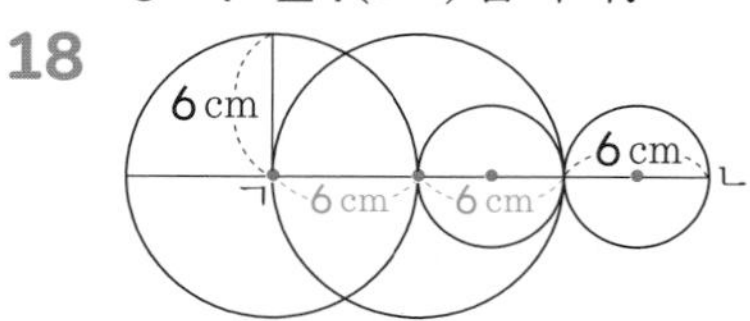

(선분 ㄱㄴ의 길이)$=6\times3=18$(cm)

20 반지름 6개를 더한 길이가 54 cm이므로 반지름은 $54\div6=9$(cm)입니다.
➡ (원의 지름)$=9\times2=18$(cm)

2회 단원 평가 도전 61~63쪽

1 ② 2 (위에서부터) 원의 중심, (원의) 반지름 3 선분 ㄱㅇ, 선분 ㄷㅇ 4 (원의) 지름 5 예 원 위의 두 점을 이은 선분 중 길이가 가장 긴 선분은 원의 중심을 지나는 선분입니다. 따라서 가장 긴 선분은 선분 ㄱㄴ입니다. ; 선분 ㄱㄴ 6 선분 ㄷㄹ, 선분 ㅁㅂ 7 예 컴퍼스의 침과 연필심 사이의 거리가 원의 반지름이 됩니다. (반지름)=(지름)$\div2=16\div2=8$(cm) ; 8 cm 8 ㉠, ㉢ 9 14 cm 10 12 cm 11 ㉠, ㉢ 12 풀이 참조 13 4군데 14 풀이 참조 15 ㉣ 16 25 cm 17 7 cm 18 예 사각형 ㄱㄴㄷㄹ은 한 변이 원의 지름과 같은 정사각형입니다. 정사각형의 한 변은 $7\times2=14$(cm)이므로 (사각형 ㄱㄴㄷㄹ의 네 변의 길이의 합)$=14\times4=56$(cm)입니다. ; 56 cm 19 15 cm 20 30 cm

풀이

1 원의 가장 안쪽에 있는 점을 원의 중심이라고 합니다.

2 점 ㅇ을 원의 중심이라 하고, 선분 ㄱㅇ을 원의 반지름이라고 합니다.

3 원의 중심 ㅇ과 원 위의 한 점을 이은 선분 ㄱㅇ과 선분 ㄷㅇ을 원의 반지름이라고 합니다.

4 선분 ㄱㄴ을 원의 지름이라고 합니다.

6 원 위의 두 점과 원의 중심을 지나는 선분을 모두 원의 지름이라고 합니다.

8 지름이 14 cm인 원의 반지름은 14÷2=7(cm)입니다.

9 (반지름)=7 cm (지름)=7×2=14(cm)

10 (반지름)=6 cm (지름)=6×2=12(cm)

12
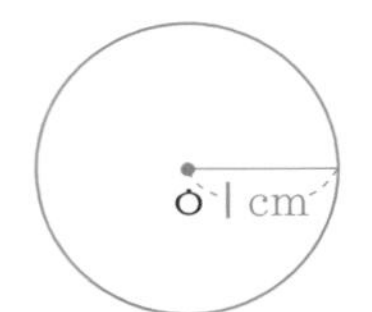

컴퍼스와 자를 사용하여 점 ㅇ을 중심으로 반지름이 1 cm인 원을 그립니다.

13
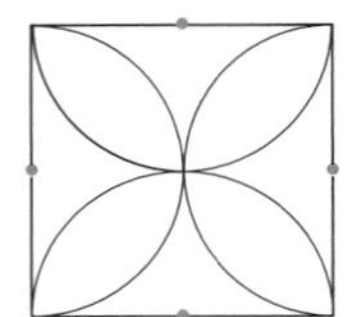

사각형의 각 변의 가운데가 원의 중심이 되도록 원을 4개 그리면서 사각형 안쪽에 반원만 표시한 도형입니다.

14
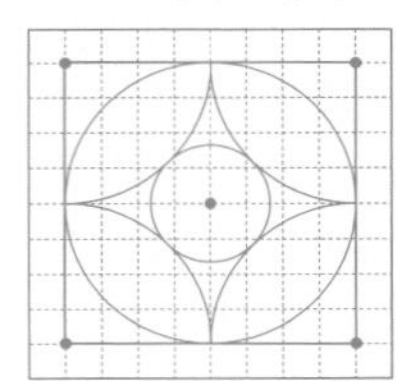

15 ㉠
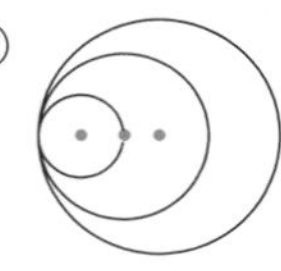
㉡
㉢
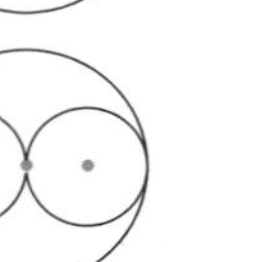
㉣

㉠, ㉡, ㉢은 3군데이고, ㉣은 1군데입니다.

16 (선분 ㄱㄴ의 길이)=8+6+6+5=25(cm)

17 (가장 큰 원의 지름)=(중간 원의 지름)+(가장 작은 원의 지름)=10+4=14(cm)
➔ (가장 큰 원의 반지름)=14÷2=7(cm)

19 원의 반지름은 삼각형의 한 변의 길이의 반과 같으므로 지름은 삼각형의 한 변의 길이와 같습니다.
➔ (지름)=(삼각형의 한 변의 길이)
=45÷3=15(cm)

20 (선분 ㄱㄴ)=10 cm, (선분 ㄴㄷ)=13 cm, (선분 ㄱㄷ)=7 cm
➔ (삼각형 ㄱㄴㄷ의 세 변의 길이의 합)
=10+13+7=30(cm)

3회 단원 평가 기출

64~66쪽

1 ㉠ **2** 풀이 참조 **3** 10 cm **4** ⑤ **5** 32 cm **6** 예 지름은 반지름의 2배이므로 ㉡ 지름이 16 cm인 원, ㉢ 지름이 26 cm인 원입니다. 지름을 비교하면 26>16>15이므로 가장 큰 원은 ㉢입니다. ; ㉢ **7** ③ **8** 풀이 참조 **9** 3군데 **10** 5개 **11** 풀이 참조 **12** 22 cm **13** 예 (큰 원의 지름)=(작은 원의 지름)×2=(작은 원의 반지름)×4입니다. 따라서 (작은 원의 반지름)=20÷4=5(cm)입니다. ; 5 cm **14** 18 cm **15** 21 cm **16** 20 cm **17** 21 cm **18** 예 사각형의 가로는 원의 지름의 2배이고, 세로는 원의 지름과 같습니다. (사각형 ㄱㄴㄷㄹ의 네 변의 길이의 합)=(원의 지름)×6=10×6=60(cm) ; 60 cm **19** 12 cm **20** 6 cm

풀이

2 예
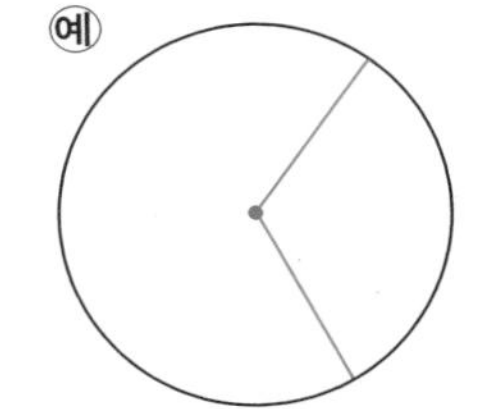

3 반지름은 지름의 반이므로 20÷2=10(cm)입니다.

4 ⑤ 지름은 원 위의 두 점을 이은 선분 중 가장 깁니다.

8
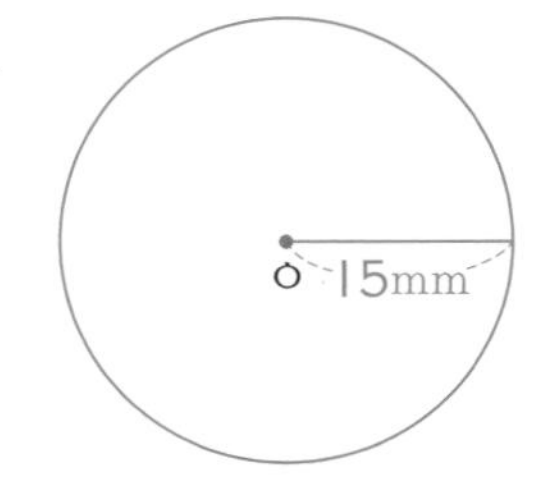

9
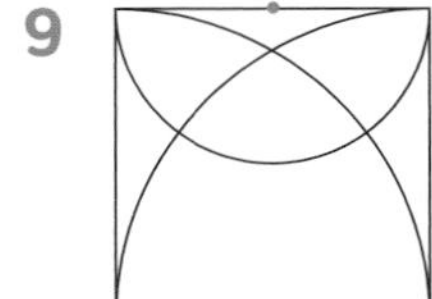

원의 중심이 3개이므로 컴퍼스의 침을 꽂아야 할 곳은 모두 3군데입니다.

10 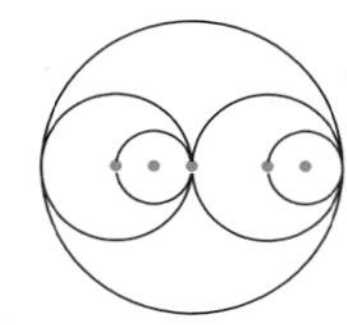

11 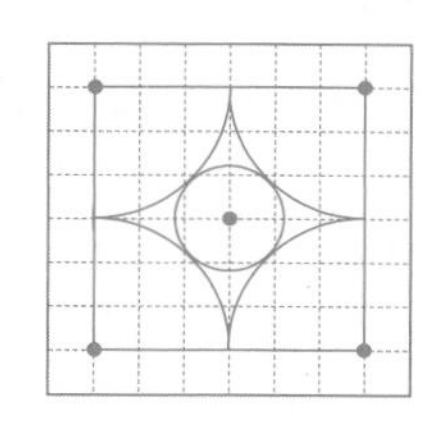

12 (가장 큰 원의 지름)=(가장 작은 원의 지름)+(중간 원의 지름)=6+16=22(cm)

14 삼각형의 한 변의 길이가 원의 지름과 같은 6 cm이고, 삼각형의 세 변의 길이가 모두 같으므로 삼각형의 세 변의 길이의 합은 6×3=18 (cm)입니다.

15 선분 ㄱㄴ의 길이는 반지름의 3배입니다.
반지름이 14÷2=7(cm)이므로 선분 ㄱㄴ의 길이는 7×3=21(cm)입니다.

16 가장 큰 원의 지름은 중간 원의 지름과 가장 작은 원의 지름의 합과 같습니다.
➡ 3+3+7+7=20(cm)

17 3+7+7+4=21(cm)

19 (한 원의 반지름)=24÷4=6(cm)
따라서 한 원의 지름은 6×2=12(cm)입니다.

20 작은 원의 반지름은 4÷2=2(cm)이고, 선분 ㄷㄹ의 길이는 작은 원의 반지름의 3배이므로 2×3=6(cm)입니다.

4회 단원 평가 실전 67~69쪽

1 ㉠ 원의 지름 ㉡ 원의 반지름 ㉢ 원의 중심 **2** 선분 ㄱㅇ, 선분 ㄴㅇ, 선분 ㅁㅇ **3** 1개 **4** 풀이 참조 ; 1cm **5** 선분 ㅁㅂ **6** 10 cm **7** 예 지름은 반지름의 2배이므로 (㉡의 길이)=16×2=32(cm)입니다. ; 32 cm **8** 18 cm **9** ㉡, ㉠, ㉢, ㉣ **10** ㉢ **11** 풀이 참조 **12** 풀이 참조 **13** 풀이 참조 **14** 5군데 **15** 예 정사각형의 한 변의 길이는 원의 지름과 같으므로 16 cm입니다. 따라서 정사각형의 네 변의 길이의 합은 16×4=64(cm)입니다. ; 64 cm **16** 15 cm **17** 54 cm **18** 24 cm **19** 16 cm **20** 예 (세로의 길이)=(원의 지름)=12 cm, (가로의 길이)=(원의 반지름)×5=6×5=30(cm), (네 변의 길이의 합)=30+12+30+12=84(cm) ; 84 cm

풀이

2 한 원에서 원의 중심과 원 위의 한 점을 이은 선분은 원의 반지름으로 그 길이가 모두 같습니다.

3 한 원에는 중심이 1개뿐입니다.

4 예 

원의 중심과 원 위의 한 점을 잇고 길이를 재어 보면 1 cm입니다.

5 원 위의 두 점을 이은 선분 중에서 가장 긴 선분은 원의 지름입니다.

6 원의 지름은 반지름의 2배이므로 5×2=10(cm)입니다.

8 (원의 반지름)=12÷2=6(cm)
(원의 반지름의 3배)=18 cm

9 지름이 길수록 원의 크기가 크므로 지름을 비교해 봅니다.
㉠ 15 cm ㉡ 19 cm
㉢ 7×2=14(cm) ㉣ 5×2=10(cm)
➡ 크기가 큰 원부터 차례대로 기호를 쓰면 ㉡, ㉠, ㉢, ㉣입니다.

10 컴퍼스의 침과 연필심 사이의 거리가 3 cm인 것을 고릅니다.

11 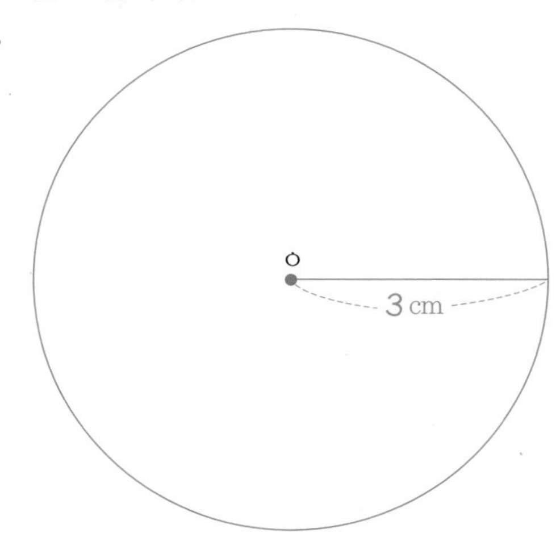

12 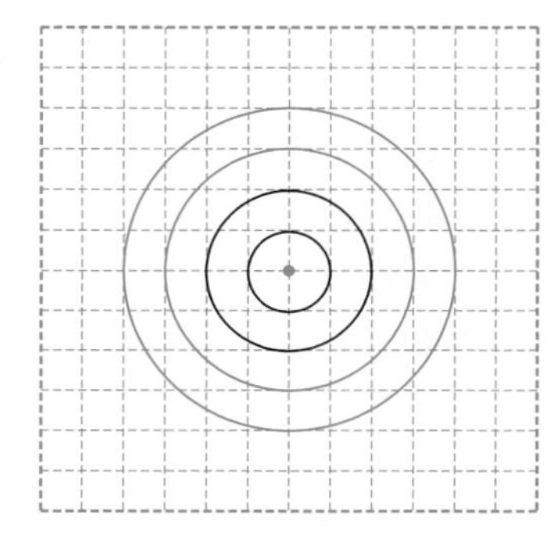

컴퍼스의 침은 원의 중심에 고정시키고 컴퍼스의 침과 연필심 사이의 거리를 한 칸씩 벌려 가며 그립니다.

13

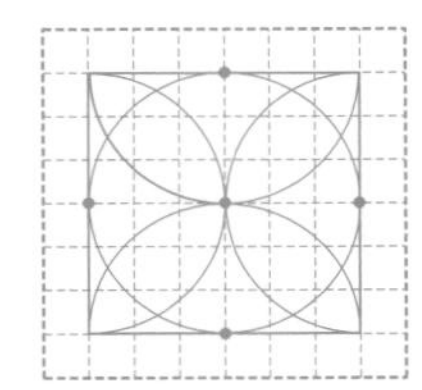

각 원의 중심을 찾아 원 또는 반원을 그려 봅니다.

14

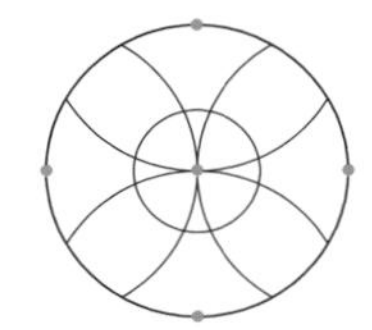

16 삼각형에서 (선분 ㄱㄴ)=(선분 ㄴㄷ)=(선분 ㄷㄱ)=(반지름)=5 cm입니다. 따라서 삼각형 ㄱㄴㄷ의 세 변의 길이의 합은 $5\times3=15$(cm)입니다.

17 (삼각형의 세 변의 길이의 합)=(원의 반지름)×6 $=9\times6=54$(cm)

18 큰 원의 지름은 작은 원의 지름의 3배입니다. 작은 원의 지름은 $4\times2=8$(cm)이고 큰 원의 지름은 $8\times3=24$(cm)입니다.

19 (선분 ㄱㅇ)+(선분 ㄴㅇ)=(원의 지름)
(선분 ㄱㅇ)+(선분 ㄴㅇ)+(선분 ㄱㄴ)=30 cm
(원의 지름)+(선분 ㄱㄴ)=30 cm
(원의 지름)=$30-14=16$(cm)

탐구 서술형 평가 70~73쪽

1 1단계 ㉠ 18 cm, ㉡ 20 cm, ㉢ 22 cm, ㉣ 17 cm 2단계 ㉣

1-1 ⓔ 네 사람이 그린 원의 지름을 구하여 크기를 비교합니다. 연우가 그린 원의 지름: 12 cm, 지선이가 그린 원의 지름: $7\times2=14$(cm), 혜원이가 그린 원의 지름: 11 cm, 종진이가 그린 원의 지름: $8\times2=16$(cm) 따라서 가장 큰 원을 그린 사람은 지름이 가장 긴 종진입니다. ; 종진

2 1단계 ㉠ 5개 ㉡ 3개 ㉢ 7개 2단계 ㉢

2-1 ⓔ 각 모양에서 컴퍼스의 침을 꽂아야 할 곳을 찾아보면 ㉠ 1개, ㉡ 3개, ㉢ 5개이므로 가장 많은 것은 ㉢입니다. ; ㉢

3 1단계 6 cm 2단계 12 cm 3단계 96 cm

3-1 ⓔ 변 ㄴㄷ의 길이는 반지름의 8배이므로 (반지름)=$56\div8=7$(cm)입니다. 변 ㄱㄴ의 길이는 원의 지름과 같으므로 $7\times2=14$(cm)입니다. 따라서 사각형 ㄱㄴㄷㄹ의 네 변의 길이의 합은 $56+14+56+14=140$(cm)입니다. ; 140 cm

4 ⓔ 사각형 ㄱㄴㄷㄹ에서 각 변의 길이는 원의 반지름과 길이가 같습니다. 사각형 ㄱㄴㄷㄹ의 네 변의 길이의 합이 24 cm이므로 사각형의 각 변의 길이는 $24\div4=6$(cm)입니다. 따라서 원의 반지름은 6 cm입니다. ; 6 cm

5 ⓔ 반지름이 같은 원이 2개씩 그려져 있습니다. 또 큰 원의 반지름은 작은 원의 지름이 되는 규칙입니다. 크기가 서로 다른 세 원의 반지름을 큰 것부터 차례대로 쓰면 8 cm, 4 cm, 2 cm입니다. 따라서 선분 ㄱㄴ의 길이는 $8+4+4+2+2+2=22$(cm)입니다. ; 22 cm

풀이

1 1단계 지름은 반지름의 2배이므로 ㉠ $9\times2=18$(cm), ㉡ 20cm, ㉢ $11\times2=22$(cm), ㉣ 17cm입니다.
2단계 지름을 비교하면 17 cm<18 cm<20 cm<22 cm이므로 가장 작은 원은 ㉣입니다.

2 1단계

㉠ 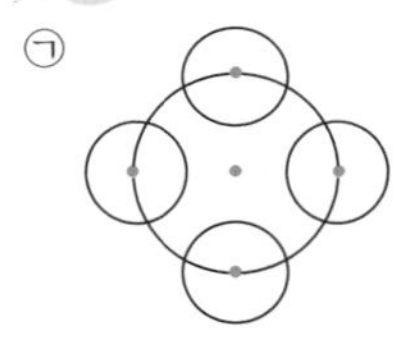 ㉡ 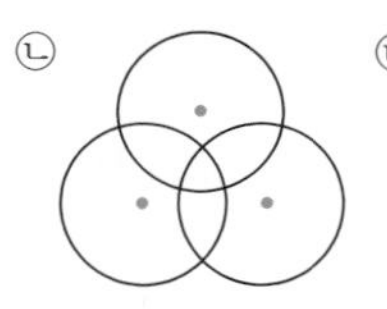 ㉢ 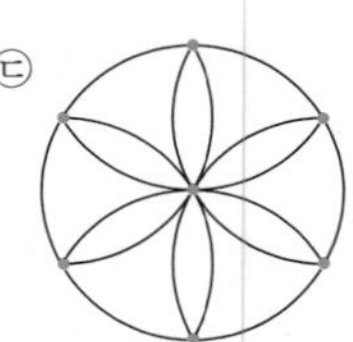

2단계 7개>5개>3개이므로 컴퍼스의 침을 꽂아야 할 곳이 가장 많은 것은 ㉢입니다.

2-1 ㉠ 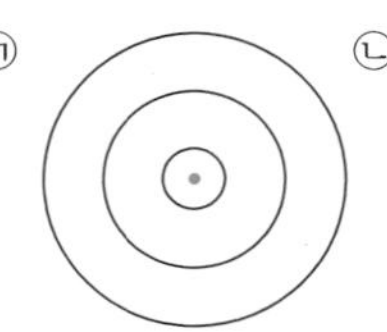 ㉡ 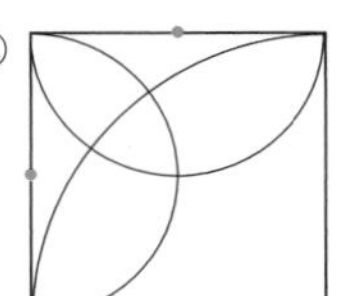 ㉢ 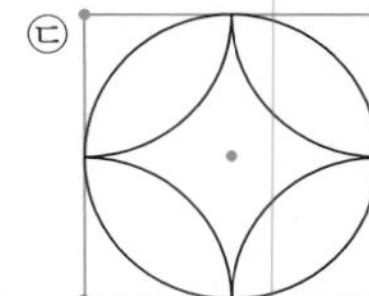

3 1단계 변 ㄴㄷ의 길이는 반지름의 6배이므로 (반지름)=$36\div6=6$(cm)입니다.
2단계 변 ㄱㄴ의 길이는 원의 지름과 같으므로 $6\times2=12$(cm)입니다.
3단계 $36+12+36+12=96$(cm)

4 분수

수학 익힘 풀기 75쪽

1 $\frac{2}{3}$ 2 4, $\frac{2}{4}$ 3 3, $\frac{2}{3}$ 4 6 5 8개
6 ㉠ 3개 ㉡ 9개 ㉢ 12개

풀이

1 6을 2씩 묶으면 3묶음이 됩니다. ➔ 4는 3묶음 중 2묶음이므로 6의 $\frac{2}{3}$입니다.
2 12를 3씩 묶으면 4묶음이 됩니다. ➔ 6은 4묶음 중 2묶음이므로 12의 $\frac{2}{4}$입니다.
3 18을 6씩 묶으면 3묶음이 됩니다. ➔ 12는 3묶음 중 2묶음이므로 18의 $\frac{2}{3}$입니다.
4 15를 5로 나눈 것 중의 1은 3이고, 2는 2배이므로 6입니다.
5 10을 5로 나눈 것 중의 1은 2이고, 4는 4배이므로 8입니다.
6 24를 8로 나눈 것 중의 1은 3이고, 3은 3배이므로 9이고, 4는 4배이므로 12입니다.

수학 익힘 풀기 77쪽

1 (1) 5 (2) $\frac{3}{5}$ 2 (1) 40 (2) $\frac{4}{5}$ 3 12시 30분
4 $\frac{3}{4}$, $\frac{6}{4}$ 5 풀이 참조 6 (1) ㉠ (2) ㉡ (3) ㉡

풀이

1 (1) 25 cm를 5로 나눈 것 중의 1은 5 cm입니다.
(2) 15 cm는 5 cm의 3배이므로 $\frac{3}{5}$입니다.
2 1 m는 100 cm입니다.
(1) 100 cm를 5로 나눈 것 중의 1은 20 cm이고, 2는 2배이므로 40 cm입니다.
(2) 80 cm는 20 cm의 4배이므로 $\frac{4}{5}$입니다.
4 $\frac{1}{4}$이 3칸이므로 $\frac{3}{4}$입니다.
$\frac{1}{4}$이 6칸이므로 $\frac{6}{4}$입니다.
5 예

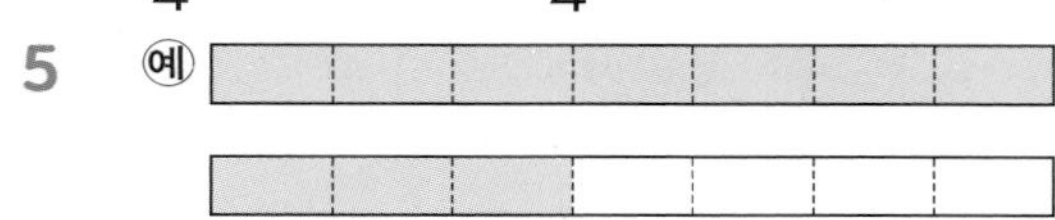

$\frac{10}{7}$은 $\frac{1}{7}$이 10이므로 10칸을 색칠합니다.
6 $\frac{7}{9}$과 같이 분자가 분모보다 작은 분수를 진분수라고 하고, $\frac{5}{5}$, $\frac{12}{8}$와 같이 분자가 분모와 같거나 분모보다 큰 분수를 가분수라고 합니다.

수학 익힘 풀기 79쪽

1 $3\frac{3}{4}$ 2 (1) $\frac{7}{5}$ (2) $1\frac{5}{10}$ (3) $\frac{23}{6}$ (4) $4\frac{1}{7}$
3 $\frac{5}{3}$, $\frac{6}{3}$, $\frac{6}{5}$ 4 $2\frac{3}{8} > 1\frac{5}{8}$ 5 (1) $>$ (2) $<$
6 $\frac{10}{7}$, $\frac{11}{7}$

풀이

1 3과 $\frac{3}{4}$은 $3\frac{3}{4}$이라고 씁니다.
2 (1) 대분수 $1\frac{2}{5}$에서 1을 $\frac{5}{5}$로 나타내면 $\frac{5}{5}$와 $\frac{2}{5}$는 $\frac{1}{5}$이 7개입니다. ➔ $1\frac{2}{5}=\frac{7}{5}$
(2) 가분수 $\frac{15}{10}$에서 자연수로 표현되는 가분수 $\frac{10}{10}$을 자연수 1로 나타내고, 나머지 $\frac{5}{10}$는 진분수로 나타내면 $1\frac{5}{10}$가 됩니다.
3 분자가 분모와 같거나 더 큰 분수를 만들어야 합니다. 분모가 3일 때, 분자는 5이거나 6이어야 합니다. 분모가 5일 때, 분자는 6이어야 합니다. 분모가 6일 때 만들 수 있는 가분수는 없습니다.
4 분모가 같은 대분수의 크기 비교: 자연수 부분이 클수록 큰 분수입니다.

6 $1\frac{2}{7}$를 가분수로 나타내면 $\frac{9}{7}$입니다. $\frac{9}{7}$보다 크고 $\frac{12}{7}$보다 작은 분수는 $\frac{10}{7}$, $\frac{11}{7}$입니다.

1회 단원 평가 연습

80~82쪽

1 2 **2** (1) $\frac{2}{5}$ (2) $\frac{4}{9}$ **3** ㉠ 7 ㉡ 2 **4** 5묶음 **5** 10 **6** (1) 5 (2) 14 **7** (1) 6 (2) 5 **8** 풀이 참조 **9** $\frac{4}{5}$, $\frac{15}{17}$, $\frac{2}{4}$ **10** $\frac{5}{3}$, $\frac{8}{8}$, $\frac{10}{9}$ **11** 예 진분수는 분자가 분모보다 작은 수이므로 분자는 5보다 작아야 합니다. 따라서 분모가 5인 진분수는 $\frac{1}{5}$, $\frac{3}{5}$입니다. ; $\frac{1}{5}$, $\frac{3}{5}$ **12** $2\frac{2}{6}$ **13** 풀이 참조 **14** 69개 **15** (1) $\frac{13}{4}$ (2) $2\frac{2}{7}$ **16** (1) ㉡ (2) ㉢ **17** > **18** (○) (   ) **19** 예 $2\frac{1}{5}=\frac{11}{5}$이고 $\frac{13}{5}>\frac{11}{5}$이므로 영선이가 가지고 있는 끈이 더 깁니다. ; 영선 **20** $\frac{33}{7}$

풀이

1 16을 4로 나눈 것 중의 1은 4이고, 2는 2배이므로 8입니다.

5 25의 $\frac{2}{5}$는 25를 5씩 묶은 것 중의 2묶음이므로 10입니다.

6 (2) 35의 $\frac{1}{5}$은 7이므로 35의 $\frac{2}{5}$는 14입니다.

7 (1) 10 cm를 5부분으로 똑같이 나눈 것 중의 3은 6 cm입니다.
(2) 10 cm를 2부분으로 똑같이 나눈 것 중의 1은 5 cm입니다.

8 (수직선: 0, $\frac{3}{8}$, 1, $\frac{10}{8}$, 2)

9 분자가 분모보다 작은 분수는 $\frac{4}{5}$, $\frac{15}{17}$, $\frac{2}{4}$입니다.

10 분자가 분모와 같거나 분모보다 큰 분수는 $\frac{5}{3}$, $\frac{8}{8}$, $\frac{10}{9}$입니다.

12 (가장 큰 원의 지름)=(가장 작은 원의 지름)+(중간 원의 지름)=6+16=22(cm)

13

$\frac{3}{7}$	$3\frac{4}{5}$	$\frac{5}{5}$	$\frac{12}{9}$	$1\frac{1}{6}$	$2\frac{9}{11}$

자연수와 진분수로 이루어진 분수를 찾아 색칠합니다.

14 $8\frac{5}{8}=8+\frac{5}{8}=\frac{64}{8}+\frac{5}{8}=\frac{69}{8}$

➔ $8\frac{5}{8}$는 $\frac{69}{8}$이므로 $\frac{1}{8}$이 69개인 수입니다.

15 (2) $\frac{16}{7}$에서 $\frac{14}{7}=2$이므로 $\frac{16}{7}=2\frac{2}{7}$입니다.

더 알아볼까요!

대분수를 가분수로 나타내기

- 자연수를 가분수로 나타내고 가분수와 진분수에서 단위분수가 몇 개인지 나타내면 됩니다.

가분수를 대분수로 나타내기

- 가분수에서 자연수로 표현되는 가분수를 자연수로 나타내고 나머지는 진분수로 나타내면 됩니다.

16 (1) $\frac{12}{5}=\frac{10}{5}+\frac{2}{5}=2+\frac{2}{5}=2\frac{2}{5}$
(2) $\frac{22}{5}=\frac{20}{5}+\frac{2}{5}=4+\frac{2}{5}=4\frac{2}{5}$

17 분모가 같은 대분수의 크기 비교: 자연수 부분이 클수록 큰 분수입니다.

18 $2\frac{11}{12}=2+\frac{11}{12}=\frac{24}{12}+\frac{11}{12}=\frac{35}{12}$ ⓥ $\frac{25}{12}$

20 $3\frac{2}{7}=\frac{23}{7}$, $4\frac{4}{7}=\frac{32}{7}$, $\frac{33}{7}$
따라서 가장 큰 분수는 $\frac{33}{7}$입니다.

더 알아볼까요!

분모가 같은 가분수와 대분수의 크기 비교

① 대분수를 가분수로 나타내어 가분수끼리의 크기를 비교합니다.
② 가분수를 대분수로 나타내어 가분수끼리의 크기를 비교합니다.

2회 단원 평가 도전 83~85쪽

1 $\frac{3}{8}$ 2 $\frac{2}{6}$ 3 $\frac{4}{5}$ 4 8 5 (1) ㉡ (2) ㉠ 6 예 ㉠ 50의 $\frac{3}{10}$은 15입니다. ㉡ 27의 $\frac{1}{3}$은 9입니다. 따라서 나타내는 수가 9인 것은 ㉡입니다. ; ㉡

7 15 8 풀이 참조 9 $\frac{9}{6}$, $\frac{4}{4}$, $\frac{21}{18}$ 10 (○)(×)(×)(○) 11 1, 2, 3, 4, 5 12 $2\frac{1}{4}$ 13 ③, ④ 14 (1) $\frac{9}{4}$ (2) $2\frac{3}{7}$

15 $2\frac{4}{7}$ 16 ㉠ 17 풀이 참조 ; $<$ 18 (1) $>$ (2) $<$ 19 노란색 20 예 $1\frac{5}{9}=\frac{14}{9}$이므로 $\frac{14}{9}<\frac{\square}{9}<\frac{20}{9}$인 수는 $\frac{15}{9}$, $\frac{16}{9}$, $\frac{17}{9}$, $\frac{18}{9}$, $\frac{19}{9}$입니다. ➔ $\square$=15, 16, 17, 18, 19 ; 15, 16, 17, 18, 19

풀이

3 12는 15의 $\frac{4}{5}$입니다.

4 12를 똑같이 6으로 나누면 한 묶음은 2씩이고 4묶음은 8이므로 12의 $\frac{4}{6}$는 8입니다.

5 (1) 30을 6으로 나눈 것 중의 1은 5이고, 4는 4배이므로 20입니다.
(2) 42를 7로 나눈 것 중의 1은 6이고, 2는 2배이므로 12입니다.

7 1시간은 60분이므로 60의 $\frac{1}{4}$은 15입니다.

8 (수직선) 0, $\frac{4}{8}\left(\frac{1}{2}\right)$, 1, $\frac{11}{8}$, $\frac{3}{2}$, 2

9 가분수는 분자가 분모와 같거나 분모보다 큰 수이므로 $\frac{9}{6}$, $\frac{4}{4}$, $\frac{21}{18}$입니다.

11 분모가 6인 진분수는 $\frac{1}{6}$, $\frac{2}{6}$, $\frac{3}{6}$, $\frac{4}{6}$, $\frac{5}{6}$이므로 $\square$에 들어갈 수 있는 자연수는 1, 2, 3, 4, 5입니다.

14 (2) $\frac{17}{7}$에서 $\frac{14}{7}$=2이므로 $\frac{17}{7}=2\frac{3}{7}$입니다.

15 $\frac{18}{7}=\frac{14}{7}+\frac{4}{7}=2+\frac{4}{7}=2\frac{4}{7}$

16 $1\frac{7}{8}=\frac{15}{8}$, $2\frac{1}{8}=\frac{17}{8}$이므로 크기가 다른 것은 ㉠입니다.

17 예

예

18 (1) $\frac{5}{3}=\frac{3}{3}+\frac{2}{3}=1\frac{2}{3}$ $>$ $1\frac{1}{3}$
(2) $\frac{12}{8}$ $<$ $2\frac{5}{8}=2+\frac{5}{8}=\frac{16}{8}+\frac{5}{8}=\frac{21}{8}$

19 $3\frac{1}{4}=\frac{13}{4}$ $>$ $\frac{9}{4}$이므로 페인트는 노란색이 더 많이 있습니다.

3회 단원 평가 기출 86~88쪽

1 9 ; $\frac{4}{9}$ 2 (1) 2 (2) 9 3 $\frac{3}{8}$ 4 9 5 예 8조각을 똑같이 4묶음으로 나누면 한 묶음은 전체의 $\frac{1}{4}$이고 2조각이 됩니다. 따라서 $\frac{3}{4}$은 6조각입니다. ; 6조각 6 40 7 풀이 참조 8 $\frac{9}{5}$ 9 (1) ㉡ (2) ㉠ (3) ㉢ 10 $\frac{8}{4}$ 11 $\frac{5}{7}$ 12 3개

13 예 분모가 9인 진분수 중에서 가장 큰 분수는 $\frac{8}{9}$이므로 자연수가 4이고 분모가 9인 대분수 중에서 가장 큰 분수는 $4\frac{8}{9}$입니다. ; $4\frac{8}{9}$ 14 $2\frac{3}{4}=\frac{11}{4}$ 15 ③ 16 $3\frac{2}{11}$ cm 17 (1) $>$ (2) $<$ 18 $1\frac{5}{7}$; $\frac{11}{7}$; $1\frac{5}{7}$ 19 예 $2\frac{1}{9}=\frac{19}{9}$이고 $\frac{15}{9}<\frac{19}{9}$이므로 도서관에서 더 먼 곳은 우체국입니다. ; 우체국 20 $\frac{38}{7}$, $5\frac{2}{7}$, $4\frac{4}{7}$

풀이

2 (1) 45를 9씩 묶으면 5묶음이 됩니다. 18은 45의 $\frac{2}{5}$입니다.

(2) 12는 4의 3배이므로 27을 3씩 묶은 것입니다. 12는 27의 $\frac{4}{9}$입니다.

6 ㉠ 26의 $\frac{1}{2}$은 13, ㉡ 36의 $\frac{3}{4}$은 27입니다.

➔ 13+27=40

7 예

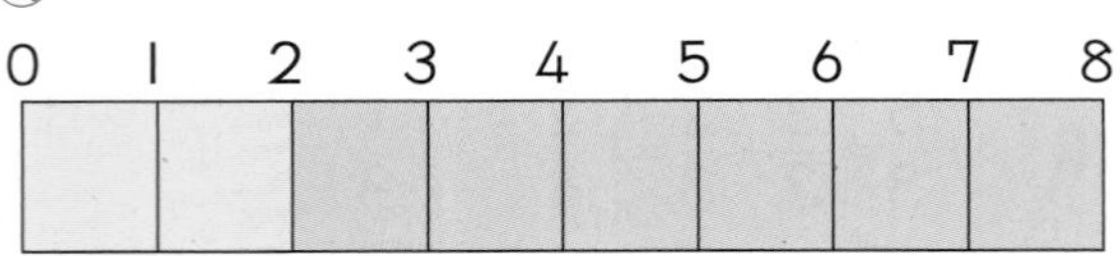

8의 $\frac{1}{4}$은 2이고, $\frac{3}{4}$은 6이므로 노란색은 2칸, 파란색은 6칸을 색칠합니다.

8 가장 작은 눈금 한 칸의 크기는 $\frac{1}{5}$입니다.

11 $\frac{6}{6}$, $\frac{8}{4}$은 분모와 분자의 합이 12인 가분수입니다.

12 $\frac{3}{8}$은 진분수이고, $\frac{15}{9}$, $\frac{4}{3}$는 가분수입니다.

대분수는 자연수와 진분수로 이루어진 분수입니다.

15 ① $\frac{26}{3}$ ② $\frac{36}{5}$ ③ $\frac{22}{4}$

④ $\frac{30}{9}$ ⑤ $\frac{25}{10}$

16 $\frac{35}{11}=\frac{33}{11}+\frac{2}{11}=3+\frac{2}{11}=3\frac{2}{11}$ (cm)

17 (1) $\frac{25}{13} > 1\frac{6}{13}=\frac{19}{13}$

(2) $\frac{47}{30} < 1\frac{19}{30}=\frac{49}{30}$

18 $1\frac{5}{7}=\frac{12}{7}$이므로 $\frac{11}{7}<\frac{12}{7}$입니다.

20 모두 가분수로 고쳐서 분자의 크기를 비교합니다.

$5\frac{2}{7}=\frac{37}{7}$, $4\frac{4}{7}=\frac{32}{7}$

➔ $\frac{38}{7}>\frac{37}{7}>\frac{32}{7}$

➔ $\frac{38}{7}>5\frac{2}{7}>4\frac{4}{7}$

4회 단원 평가 실전

89~91쪽

1 $\frac{3}{5}$ **2** $\frac{7}{8}$ **3** ㉠ **4** 21 **5** 풀이 참조 **6** 예 25를 5로 나눈 것 중의 1은 5이고, 2는 2배이므로 10입니다. 따라서 연필꽂이에 꽂은 연필은 10자루입니다. ; 10자루 **7** 60 **8** ㉢ **9** 풀이 참조 ; 예 $\frac{8}{7}$ **10** 3개 **11** 10 **12** $\frac{11}{3}$

13 예 대분수는 자연수와 진분수로 이루어진 분수인데 $4\frac{5}{3}$는 자연수와 가분수로 이루어진 분수이므로 대분수가 아닙니다. **14** (1) $\frac{11}{2}$ (2) $2\frac{5}{9}$

15 다영 **16** 예 만들 수 있는 가장 큰 대분수는 $7\frac{2}{3}$이므로 가분수로 나타내면 $\frac{23}{3}$입니다. ; $\frac{23}{3}$

17 (1) > (2) < **18** 주스 **19** $2\frac{3}{8}$, $\frac{17}{8}$

20 예 $\frac{9}{5}=1\frac{4}{5}>1\frac{\square}{5}$이므로 □ 안에 들어갈 수 있는 수는 4보다 작은 1, 2, 3입니다. ; 1, 2, 3

풀이

3 8은 40의 $\frac{1}{5}$입니다. ➔ ㉠=5

4는 28의 $\frac{1}{7}$입니다. ➔ ㉡=7

5 예

18의 $\frac{2}{9}$는 4이므로 4개에 색칠합니다.

7 $\frac{3}{5}$ m는 100 cm의 $\frac{3}{5}$이므로 60 cm입니다.

8 현우가 수직선 위에 표시한 분수는 $\frac{5}{6}$입니다.

➔ ㉠ $\frac{2}{4}$ ㉡ $\frac{4}{5}$ ㉢ $\frac{5}{6}$

9 예

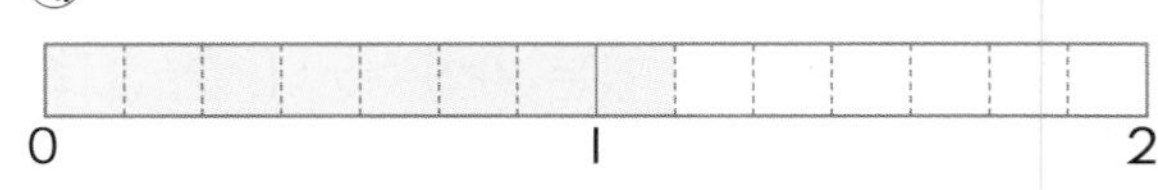

10 $\frac{6}{9}$, $\frac{7}{9}$, $\frac{8}{9}$ ➔ 3개

11 가분수는 분자가 분모와 같거나 분모보다 큰 경우이므로 □ 안에 들어갈 수 있는 수 중에서 가장 작은 수는 10입니다.

12 $\frac{1}{3}$이 11개이므로 $\frac{11}{3}$입니다.

15 민수: $4\frac{2}{7}=4+\frac{2}{7}=\frac{28}{7}+\frac{2}{7}=\frac{30}{7}$

17 (1) $1\frac{7}{12}=\frac{19}{12}$ > $\frac{15}{12}$

(2) $\frac{41}{20}$ < $3\frac{9}{20}=\frac{69}{20}$

18 $2\frac{2}{7}=\frac{16}{7}$ ➔ $2\frac{2}{7}>\frac{13}{7}$

19 $1\frac{7}{8}=\frac{15}{8}$이고, $\frac{9}{8}$, $1\frac{5}{8}=\frac{13}{8}$, $2\frac{3}{8}=\frac{19}{8}$, $\frac{17}{8}$, $3\frac{1}{8}=\frac{25}{8}$이므로 $\frac{15}{8}$보다 크고 $\frac{21}{8}$보다 작은 수는 $2\frac{3}{8}$, $\frac{17}{8}$입니다.

탐구 서술형 평가 92~95쪽

1 1단계 8개 2단계 9개 3단계 현기, 1개

1-1 예 어머니가 산 사과의 수는 20개의 $\frac{3}{4}$이므로 15개입니다. 어머니가 산 귤의 수는 50개의 $\frac{2}{5}$이므로 20개입니다. 따라서 귤을 20−15=5(개) 더 많이 샀습니다. ; 귤, 5개

2 1단계 1과 10, 2와 9, 3과 8, 4와 7, 5와 6

2단계 4와 7 3단계 $\frac{4}{7}$

2-1 예 합이 9인 두 수는 1과 8, 2와 7, 3과 6, 4와 5입니다. 이 중 차가 5인 두 수는 2와 7입니다. 가분수는 분자가 분모와 같거나 커야 하므로 (가)는 $\frac{7}{2}$입니다. ; $\frac{7}{2}$

3 1단계 $2\frac{3}{4}$ 2단계 1, 2 3단계 2

3-1 예 $1\frac{4}{7}$를 가분수로 나타내면 $1\frac{4}{7}=\frac{11}{7}$입니다. $\frac{\square}{7}>\frac{11}{7}$이므로 □ 안에 들어갈 수 있는 수는 11보다 큰 수입니다. 따라서 □ 안에 들어갈 수 있는 수 중 가장 작은 수는 12입니다. ; 12

4 예 분자와 분모의 합이 27이 되는 표를 만듭니다.

분자	19	18	17	16	15	14
분모	8	9	10	11	12	13
차	11	9	7	5	3	1

이 중 차가 5인 두 수를 찾으면 16과 11이므로 가분수로 나타내면 $\frac{16}{11}$입니다. 이 수를 대분수로 나타내면 $\frac{16}{11}=1\frac{5}{11}$입니다. ; $1\frac{5}{11}$

5 예 $3\frac{2}{5}$를 가분수로 나타내면 $3\frac{2}{5}=\frac{17}{5}$입니다. $3\frac{2}{5}$보다 작은 분모가 5인 가분수는 분자가 17보다 작은 $\frac{1}{5}$, $\frac{2}{5}$……$\frac{16}{5}$입니다. 따라서 $3\frac{2}{5}$보다 작은 분모가 5인 가분수 중에서 가장 큰 분수는 $\frac{16}{5}$입니다. ; $\frac{16}{5}$

풀이

1 1단계 12의 $\frac{2}{3}$는 8입니다.

2단계 24의 $\frac{3}{8}$은 9입니다.

3단계 현기네 집에서 9−8=1(개) 더 많이 먹었습니다.

2 1단계 합이 11인 두 수를 구해 봅니다.

2단계 1단계 의 수 중 차가 3인 두 수를 구해 봅니다.

3단계 진분수이므로 분자가 분모보다 작아야 합니다.

3 1단계 $\frac{11}{4}=\frac{8}{4}+\frac{3}{4}=2\frac{3}{4}$

2단계 $2\frac{3}{4}>2\frac{\square}{4}$이므로 □ 안에는 3보다 작은 수인 1, 2가 들어갈 수 있습니다.

3단계 □ 안에 들어갈 수 있는 수 중 가장 큰 수는 2입니다.

5 들이와 무게

수학 익힘 풀기 97쪽

1 ㉡ 2 ㉠ 3 ㉠ 4 300 5 (1) 7000 (2) 5, 700 (3) 6300 6 ㉠

풀이

1 ㉠ 병에 물을 가득 채운 뒤 ㉡ 병에 옮겨 담았을 때 ㉠ 병의 물이 다 들어가면 ㉡ 병의 들이가 더 많습니다.

2 모양과 크기가 같은 그릇에 옮겨 담았을 때 물의 높이가 더 높은 것의 들이가 더 많습니다.

3 ㉠ 병에는 ㉡ 병보다 종이컵 3개만큼 물이 더 많이 들어갑니다.

5 (1) 7 L=7000 mL
(2) 5700 mL=5000 mL+700 mL
=5 L 700 mL
(3) 6 L 300 mL=6000 mL+300 mL
=6300 mL

6 ㉠ 1280 mL ㉡ 1900 mL
㉢ 1 L 290 mL=1000 mL+290 mL=1290 mL이므로, 들이의 순서는 ㉠ < ㉢ < ㉡이 됩니다.

수학 익힘 풀기 99쪽

1 (1) mL (2) L (3) mL (4) mL 2 L, mL 3 (1) ㉠ (2) ㉡ (3) ㉢ 4 (1) 7, 800 (2) 2, 300 5 (1) 6900, 6, 900 (2) 4200, 4, 200 6 (1) 6 L 300 mL (2) 3 L 500 mL

풀이

1 1 L는 1000 mL와 같으므로 많은 들이는 L 단위를 사용하고, 적은 들이는 mL 단위를 사용하는 것이 좋습니다.
(1) 어항의 들이는 약 3000 mL이거나 3 L가 알맞습니다.
(2) 냉장고의 들이는 많은 들이이므로 L가 알맞습니다.

2 들이의 단위에는 리터(L)와 밀리리터(mL) 등이 있습니다.

3 1 L는 1000 mL와 같으므로 많은 들이는 L 단위를 사용하고, 적은 들이는 mL 단위를 사용하는 것이 좋습니다.

4 (1) L는 L끼리 더하고, mL는 mL끼리 더합니다.
(2) L는 L끼리 빼고, mL는 mL끼리 뺍니다.

5 (1) mL끼리 더한 다음, 1 L=1000 mL임을 이용하여 mL를 L로 나타냅니다.
(2) mL끼리 뺀 다음, 1 L=1000 mL임을 이용하여 mL를 L로 나타냅니다.

6 (1) mL끼리의 합이 1000보다 크거나 같으면 1000 mL를 1 L로 받아올림합니다.

$$\begin{array}{rrrr} & 3\ \mathrm{L} & 700 & \mathrm{mL} \\ + & 2\ \mathrm{L} & 600 & \mathrm{mL} \\ \hline & 5\ \mathrm{L} & 1300 & \mathrm{mL} \\ & 1\ \mathrm{L} \leftarrow & 1000 & \mathrm{mL} \\ \hline & 6\ \mathrm{L} & 300 & \mathrm{mL} \end{array}$$

(2) mL끼리 뺄 수 없을 때에는 1 L를 1000 mL로 받아내림합니다.

$$\begin{array}{rrrr} & \overset{4}{\cancel{5}}\ \mathrm{L} & \overset{1000}{100} & \mathrm{mL} \\ - & 1\ \mathrm{L} & 600 & \mathrm{mL} \\ \hline & 3\ \mathrm{L} & 500 & \mathrm{mL} \end{array}$$

수학 익힘 풀기 101쪽

1 성규 2 포도, 참외, 바나나 3 사과, 2 4 (1)—㉢ (2)—㉠ (3)—㉡ 5 2, 500 6 1000, 1

풀이

1 저울의 양쪽 접시에 물건을 올려놓았을 때 더 무거운 물건이 있는 쪽의 접시가 아래로 내려갑니다.

2 포도는 참외보다 무겁습니다. 참외는 바나나보다 무겁습니다. 그러므로 가장 무거운 것은 포도이고, 가장 가벼운 것은 바나나입니다.

4 1 kg은 1000 g과 같고, 1 t은 1000 kg과 같습니다.

5 작은 눈금 한 칸은 100 g을 나타냅니다.

6 20 kg인 시멘트 50개는 1000 kg입니다. 1000 kg은 1 t과 같습니다.

수학 익힘 풀기

103쪽

1 (1) g (2) g (3) kg (4) t **2** kg, g **3** (1) ㉡ (2) ㉠ (3) ㉢ **4** (1) 7, 900 (2) 4, 600 **5** 75 kg 200 g **6** (1) 7 kg 400 g (2) 3 kg 700 g

풀이

1 (4) 1 t은 1000 kg과 같으므로 트럭과 같이 무거운 물체의 무게를 나타낼 때 사용하는 것이 좋습니다.

2 무게의 단위에는 킬로그램(kg)과 그램(g) 등이 있습니다.

3 1 kg은 1000 g과 같으므로 무거운 물건은 kg 단위를 사용하고, 가벼운 물건은 g 단위를 사용하는 것이 좋습니다.

4 (1) kg은 kg끼리 더하고, g은 g끼리 더합니다.
(2) kg은 kg끼리 빼고, g은 g끼리 뺍니다.

5 39 kg 500 g+35 kg 700 g
=(39 kg+35 kg)+(500 g+700 g)
=74 kg+1200 g
=75 kg 200 g

6 (1) g끼리의 합이 1000보다 크거나 같으면 1000 g을 1 kg으로 받아올림합니다.

	4	kg	800	g
+	2	kg	600	g
	6	kg	1400	g
	1	kg ←	1000	g
	7	kg	400	g

(2) g끼리 뺄 수 없을 때에는 1 kg을 1000 g으로 받아내림합니다.

	5		1000	
	~~6~~	kg	200	g
−	2	kg	500	g
	3	kg	700	g

1회 단원 평가 연습

104~106쪽

1 ㉮ **2** ㉮, ㉱, ㉯, ㉰ **3** (1) 5000 (2) 3 (3) 5, 800 **4** 2 L 600 mL **5** ㉢, ㉠, ㉡, ㉣ **6** ㉠ ; 예 양치 컵의 들이는 약 300 mL입니다. **7** ㉠ 7 L 780 mL ㉡ 3 L 220 mL **8** 14 L 900 mL **9** < **10** 4 L 100 mL **11** 예 감과 사과 중에는 감이 가볍고, 감과 귤 중에는 귤이 가벼우므로 가장 가벼운 것은 귤입니다. ; 귤 **12** 800 g **13** 500, 200 **14** ㉣, ㉡, ㉢, ㉠ **15** ㉡ **16** (1) 3300, 3, 300 (2) 2, 300 **17** ㉠ **18** 12 kg 500 g **19** 예 두 사람의 책가방의 무게의 합은 1 kg 900 g+2 kg 250 g=3 kg 1150 g=4 kg 150 g입니다. ; 4 kg 150 g **20** 6 kg 550 g

풀이

1 ㉮ 그릇이 14번으로 부은 횟수가 가장 적습니다.

2 부은 횟수가 적을수록 그릇의 들이가 많습니다.

3 1 L=1000 mL임을 이용합니다.

4 2 L보다 600 mL 더 많은 들이를 2 L 600 mL라고 합니다.

5 ㉢ 1 L 29 mL=1000 mL+29 mL=1029 mL
㉣ 10 L 290 mL=10000 mL+290 mL
=10290 mL

7 2280 mL=2000 mL+280 mL=2 L 280 mL
㉠ 합: 5 L 500 mL+2 L 280 mL
=7 L 780 mL
㉡ 차: 5 L 500 mL−2 L 280 mL
=3 L 220 mL

8 2 L 300 mL+7 L 500 mL+5 L 100 mL
=9 L 800 mL+5 L 100 mL
=14 L 900 mL

9 4 L 350 mL+3 L 600 mL=7 L 950 mL이므로 7 L 950 mL < 8 L

10 (더 넣은 물의 양)=8600 mL−4 L 500 mL
=8 L 600 mL−4 L 500 mL
=4 L 100 mL

12 저울의 눈금 한 칸은 100 g이므로 인형의 무게는 800 g입니다.

13 500200 g=500000 g+200 g

=500 kg+200 g
=500 kg 200 g

14 ㉠ 4000 g ㉡ 4010 g ㉢ 4001 g ㉣ 4100 g
➔ ㉣>㉡>㉢>㉠

17 ㉡ 23 kg−2 kg 600 g=20 kg 400 g
㉢ 14 kg 300 g+4250 g
=14 kg 300 g+4 kg 250 g
=18 kg 550 g

18 정은이는 5 kg, 동생은 7 kg 500 g을 모았습니다. ➔ 5 kg+7 kg 500 g=12 kg 500 g

20 (배의 무게)=(바구니에 배를 담은 무게)−(바구니만의 무게)
=7 kg 200 g−650 g
=6 kg 1200 g−650 g
=6 kg 550 g

2회 단원 평가 도전 107~109쪽

1 ㉠, ㉢, ㉡ 2 ㉡ 3 ②, ④ 4 (1) > (2) > 5 약 1 L 500 mL 6 6, 900 7 3, 150 8 9 L 850 mL 9 2300 mL 10 1 L 750 mL 11 ㉡, ㉢, ㉠ 12 감, 귤, 3 13 예 바르게 읽지 못했습니다. 왜냐하면 1000 g=1 kg이므로 1100 g은 1 kg 100 g입니다. 14 (1) 4000 (2) 7, 400 15 (1) < (2) > 16 kg 17 9200, 9, 200 18 ㉠ 1200 ㉡ 700 19 32 kg 800 g 20 예 3 kg 300 g<3 kg 900 g이므로 하현이가 감자를 3 kg 900 g−3 kg 300 g=600 g 더 많이 캤습니다. ; 하현, 600 g

풀이

1 그릇의 크기가 클수록 들이가 많습니다.

2 물의 높이가 더 높은 쪽의 들이가 더 많습니다. 따라서 ㉡ 주전자의 들이가 더 많습니다.

3 ② 2 L 300 mL=2300 mL
④ 5050 mL=5 L 50 mL

4 (1) 8800 mL=8 L 800 mL > 8 L
(2) 3700 mL=3 L 700 mL > 3 L 70 mL

5 500 mL짜리 우유갑 3개와 같으므로
500 mL+500 mL+500 mL=1500 mL
=1 L 500 mL

8 (물의 양)+(매실 원액의 양)
=8 L 700 mL+1 L 150 mL
=9 L 850 mL

9 들이가 가장 많은 것은 6000 mL이고 가장 적은 것은 3L 700 mL입니다.
➔ 6000 mL−3 L 700 mL
=6000 mL−3700 mL=2300 mL

10 2500 mL−750 mL=1750 mL이므로 남은 참기름은 1750 mL=1 L 750 mL입니다.

11 무게가 무거운 것부터 순서대로 쓰면 텔레비전, 신발, 색연필입니다.

14 1 kg=1000 g임을 이용합니다.

15 (1) 3 kg < 3 kg 800 g
(2) 9600 g=9 kg 600 g > 9 kg 60 g

19 19 kg 600 g+13 kg 200 g=32 kg 800 g

3회 단원 평가 기출 110~112쪽

1 우유 2 ② 3 (1) 2000 (2) 4150 (3) 3, 700 4 (1) < (2) > 5 예 모두 mL 단위로 나타내어 비교합니다. ㉠ 820 mL ㉡ 1007 mL ㉢ 3600 mL ㉣ 2800 mL ➔ 3600 mL>2800 mL>1007 mL>820 mL이므로 들이가 가장 적은 것은 ㉠ 820 mL입니다. ; ㉠ 6 1400 mL 7 ㉠ 8 L 900 mL ㉡ 4 L 500 mL 8 200 9 3 L 100 mL 10 2 L 500 mL 11 ㉢, ㉠, ㉡ 12 예 같은 단위인 바둑돌의 개수가 많을수록 무게가 더 무겁습니다. 따라서 바나나가 귤보다 바둑돌 20−12=8(개)만큼 더 무겁습니다. ; 바나나, 8개 13 (1) 3850 (2) 5, 800 14 (1) > (2) < 15 선미, 1 kg 400 g 16 ㉢ ; 예 냉장고 한 대의 무게는 약 120 kg입니다. 17 900 ; 6 18 31 kg 700 g 19 70 g 20 예 15 kg−1 kg 500 g=13 kg 500 g이므로 가방에 넣을 수 있는 짐은 13 kg 500 g까지입니다. ; 13 kg 500 g까지

풀이

1 부어 놓은 액체의 높이가 더 높은 것의 들이가 더 많습니다.

2 그릇으로 부은 횟수가 적을수록 그릇의 들이가 많습니다.

3 1 L=1000 mL임을 이용합니다.

4 (1) 2300 mL=2 L 300 mL ＜ 2600 mL =2 L 600 mL
(2) 2 L 500 mL ＞ 1970 mL=1 L 970 mL

6 비커에 들어 있는 물의 양은 1000 mL와 400 mL이므로 물병의 들이는 1400 mL입니다.

7 ㉠ 합: 6 L 700 mL+2 L 200 mL =8 L 900 mL
㉡ 차: 6 L 700 mL−2 L 200 mL =4 L 500 mL

8 600 mL−□ mL=400 mL
□ mL=600 mL−400 mL=200 mL

9 (어제 마신 우유의 양)+(오늘 마신 우유의 양)
=1 L 500 mL+1 L 600 mL=2 L 1100 mL
=3 L 100 mL

10

	2		1000	
	3	L	300	mL
−			800	mL
	2	L	500	mL

11 무게가 무거운 것부터 순서대로 쓰면 밥솥, 수학책, 빗입니다.

13 1 kg=1000 g임을 이용합니다.

14 (1) 7 kg 400 g ＞ 7040 g=7 kg 40 g
(2) 4900 g=4 kg 900 g ＜ 5 kg

15 2 kg 100 g＜3 kg 500 g이므로 선미가 사과를 더 많이 땄습니다.
3 kg 500 g−2 kg 100 g=1 kg 400 g

17 g 계산: □+600=500+1000,
□+600=1500, □=900
kg 계산: 3+□+1=10, □+4=10, □=6

18 28 kg 500 g+3 kg 200 g=31 kg 700 g

19 5700 g−3 kg 650 g−1 kg 980 g
=5700 g−3650 g−1980 g
=2050 g−1980 g
=70 g

4회 단원 평가 실전

113~115쪽

1 ㉮ 2 ④ 3 ㉰, ㉯, ㉮, ㉱ 4 5 L 800 mL 5 ㉢, ㉠, ㉡, ㉣ 6 주전자 7 예 2 L 500 mL ＞1 L 300 mL이므로 소영이가 물을 더 많이 받아 왔습니다. ; 소영 8 4 L 700 mL 9 5 L 600 mL 10 예 9 L 900 mL−2100 mL−3 L 700 mL=9 L 900 mL−2 L 100 mL−3 L 700 mL=7 L 800 mL−3 L 700 mL=4 L 100 mL ; 4 L 100 mL 11 초록색 지우개, 4개 12 600 g 13 ⑤ 14 (1) ＜ (2) ＞ 15 예 ㉡ 5550 g=5 kg 550 g ➔ 5 kg＜5 kg 500 g＜5550 g이므로 가벼운 것부터 차례대로 기호를 쓰면 ㉠, ㉢, ㉡입니다. ; ㉠, ㉢, ㉡ 16 (1) 8300 ; 8, 300 (2) 1900 ; 1, 900 17 ＞ 18 41 kg 700 g 19 ㉠, ㉡, ㉢ 20 예 (진수의 책가방의 무게)=(수미의 책가방의 무게)+1 kg 200 g=1 kg 900 g+1 kg 200 g=2 kg 1100 g=3 kg 100 g ; 3 kg 100 g

풀이

1 그릇의 모양과 크기가 다를 때에는 모양과 크기가 같은 그릇에 옮겨 담아 액체의 높이를 비교합니다.

2 덜어 내는 그릇의 들이가 많을수록 횟수는 줄어듭니다.

3 부은 횟수가 적을수록 그릇의 들이는 많습니다.

4 5 L보다 800 mL 많은 들이는 5 L 800 mL입니다.

5 모두 같은 단위로 고쳐서 들이를 비교합니다.
㉠ 2 L=2000 mL
㉣ 1 L 500 mL=1500 mL
➔ ㉢＞㉠＞㉡＞㉣

8 1 L 200 mL+3 L 500 mL=4 L 700 mL

9 2 L 400 mL+3 L 200 mL=5 L 600 mL

11 6＜10이므로 초록색 지우개가 노란색 지우개보다 동전 10−6=4(개)만큼 더 무겁습니다.

12 저울의 눈금이 1200 g을 가리키므로 배 1개의 무게는 600 g입니다.

13 ① 2 kg=2000 g
② 4200 g=4 kg 200 g

③ 2908 g=2 kg 908 g
④ 3 kg 50 g=3050 g

14 (2) 3960 g=3 kg 960 g ⊘ 3 kg 60 g

17 40 kg−25 kg 50 g
=39 kg 1000 g−25 kg 50 g=14 kg 950 g
➔ 15 kg ⊘ 14 kg 950 g

18 74 kg 500 kg−32 kg 800 g
=73 kg 1500 g−32 kg 800 g
=41 kg 700 g

19 ㉠ 8 kg 600 g
㉡ 4 kg 200 g+3 kg 700 g=7 kg 900 g
㉢ 10 kg 900 g−5 kg 400 g=5 kg 500 g
➔ ㉠>㉡>㉢

탐구 서술형 평가

116~119쪽

1 1단계 20500 mL 2단계 가장 많은 것: ㉡, 가장 적은 것: ㉠ 3단계 18000 mL

1-1 예 ㉢ 16000 mL=16 L입니다. 16 L> 10 L 60 mL> 1 L 600 mL이므로 들이가 가장 많은 것은 ㉢ 16 L, 가장 적은 것은 ㉡ 1 L 600 mL입니다. 따라서 들이가 가장 많은 것과 가장 적은 것의 합은 16 L+1 L 600 mL=17 L 600 mL입니다. ; 17 L 600 mL

2 1단계 1 L 750 mL 2단계 1 L 700 mL 3단계 승우, 50 mL

2-1 예 진서가 마신 물의 들이는 2 L−1 L 300 mL=700 mL입니다. 인영이가 마신 물의 들이는 1 L 700 mL−800 mL=900 mL입니다. 따라서 두 사람이 마신 물의 들이의 합은 700 mL+900 mL=1600 mL입니다. ; 1600 mL

3 1단계 2 kg 100 g 2단계 1 kg 600 g 3단계 5 kg 200 g

3-1 예 (아버지의 몸무게)=38 kg 200 g+38 kg 200 g=76 kg 400 g, (어머니의 몸무게)=76 kg 400 g−20 kg 500 g=55 kg 900 g입니다. 따라서 우리 세 가족의 몸무게의 합은 76 kg 400 g+55 kg 900 g+38 kg 200 g=170 kg 500 g입니다. ; 170 kg 500 g

4 예 초록색 페인트는 2 L 100 mL+1700 mL=3 L 800 mL, 보라색 페인트는 1900 mL+1 L 800 mL=3 L 700 mL입니다. 따라서 초록색 페인트가 3 L 800 mL−3 L 700 mL=100 mL 더 많습니다. ; 초록색 페인트, 100 mL

5 예 귤 1개의 무게가 150 g이므로 귤 9개의 무게는 150 g×9=1350 g=1 kg 350 g입니다. (바구니만의 무게)=1 kg 850 g−1 kg 350 g=500 g이고, (사과 6개의 무게)=2 kg−500 g=2000 g−500 g=1500 g입니다. 1500 g=500 g+500 g+500 g이므로 사과 2개의 무게는 500 g입니다. 500 g=250 g+250 g이므로 사과 1개의 무게는 250 g입니다. ; 250 g

풀이

1 1단계 20 L 500 mL=20 L+500 mL
=20000 mL+500 mL=20500 mL
2단계 2500 mL<20050 mL<20500 mL이므로 들이가 가장 많은 것은 ㉡, 가장 적은 것은 ㉠입니다.
3단계 들이가 가장 많은 것과 가장 적은 것의 차는 20500 mL−2500 mL=18000 mL입니다.

2 1단계 1 L 300 mL+450 mL=1 L 750 mL입니다.
2단계 600 mL+1 L 100 mL=1 L 700 mL입니다.
3단계 1 L 750 mL−1 L 700 mL=50 mL이므로 승우가 산 음료의 들이가 50 mL 더 많습니다.

3 1단계 1 kg 500 g+600 g=1 kg 1100 g
=2 kg 100 g
2단계 2 kg 100 g−500 g
=1 kg 1100 g−500 g=1 kg 600 g
3단계 1 kg 500 g+2 kg 100 g+1 kg 600 g
=3 kg 600 g+1 kg 600 g
=4 kg 1200 g=5 kg 200 g

6 자료의 정리

수학 익힘 풀기 121쪽

1 ㉠ 7 ㉡ 5 2 과학관 3 과학관 4 놀이공원 5 예 운동회 때 간식으로 먹을 음료 6 ㉠ 7 풀이 참조 8 예 생수

풀이

1 8+㉠+9+6=30, ㉠=7
10+6+㉡+9=30, ㉡=5

4 놀이공원 18명, 박물관 13명, 과학관 14명, 수영장 15명입니다.

6 원하는 간식에 해당하는 공간에 붙임딱지를 붙인 것입니다.

7

음료	과일 주스	생수	탄산 음료	이온 음료	합계
학생 수(명)	9	11	8	7	35

8 생수를 고른 학생이 가장 많습니다.

수학 익힘 풀기 123쪽

1 36상자 2 장미 마을 3 25상자 4 장미 마을 5 풀이 참조 6 풀이 참조 7 그림그래프

풀이

1 10상자 모양이 3개, 1상자 모양이 6개입니다.

2 진달래 마을 36상자, 백합 마을 18상자, 동백 마을 43상자, 장미 마을 51상자입니다.

3 43−18=25(상자)

4 올해 사과 생산량이 가장 많은 장미 마을에서 상자를 가장 많이 준비해야 할 것 같습니다.

5

도시	학생 수
강릉	◎◎○○○○○○○○○○○
속초	◎◎○○○○○○○○○○
춘천	◎◎○○○○○○○
삼척	◎◎○○○○○○○○○

29명인 경우, 10명을 표시하는 ◎를 2개, 1명을 표시하는 ○를 9개 그립니다.

6

도시	학생 수
강릉	◎◎△○○○○
속초	◎◎△○○○
춘천	◎◎△○
삼척	◎◎△○○

29명인 경우, 10명을 표시하는 ◎를 2개, 5명을 표시하는 △를 1개, 1명을 표시하는 ○를 4개 그립니다.

7 그림그래프는 표보다 한눈에 비교가 잘됩니다.

1회 단원 평가 연습 124~126쪽

1 8명 2 3명 3 2배 4 피구, 줄넘기, 발야구, 축구 5 26개 6 풀이 참조 7 연필 8 그림 9 ㉠ 100만 원 ㉡ 10만 원 10 220만 원 11 80만 원 12 지혜초등학교 13 누리초등학교 14 예 불우이웃돕기 성금액을 가장 많이 모은 초등학교는 지혜초등학교입니다. 불우이웃돕기 성금액을 가장 적게 모은 초등학교는 누리초등학교입니다. 15 풀이 참조 16 ㉣ 과수원 17 예 ㉰ 과수원 생산량은 150상자이므로 2배인 곳은 300상자를 생산한 ㉯ 과수원입니다. ; ㉯ 과수원 18 ㉠ 1개 ㉡ 1개 19 풀이 참조 20 수박

풀이

1 30−5−7−10=8(명)

2 10−7=3(명)

3 피구를 좋아하는 학생은 10명, 축구를 좋아하는 학생은 5명이므로 2배입니다.

6

종류	연필	공책	색연필	지우개	합계
학용품의 수(개)	9	6	7	4	26

순서대로 하나씩 짚어 가면서 세어 봅니다. 두 번 세지 않도록 주의합니다.

7 학용품의 수가 가장 많은 것은 9개인 연필입니다.

10 100만 원 그림이 2개, 10만 원 그림이 2개이므로 220만원입니다.

11 희망초등학교는 320만 원, 지혜초등학교는 400만 원이므로 불우이웃돕기 성금액의 차는 400−320=80(만 원)입니다.

12 불우이웃돕기 성금액을 가장 많이 모은 초등학교는 100만 원 그림의 개수가 가장 많은 지혜초등학교입니다.

13 희망초등학교는 성금액을 320만 원 모았으므로 모은 성금액의 반인 학교는 160만 원을 모은 누리초등학교입니다.

15

과수원	생산량
㉮	🍎🍎🍏🍏🍏🍏
㉯	🍎🍎🍎
㉰	🍎🍏🍏🍏🍏🍏
㉱	🍎🍎🍎🍎🍏

🍎 100상자
🍏 10상자

16 100상자 그림이 가장 많은 과수원을 찾아보면 ㉱ 과수원입니다.

19

과일	학생 수
사과	(5명)(1명)(1명)(1명)
수박	(5명)(5명)
배	(5명)(1명)
딸기	(5명)

(5명) 5명
(1명) 1명

20 그림 (5명)의 수가 가장 많은 것은 수박입니다.

2회 단원 평가 도전 127~129쪽

1 176개 2 40개 3 12개 4 튼튼초등학교 5 21명 6 풀이 참조 7 초록, 보라, 파랑, 노랑 8 230가마 9 초록 마을 10 100가마 11 햇살 마을, 보람 마을, 풍년 마을, 초록 마을 12 7명 13 떡볶이 14 떡볶이 ; 예 가장 많은 학생들이 좋아하는 떡볶이를 만드는 것이 좋을 것 같습니다. 15 풀이 참조 16 ④ 17 예 ㉯ 마을보다 학생 수가 적은 마을은 ㉯ 마을보다 10명 그림이 더 적은 ㉮와 ㉱ 마을, ㉯ 마을과 10명 그림은 같지만 1명 그림이 더 적은 ㉲ 마을입니다. ; ㉮, ㉱, ㉲ 18 34그루 19 풀이 참조 20 달콤 과수원

풀이

1 표의 합계를 보면 네 학교의 교실 수를 알 수 있습니다.

2 176−36−52−48=40(개)

3 48−36=12(개)

6 예 좋아하는 색깔

색깔	파랑	보라	노랑	초록	합계
학생 수(명)	5	6	3	7	21

9 풍년: 300가마, 보람: 230가마
햇살: 210가마, 초록: 310가마
➡ 310>300>230>210이므로 쌀 생산량이 가장 많은 마을은 초록 마을입니다.

10 쌀 생산량이 가장 많은 마을은 초록 마을로 310가마이고, 가장 적은 마을은 햇살 마을로 210가마입니다.
➡ 310−210=100(가마)

12 11−4=7(명)

13 샌드위치를 좋아하는 학생은 6명이고 6명의 2배는 12명이므로 떡볶이입니다.

15

마을	학생 수
㉮	(1명)×9
㉯	(10명)(10명)(1명)(1명)(1명)(1명)(1명)(1명)
㉰	(10명)(10명)(10명)(1명)(1명)(1명)(1명)
㉱	(10명)(1명)
㉲	(10명)(10명)

(10명) 10명
(1명) 1명

㉰ 마을은 학생 수가 34명이므로 10명 그림을 3개, 1명 그림을 4개 그려 넣습니다.

16 3학년 학생들이 사는 마을별 학생 수를 조사하였습니다.

18 꿀맛: 22그루, 달콤: 41그루, 무럭: 23그루
120−22−41−23=34(그루)

19

과수원	감나무 수
꿀맛	🌳🌳🌲🌲
이삭	🌳🌳🌳🌲🌲🌲🌲
달콤	🌳🌳🌳🌳🌲
무럭	🌳🌳🌲🌲🌲

🌳 10그루
🌲 1그루

이삭 과수원에 있는 감나무는 34그루이므로 10그루 그림 3개, 1그루 그림 4개를 그려 넣습니다.

20 감나무가 가장 많이 있는 과수원은 10그루 그림이 가장 많은 달콤 과수원입니다.

3회 단원 평가 기출

130~132쪽

1 풀이 참조 2 놀이공원, 박물관, 고궁, 과학관 3 놀이공원 4 예 가장 많은 여학생이 가고 싶어 하는 곳은 놀이공원이지만 가장 많은 남학생이 가고 싶어 하는 곳은 과학관입니다. 5 예 한결이네 반 남학생 6 14명 7 풀이 참조 8 220 kg 9 1060 kg 10 대나무 마을 11 매화 마을 12 ㉠ 10권 ㉡ 5권 ㉢ 1권 13 과학책, 동화책, 만화책, 위인전 14 예 위인전이 부족하므로 위인전을 더 구입하면 좋겠습니다. 15 180잔 16 ㉠ 100잔 ㉡ 10잔 17 풀이 참조 18 예 100−22−43−17=18(명) 따라서 10명 그림 1개와 1명 그림 8개를 그려 넣습니다. ; 18명 19 ㉯ 마을 20 ㉱>㉰>㉮>㉯

풀이

1

장소	놀이공원	과학관	박물관	고궁	합계
여학생 수(명)	5	1	4	3	13
남학생 수(명)	3	4	3	2	12

과학관에 가고 싶은 여학생 수:
13−5−4−3=1(명)
박물관에 가고 싶은 남학생 수:
12−3−4−2=3(명)

3 여학생과 남학생 수의 합이 가장 많은 곳은 놀이공원입니다.

5 한결이네 반 남학생들이 좋아하는 운동을 조사한 것입니다.

6 여러 가지 공 모양의 붙임딱지가 14개입니다.

7

운동	축구	농구	야구	배구	합계
학생 수(명)	5	3	4	2	14

8 100 kg 그림 2개와 10 kg 그림 2개이므로 220 kg입니다.

9 220+230+300+310=1060(kg)

10 100 kg 그림의 수가 가장 많은 마을은 국화 마을과 대나무 마을이고, 대나무 마을이 10 kg 그림 1개가 더 있으므로 대나무 마을이 쌀을 가장 많이 생산했습니다.

11 난초 마을보다 쌀 생산량이 더 적은 마을은 230 kg보다 더 적은 220 kg을 생산한 매화 마을입니다.

13 동화책: 22권, 과학책: 26권, 위인전: 9권, 만화책: 18권

15 790−120−210−280=180(잔)

16 120잔을 (큰 컵) (작은 컵) (작은 컵)으로 나타내었으므로 (큰 컵)은 100잔, (작은 컵)은 10잔을 나타냅니다.

17

월	판매량
3	큰 컵 1개, 작은 컵 2개
4	큰 컵 1개, 작은 컵 8개
5	큰 컵 2개, 작은 컵 1개
6	큰 컵 2개, 작은 컵 8개

(큰 컵) 100 잔 (작은 컵) 10 잔

18

마을	학생 수
㉮	😀😀☺☺
㉯	😀😀😀😀☺☺☺
㉰	😀☺☺☺☺☺☺☺☺
㉱	😀☺☺☺☺☺☺☺

😀 10명 ☺ 1명

19 학생 수가 가장 많은 마을은 그림그래프에서 10명을 나타내는 그림의 수가 가장 많은 ㉯ 마을입니다.

20 ㉮ 마을: 22명, ㉯ 마을: 43명
㉰ 마을: 18명, ㉱ 마을: 17명
➜ ㉱<㉰<㉮<㉯

4회 단원 평가 실전

133~135쪽

1 124그루 2 초록 과수원 3 하나 과수원, 상큼 과수원 4 예 나무 수가 가장 적은 과수원은 상큼 과수원입니다. 네 과수원의 나무 수는 모두 583그루입니다. 5 26명 6 풀이 참조 7 겨울, 여름, 봄, 가을 8 ㉠ 10개 ㉡ 1개 9 23개 10 달님 가게, 구름 가게 11 예 우유 판매량이 가장 많은 가게는 햇님 가게로 32개이고 가장 적은 가게는 구름 가게로 7개이므로 차는 32−7=25(개)입니다. ; 25개 12 5명 13 풀이 참조 14 그림그래프 15 125개 16 예 칭찬 붙임딱지 수가 다 모둠은 19개이므로 2배인 모둠은 38개인 가 모둠입니다. ; 가 모둠 17 풀이 참조 18 풀이 참조 19 라, 가, 나, 다 20 예 서하가 그린 그래프보다 유석이가 그린 그래프가 더 간단하게 나타내어 한눈에 비교가 더 쉽습니다.

풀이

1 583−210−98−151=124(그루)

3 나라 과수원의 나무 수는 151그루이므로 나무 수가 더 적은 과수원은 하나 과수원과 상큼 과수원입니다.

6 남학생과 여학생 수를 각각 세어 써넣습니다.

계절	봄	여름	가을	겨울	합계
남학생 수(명)	2	5	3	4	14
여학생 수(명)	4	2	1	5	12

7 남학생과 여학생 수의 합이 가장 많은 계절부터 씁니다.
봄: 6명, 여름: 7명, 가을: 4명, 겨울: 9명

9 10개 그림이 2개, 1개 그림이 3개이므로 23개입니다.

12 32−7−8−12=5(명)

13

교통수단	학생 수
지하철	😀
버스	😀☺☺
자전거	😀☺☺☺
도보	😀😀☺☺

😀 5명 ☺ 1명

15 38+26+19+42=125(개)

17

모둠	붙임딱지 수
가	◎◎◎○○○○○○○○
나	◎◎○○○○○○
다	◎○○○○○○○○○
라	◎◎◎◎○○

◎10명 ○1명

18

모둠	붙임딱지 수
가	◎◎◎△○○○
나	◎◎△○
다	◎△○○○○
라	◎◎◎◎○○

◎10명 △5명 ○1명

19 ◎, △, ○ 그림의 수를 차례로 알아봅니다.

탐구 서술형 평가

136~139쪽

1 1단계 7명 2단계 자장면, 떡볶이 3단계 7명

1-1 예 수영장에 가고 싶은 학생은 189−21−57−23=88(명)입니다. 가장 많은 학생들이 가고 싶은 곳은 수영장이고, 가장 적은 학생들이 가고 싶은 곳은 산입니다. 따라서 학생 수의 차는 88−21=67(명)입니다. ; 67명

2 1단계 470 kg, 390 kg, 730 kg, 560 kg
2단계 2150 kg

2-1 예 은 10 kg, 은 1 kg을 나타냅니다. 가 모둠: 23 kg, 나 모둠: 6 kg, 다 모둠: 21 kg, 라 모둠: 14 kg입니다. 따라서 헌 종이의 무게는 모두 23+6+21+14=64(kg)입니다. ; 64 kg

3 1단계 630그루 2단계 풀이 참조

3-1 예 가 동: 31명, 나 동: 15명, 라 동: 23명이고, 다 동: 93−31−15−23=24(명)입니다. 다 동의 학생 수가 24명이므로 10명 그림 2개, 1명 그림 4개를 그려 넣습니다. ; 풀이 참조

4 예 ㉮ 마을: 94마리, ㉱ 마을: 63마리 (㉰ 마을에서 기르고 있는 소의 수)=94÷2=47(마리) (㉯ 마을에서 기르고 있는 소의 수)=250−94−47−63=46(마리) 따라서 소를 가장 많이 기르는 마을은 ㉮ 마을이고, 소를 가장 적게 기르는 마을은 ㉯ 마을이므로, 두 마을의 소의 수의 차는 94−46=48(마리)입니다. ; 48마리

5 예 그림그래프에서 소아과를 찾은 환자는 320명입니다. 보기 에서 외과를 찾은 환자는 280명입니다. ➔ 외과: , (내과와 치과를 찾은 환자 수의 합)=840−320−280=240(명), 240=120+120이므로 내과와 치과를 찾은 환자 수는 각각 120명입니다. ➔ 내과: , 치과:

풀이

1 1단계 32−5−12−8=7(명)

3단계 먹고 싶은 음식이 자장면인 학생은 12명, 떡볶이인 학생은 5명이므로 차는 12−5=7(명)입니다.

2 2단계 470+390+730+560=2150(kg)

3 1단계 1970−450−370−520=630(그루)

2단계 630그루이므로 100그루 그림 6개, 10그루 그림 3개를 그려 넣습니다.

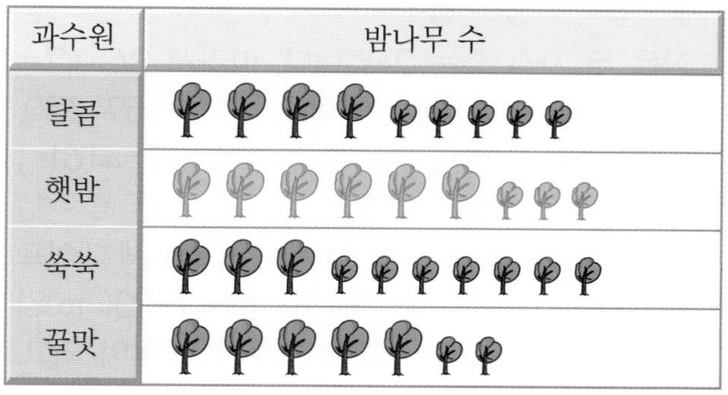

과수원	밤나무 수
달콤	
햇밤	
쑥쑥	
꿀맛	

3-1

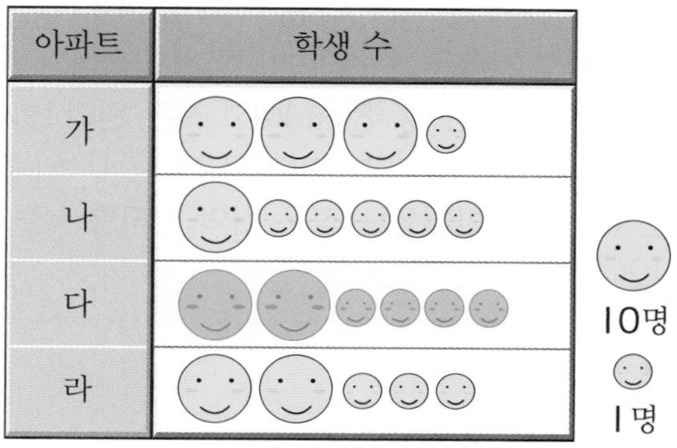

아파트	학생 수
가	
나	
다	
라	

10명
1명

4

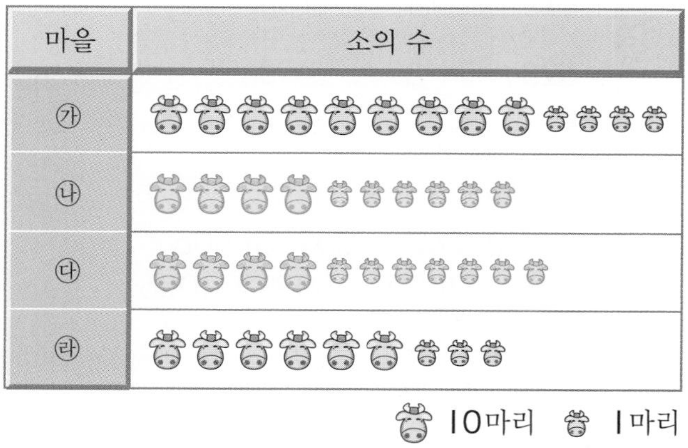

마을	소의 수
㉮	
㉯	
㉰	
㉱	

10마리 1마리

5

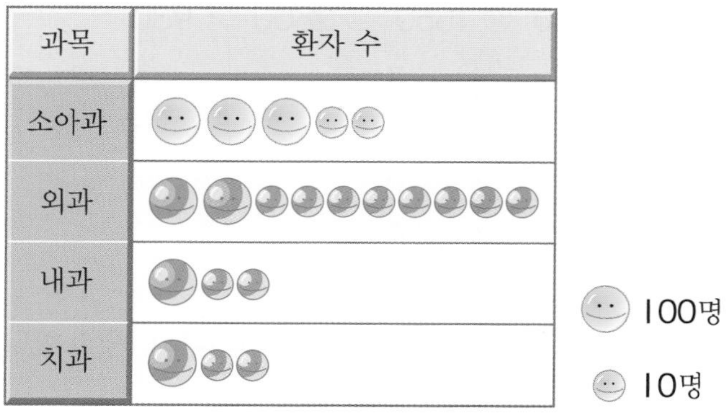

과목	환자 수
소아과	
외과	
내과	
치과	

100명
10명

정답과 풀이 

100점 예상문제 1회

142~144쪽

1 풀이 참조 2 (1) < (2) > 3 ㉡ 4 ㉢, ㉠, ㉡, ㉣ 5 풀이 참조 6 예 만들 수 있는 가장 작은 두 자리 수는 24입니다. 따라서 $24\times47=1128$입니다. ; 1128 7 예 (어떤 수)$+57=130$, (어떤 수)$=130-57=73$ ➡ $73\times57=4161$; 4161 8 (1) 20 (2) 25 9 44 10 ㉢ 11 > 12 풀이 참조 13 66, 3 14 예 색 테이프 전체의 길이는 $5\times14=70$ ➡ $70+3=73$(cm)입니다. $73\div6=12\cdots1$이므로 모두 12도막이 되고, 1 cm가 남습니다. ; 12도막, 1 cm 15 점 ㄴ 16 ㉢ 17 ㉠ 18 6 cm 19 4군데 20 예 작은 원의 지름은 큰 원의 반지름과 같습니다. 작은 원의 지름은 $16\div2=8$(cm)이고 작은 원의 반지름은 $8\div2=4$(cm)입니다. 따라서 선분 ㄱㄴ의 길이는 (큰 원의 반지름)+(작은 원의 반지름)$=8+4=12$(cm)입니다. ; 12 cm

풀이

1 ×

413	4	1652
623	8	4984

$413\times4=1652$
$623\times8=4984$

2 (1) $431\times2=862$ < $302\times3=906$
(2) $263\times4=1052$ > $503\times2=1006$

3
$$\begin{array}{r} 5\ 0 \\ \times\ 9\ 0 \\ \hline 4\ 5\ 0\ 0 \end{array}$$

4 ㉠ 2610 ㉡ 1560 ㉢ 2800 ㉣ 930

5
$$\begin{array}{r} 4\ 8 \\ \times\ 3\ 5 \\ \hline 2\ 4\ 0 \\ 1\ 4\ 4\ 0 \\ \hline 1\ 6\ 8\ 0 \end{array}$$

$48\times30=1440$이므로 천의 자리부터 써야 합니다.

9 ㉠$=69\div3=23$
㉡$=84\div4=21$
㉠+㉡$=23+21=44$

10 나머지는 나누는 수보다 작아야 하므로 ㉢은 나머지가 4가 될 수 없습니다.
4로 나누면 나머지는 0, 1, 2, 3 중의 하나가 됩니다.

11 $83\div8=10\cdots3$
$57\div6=9\cdots3$

12 ㉣=5이고 ㉣−㉤=1이므로 ㉤=4입니다.
㉠×1=㉤, ㉠×1=4이므로 ㉠=4이고, 4×㉡=8이므로 ㉡=2입니다.

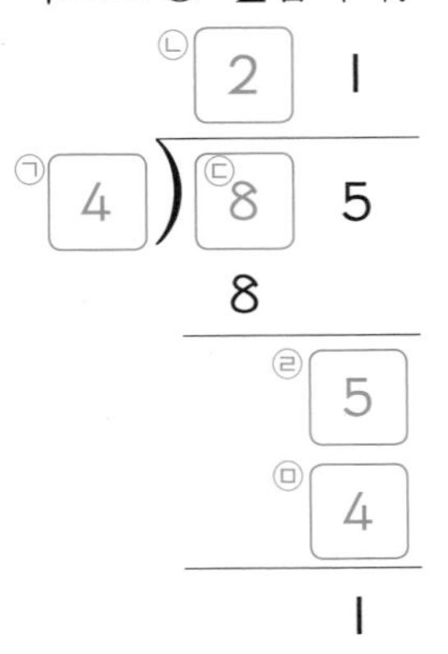

13 $465\div7=66\cdots3$이므로 한 상자에 66개씩 담을 수 있고 3개가 남습니다.

15 원을 그릴 때에 누름 못이 꽂혔던 점을 찾아보면 점ㄴ입니다.

16 컴퍼스의 침과 연필심 사이의 거리가 2 cm가 되게 벌려야 합니다.
㉠ 반지름이 1cm인 원이 그려집니다.
㉡ 반지름이 1.5cm인 원이 그려집니다.
㉢ 반지름이 2cm인 원이 그려집니다.
㉣ 반지름이 4cm인 원이 그려집니다.

17 ㉠ 지름 19 cm ㉡ 지름 14 cm ㉢ 지름 16 cm
따라서 가장 큰 원은 지름의 길이가 가장 긴 ㉠입니다.

18 지름이 12 cm이므로 반지름은 $12\div2=6$(cm)입니다.

19

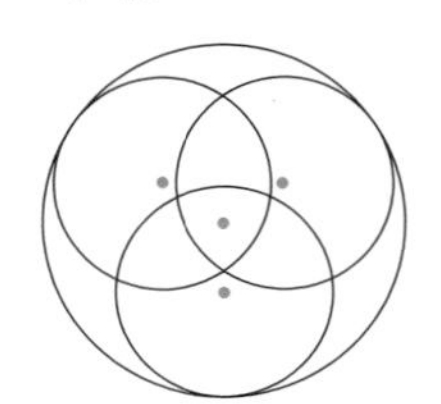

100점 예상문제 2회

145~147쪽

1 6, $\frac{2}{6}$ 2 ㉠ 3 45 4 ㉡, ㉢ 5 $\frac{1}{7}$, $\frac{2}{7}$, $\frac{3}{7}$, $\frac{4}{7}$, $\frac{5}{7}$, $\frac{6}{7}$ 6 ③ 7 예 대분수를 가분수로 고치거나 가분수를 대분수로 고쳐서 크기를 비교합니다. $3\frac{2}{7}=3+\frac{2}{7}=\frac{21}{7}+\frac{2}{7}=\frac{23}{7}$이므로 $\frac{23}{7}<\frac{25}{7}$입니다. 따라서 대현이의 책가방이 더 무겁습니다. ; 대현 8 21 L 9 ㉠ ; 예 물컵의 들이는 약 500 mL입니다. 10 ㉣, ㉠, ㉡, ㉢ 11 2 L 800 mL 12 풀, 3개 13 < 14 예 (수박의 무게)=(호박의 무게)+1 kg 550 g=4 kg 750 g+1 kg 550 g=5 kg 1300 g=6 kg 300 g, (호박과 수박의 무게의 합)=4 kg 750g +6 kg 300 g=10 kg 1050g=11 kg 50g, 따라서 어머니께서 사 오신 호박과 수박의 무게는 모두 11 kg 50g입니다. ; 11 kg 50 g 15 160개 16 사과, 배 17 귤 18 16명 19 풀이 참조 20 ㉮ 마을

풀이

1 7씩 2묶음이므로 $7\times2=14$입니다.

2 ㉠ 7 ㉡ 18 ㉢ 15

3 1시간은 60분이므로 60의 $\frac{3}{4}$은 45입니다.

4 가분수는 분자가 분모와 같거나 분모보다 큰 분수입니다.

5 진분수는 분자가 분모보다 작아야 하므로 분자는 7보다 작은 1, 2, 3, 4, 5, 6입니다.

6 ① $4\frac{1}{5}$ ② $4\frac{2}{8}$ ③ $3\frac{5}{7}$ ④ $5\frac{3}{6}$ ⑤ $3\frac{4}{9}$

7 분모가 같은 가분수와 대분수의 크기를 비교할 때에는 대분수를 가분수로 나타내어 가분수끼리의 크기를 비교하거나, 가분수를 대분수로 나타내어 가분수끼리의 크기를 비교합니다.

8 가: $24\div8=3$(L)
나: $24\div2=12$(L)
다: $24\div4=6$(L)
➡ $3+12+6=21$(L)

10 ㉢ 1 L 15 mL=1015 mL
㉣ 10 L 150 mL=10150 mL

11 1 L 300 mL+1 L 500 mL
=2 L 800 mL

13 7 kg 90 g=7090 g ⓒ< 7900 g

15 $750-290-220-80=160$(개)

18 $100-32-22-30=16$(명)

19

마을	학생 수
㉮	
㉯	
㉰	
㉱	

10명
1명

20 ㉯ 마을 학생 수는 16명입니다. 16의 2배는 32이므로 학생 수가 ㉯ 마을의 학생 수의 2배인 마을은 ㉮ 마을입니다.

100점 예상문제 3회

148~150쪽

1 1560 2 예 ㉠=4, ㉡=9일 때 $4\times79=316$이고, ㉠=9, ㉡=4일 때 $9\times74=666$입니다. 따라서 ㉠=9, ㉡=4일 때 계산 결과가 더 큽니다. ; ㉠ 9, ㉡ 4 3 < 4 44 5 9명, 3개 6 ㉢ 7 예 어떤 수를 □라 하면 □$\div6=12\cdots1$입니다. 나누는 수에 몫을 곱한 후 나머지를 더하면 나누어지는 수가 되므로 어떤 수는 $6\times12=72$ ➡ $72+1=73$입니다. ; 73 8 ㉡ 9 8 cm 10 54 cm 11 $\frac{5}{7}$ 12 $\frac{2}{8}$, $\frac{5}{8}$, $\frac{7}{8}$ 13 $2\frac{3}{4}=\frac{11}{4}$ 14 $1\frac{4}{9}$ 15 예 컵의 수가 많을수록 들이가 많은 것이므로 ㉯ 그릇의 들이가 더 많습니다. 16 (1) 8, 900 (2) 7, 200 17 사과, 1 kg 700 g 18 풀이 참조 19 1890 kg 20 햇살 마을

풀이

1 $312\times5=1560$

3 $37\times22=814$ < $53\times30=1590$

4 ㉠ 20 ㉡ 14 ㉢ 10
➡ $20+14+10=44$

5 $48\div5=9\cdots3$
따라서 9명에게 나누어 주고 3개가 남습니다.

6 ㉠ $69\div4=17\cdots1$
㉡ $75\div6=12\cdots3$

㉢ $174 \div 7 = 24 \cdots 6$
㉣ $326 \div 5 = 65 \cdots 1$

8 원의 크기를 비교할 때에는 지름을 비교합니다.
㉠ 지름: 12 cm
㉡ 지름: $7 \times 2 = 14$(cm)
➜ 12 cm<14 cm이므로 크기가 더 큰 원은 ㉡입니다.

9 지름이 16 cm이면 반지름이 8 cm이므로 컴퍼스의 침과 연필심 사이의 거리를 반지름인 8 cm로 해야 합니다.

10 $9 \times 6 = 54$(cm)

12 분수는 분자가 분모보다 작은 분수이므로 만들 수 있는 분모가 8인 진분수는 $\frac{2}{8}$, $\frac{5}{8}$, $\frac{7}{8}$입니다.

14 $1\frac{4}{9} = \frac{13}{9}$이므로 $1\frac{4}{9}$가 가장 큽니다.

17 사과가 15 kg 300 g−13 kg 600 g=1 kg 700 g 더 무겁습니다.

18

마을	생산량
햇빛	
별빛	
달빛	
햇살	

100 kg
10 kg

19 $520+430+380+560=1890$(kg)

20 100 kg 그림이 가장 많은 마을은 햇빛과 햇살 마을이고, 그중 10 kg 그림의 수가 더 많은 햇살 마을이 고추를 가장 많이 생산하였습니다.

100점 예상문제 4회

151~153쪽

1 $542 \times 7 = 3794$ 2 20 3 2289 m 4 (1) 16 (2) 13 5 예 $83 \div 5 = 16 \cdots 3$ ➜ ㉠=16 $78 \div 8 = 9 \cdots 6$ ➜ ㉡=6 ➜ ㉠+㉡=16+6=22 ; 22 6 46개 7 4 8 4 cm 9 3개 10 예 선분 ㄱㄴ의 길이는 반지름의 4배입니다. 따라서 선분 ㄱㄴ의 길이는 $5 \times 4 = 20$(cm)입니다. ; 20 cm 11 41 12 7개 13 초콜릿 우유 14 (1) < (2) > 15 6 L 400 mL 16 ㉠ 5900 g 또는 5 kg 900 g ㉡ 500 g 17 예 (강아지의 무게)=(태영이의 몸무게와 강아지의 무게의 합)−(태영이의 몸무게)=32 kg 300 g−29 kg 500 g=31 kg 1300 g−29 kg 500 g=2 kg 800 g입니다. 따라서 강아지의 무게는 2 kg 800g입니다. ; 2 kg 800 g 18 6명 19 풀이 참조 20 초록

풀이

1 (한 자리 수)는 가장 큰 수를 고르고, 나머지 세 수로 만들 수 있는 가장 큰 (세 자리 수)를 만들어 곱하면 됩니다. $542 \times 7 = 3794$

2 $32 \times 50 = 1600$이므로 $80 \times \square = 1600$에서 $\square = 20$입니다.

3 $327 \times 7 = 2289$(m)

4 (1)
```
    1 6
5)8 0
  5
  3 0
  3 0
    0
```
(2)
```
    1 3
6)7 8
  6
  1 8
  1 8
    0
```

6 $368 \div 8 = 46$(개)

7 어떤 수를 □라 하면 $\square \div 9 = 10 \cdots 2$이므로 $9 \times 10 = 90$ ➜ $90+2=92$에서 □=92입니다.
➜ $92 \div 8 = 11 \cdots 4$

8 선분 ㄴㅇ은 원의 반지름이고 한 원에서 반지름은 같으므로 4 cm입니다.

9 컴퍼스의 침이 꽂힌 부분은 모두 3군데입니다. 따라서 원의 중심은 모두 3개입니다.

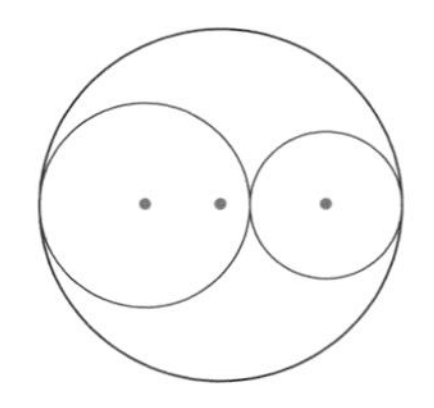

11 ㉠ 35의 $\frac{3}{5}$은 21, ㉡ 24의 $\frac{5}{6}$는 20입니다.
➜ $21+20=41$

12 $\frac{1}{8}, \frac{2}{8}, \frac{3}{8}, \frac{4}{8}, \frac{5}{8}, \frac{6}{8}, \frac{7}{8}$ ➔ 7개

13 $1\frac{5}{11}=\frac{16}{11}$이고, $\frac{16}{11}<\frac{19}{11}$이므로 초콜릿 우유가 더 많이 있습니다.

14 들이의 단위를 같게 하여 비교합니다.
(1) 5 L=5000 mL ⓢ 5500 mL
(2) 3600 mL ⓢ 3 L 60 mL=3060 mL

15 10 L 600 mL−4200 mL
=10 L 600 mL−4 L 200 mL=6 L 400 mL

16 ㉠ 합: 3 kg 200 g+2700 g=5900 g
=5 kg 900 g
㉡ 차: 3 kg 200 g−2700 g=500 g

18 18−3−4−5=6(명)

19

색깔	학생 수
분홍	
초록	
빨강	
파랑	

5명
1명

100점 예상문제 5회

154~156쪽

1 풀이 참조 2 (1) 623 (2) 988 3 예 어떤 수를 □라고 하면 □÷7=5 ➔ □=35 바르게 계산하면 35×27=945입니다. ; 945 4 30 5 18개 6 ㉠ 7 76 8 선분 ㄷㅂ(또는 선분 ㅂㄷ) 9 3군데 10 예 중간 크기 원의 반지름은 가장 작은 원의 반지름의 2배이고, 가장 큰 원의 반지름은 가장 작은 원의 반지름의 4배이므로 2×4=8(cm)입니다. 따라서 가장 큰 원의 지름은 8×2=16(cm)입니다. ; 16 cm 11 63 12 $\frac{5}{9}$
13 3개 14 예 $\frac{15}{6}=2\frac{3}{6}>2\frac{□}{6}$이므로 □ 안에 들어갈 수 있는 수는 3보다 작은 1, 2입니다. ; 1, 2 15 1 L 700 mL 16 (1) < (2) > 17 500 g 18 ④ 19 풀이 참조 20 예 • 감나무 수가 가장 많습니다. • 과수원의 나무 수는 모두 650그루입니다.

풀이

1
$$\begin{array}{r} {}^{4}\ {}^{3}\ \ \\ 3\ \boxed{5}\ 4 \\ \times \qquad 8 \\ \hline \boxed{2}\ 8\ 3\ 2 \end{array}$$

5 72÷4=18(개)

6 ㉠ 304÷4=76 ㉡ 476÷7=68
㉢ 345÷5=69 ㉣ 639÷9=71

7 8×9=72 ➔ 72+4=76이므로
□=76입니다.

8 원의 반지름은 원의 중심과 원 위의 한 점을 이은 선분입니다.

9

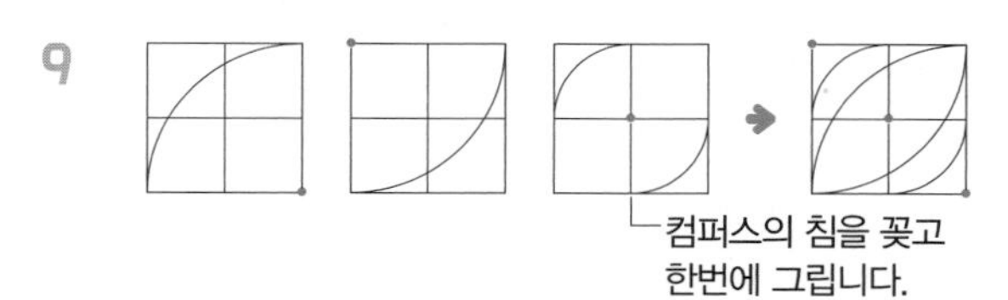

12 $\frac{11}{3}, \frac{7}{7}$은 분모와 분자의 합이 14인 가분수입니다.

13 $1\frac{4}{5}, 3\frac{1}{2}, 3\frac{5}{9}$는 대분수입니다.

15 8 L 100 mL−6 L 400 mL
=7 L 1100 mL−6 L 400 mL
=1 L 700 mL

16 같은 단위로 고쳐서 무게를 비교합니다.
(2) 6400 g ⓢ 6 kg 40 g=6040 g

17 (인형 4개의 무게)=2 kg 250 g−250 g=2 kg
2 kg=2000 g이고 2000=500+500+500+500이므로 인형 1개의 무게는 500 g입니다.

18 나무 수가 몇백 몇십이므로 100그루와 10그루를 나타내는 그림으로 하는 것이 가장 좋습니다.

19

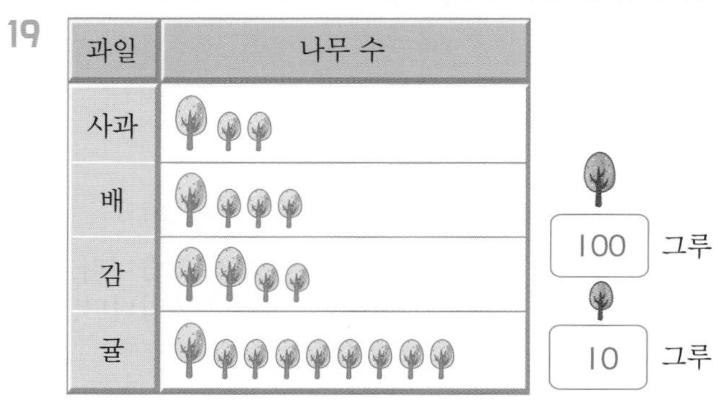

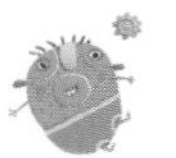

100점 예상문제 6회

157~159쪽

1 (1) 196 (2) 1416 2 374 3 예 (영민이가 하루에 뛰는 거리)=(연못의 둘레)×2=245×2=490(m), (4일 동안 뛴 거리)=490×4=1960(m) ; 1960 m 4 14, 64 5 15줄 6 4 7 예 한 봉지에 □개씩 담았다면 76÷□=9···4입니다. 나누는 수에 몫을 곱한 다음 나머지를 더하면 나누어지는 수가 되므로 □×9=○ ➔ ○+4=76입니다. ○는 76−4=72이고, □×9=72이므로 □=8입니다. 따라서 사탕을 한 봉지에 8개씩 담았습니다. ; 8개 8 4 cm 9 3 cm 10 16 cm 11 4 12 $\frac{11}{8}$ 13 > 14 ① 15 예 ㉠ 3 L 800 mL ㉡ 5 L 900 mL ㉢ 4 L 100 mL이므로 5 L보다 많은 것은 ㉡입니다. ; ㉡ 16 복숭아, 7개 17 2500 g 18 310 kg 19 ㉮, ㉰, ㉱, ㉯ 20 100 kg ; 10 kg

풀이

1 (1)
$$\begin{array}{r} 7 \\ \times\ 28 \\ \hline 56 \\ 140 \\ \hline 196 \end{array}$$
(2)
$$\begin{array}{r} 24 \\ \times\ 59 \\ \hline 216 \\ 1200 \\ \hline 1416 \end{array}$$

2 ㉠ 52×46=2392
㉡ 29×92=2668
㉢ 74×31=2294
㉣ 63×42=2646
➔ 2668−2294=374

4 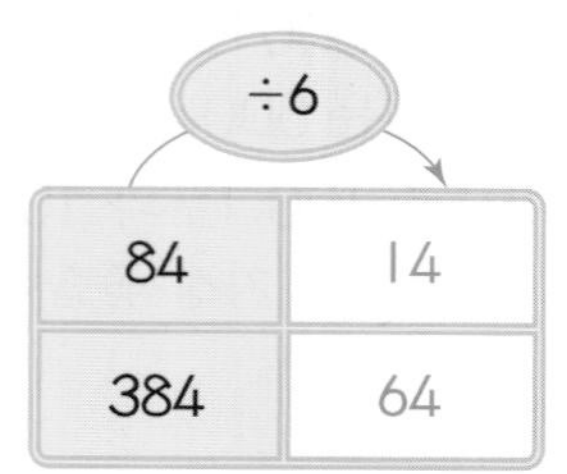

84÷6=14, 384÷6=64

5 (전체 학생 수)=26+34=60(명)
(학생들이 서는 줄 수)=60÷4=15(줄)

6
$$\begin{array}{r} 1\triangle \\ 7\overline{)8\square} \\ 7 \\ \hline 1\square \end{array}$$
➔ 7×△=1▢인 △를 찾습니다.
7×2=14이므로 ▢=4입니다.

8 원의 반지름은 원의 중심과 원 위의 한 점을 이은 선분이므로 4 cm입니다.

9 컴퍼스의 침과 연필심 사이의 거리는 원의 반지름과 같으므로 6÷2=3(cm)로 해야 합니다.

10 (작은 원의 지름)=3×2=6(cm)
(큰 원의 지름)=5×2=10(cm)
(선분 ㄱㄴ)=(작은 원의 지름)+(큰 원의 지름)
=6+10=16(cm)

11 18을 9로 나눈 것 중의 1은 2이고, 4는 2배이므로 4입니다.

12 대분수는 $1\frac{3}{8}$이므로 가분수로 나타내면 $1\frac{3}{8}=\frac{11}{8}$입니다.

13 $3\frac{1}{5}=\frac{16}{5}>\frac{14}{5}$

14 ① 2 L 60 mL=2060 mL

17 현민이가 모은 빈 병은 250 g이 6개이므로 1500 g, 준혁이가 모은 빈 병은 250 g이 4개이므로 1000 g입니다.
➔ 1500+1000=2500(g)

18 (㉰ 마을의 쌀 생산량)=1110−(430+150+220)
=1110−800=310(kg)

마을	㉮	㉯	㉰	㉱	합계
생산량(kg)	430	150	310	220	1110

20 ㉮ 마을의 쌀 생산량 430 kg을 (큰 그림 4개, 작은 그림 3개)으로 나타내었으므로 (큰 그림)은 100 kg, (작은 그림)은 10 kg을 나타냅니다.

더 알아볼까요!

• **표와 그림그래프의 다른 점**

표	① 그림을 일일이 세지 않아도 됩니다. ② 조사한 양의 크기를 바로 알 수 있습니다. ③ 각각의 자료를 서로 비교하기 불편합니다.
그림그래프	① 표보다 재미있습니다. ② 한눈에 비교가 잘됩니다. ③ 어느 정도 많은지 쉽게 비교가 됩니다.

정답과 풀이

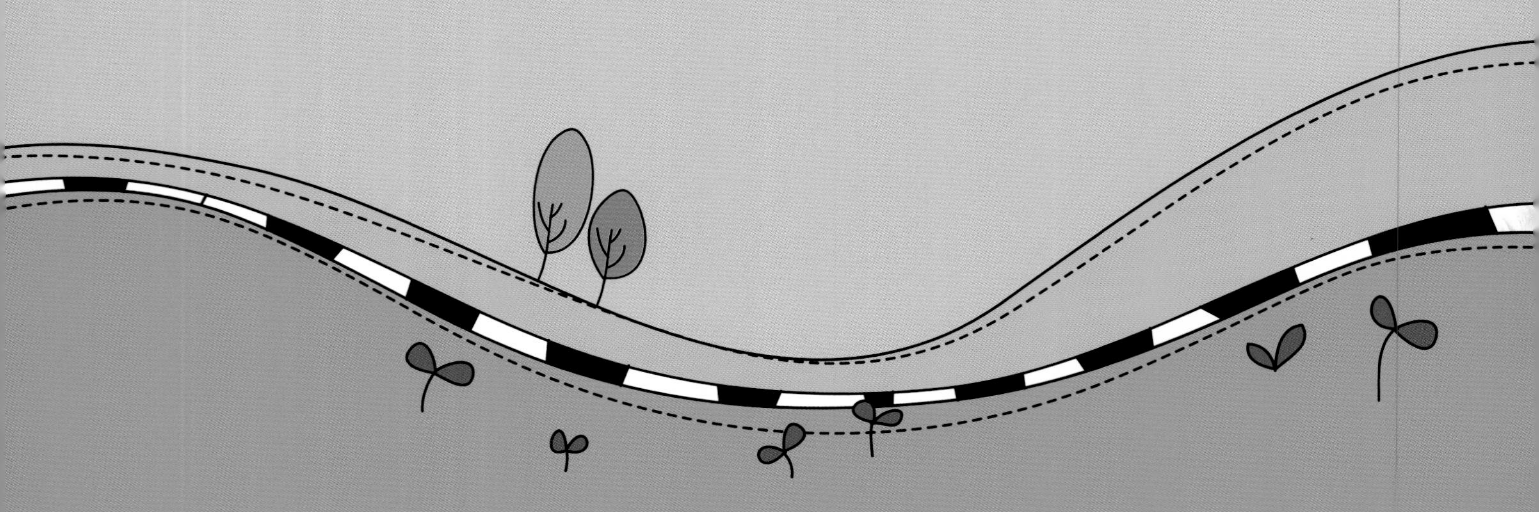

국어
선생님이 강력 추천하는
개념 수 단원평가
3·2
수학
선생님이 강력 추천하는
개념 수 단원평가
3·2

사회
선생님이 강력 추천하는
개념 수 단원평가
3·2

과학
선생님이 강력 추천하는
개념 수 단원평가
3·2